21世纪中国高校
法学系列教材

海洋法（第四版）

主　编＼屈广清　曲　波

副主编＼魏国君

撰稿人（以修订章节先后为序）

王秀芬　曲　波　姚　莹　张丽娜　李文杰

中国人民大学出版社

·北京·

第四版修订说明

本次修订主要体现在以下方面：第一，补充了一些国家实践和海洋法的新发展，如气候变化对基点、环境的影响，国际海底区域遗传资源的法律地位及管理，我国《深海海底区域资源勘探开发法》等。第二，更新补充了内容和数据，如200海里外大陆架申请案、《亚洲打击海盗及武装抢劫船只区域合作协议》缔约国的变化等。第三，对原书中一些观点、资料等进行审查和修改。第四，修改了第四编部分章节的内容。第五，更新了第四编的课后题及本书的参考文献。

此次修订工作由曲波教授主持，按照原编写人员的意愿，本次修订人员及分工如下：

王秀芬（大连海事大学法学院教授）：第一编；

曲波（宁波大学法学院教授）：第二编、第五编；

姚莹（吉林大学法学院副教授）：第三编、第四编。

对于本书的任何不足，敬请同行及广大读者批评指正。

编　者

2017年5月

序　言

本书根据国家高等法学教育教材大纲编写。全书以马克思主义、毛泽东思想和邓小平理论为指导，作者认真总结了近年来海洋法理论界的最新研究成果，并根据实际中的需要，结合相关立法和教学课程的安排，编写了该教材。教材分为五编：第一编为绪论；第二编为海域；第三编为海洋环境保护与海洋管理；第四编为海洋争端的解决；第五编为战时海洋法。

本书的最大特点是既有理论，又联系实际，既结合教学，又关注立法，层次分明、结构合理。本教材是以高等院校通用学时为考虑基点进行内容设计的，由于各个学校情况不尽相同，在使用该教材的过程中，教师可以根据课时的不同情况，适当作些调整。在教材中我们除了介绍海洋法的基本概念、基本理论知识及最新理论的前沿动态外，还在每章设计了提要、重点问题、法律应用、课后复习等栏目，供教学参考。与此同时，海洋法是一门理论性和实践性都非常强的学科，因此应该坚持理论与实践相结合的学习方法，学会分析具体问题、解决具体问题的综合能力，尤其是要关注中国海洋法理论和相关实际中存在的问题，并努力寻找解决这些问题的方法。

本书由大连海事大学法学院院长、博士生导师、教育部法学教学指导委员会委员屈广清教授主编。参加编写的人员有：屈广清、魏国君、王秀芬、曲波。大连海事大学的研究生汪清、王斐、岳林福、郭宇四位同志也参与了本书部分章节的写作任务或材料收集工作。

全书最后由主编统稿。由于作者水平有限，时间短促，书中存在的错误，希望广大读者朋友批评指正。

屈广清

2005 年 9 月

目　　录

第一编　绪　论

第二编　海域

第三编　海洋环境保护与海洋管理

第四编 海洋争端的解决

第五编 战时海洋法

第一编

绪论

第一章
海洋法概述

提　要

海洋法的概念和特点问题是海洋法学的基本问题，本章从海洋的概念及海洋产业的种类入手，对海洋法的概念和特点进行了分析和研究。

重点问题

1. 海洋的概念、海与洋的区别。
2. 海洋对人类的作用。
3. 海洋法的概念、性质、特点。

第一节　海洋与人类的海上活动

一、海洋的概念

（一）海洋的含义

第一次世界大战以后，特别是近二十年来，随着海洋科学技术的发展，海底资源尤其是海底矿物资源和油气资源愈来愈显示出其对人类社会发展的重要性和广泛利用的可能性。这种情况大大地激发了各国学者、法学家、外交家和国务活动家对世界海洋资源及其法律制度的浓厚兴趣，第二次世界大战后，联合国先后三次召开海洋法会议的事实，充分说明了这一点；而《联合国海洋法公约》（以下简称《海洋法公约》）的通过和签署恰恰是这种兴趣取得的成果在法律上的表现。《海洋法公约》的签署，结束了许多历史上长期争论不休的问题，使海洋法的发展进入了一个新的阶段。《海洋法公约》是 1982 年 12 月 9 日在牙买加蒙特哥湾签署的，共 320 条，9 个附件。

海洋法既是古老的国际法，又是国际法的一个新兴部门，说它古老，是因为在古罗马的万民法中就有了海洋法的规则；说它是新兴的部门，则是因为在《海洋法公约》生效以后，它已形成了一个独立完整的体系，成为国际法的一个重要分支，或国际法的一个部门法。就字面含义解释，海洋法是与海洋有关的法律。为了明确海洋法的内涵，首先应当对海洋本身的情况以及海洋与人类的生存和发展的关系，作一概要的介绍。

海洋，有两种含义。广义上的海洋是指作为海洋主体的海水水体、生活于其中的海洋生物、邻接海面的空气空间，以及围绕海洋周缘的海岸和海床与底土所组成的统一体。狭义的海洋是指作为海洋主体的广袤无边、连续不断的海洋水体。海洋法上所说的海洋，是广义上的海洋。

我们生活的地球，包括陆地、海洋和空间。我们可以从世界地图上清楚地看到，地球的表面大部分为海洋所覆盖，而陆地则一块一块地分布在海洋上。其中，大块的叫大陆，小块的叫岛屿。全世界共有7块大陆，五十多万个岛屿。据地理学家计算，地球的表面积为5.11亿平方千米。陆地总面积约占地球表面积的29.22%；海洋总面积约为3.62亿平方千米，约占地球表面积的70.78%，是陆地面积的2.5倍。水陆面积比约为7∶3。大陆相对于海洋来说，只不过是海洋中的一些“岛屿”。

（二）海和洋的区别

人们习惯上把环绕在陆地周围的浩瀚水体叫作海洋。其实“海”和“洋”是既不能截然分开又不能完全等同的两个概念。“洋”又称大洋，是指远离大陆，深邃而浩瀚的水域，它是世界海洋的主体，约占海洋总面积的89%，平均水深在3 000米以上。洋的特点是：第一，面积大，水深；第二，温度、盐度等水文要素不受大陆影响，比较稳定；第三，有独立的风、潮汐和洋流系统。海则是大洋的边缘部分，它分布在大洋的边缘，濒临大陆，面积约占海洋总面积的11%，海的水深较浅，平均水深在2 000米以下。海的特点是：第一，濒临陆地，面积小，水浅；第二，水温、盐度等水文要素受大洋和大陆的双重影响，变化较大；第三，水色混浊，透明度小；第四，潮汐和海流受大洋的支配，没有自己独立的系统。

可见，洋在面积和深度上，要比海大得多。海洋以洋为主体，以海为附属部分，海是洋的边缘，洋是海的中心或主体。

世界上的大洋共有4个，按其面积大小，排列为：太平洋、大西洋、印度洋和北冰洋。太平洋有17个附属海，如白令海、鄂霍次克海、日本海、渤海、黄海、东海、南海、爪哇海、苏禄海、苏拉威西海、帝汶海、塔斯曼海等。大西洋有14个附属海，如地中海、北海、波罗的海、加勒比海等。印度洋有11个附属海，如安达曼海、阿拉伯海、红海等。北冰洋有9个附属海，如东西伯利亚海、拉夫贴夫海、喀拉海、巴伦支海、挪威海、格陵兰海等。

在地理学和海洋学上，可按海所处的地理位置不同，作如下种类的划分：

第一，陆缘海，指濒临大陆，与大陆偎依，一边以大陆为界，另一边以半岛或岛屿为界，水的深度较浅，受潮汐影响较大的水域，如东海、南海、日本海等。

第二，陆间海，指处于大陆和大陆之间，面积较大的水域，如处于欧亚非大陆之间的地中海，处于南北美大陆之间的加勒比海等。

第三，内陆海，指深入大陆内部四周全部或几乎全部为陆地所包围，仅有狭窄水道与大洋或边缘海相通的水域，如渤海、黑海、红海、波罗的海和波斯湾等。

海与洋虽然有所不同，但它们彼此相通，相互连续，从而构成一个世界海洋总体。

二、人类的海上活动及海洋产业

海洋是人类文明的发源地。最初的生命来自海洋里的微生物。由海洋向陆地迁徙是人类和动物逐渐演进和进化的过程的最初阶段。来自海洋又复归海洋，人类与海洋有着千丝万缕的联系。

在漫长的人类发展史上，早期的人类逐水而居，海洋成为必然的选择之一。生活在沿海地区的原始人，最早和海洋发生接触。他们最初在沿海滩涂采拾海贝、虾蟹和下海捕鱼，向海洋索取一些可以直接利用的资源。

可以说，随着科技的进步，人类越来越认识到海洋对人类的重要价值，并且随着生产力水平的提高把这种认识转化为生产活动。到目前为止，人们已发现海洋蕴藏着如下资源：生物资源、海水资源、海洋土地资源、矿产资源、动力资源、化学资源、空间资源、旅游文化资源、海洋可再生能源资源等。

人类对海洋的利用活动可分为如下几种：航海活动、水产养殖及捕捞活动、国防与行政管理活动、海底资源的开发活动、环境保护等。上述活动从产业的角度讲，可作如下种类的划分：

第一，按产业属性划分可分为：海洋第一产业，指海洋水产，包括海洋种植业、海水增养殖业和捕捞业；海洋第二产业，指海水盐化工、海水淡化、海洋油气、采矿、矿砂、海洋能利用、海洋建筑业、海洋食品加工和海洋药物产业等；海洋第三产业，指与海洋开发有关的流通、服务部分，包括海洋运输、海底仓储、滨海旅游、海洋信息业、海洋服务业（如预警预报、环境监测、防灾救灾、教育科技、技术推广服务、海底考古、海洋文化业等）。

第二，按产业的形成时间划分，又可分为：传统海洋产业（如海洋捕捞、海洋运输、海洋盐业等）、新兴产业（海洋油气、海水增养殖、滨海旅游等）、未来产业（如海水化工、海水淡化、海洋能利用、海底采矿、海洋药物、海底建筑、海底仓储业等）。

此外，根据国家海洋行业标准《海洋经济统计分类与代码》，将海洋产业划分为 15 大类、54 中类、107 小类。15 大类具体为：海洋农业、林业、渔业；海洋采掘业；海洋制造业；海洋电力和海水利用；海洋工程建筑业；海洋地质勘察业；海洋交通运输业；海洋保险业；海洋社会服务业；滨海旅游业；海洋信息咨询服务业；海上体育业；海洋教育和文化艺术业；海洋科学研究与综合技术服务业；国家海洋管理机构。

据预测，海洋产业在 2020 年左右将分为四个层次：第一层次是海洋交通运输业、海洋旅游业、海洋渔业、海洋油气工业；第二层次是海水直接利用、海洋生物工程、海盐业及盐化工业；第三层次是海水淡化、海洋能利用、滩涂和浅海湾增养殖业、海水化学资源利用、滨海采矿业；第四层次主要是海洋空间利用，其中以海上工程为主干的产业，如海底隧道、人工岛屿建设、跨海大桥、海上机场、游乐场以及海上城市等。

三、海洋对人类的作用

（一）海洋是人类食品的重要来源地

海洋拥有种类繁多的生物资源，可为人类提供丰富的食品。根据科学家的统计，海洋生物有二十多万种，大致可以分为 4 类：鱼类、无脊椎动物、其他脊椎动物以及海洋藻类，其中，动物约有 19 万种，植物有 2.5 万种。而鱼类仍然是海洋生物资源的主体，全世界有 2.5 万～3 万种。据专家估计，目前全世界每年捕捞量为 8 000 万吨左右，并且曾在 1997 年捕捞量达到最高纪录——1.21 亿吨。① 无脊椎动物资源据估计有 16 万种。其他脊椎动物资源全世界可分为海龟、海鸟以及哺乳动物等几类，海龟约有 7 种，海鸟约有 350 种，以海兽为主的哺乳动物全世界约有 9 种。至于海洋藻类，全世界有七十多种的藻类可供人类食用，年生产量为 1 300 亿～1 500 亿吨，但是人类利用的也只是其中的一小部分。② 实际上，海洋每年可向人类提供 2

① 薛桂芳，胡增祥．海洋法理论与实践．北京：海洋出版社，2009：5.

② 陈学雷．海洋资源开发与管理．北京：科学出版社，2000：382－387.

亿～7亿吨水产品，而不破坏海洋的自然生态平衡，这说明海洋的捕捞潜力是很大的。此外，海产养殖业渐渐兴起，也为人类提供了大量的海产品。由此可见，海洋是人类食品的重要来源地。

（二）海洋是人类经济发展的重要原料和能源的供应地

1. 海水。海水本身就是取之不尽、用之不竭的宝藏。海水的总体积为13.7亿立方千米。据统计，陆地上发现的一百多种化学元素有九十多种已在海洋中找到。按单位体积计算的话，一立方千米的海水中含有两千七百多吨氯化钠、320吨氯化镁、220吨碳酸镁、120吨硫酸镁等。每1立方米海水中含钾平均为0.38千克，海洋水体储钾总量达到580万亿吨。仅铀的含量就有45亿吨以上，是陆地储量的4 500倍（陆地上仅有几百万吨）。① 人类已利用现代科学手段从海水中提取铀，而铀不仅是国防工业的重要原料，也是核工业的重要原料。所以有人说海水是世界上最贵重的东西，一点也不过分。此外，海水还是巨大的动力资源，可利用潮汐、波浪温度差来发电。

2. 海底石油。石油是重要的能源和化工制品原料，在国民经济中具有极其重要的地位，素有“黑色的金子”和“工业的血液”之称。2009年世界石油剩余探明储量为18 550 443.77万吨，同比增长0.89%，在产油井数为883 691口，估算产量为352 513.0万吨。② 据法国的石油研究所估计，海底石油可采储量为1 350亿吨。1982年K. 欣兹估计，近海石油可采储量1 197亿～2 944亿吨，天然气可采储量为170万亿～175万亿立方米，均占到了世界可采储量的45%左右。到20世纪90年代末，已探明海洋石油储量380亿吨、天然气储量38.7万亿立方米。已有一百多个国家在进行海上石油勘探，其中对深海海底进行勘探的有五十多个国家，海底石油的开采成为世界各国的重点。据预测，到2015年北美、西欧、亚洲以及中东地区的海上天然气产量将占到全世界的70%左右。③ 近年来，我国对海底石油的开采也取得了突破性的进展，加强了世界性深海油气的探测，为我国的国民经济作出了重大的贡献。

3. 海底矿砂。矿砂对人类的发展有着很重大的价值，例如已开采的金刚石、锡石、锆英石以及钛铁矿等。世界著名的金刚石产区在南部非洲。由于奥兰治河河水永不停息的搬运，非洲西南的沿岸海底都有金刚石碎屑的分布。在印度尼西亚到缅甸的海底有一条著名的锡石碎屑矿床。海底矿产的价格高，用途广，如红金石可以提取制造火箭和卫星的生金属钛；锆英石中提取的锆可作核反应堆燃料的保护屏；独居石中的钍可作核反应堆的能源。据统计，目前大约有96%的锆英石、90%的金刚石、98%的红金石和30%的钛铁石，都来自海底矿砂。

4. 锰结核。最早发现于19世纪70年代，产出于水深为700米～6 300米的海底，因此又被称为“海底黑草莓”。这种结核体对人类的经济发展具有特殊重要意义。锰结核的总量估计在3万亿吨以上，其中以北太平洋分布面积最广，储量占一半以上，大约为1.7万亿吨。

（三）海洋是人类发展贸易和友好往来的交通要道

在航空事业发展之前，海运是世界隔洋往来的唯一途径。我国的郑和七次下西洋（1405年），意大利人哥伦布横渡大西洋（1492年），葡萄牙人麦哲伦环球航行以及1915年的鉴真东渡日本等，都是以海洋为通道的。这些以海洋为通道的友好交往活动，增进了各国之间的了解，促进了各国经济、文化的发展，海洋也因此成为联络各国人民的纽带和桥梁。由于海运价

① 陈学雷．海洋资源开发与管理．198页．

② 梁刚．2009年世界石油探明储量、产量及在产油井数．国际石油经济，2010（1）．

③ 杨金森．国家海上力量建设，http：//www.chinaha.net.［2002-05-06］．

格低、连续性强、隐蔽性好的优势，直到现在，海运仍是大宗货物运送所依赖的重要手段。据统计，世界贸易总量有将近三分之二是由海上船舶运输的。因此，海洋对各国经济发展具有重要意义。

（四）海洋是风雨的故乡，全球气候的调节器

全球的气象系统，局部区域的气象状况，均受海洋的制约。若要准确地预报气候，趋利避害，就必须研究海洋；而准确地预报海洋，对于航海、航空、农业、军事等活动又具有十分重要的意义。

（五）海洋是国防的前哨，具有重要的战略地位

海洋的利用一直是各国海洋政策的重要组成部分，海上实力是谋求国家利益的重要工具。沿海国家如不重视海上实力的建设，必将成为海上霸权的牺牲品。海洋在战时是交战国的战场，是舰队支持陆军行动的活动空间；平时则是舰队的战略目标，是保卫国家主权的威慑力量活动的场所。

海洋还可用来布雷、建立海底兵工厂、装置海底探测装置、设立战略基地和补给基地等，而且潜艇可在其中执行隐蔽性的军事任务。为巩固国防，防卫侵略，就必须加强对海洋的科学研究。掌握海洋的天时地利，并研究海上的战略战术，设计现代化武器装备，是建设强大海军不可缺少的重要条件。毫无疑问，随着国防科学技术的发展，海洋在国防、军事上的意义将会越来越大。

除上述作用之外，海洋对人类还有其他作用，如利用海洋环境开辟海上公园、旅游胜地以增加国民收入等。总之，海洋对人类的重大作用是不可忽视的，未来的时代将是人类全面开发和利用海洋的时代。

四、中国与海洋

一个国家的海陆分布，海洋地理、水文、气象、地形、地貌、生物与非生物资源，以及外缘通道等因素，是国家海洋地位、战略和政策的基础，是国家海洋开发、海洋管理方式及海洋法律制度的制约因素。

中国位于太平洋西岸，背靠世界上最大的欧亚大陆，面临最大的太平洋，东部和东南部紧邻太平洋的边缘海，被黄海、东海、南海所环绕。这一地理特征，决定了海洋构成中国的半壁疆域。中华民族自远古时代就与海洋密不可分。通舟楫，兴渔利，是我国先民对海洋的认识和实践。在夏朝至春秋时期，就有了各种海上利用活动，如海上交通、海产品捕捞等。唐宋时期中国的海洋事业处于腾飞阶段，出现了海上贸易活动和渔业、盐业。元末明初，是我国古代海洋事业发展的鼎盛时代，其中典型的事例是在1405—1433年间郑和7次下西洋。明朝中叶至清朝初期，由于民族矛盾和阶级矛盾的尖锐化，封建王朝实行了一系列的海禁政策，使中华民族由盛至衰，一直到1840年中国进一步衰落，直至丧失制海权。在1840—1945年的一百多年间，西方帝国主义列强从海上大规模入侵中国达84次之多，入侵舰船达一千八百多艘，入侵兵力达47万多人，强迫中国签订不平等条约达一千一百多个。中国经济损失之惨重，在世界历史上是罕见的。

据国家海洋局发布的《2013年中国海洋经济统计公报》统计，2013年全国海洋生产总值54 313亿元，比上年增长7.6%，海洋生产总值占国内生产总值的9.5%。其中，海洋产业增加值31 969亿元，海洋相关产业增加值22 344亿元。海洋第一产业增加值2 918亿元，第二产业增加值24 908亿元，第三产业增加值26 487亿元，海洋第一、第二、第三产业增加值占海

洋生产总值的比重分别为5.4%、45.8%和48.8%。① 但受国际市场低迷影响，海洋船舶工业呈下降态势，同时因我国原盐市场受多雨天气、下游产业持续低迷以及原盐进口量激增等原因，导致海洋盐业继续呈下降态势。②

新中国成立后，我国海洋事业取得了重大发展，党的“十八大”提出建设海洋强国的宏伟目标，但我国的海洋事业还面临一些严峻的挑战，“维护海洋权益斗争日益艰巨，海洋空间争夺日趋激烈，改善海洋环境任务愈加紧迫”，所以“我们在海洋开发利用、海洋管理和维权、海洋国际交流、海洋环境保护、海洋发展建设等方面还有大量工作要做”③。

第二节　海洋法的概念

一、海洋法的定义

人类最初的生活空间是陆地，生产及生活都在陆地上进行，获取生活资料的来源也只限于陆上。但随着生产力水平的提高，人类的生产及生活领域不断地扩大，如海上和空间，但更多的是海上。自从人类开始认识到海洋的经济价值，就产生了领有海洋、控制海洋、开发利用海洋的要求。由于国家的形态、各国地理位置及海洋利益上的差异，在上述要求上难免要产生冲突。为保证人类的海上生产活动得以有序地进行，就需要运用法律手段解决这些冲突，在这种背景下也就产生了海洋法。

海洋是一个流动的整体，决定了海洋事务的国际性。许多海洋事务离不开国际协作，所以海洋法也是各国间在海洋事务上不断斗争并相互协商一致的结果。它是以国际法的形式出现的，并且是国际法的一个重要分支。国际法是调整国家间全面关系的原则、制度的规范的总体。而海洋法是确定各种海域法律地位，并调整国际法主体，主要是国家间在海洋领域内从事各项活动而形成的相互关系之原则、制度和规则的总体。

近年来，随着生产力和海洋科学技术的发展，以及人类开发利用海洋能力的不断提高，调整国家在海洋领域各方面关系的原则、制度和规范，也得到了进一步的充实、完善和发展。海洋法最初以领海和公海制度为主要内容，其后不断地补充了一些新的内容，特别是第三次海洋法会议以后，它已形成一个完整的体系，从国际法中分离出来，成为国际法的一个独立的法律部门。海洋法的定义可从以下三个方面来表述：

首先，海洋法是由各种原则、制度和规范而构成的总体。所谓原则就是国家在海洋关系上必须遵守的准则。因为海洋法是国际法的组成部分，在这个综合体系中，国际法的基本原则具有特殊重要的地位，也就是说，国际法的基本原则也是海洋法的基本原则；同时，海洋法作为国际法的一个部门，它所具有的反映其自身特点的原则、制度和规范，都必须符合国际法的基本原则的精神和要求，否则，是无效的。如历史上形成的海洋法上的公海自由原则、国际海峡和国际运河自由航行原则都是与国际法上的和平共处五项原则相一致的。海洋法律制度是指规

① 2013年中国海洋经济统计公报，http://www.soa.gov.cn/zwgk/hygb/zghyjjtjgb/2013njjtjgb/201403/t20140311_30827.html.[2014-08-20].

② 2013年我国海洋生产总值增长7.6%，http://www.gov.cn/xinwen/2014-03/11/content_2636488.htm.[2014-08-20].

③ 刘赐贵．从新的历史起点出发，为建设海洋强国而努力奋斗．载国家海洋局海洋发展战略研究所课题组．中国海洋发展报告．代序．北京：海洋出版社，2013：2-3.

定并调整国家在某一方面海洋关系中的行为规则的总和，如领海制度。海洋法律规范是国家在不同海域进行活动时应遵守的行为规则，如通商航海、海上科学研究、公海上空飞行、与海盗、贩卖奴隶、海上非法广播等国际罪行作斗争的规则、海战的一般规则、战时禁制品规则等。这些原则、制度和规范就构成了整个海洋法的内容和体系。

其次，海洋法是规定各种海域的法律地位的原则、制度和规范的总和。从海洋的物理特性上来说，海洋是一个统一的整体，但在法律上，它却被划分为各种不同的区域。从《海洋法公约》看，迄今为止属于海洋法调整范围的海洋区域，已经被划分为如下几种：内水、领海、毗连区、用于国际航行的海峡、群岛国及其水域、专属经济区、大陆架、公海、国际海底区域。上述各种区域的法律地位各不相同，而国家在不同海域所行使的权利和承担的义务的性质和范围也是不尽相同的。这种规定不同海域法律地位的原则、规则和制度的总和就是海洋法的重要组成部分。了解各种海域的法律地位，对于国家正确行使其海洋权具有重要意义。

最后，海洋法是调整国家间在各海洋领域内从事各项活动而形成的相互关系的原则、制度和规则的总体。随着海洋科学技术的发展，国家在海洋各区域的活动大大地加强了，这些活动都要求有相应的法律加以规范。而海洋法就是调整国家在上述活动中形成的相互关系的法律原则、制度和规则的总体。海洋法的这部分内容与规定各种海域的法律地位的内容有着密切的联系。

二、海洋法的特点与性质

（一）海洋法的特点

海洋法是法，而且是国际法，因而海洋法不同于国内法，它具有自己的特点。

1. 国际性。这是由海洋的物理特性所决定的。海洋作为法律关系的客体，其主要构成部分为海水水体，海水水体连续不断的统一性及循环性，决定了它必然是连通世界各沿海国的重要地理媒介。如航运、环保、资源开发与保护无一不与各沿海国相关。而在人类共同继承财产之下，内陆国和地理位置不利国的利益也与海洋不无关系。海洋与众多国家的关联性，必然要求规定海域法律地位的海洋法最大限度地体现各国利益。换言之，海洋法的制定与实施需要各国的广泛参与和合作。在众多国家参与、合作之下产生与运作的海洋法就必然拥有广泛的国际性。

2. 综合性。海洋法的内容具有综合性。海洋法的综合性，源于海洋资源的复合性，在上节有关海洋的定义中我们已经提到，广义的海洋包括海水水体、生活于其中的生物、海岸、海床和底土等，其中任何一部分都不能独立存在，而且，其中任何一部分的开发和利用活动都会对其他部分有所影响，如海上航行活动就有可能影响到海底电缆的铺设活动，而且还有可能因排污和其他海上事故污染海水水体、海洋生物、海岸等；海底的开发也可能会污染海水水体和影响海上航行活动；海洋渔业的捕捞和养殖活动也会对海上航行和其他活动带来不利影响。同时海洋生态系统也是一个综合的有机整体，系统中的各部分环环相扣、相互作用、相互影响，一个环节的破坏，就可能导致整个海洋生态系统平衡的破坏，进而影响人类的生存和发展。如英国石油公司（BP）在墨西哥湾租用的“深水地平线”钻井平台发生爆炸引起的原油泄漏，造成严重环境污染和重大经济损失，其负面影响短期内难以消除，相应的捕鱼业、沿海旅游业等则遭受了直接的巨大损失。正是海上活动的相互关联性，使得规范上述活动的法律规范的总体具有普遍的联系性，共同构成海洋法这一国际法的重要法律部门。如海洋法中的海岸带管理法、海洋环境保护法、渔业法、港口法、领海与毗连区法、大陆架法、矿产资源法、海上交通安全法等都是海洋法的重要内容。这些内容极为广泛，涉及自然科学的各学科和各专业，也涉及社会科学的各个学科，同时还涉及政治、经济、军事、科学和文化。此外，从海洋法的形式上看，海洋法既有国际法也有国内法。国际法中最具代表性的即为《海洋法公约》，我国在1996年5月15日批准了此公约，其于同年7月7日开始正式对我国生效。当然，公约不是唯一的国际海洋法，其他有关海洋问题的国际条约、国际习惯、国际司法判例等，都有其相应的地位和效力。国内法上，自新中国成立以来我国陆续颁布了《中华人民共和国领海及毗连区法》《中华人民共和国专属经济区和大陆架法》《中华人民共和国海洋环境法》《中华人民共和国海域使用管理法》等相关法律和相关的行政法规，如《中华人民共和国国际海运条例》《防治船舶污染海洋环境管理条例》等。综上可见，海洋法是综合性很强的法律部门。

3. 科学技术性。海洋是随着海洋技术的发展，而不断地被纳入各种不同的海洋法律关系的，正是因为海洋科学技术的发展，人们开发利用海洋资源才成为可能，这种可能性加深了人们对海洋价值的认识。也正是基于对海洋价值的认识，人们才产生了将其纳入法律关系客体的愿望和要求。因而，每一项海洋科技的新发现，往往会带来海洋开发领域的扩大和新的法律制度的产生，这些海洋法律制度也总是以相应的科技成果为其主要内容，如大陆架法律制度就是以海洋地质学为基础而发展起来的。此外，海洋法中的许多规范是由海洋资源、环境开发与保护的技术规范转化而来的，如海洋环境保护法中的海洋倾倒、陆源污染、石油勘探开发防止污染等法律制度，都是根据生态平衡、环境与资源分布变化规律和经济规律而制定的。这一方面说明了海洋法对海洋科学技术的依赖性，另一方面也说明了海洋法具有很强的自然科学性。

4. 国家权益性。海洋法是国际法的一个分支，其主要内容就是有关各种海域的法律地位的规定。具体而言，它规定了国家在各种不同海域的权利和义务，同时也涉及行使权利的界限，也即国家在各种海域的划界关系。当相邻或相向国家没有足够的海域可供划分的时候，在有关划界的原则和方法上，就必然发生纠纷。各国为了领有、管辖海域和岛屿，往往通过国内立法和签订国际条约的方式来主张国家对各部分海域的权益。

（二）海洋法的性质

海洋法是国际法的重要组成部分，是国际法的一个新兴部门。与国际法的其他部门相比，它具有以下性质特征：

1. 海洋法的效力范围是世界海洋。海洋是生命的摇篮，其总面积约为3.6亿平方千米，约占地球表面的71%，面积是陆地的2.5倍，其中蕴藏着丰富的宝藏。海洋从其物理特性上看，是一个连绵不断、统一的海水水体，但在法律上却被划分为不同的海域。传统国际法将海洋分为领海和公海两部分，即“领海之外是公海”。1958年“日内瓦海洋法四公约”将海洋划分为五个海域，即内海、领海、毗连区、大陆架和公海。1982年《海洋法公约》又将其划分为10个海域，即内海、领海、毗连区、用于国际航行的海峡、群岛与群岛水域、闭海或半闭海、专属经济区、大陆架、公海和国际海底区域。不同的海域具有不同的法律地位，实行不同的法律制度，这些法律制度已为国际社会绝大多数国家所明示和默示承认。因此，无论是处于国家完全管辖下的海域，还是处于国家部分管辖下或国家管辖之外的海域，都由海洋法加以调整，适用海洋法的有关规定。海洋法的效力及于世界全部海洋。

2. 海洋法调整的是国际关系，是国际法主体（主要是国家）在各种不同海域从事海洋活动而发生的权利和义务关系。各种海域具有不同的法律地位，因为国际法主体主要是国家，各种不同海域内的管辖权、航行权、海洋资源所有权及开发和利用权、铺设海底电缆和管道权、科学研究权以及相应的义务也不尽相同，海洋法所调整的就是这种权利和义务关系。

3. 海洋法主要是规范国家在开发和利用海洋活动中的权利义务关系的各项法律制度。

4. 在和平解决海洋争端方面，海洋法有其独特的程序。按照《海洋法公约》第286条的规定，有关公约的解释或适用的任何争端，如经争端任何一方请求，可提交根据该公约具有管辖权的国际海洋法庭。这是海洋法的一个很重要的特征。

课后复习

1. 什么是海洋？海与洋的区别与联系是什么？
2. 海洋的作用有哪些？
3. 海洋法有什么特点？

第二章
海洋法的渊源

提 要

海洋法的渊源分为主要渊源和辅助渊源。主要渊源有国际条约和国际习惯。辅助渊源有一般法律原则、司法判例、权威公法学家学说等。公允和善良原则在海洋法领域具有重要的意义。

重点问题

1. 海洋法渊源的含义与分类。
2. 海洋法的主要渊源。
3. 公允和善良原则的性质与实践。

第一节 海洋法的渊源

一、海洋法渊源的含义与分类

法的渊源，又称"法源"或"法律渊源"，其原意为法的"来源"或"源泉"。在现实生活中，一种行为规则之所以产生并上升为法律，往往是多种因素共同作用的结果，因此，法的"渊源"一词可以指不同的对象，如历史渊源、理论渊源、政治渊源等。

但作为专门的术语，"法的渊源"这一概念在法学、特别是立法学中有特定的含义。它是指法的效力作用和意义的法的外在表现形式，因此法的渊源也叫"法的形式"，它侧重于从法的外在的形式意义上来把握法的各种表现形式。在这个意义上的法的渊源又被称为法的"形式渊源"，因为它不涉及法的力量的内在的终极的来源，而仅仅指出法律规范效力在形式上的来源。

一般来说，国内法的渊源是立法、习惯和法理。与国内法相类似，国际法的渊源是条约、习惯和一般法律原则。

海洋法是国际法的一个分支，应当说，国际法的渊源的范围就是海洋法的渊源的范围。

学者将渊源分为主要渊源和辅助渊源两类。这种划分可以在《国际法院规约》第 38 条中找到依据。而且，其也是对国际法渊源，进一步说是对海洋法渊源的权威说明。

> 一、法院对于陈述各项争端，应依国际法裁判之，裁判时应适用：
>
> （子）不论普通或特别国际条约，确立诉讼当事国明白承认之规条者（international conventions，whether general or particular，establishing rules expressly recognized by the contesting parties）。
>
> （丑）国际习惯，作为通例之证明而经接受为法律者（international custom，as evidence of a general accepted as law）。
>
> （寅）一般法律原则（general principles of law）为文明各国所承认者。
>
> （卯）在第五十九条规定之下，司法判例及各国权威最高之公法学家学说，作为确定法律原则之补助资料者（as subsidiary means for the determination of rules of law）。
>
> 二、前项规定不妨碍法院经当事国同意本“公允及善良”（ex aqua et bono）原则裁判案件之权。①

由此可见，海洋法的主要渊源是国际条约、国际习惯。辅助渊源是一般法律原则、司法判例和权威公法学家学说。

考察海洋法渊源的范围，除了国际法院规约和其实践外，还可以从其他海洋法争端解决机构中来分析和比较。《海洋法公约》第 287 条第 1 款对海洋法争端解决的法律机构作了明确的规定：“一国在签署、批准或加入本公约时，或在其后任何时间，应有自由用书面声明的方式选择下列一个或一个以上的方法，以解决有关本公约的解释或适用的争端：(a) 按照附件六设立的国际海洋法法庭；(b) 国际法院；(c) 按照附件七组成的仲裁法庭；(d) 按照附件八组成的处理其中所列的一类或一类以上争端的特别仲裁法庭。”国际海洋法法庭是专门的海洋法争端解决机构，虽然国际海洋法法庭成立较国际法院晚，早期的海洋法争端主要是由国际法院来处理的，但是国际海洋法法庭也处理了不少的海洋法争端。

所以本章主要从国际法院和国际海洋法法庭两个机构的实践来说明理论问题。

二、海洋法的主要渊源

（一）国际条约

国际条约（international treaty）是指国际法主体间为明确彼此间的权利义务关系而缔结的有拘束力的协议，是国家间进行交往的重要法律形式。“条约必须信守”（pacta sunt servanda）是一项重要的习惯国际法规则。《联合国宪章》序言中申明，各国应“尊重由条约与国际法其他渊源而起之义务”。《国际法院规约》第 38 条第 1 款将条约置于国际法院裁判案件所适用的国际法的首位。1969 年《维也纳条约法公约》明确规定，“凡有效之条约对各当事国有拘束力”。这样的条约，无论是普通的（general）还是特别的（particular），只要确立了当事国之间的权利义务关系，如发生相关争端，当然优先适用该条约的规定。

国际海洋法法庭赖以成立的《海洋法公约》本身就是条约，而且是“比以往任何国际条约更广泛的多边条约，其深远意义仅次于联合国宪章”②，所以国际海洋法法庭首先是适用《海洋法公约》。当适用《海洋法公约》不足以解决争端时，还应从其他国际条约中寻找法律依据。特别是把有关解释或适用与《海洋法公约》有关的现行有效条约或公约的争端提交到国际海洋

① 邵津主编．国际法．北京：北京大学出版社，2000：12.

② 李铁成．联合国五十年．北京：中国书籍出版社，1995：305.

法法庭时，法庭更应该考虑该条约或公约的规定，而不论它是产生于《海洋法公约》之前还是《海洋法公约》之后。例如，《国际船舶载重线公约》《关于统一有关国有船舶豁免的某些规则的国际公约》、1969年《国际船舶吨位丈量公约》、1974年《国际海上人命安全公约》、1971年《关于海上运载核材料方面民事赔偿责任的国际公约》《关于干预公海油污事件国际公约》、1973年《防止船舶污染公约》《国际管制捕鲸公约》等都是与《海洋法公约》主题事件有关的公约，它们在国际海洋法法庭的判案中也是应适用的法律。在南方金枪鱼案件中，国际海洋法法庭肯定，澳大利亚和新西兰与日本之间的争端不仅涉及1982年《海洋法公约》的解释和适用，还涉及1993年《养护南方金枪鱼公约》的解释和适用。澳、新两国表示：国际海洋法法庭对该案规定的临时措施将有助于当事各国履行其1982年《海洋法公约》、1993年《养护南方金枪鱼公约》及习惯国际法的义务。①

（二）国际习惯

国际习惯，又称“习惯国际法”，是指经接受为法律的一般实践、惯例或做法。国际法院或国际海洋法法庭所适用的国际习惯需要具备两方面条件：一是成为通例（a general practice），即世界各国在实践上一般都已实行这种做法；二是要经接受为法律（accepted as law），即各国都承认这种通例具有法律约束力。这与国际法院在解决海洋法争端“北海大陆架案”判决中所指出的形成习惯法的诸因素是一致的。这些因素包括：国家实践一般性的因素或所谓物质因素，即在某一方面国家实践实际上一致而且参加实践的国家广泛而有代表性，包括了最有利害关系的国家；以及“法律确信”（opinio juris），所谓心理因素，即这种实践是基于对于一项法律规则或法律义务的一般承认（a general recognition）。

国际法院在尼加拉瓜诉美国“对尼加拉瓜的军事和准军事行动案”判决中指出：美国有义务由于其违反习惯国际法义务对尼加拉瓜造成的所有损害作出赔偿。从国际法院在该案中所适用的法律来看，有两点可以肯定，一是习惯国际法仍是国际法院判案的重要法律依据；二是多边条约不能取代习惯国际法的存在。国际海洋法法庭在未来的实践中，定会注意到习惯国际法在判案中时的作用。

习惯国际法是最古老、最原始的国际法渊源，也是传统国际法的首要渊源。其在海洋法渊源中的地位也是很重要的，对海洋法的编纂和发展也起了很大的作用。

考察一下海洋法发展的历史就可以证明这一点。17世纪荷兰法学家格劳秀斯为了维护荷兰资本主义的利益，于1609年发表了著名的《海洋自由论》，明确了海洋自由的观点，认为海洋不能被占有，因为航行与捕鱼都是不能使海洋罄竭。1618年英国学者约翰·赛尔顿反对格劳秀斯的理论，在《闭海论》一书中，认为海洋并不到处都是共有的，海洋应该为国家所使用，英国君主有权领有围绕英国四周的海洋。格劳秀斯在理论上奠定了“公海自由”原则的基础，而约翰·赛尔顿的观点奠定了“领海主权”原则的基础，二者到19世纪初已成为习惯法的重要原则。此外，国际法院的判例也确定了一些习惯法规则，如公平原则、自然延伸原则等。

19世纪以后，习惯国际法已经越来越无法适应当代社会对法律的明确性、可靠性要求。特别是在当代国际社会许多涉及经济和高技术新领域里，习惯法无法针对具体复杂的技术细节进行调整规范。为适应社会变化的需求，提升法律的稳定性和明确性，自20世纪初期以来，特别是第二次世界大战之后，国际社会开始致力于有组织的海洋法编纂工作，逐渐地将许多海洋法的习惯规则以条约的成文规则形式制定或表现出来。如1958年联合国第一次海洋法会议

① 赵理海．南方金枪鱼案——国际海洋法法庭的首例渔业争端．中外法学，2000（1）：17－128．

在原来海洋法习惯规则体系的基础上制定了《公海公约》等四个国际公约，后又经第三次海洋法会议制定了《海洋法公约》。

三、海洋法的辅助渊源

（一）一般法律原则

一般法律原则乃各国国内法体系中所包含的共同的原则。[①] 具体说，一般法律原则应是世界各主要文明代表国家、各大法系代表国家国内法中，特别是国内私法中所存在的一般性、共同性的法律原则，各国法律体系彼此各异，但也存在一些被普遍承认的法律原则，可以用在海洋法领域填补国际条约和习惯的空白。但由于一般法律原则不容易确定和把握，国际法院与国际联盟时期的国际常设法院在实际判案中很少运用。从已有的判例来看，曾被实际运用过的情形有：国际常设法院在1927年的“霍茹夫工厂案”中以“已决之案”原则判定霍茹夫工厂的财产转移是合法的；国际法院在1962年“隆端寺案”中根据“禁止反言”（estoppel）原则驳回泰国认为地图存在错误的主张等。

《国际法院规约》规定法院可以适用一般法律原则判案，明文承认了国际条约和国际习惯所表现的法律原则之外的法律原则也可以适用，否定了极端的实在法主义的学说，也消除了担心产生这样的情形的疑虑，即：国际法院对于一个案件因无可以适用的法律而必须拒绝作出判决。但实际上，“国际法院适用一般法律原则的机会不会太多”[②]。

（二）司法判例

司法判例（judicial decisions）包括国内司法判例和国际司法判例。国内司法判例虽不是国际海洋法的渊源，但诸多的国内涉外判决反映了国家的对外实践，从而作为国际习惯的一部分在国际海洋法上起作用。国际司法判例主要是国际法院和国际常设法院的判例，也包括专业性的国际法院和法庭（如国际海洋法法庭）、区域性国际法院和法庭（如欧洲和美洲的区域性司法机关）、国际仲裁法院（如常设仲裁法院）以及特别仲裁法庭等的判例。由于国际法院是联合国的主要司法机关，国际法院的判例在司法判例中占主要地位。

由于《国际法院规约》第59条规定，法院之裁判除对于当事国及本案外，无拘束力，所以国际法院并不能把司法判例当作判例法来直接适用。但是，它引用司法判例，已是司空见惯。国际法院尽管不能直接适用司法判例来确定当事国的权利、义务，却能引用司法判例来证明某一国际法规则的存在、意义和效力，从而影响法院对案件的判决。从国际法院对一些海洋法的争端案件的判决可知国际司法判例对海洋法的发展起着重要的促进作用。例如，在“科孚海峡案”中，国际法院认为“连接公海的两个部分并用于国际航行”的海峡为“自成一类”的海峡，并规定了国际海上通道和无害通行的标准。国际法院的这一提法为1958年《领海与毗连区公约》第16条第4款所接受，并进一步规定在《海洋法公约》中。在“英挪渔业案”中，国际法院所确认的划定领海界限的直线基线法分别收在《领海与毗连区公约》第4条和《海洋法公约》第7、8条中，成为一项公认的习惯法规则。在“北海大陆架案”中，国际法院所阐明的自然延伸原则成为《海洋法公约》关于大陆架定义的一部分。所以，国际法院根据国际法的原则和规则进行裁判，又从推论与分析中引申和发展了某些原则和规则，使它们在实践中得到确认。“国际法院在解决海洋法争端中所作的判决，既是国家实践的过程，也是法律确认的

---

① 周鲠生．国际法．北京：商务印书馆，1983：791.

② 詹宁斯，瓦茨修订．奥本海国际法．王铁崖等译．北京：中国大百科全书出版社，1995：23－24.

过程。”[①] 它对于目前仍然发生作用的传统海洋法规则加以确认和发展，对于业已形成并已逐渐获得广泛接受的习惯规则加以确认，对于没被广泛接受的规则作了适当的解释，这对于现代海洋法的编纂和发展有着重大的影响。

（三）权威公法家学说

公法家学说（the teachings of the publicists）同司法判例一样，本身不是法律原则和规则。实际上，在国际法院的裁决中很少见到直接引用国际法著作，甚至海洋法著作，而其在国际仲裁法庭、国内法院的裁决中，或在国际法院法官的个别意见或反对意见中被援引得较多。所以，权威公法学家学说的作用只不过是：法院或法庭只能从学说中获得启示，或法官在发表自己的意见时可以从学说中引经据典，但不能直接找出法律原则或规则作为判案的依据。

（四）普遍性国际组织的规范性决议

对于普遍性国际组织的决议是否成为海洋法的辅助渊源也是值得探讨的问题。联合国在海洋法方面通过的重要规范性决议，例如，1970 年《关于各国管辖范围以外的海床、洋底及其底土的原则的宣言》《关于执行 1982 年 12 月 10 日〈海洋法公约〉第十一部分的协定的决议》等具有很重要的参考作用。

第二节　适用公允和善良原则

《海洋法公约》第 293 条第 2 款规定：“如经当事国各方同意，第一款并不妨碍根据本节具有管辖权的法院或法庭按照公允和善良原则（ex aqua et bono）为一项案件作出裁判的权力。”该条款是以《国际法院规约》第 38 条第 2 款为基础的。第三次联合国海洋法会议 1976 年会议讨论《海洋法公约》中的争端解决机制时，有意见指出这条规定似乎更强调当事方而不是法院或法庭的作用，应该明确主要是法院或法庭可以依据公允和善良原则作出决定；因此，条文应被修改而包括两个基本因素：(a) 法院或法庭行使依据公允和善良原则作出决定的权力必须由争端当事方之间的协定特别授权；(b) 在这种情形下，依据《海洋法公约》第十五部分第二节具有管辖权的法院或法庭应有义务依据公允和善良原则作出自己的决定。最后，该款以与《国际法院规约》的相应条款更接近的措辞确定下来。

一、公允和善良原则不属于法律性质的原则

阿库斯特认为：一个本着公允及善良原则作出的判决，意味着这是一个不仅适用衡平（equity）而且以衡平凌驾其他一切规则的判决。而“衡平”在此并非指英国法中所具有的那种专门含义，而是与正义（justice）同义。衡平在今天是否构成国际法的渊源是有疑问的。[②]《奥本海国际法》也认为国际法院依照公允和善良原则作出判决将不以法律规则的适用为依据，而是以法院在一些情形下可能视为正确和正当的其他考虑为依据的。[③]《国际法院规约》第 38 条第 2 款的意义是经当事国同意，法院不必严格遵照国际法的现有规则，而是按照正义和案件的是非曲直解决争端。可见，公允和善良原则是以公平和正义为基础的，但不是一项

① 陈致中．国际法院与现代海洋法的发展．北京：中国国际广播出版社，1993：433.

② 转引自吴慧．国际海洋法法庭研究．北京：海洋出版社，2001：120.

③ 詹宁斯，瓦茨修订．奥本海国际法：26.

法律原则。所以，公允和善良原则是与国际法上的法律原则——公平原则相区分的。这一点在解决海洋法争端时尤为重要，因为公平原则成为国际法的法律原则可以说始于海洋法律规范。

1945年9月28日美国总统杜鲁门发表的《关于美国对大陆架底土和海床自然资源的政策宣言》（简称《杜鲁门公告》）指出，有关大陆架的疆界“应该由美国和有关国家按照公平原则加以确定”[①]。公平原则和通过相互协议划界，便构成后来有关海域划界问题的全部历史的基础。在以后的一系列海洋法争端中，争端当事国都积极地主张公平原则作为划界的基础，通过协议的方式提出具体的划界规则和处理办法。因而，国际法院在1969年“北海大陆架案”、1977年“英法大陆架案”、1982年“突尼斯和利比亚大陆架案”、1985年“利比亚和马耳他大陆架案”、1993年“格陵兰和扬马延海洋划界案”等案中，不断地运用了公平原则，因为直接源于正义思想的公平成为一个法律概念，而且是一个直接可以用做法律的普遍原则。

既然公平原则为法律原则，它与公允和善良原则的区别就不言自明了。法院或法庭只有在当事方同意时才能适用公允和善良原则；而对于公平原则，法院或法庭有义务运用，因为它是国际法的一部分，每一案件的解决都应是正义和公平的权衡。但它们追求的目的是一致的，即以公平、正义的方式达到公平、正义的结果。在实践中，如果争端当事方同意，应将两原则结合起来行使。

二、公允和善良原则的实践

考察国际法院和先前的国际常设法院的规约可见，它们都将公允和善良原则作为法院判案的依据。“不是为了预防无法律规范适用的情况，也不是弥补法院因适用法律规范而造成的不公允或不善良的结果，而是为了给争端当事方一个选择的机会。如果争端当事方做此选择，法院的任务就近乎仲裁了。”[②] 但是从这两个法院的实践来看，国际法院适用该原则的机会很少，国际常设法院仅在1930年的“瑞法自由区案”中使用过相关的词句，却招来很大争议。可以说公允和善良原则在这两个法院是形同虚设的。在审理海洋法的争端方面也是无一先例。但是《海洋法公约》第293条仍沿袭此原则一定有其道理。

法律不是万能的，法律之外要有道德的支撑。法律是基本的道德，公允和善良原则距离法律规范仅一步之遥，它所体现的公平、正义却是代表整个人类的道德理性的。国内法是这样，国际法也是如此。把法律规范回归到人类的自然理性，不失为一种社会的进步。尽管实际上接近于零，不等于在海洋法领域没有适用它的可能。海洋法领域的争端是异常复杂的，涉及历史的、地理的、文化的、政治的、经济的、技术的等等很多因素，争端问题的解决本身就是艰巨的，这就更需要真诚、善意和合作。在该领域，公允和善良原则极易和公平原则取得一致。

课后复习

1. 海洋法的主要渊源和辅助渊源有哪些？

---

① 吴慧．国际海洋法法庭研究：121.

② 周鲠生．国际法：793.

2. 国际习惯是怎样成为国际法或海洋法的渊源的？
3. 普遍性国际组织的规范性决议能否成为海洋法的渊源？
4. 如何理解公允和善良原则？
5. 适用公允和善良原则的实践意义是什么？实践情况如何？将有什么样的发展？

第三章
海洋法的历史发展及编纂

提　要

海洋法是随着生产力水平的发展而产生和发展的，其萌芽于古代社会，产生于近代社会，全面发展于现代社会，经历了古代、中世纪、近代、现代四个发展阶段。海洋法的历史发展与海洋法的法典编纂是密切相关的，在海洋法的历史发展进程中，通过召开国际会议共进行了四次集中的编纂活动。第一次是1930年海牙会议，第二、三、四次是第一、二、三次联合国海洋法会议，最终形成了“宪法性”的国际海洋法法典——1982年《海洋法公约》。

重点问题

1. 海洋法的历史发展进程。
2. 近代和现代海洋法时期的代表制度内容。
3. 海洋法的编纂含义。
4. 第三次海洋法会议的编纂内容。

第一节　海洋法的历史发展

所谓海洋法的历史发展，是指海洋法作为一种社会现象，它的产生与发展过程。而海洋法的编纂则是指把有关开发利用海洋的法律原则制度和规则条文化和系统化，简而言之，即是海洋法的法典化。编纂海洋法实际上是海洋法历史发展的一种形式和步骤，所以二者是有着密切联系的。

海洋法作为国际法的一个重要组成部分，是整个政治法律上层建筑不可缺少的因素。它产生于社会发展的一定阶段，在每个历史时代，其本质和特征都是由当时占统治地位的社会经济结构的基本特征决定的，而这种社会经济结构又是与当时的社会生产力发展水平相适应的，因而海洋法的历史发展是与整个社会发展史相适应的。不同时代的海洋法具有不同的特点，这符合历史发展规律的科学结论。

关于海洋法的历史阶段的划分，不同的国际法学者有不同的划分方法和结论。如有的学者把海洋法的历史发展阶段分为古代、中世纪和17世纪以后的三个发展阶段。[①]

综合考虑各种因素，海洋法的历史发展可划分为：古代海洋法（公元前15～公元5世纪）；中世纪海洋法（公元6～16世纪）；近代海洋法（公元17世纪～1919年）；现代海洋法（1919年至今）。

一、古代的海洋法

在奴隶社会，人类开发利用海洋的能力十分有限，国家的君主只是满足于其陆地上的统治权，尚无法控制海洋，海洋资源的利用微乎其微。但是随着国家和法的产生，海洋法已经萌芽。古罗马法的《优士丁尼法典》第一次以法律的形式宣布了海洋的法律地位，规定海洋是“大家共有之物”，所有的人都可以自由利用海洋。[②] 这一法律规定，对于我们了解其后的公海自由原则具有极其重要的意义，但也不能因此而得出结论说，古罗马已有了公海的概念并且已经承认公海自由。因为罗马法是适用于罗马人的国内法，对其他国家是无效的。由于当时社会生产力的落后，国际市场的缺乏，还不可能形成公海的概念和公海自由原则。除古罗马外，古希腊各国的同盟条约中有“统治海洋”“成为海洋主宰”等词句；而雅典人由于其商业利益，不赞成霸占海洋，主张海洋自由。此外，印度的《摩奴法典》、欧洲地中海地区所编纂的海事法典中都具有一些与海洋有关的法律规范。

由此可见，海洋法早在奴隶社会即已萌芽，它对于以后海洋法的发展无疑具有重要的影响。但是由于当时生产力的低下和国际关系的简单化，世界各个地区有关海洋的法律规定并不统一，这个时期只是海洋法的萌芽阶段。

二、中世纪的海洋法

封建时期的社会生产力已有很大的提高，海洋利用活动亦有所增加。特别是在航海、渔业、采珠业、晒盐业等方面，原能力已有了很大的提高。我国历史上的郑和下西洋（1405年），欧洲的哥伦布发现新大陆（1492年），麦哲伦做环球航行（1519年），都是在封建社会后期完成的。封建君主的土地领有权开始向海洋发展，出现了争夺海洋霸权的斗争。这样，就使得封建君主要求将其土地的占有权扩展到海洋，例如，英国国王在确定不列颠君主权力所及的海域界限时，曾宣布自己为“诸海的主权者”“海洋之王”“四面八方的英国海之王”的头衔。英国试图对被称作“狭海”（narrow seas）的英吉利海峡、多佛尔海峡和爱尔兰海确立自己的主权。在北欧，瑞典控制了波罗的海，丹麦—挪威联合王国控制北海，在地中海地区，威尼斯共和国控制亚得里亚海，热那亚共和国控制了里海，等等。正如美国作者斯科特所说：“到17世纪初，欧洲海中大概没有任何一个部分是处于某种权力要求之外的”。由于各国统治者对海洋权利的要求是重叠的，国家间发生纠纷和战争是不可避免的，并且也为此缔结过一些国际条约，如1494年6月7日西班牙、葡萄牙之间的《托底西纳斯条约》，规定沿着佛得角群岛以西370里格子午线将南半球分成东西两部分，西部所有领土为西班牙所获，东部则归属葡萄牙。这样，《托底西纳斯条约》就使西、葡两国的主张合法化，实现了葡萄牙对巴西、非洲、印度和东印度的管辖；西班牙对中美洲大部分、南美洲以及穿过太平洋至菲律宾的管辖。然而，我

---

① 魏敏主编．海洋法．北京：法律出版社，1987：7-9.

② 优士丁尼．法学阶梯．北京：中国政法大学出版社，1999：111-112.

们并不能得出结论说，领海制度已经形成，因为各国统治者的这种权利要求是针对海洋提出来的，而不是针对某一部分海洋或某一海水带提出来的。

各国封建统治者对海洋的统治权的要求是君主权力的进一步扩展，它是与整个封建社会的君主政治相一致的。而封建统治者之间争夺海洋权则是封建社会海洋法的特点。与此同时一些学者在某种程度上提出了领海问题，如罗马注释法学家巴尔多鲁于 14 世纪中叶宣称，毗连水域是君主管辖的，并且谈到了对距海岸 100 海里之内岛屿的管辖权；14 世纪末，巴尔多鲁的门生巴尔德十分肯定地声称，邻接一个国家的海是属于该国管辖的区域，等等。但是由于当时生产关系和君主政治的束缚，这些主张未能形成领海制度。领海和公海制度是伴随着封建社会内部资本主义因素的发生发展乃至资本主义制度的确立才出现并形成的。

三、近代海洋法

14、15 世纪，欧洲资本主义已经萌芽，16 世纪，西欧开始进入资本主义时期。远航事业的发展导致了 15、16 世纪地理大发现，而地理上的大发现又刺激了资本主义的产生和发展，争夺海外殖民地、航海贸易和奴隶贩卖垄断权的斗争日益激烈，马克思和恩格斯在《共产党宣言》中指出："美洲的发现、绕过非洲的航行，给新兴的资产阶级开辟了新天地。东印度和中国的市场、美洲的殖民化、对殖民地的贸易、交换手段和一般商品的增加，使商业、航海业和工业空前高涨，因而使正在崩溃的封建社会内部的革命因素迅速发展。"① 由于生产力提高而导致资本主义生产关系的变化，促使海洋法发生了历史性的变革。

瓜分海洋的斗争最早是在葡萄牙和西班牙两个早期的殖民国之间展开的。由于地理大发现，葡萄牙要求占有摩洛哥以南的大西洋，西班牙则要求占有太平洋和墨西哥湾。1493 年和 1506 年亚历山大六世帕巴尔·希尔发布教皇敕令，指定大西洋的一条子午线（亚速尔群岛和佛得角群岛以西 100 海里）为葡西两国行使权力的分界线，该线以东及西面的巴西，属于葡萄牙的范围；该线以西则属于西班牙的范围。两国在自己的特别区域内享有商业垄断权，其他国家的船舶在这些地区内航行或通商须经过这两个控制国的许可。

很明显，葡西两国对海洋的垄断，对于欧洲其他国家资本主义制度的产生和发展是一种障碍，因而，不可避免地要受到挑战，因为新兴资本主义生产关系的发展要求海洋自由。海洋大国都希望在全世界所有地区无限制地通商。葡萄牙和西班牙在南半球的排他性领土、贸易和航行的垄断，导致与后来的主要海洋大国如英国、荷兰的激烈摩擦与冲突。

16 世纪末和 17 世纪初，荷兰的远洋航海和殖民主义活动发展了起来。一些荷兰公司派船到东印度群岛从事殖民贸易，葡萄牙把这些船只视为与葡属殖民地非法通商的海盗，经常以武力袭击荷兰的船舶。为了反对葡萄牙对海洋的垄断，荷兰东印度公司发动了战争，1604 年，东印度公司的希姆斯柯克将军，捕获了一艘葡萄牙船只"桑干塔·卡塔尔娜号"，并将其带到阿姆斯特丹，当作捕获物处理。为了在法律上论证这种行为是正确的，东印度公司邀请当时任东印度公司律师的雨果·格劳秀斯为公司辩护。年轻的格劳秀斯（当时不到 22 岁）于 1604～1605 年间写出了他的《论捕获法》一书，但当时未能出版。1609 年以"海洋自由论"为题发表了该书的第十二章。在该书中，格劳秀斯的这种理论提出了"公海"的概念。在理论上奠定了"公海自由"的原则基础，因而在海洋法的发展史上具有重要历史意义。之后，他的理论逐渐得到广泛的承认。从 17 世纪末起，各国逐渐放弃了对广大海洋领有权的要求，国际法学者

① 马克思恩格斯选集 . 3 版 . 第 1 卷 . 北京：人民出版社，2012：401.

也开始承认海洋自由。而到18世纪初，无论在各国的习惯做法上还是在理论上，海洋自由原则都被确定下来了。

公海概念和公海自由原则是资本主义生产关系的产物，它是在中世纪君主权力的斗争中产生的。格劳秀斯的理论则代表了资产阶级的这种要求。公海概念和公海自由原则的出现，自然提出了一个问题，即所谓的公海的范围是怎样的？是否包括所有的海洋？如果不是这样，就应将各种海域加以区别。因而随着公海制度的形成，还同时确立了另一种制度，即领海制度。

实际上，格劳秀斯的“公海自由论”并没有被立即接受，而受到了一些国家的反对，英国的反响尤为强烈，虽然英国承认公海航行自由，但却坚持邻近英国海岸的海域的渔业专属权。因为公海自由将影响英国的渔业权利，1613年，英国的W. 韦尔伍德发表《海洋主权论》，提出邻接海岸的沿岸水域必须由该国管理，包括航行权和捕鱼权。1635年，英国学者约翰·赛尔登所著的《闭海论》一书出版，作者反对格劳秀斯的理论，认为海洋并不到处都是共有的，海洋应该为国家所使用，英国君主有权领有围绕英国四周的海洋。赛尔登的理论产并没有从根本上扼杀格劳秀斯的海洋自由理论，但却开始形成区别领海与公海的理论，就英国本身而言，其后也逐渐放弃了海上控制论，而倾向于划分沿海国主权范围和公海海域。从这一点上说，赛尔登的理论收到了意外的效果。

就格劳秀斯本身而言，实际上也并不反对国家对海域拥有主权。1625年，格劳秀斯在其经典著作《论战争与和平法》一书中承认，对海洋的一部分，譬如，封闭的海湾、海峡等，国家可以拥有主权；同时还提出，国家对沿海那部分海域行使主权，在这里，“对航行者的控制可以不小于在陆地上的制约”。由此可以合理地推论说，格劳秀斯并不反对领海的概念。

17世纪末，意大利学者真提利斯（Gentilis，1552—1608）明确提出国家领土包括毗连的海域，并将这种海域称为领水。真提利斯的理论为许多国家所采纳。到17世纪末，公海和领海的区分已经确立。

1702年，荷兰法学家科尼利尼斯·宾克舒克发表了他的《海洋领有论》一文。他指出：“陆地上的控制权终止在武器力量终止之处。因而沿海国控制的海域宽度应以大炮射程为限。”这就是所谓的“大炮射程说”。

1782年，意大利学者费迪南多·加利尼亚（意大利驻巴黎使馆秘书）明确提出，把当时大炮的射程——3海里规定为各国行使领海管辖权的宽度。后来，这一宽度为英、美、法等海洋国家所接受，作为其领海宽度。但是斯堪的那维亚各国维护4海里规则，而西班牙选择了6海里宽度的领海。之后的领海宽度在各国间就更加不同了。尽管领海制度在19世纪已被逐步确定下来，但领海宽度问题并未解决，在以后将近二百年的历史上，领海宽度问题一直是国际海洋法的基本问题之一。

可见，领海概念和公海概念之所以在同一时期产生并不是偶然的，它是资本主义生产方式所要求的海洋自由思想与各民族国家希望在沿海一带捍卫自己权利的要求之间斗争的产物。这种斗争反映在法律上，就出现了公海自由原则同国家管辖领土的外部界限之间的矛盾问题，从海洋法的发展历史上来看，尽管国家的领海主权和公海自由早已成为两项并行不悖的海洋法原则，但它们之间的矛盾并没有因此而消灭，领海宽度问题上的斗争就集中地反映了这种矛盾。

可以说，这一时期是海洋法的公海和领海时代。

四、现代海洋法

所谓现代海洋法，是指第二次世界大战结束以来，逐步形成的海洋法。由于科学技术的飞速发展和国际关系的巨大变化，海洋法在这一时期取得了重大的发展。

一些国家相继宣布新的海域制度，如大陆架；20 世纪 60 年代以后，又提出了专属经济区、国际海底制度等。联合国为解决海洋法上面临的各种重大课题，共召开过 3 次海洋法会议，制定了一系列的规范性文件，同时，其他国际组织也相继制定了一些有关海上航行、海上航行安全、海洋环境保护、海洋渔业等方面的公约，海洋法的发展进入了一个新的发展阶段。

在海洋法方面，从 19 世纪中叶开始，陆续制定了一些关于海战的法规，如 1956 年《关于废止私掠船制度的巴黎宣言》，1899 年、1909 年两次海牙会议关于敌国商船船员地位、战争爆发时敌国商船待遇、海战中关于中立国及中立国人民的权利等规则。关于平时国际法，编纂活动主要开始于 20 世纪。除 1926 年国际法学会讨论通过领海问题草拟过和平时期海上管辖权公约草案外，主要是国际联盟于 1930 年召开的海牙国际法编纂会议以及联合国主持下召开的三次海洋法会议。

第三次海洋法会议于 1973 年 12 月 3 日在纽约联合国总部开幕，1982 年会议结束，历时 9 年，共开 11 期 16 次会议（从第七期到第十一期每年两次），共 167 个国家参加会议，是迄今为止联合国召开的时间最长、规模最大的国际立法会议。我国代表团参加了本次海洋法会议的各期会议。1982 年 12 月 9 日，会议通过 320 条和有 9 个附件的《海洋法公约》，并从 1982 年 12 月 10 日起向世界各国开放签字，目前已有 166 个国家批准或加入了《海洋法公约》，公约的内容涉及海洋法的所有问题。

总的来看，《海洋法公约》在许多大的方面反映了中小国家的基本利益和要求，例如，肯定了 200 海里专属经济区，确定了沿海国对 200 至 350 海里的大陆架自然资源的权利，根据人类共同继承财产原则建立了国际海底开发制度和国际海底管理机构等。

1994 年 11 月 16 日，该公约生效。1996 年 5 月 15 日，中国第八届全国人大常委会第十九次会议决定，批准《海洋法公约》，1996 年 7 月 7 日，该公约对中国生效。

由上可见，自第二次世界大战结束以来，海洋法取得了巨大的进步，在将近四十年的历史上，它所发生的变化较之以前几千年的变化都要大。这一时期，它逐步发展为国际法中一个独立的法律部门。因而，我们可以合理地将这一时期称为海洋法的全面发展时期。

第二节　海洋法的编纂

法典编纂是完善法律的一种重要方法，具体是指对属于某一类或某一部门的全部规范性文件进行整理、审查、补充、修改，并在此基础上编制一部新的系统化法典的法的创制活动。[①] 海洋法的编纂也属于法典编纂。国际法编纂分为两种形式，其一是全面的国际法编纂，私人或私人团体有时采取这种形式；其二是把国际法的部分分别编纂为法典，称为个别的国际法编纂，国际上采取的是个别的国际法编纂。国际法的编纂包括私人的和官方的国际法编纂。私人的包括个人、学术团体编纂国际法，如瑞士布伦奇理的《文明国家的现代国际法法典》，美国哈佛国际法研究部曾就一些国际法专题制定公约草案并附有评释。另一种为官方，即政府间国际法的编纂。现在通常所说的国际法编纂是指官方的国际法编纂[②]，具体是指国际上将有关海洋方面的原则、规则和制度按其性质与类别制定成公约以便各国依照条约法上条约的生效程序采取措施对其发生效力，以确定各种不同海域的法律制度并调整各国在利用和开发海洋方面的

① 张文显．法理学．2 版．北京：法律出版社，2004：285.

② 王铁崖主编．国际法．北京：法律出版社，1995：20－21.

权利和义务。[①]

一、1930 年海牙会议

经 1920 年起草《国际法院规约》的法学家建议，国际联盟行政院于 1924 年指派一个法学家委员会研究国际法的编纂问题。1927 年国联大会考虑了行政院的意见后，决定在海牙举行会议从事三项问题的编纂，即国籍，领水，国家对外侨生命、财产在其领土内所受的损害的责任，并组成了一个法学家筹备委员会。

在领水方面：1928 年 6 月，法学家筹备委员会拟定了一个包括 15 个问题在内的汇编专辑，征求各国政府的意见。这些问题是：第一，国家对其领水的权利的性质和内容；第二，沿岸国的权利如何适用其领水、上空及领水下的海床；第三，领水宽度；第四，计算领水宽度的基线；第五，岛屿周围的领水；第六，外国船舶的无害通过及通过时义务；第七，军舰通过领水问题；第八，沿岸国对通过其领水的外国船舶的管辖问题等。法学家筹备委员会还起草了《领水公约》（草案），该草案共 28 条，作为会议讨论的基础。1930 年 3 月 13 日至 4 月 12 日，国际法编纂会议在海牙召开，47 个国家的代表出席了会议，苏联代表以观察员的身份出席了会议。本次会议首次系统编纂了海洋法规，讨论了领海问题。会议对领水的称谓问题进行讨论，认为称为“领海（territorial sea）”更为适当，领海是国家领土的一部分。关于领海及领海上空的法律地位，会议一致认为，国家对其领海及领海上空享有主权权利，但应按相关国际法的规定行使主权。会议对领海的宽度问题进行了激烈的争论：英、日、美等海洋强国，坚持 3 海里领海的原则并企图使其得到普遍承认。它们主张领海越窄越好，以便于它们的军舰、商船游弋于海上。而大多数国家主张较宽阔的领海，提出了 4 海里、6 海里或 12 海里的领海宽度的主张，如冰岛、瑞典主张 4 海里，意大利、巴西、哥伦比亚主张 6 海里，葡萄牙主张 12 海里等。

关于毗邻区，英国和美国坚持不同的看法。英国反对领海之外有毗连区，特别反对各国划定渔区。美国早在 1799 年就规定了 12 海里的关税区，并明显地取得了相当大的利益，因而在一百多年后的 1930 年，美国当然不会放弃自己的利益。其他主张设立毗连区的国家还有法国、德国、希腊、西班牙、葡萄牙等。同时，各国对毗连区的宽度的主张也不尽相同：法国、德国、埃及、波兰等主张附加毗连区的 3 海里领海；芬兰、挪威主张附加毗连区的 4 海里的领海；智利主张不附加毗连区的 6 海里领海或附加毗连区的 3 海里领海；西班牙、土耳其等主张附加毗连区的 6 海里的领海；葡萄牙主张 12 海里领海或附加毗连区的 6 海里的领海等。

关于历史性的海湾也是海牙会议争论的一个问题。历史性海湾的概念没有明确的解释，导致有关国家都可以提出对某一较宽海湾拥有历史性权利的依据。美国反对历史性海湾这一概念，意大利建议成立一专门委员会研究何为历史性海湾，而英国建议组织一国际机构以审议各国对历史性海湾的要求。

1930 年 4 月 12 日，47 国代表签署了会议最后议定书，领海法律制度草案作为附件而被列入议定书中，以待各国政府继续研究领海宽度和领海的其他问题。

1930 年的海牙国际法编纂会议在海洋法方面成效甚微，暴露了各种利益的冲突和分歧，但是也为继续编纂海洋法打下了一个初步的基础。

二、第一次联合国海洋法会议

联合国根据其宪章第 13 条“大会应发动研究，并做成建议”，“以促成政治上之合作并提

① 魏敏主编．海洋法：12.

倡国际法之逐渐发展与编纂”的规定，担负了有组织、有系统地编纂国际法的工作。1949 年，国际法委员会在其第一届会议上，选定了 14 个编纂题目，其中与海洋法有关的是公海和领海制度。会议决定委派特别报告员荷兰学者弗兰苏阿负责公海制度。1954 年联合国大会要求国际法委员会将所拟关于公海、领海、毗连区、大陆架、海洋生物资源的保全等条文系统化。1956 年国际法委员会完成了关于起草海洋法的最后报告，其中包括关于公海、领海、毗连区、大陆架等的 73 条条文。

第一次联合国海洋法会议于 1958 年 2 月 24 日至 4 月 27 日在日内瓦召开。参加会议的有 86 国的代表，其中 79 个国家是联合国的会员国，7 个国家是专门机构的成员国而不是联合国的会员国。当时中华人民共和国被剥夺了在联合国的合法席位而未参加这次会议。由于任务的广泛，会议成立了 5 个主要委员会：第一委员会，领海与毗连区；第二委员会，公海制度；第三委员会，公海、捕鱼及保护生物资源；第四委员会，大陆架；第五委员会，内陆国自由进入海洋问题。会议在国际法委员会准备的条款草案的基础上经过 62 天的工作，最后于 1958 年 4 月 29 日通过了 4 项公约，即所谓的日内瓦海洋法四公约：《领海与毗连区公约》《公海公约》《捕鱼与养护生物资源公约》和《大陆架公约》。此外，会议还就核试验、公海污染、沿海渔业及历史性海域等问题通过了若干决议。

但是由于当时许多亚非国家还没有获得独立而未能参加会议，因而日内瓦海洋法四公约根本不能如实反映广大发展中国家的合理要求，而且某些条款仅有利于少数海洋大国。例如，大陆架定义的两种标准，对于第二种标准大陆架究竟能延伸到何处为止，不仅可以有不同的解释，而且取决于沿海国的技术力量。此外，领海的无害通过制度、渔业区制度和用于国际航行的海峡制度也不完善。这次会议也没有解决海洋法中的一大问题，即领海的宽度问题，这也极大地降低了会议的意义。

三、第二次联合国海洋法会议

为了解决第一次海洋法会议上悬而未决的问题，两年之后即 1960 年 3 月 17 日至 4 月 26 日，在日内瓦召开了第二次海洋法会议。87 个国家参加了会议，若干联合国专门机构和国际组织的代表作为观察员出席了会议。当时中华人民共和国在联合国的代表权仍未恢复，因而也未参加该会议。会议一开始就表明，各国对领海宽度存在重大分歧，而第一次海洋法会议结束不到两年即着手解决这一问题，显然是很困难的。会议对领海宽度和渔区界限问题展开了激烈的争论。不同的观点和方案如下：

1. 苏联建议：各国有权确立 12 海里的领海。如领海少于 12 海里，则国家在其毗连领海的水域可以建立渔区，只要领海与渔区的总宽度不超过 12 海里。

2. 伊朗、伊拉克、印度尼西亚、菲律宾、苏丹、埃塞俄比亚等 16 个亚非国家提案，后来墨西哥、委内瑞拉加入，成为 18 个国家的提案。该提案认为国家有权确立 12 海里领海，如领海少于 12 海里，则国家有权确立自其领海基线算起的 12 海里渔区。18 国提案与苏联的建议的不同之处在于，领海和渔区宽度少于 12 海里的国家，在与其确立其他领海和渔区宽度的国家的关系上，可适用对等原则，即适用对方同样的领海与渔区宽度。

3. 美、英、日等国认为，任何领海宽度的扩大，将破坏海洋自由原则，而 12 海里领海将危及国际航运事业。它们从技术上、从目前武器的特点出发论证 12 海里的不足之处。美国代表建议领海的宽度可定为 6 海里，此外，沿海国家还可在领海之外划定 6 海里的特别渔区。美国的提议遭到了许多亚非发展中国家的反对，认为这是对沿海国渔业的“合法”掠夺。加拿大为了缓和亚非国家的不满情绪，与美国提出联合议案，建议 6 海里的领海和 6 海里的渔区。

会议经过辩论，赞成18国提案的有36票，反对者有39票，13票弃权；在美国的压力之下赞成美国、加拿大提案的有43票，反对者33票，12票弃权。但按会议的议事规则，最后决议应经大会以2/3多数通过。在大会上，美国和加拿大虽对其提案作了若干非实质性的补充，但因遭到28票反对、5票弃权，仅54票赞成，未获得2/3多数而未被通过。这样，联合国第二次海洋法会议未获任何结果而告结束。

四、第三次联合国海洋法会议

（一）《海洋法公约》的立法背景

为了从根本上解决两次海洋法会议没能解决的各种问题，联合国决定于1973年召开联合国第三次海洋法会议，《海洋法公约》也由此通过。

第三次海洋法会议的召开及《海洋法公约》的通过不是偶然的，在此前各国和地区就进行了大量的立法活动。

第一，各国纷纷颁布或修改国内有关领海方面的法律。1945年9月28日，美国总统杜鲁门发布了《关于大陆架的海床和底土自然资源的政策的总统公告》，即著名的《杜鲁门公告》，提出了美国对其大陆架的权利主张。《杜鲁门公告》在海洋法发展史上具有重要的意义。其后，有一系列国家以单方面法令的形式对大陆架提出了权利主张。据统计，到1950年为止，这样的国家共有30个。

与此同时，各国在领海宽度问题上的分歧越来越大，许多国家都先后扩展其领海宽度，各国在领海宽度的规定上，出现了从3海里到200海里的巨大差异，海洋国际争端和纠纷也日益增多。因而，重新确定国家的海域管辖范围和公海海底的法律地位，并制定与此相应的海洋法律制度，成了亟待解决的国际问题。

第二，国际社会上，地区和国际组织发表有关海洋地位的声明。海洋法问题不仅是联合国大会及其有关机构的工作议题，而且成为各地区性组织和国际会议所关注的重要问题，特别是随着民族解放运动的进一步发展和第三世界的兴起，广大第三世界的国家对海洋法问题的关注也越来越多。1970年拉美国家发表了著名的《蒙得维的亚海洋法宣言》《关于海洋法的利马宣言》；不结盟国家第三次会议发表了著名的《卢萨卡海底宣言》；1971年11月8日“七十七国集团”第二次部长级会议通过《关于海洋资源的决议》；1972年6月9日，中美洲和加勒比海地区国家发表著名的《圣多明各宣言》；1972年6月20日～30日，17个非洲国家的代表在喀麦隆的雅温得举行海洋法讲座会，并通过一项《总结报告》；1973年5月24日，“非统组织”发表著名的《关于海洋法问题的宣言》；1973年9月9日，不结盟国家第四次会议通过《关于海洋法的宣言和决议》，等等。所有这些声明、宣言、决议不仅加速了世界各个地区性集团、利益集团在海洋法问题上的政治结盟，而且对于整个海洋法的制度的形成和发展都起到了重要的促进作用。

第三，联合国通过了一系列有关海洋法的决议。联合国自第22届联合国大会开始通过了一系列的决议，如第23届联合国大会上决定成立“海底委员会”以研究各国管辖范围以外的海床和洋底的和平利用问题。第25届联合国大会通过一项《关于各国管辖范围以外的海床洋底与下层土壤的原则宣言》，宣布该区域及其资源“为全人类共同继承之财产”等。

（二）会议的议程及取得的成果

鉴于海洋法已成为当代国际关系中的一个重大问题，而召开海洋法会议制定一项全面的海洋法公约已成为当务之急，联合国大会于1973年11月16日以117：0票、10票弃权通过决议

(第 3067 号决议)，议定了召开第三次海洋法会议的有关事项。与此同时，会议通过了《关于海洋法会议表决问题的“君子协定”》。协定规定：“会议应尽一切努力在实质性问题上通过协商达成协议；在未用尽一切方法谋求协商一致之前，不应对此类问题投票表决”。事实证明，这一“君子协定”对以后的会议发生了重要影响。

第三次联合国海洋法会议于 1973 年 12 月 3 日在纽约隆重开幕，共开了 11 期 16 次会议，开会总天数 585 天，167 个国家代表团到会，并有民族解放组织、国际组织、未独立领土等五十多个机构的代表作为观察员出席会议，是一次普遍性的国际会议。

第一期会议于 1973 年 12 月 3 日至 15 日在纽约联合国总部举行，主要解决组织和程序问题。会议选举了会议主席、副主席和安全理事会的五个常任理事国的代表，并设立了三个委员会：第一委员会负责国际海底制度和机构；第二委员会审议海洋法的一般事项，包括领海、毗连区、用于国际航行的海峡专属经济区、大陆架公海、内陆国、闭海和半闭海、群岛、岛屿制度等 13 个项目；第三委员会负责海洋环境的保护、海洋科学研究、技术转让等。在该期会议上就议事规则没有达成协议。

第二期会议于 1974 年 6 月 20 日至 8 月 29 日在委内瑞拉的加拉加斯举行。按规定，该期会议应讨论实质问题，但除一般性辩论外，会议用了相当的时间讨论议事规则并完成海底委员会尚未完成的起草备选条款草案的工作。关于议事规则，经过激烈斗争，最后达成妥协，即所有实质问题，包括公约的最后通过，应以出席并投票的 2/3 多数通过，但这一多数应为全体参加国的半数以上；同时，鉴于海洋法上的各项问题密切相关，所有的问题应作为一个整体“一揽子”解决。因此，对实质性问题应尽可能采取“协商一致”的办法，在未用尽一切办法达成妥协以前，不使用表决程序。整个海洋法会议就是按照这一规则进行的。

第三期会议于 1975 年 3 月 17 日至 5 月 9 日在日内瓦举行，主要成果是制定了“非正式单一协商案文”。

第四期会议于 1976 年 3 月 5 日至 5 月 7 日在纽约举行，会议成果是“订正单一协商案文”。

第五期会议于 1976 年 8 月 2 日至 9 月 17 日在纽约举行。此期会议没有取得任何成果。

第六期会议于 1977 年 5 月 23 日至 7 月 15 日在纽约举行，此期会议将修改了的“订正单一协商案文”合并为一个综合性的文件，产生了“非正式协商案文”。这一文件是自第二期会议以来就海洋法中的主要问题，如领海、用于国际航行的海峡、经济区、大陆架、国际海底制度等，进行反复协商、修改、综合，然后由会议主席提出的。

第七期会议于 1978 年 3 月 28 日至 5 月 19 日在日内瓦召开，8 月 21 日至 9 月 15 日在纽约举行了两次会议。会议就国际海底的勘探和开发制度，资源政策，管理局机构、职责、表决办法，内陆国和地理不利国分享经济区内生物资源，争端的解决办法，大陆架外部界限的定义和开发 200 海里以外大陆架的收益分享问题，相邻和相向国家间的海域划界问题等进行谈判协商。

第八期会议于 1979 年 3 月 19 日至 4 月 27 日在日内瓦、7 月 19 日至 8 月 24 日在纽约进行两次会议。会议成果是产生了“非正式综合协商案文修正（一)”。

第九期会议于 1980 年 3 月 3 日至 4 月 4 日在纽约、7 月 28 日至 8 月 29 日在日内瓦举行两次会议。会议首先产生了“非正式综合协商案文修正（二)”，最后产生了《海洋法公约草案》(非正式案文)。

第十期会议于 1981 年 3 月 9 日至 4 月 24 日于纽约、8 月 3 日至 28 日于日内瓦举行。这期会议决定牙买加为国际海底管理局的所在地，联邦德国的汉堡为海洋法法庭所在地。会议还将海洋法公约非正式草案改为正式草案。

第十一期会议于 1982 年 3 月 8 日至 4 月 30 日在纽约举行。会议成果是《海洋法公约》的通过。

第三次海洋法会议排除重重困难和阻力，几经曲折，终于以新的《海洋法公约》的诞生而告胜利结束。这一重大事件标志着第三世界国家的日益壮大、成熟和发展。它们团结斗争，协调意志，赢得广泛支持，排除超级大国的阻挠，取得了具有历史意义的胜利。尽管新公约还有某些不足之处，但它基本反映了世界上绝大多数国家在开发、利用海洋方面的共同愿望和利益。它的产生不仅是广大第三世界国家长期斗争和努力的结果，也是一切珍惜自己民族独立、维护自己海洋权益、爱好和平的国家的共同胜利。例如，公约规定了 12 海里领海，肯定了 200 海里专属经济区制度，确定了沿海国对大陆架自然资源的主要权利，根据人类共同继承财产原则建立了国际海底开发制度和国际海底管理机构等；在某些制度上，公约比旧的海洋法律制度有了进一步的发展；同时，公约在大量的具体规定中，在不同程度上反映了海洋大国的利益和要求。此外，公约在某种问题上照顾到了诸如内陆国和地理不利国的利益要求。在某些方面，由于会议的矛盾和斗争，公约也不得不作出一些含糊其辞的规定，如大陆架和专属经济区划界条款等。

海洋法在这一时期取得如此重大的进步和变化，绝不是偶然的，它有着深刻的政治、历史背景。促使“二战”后海洋法发生重大变化的因素，概括起来有以下几点：

1. 海洋科学技术的迅猛发展

科学技术作为一种社会生产力，是推动海洋法发展的决定力量。其对国际法的影响有两种形式：一是它对国际经济关系的直接影响；二是科学技术的发展往往使某些国际法规则或者过时、陈旧而失去意义，或者被修改，或者形成新的制度、原则和规范，这样它就对国际法的规则产生了直接的影响。在海洋法上，这两种形式兼而有之。

自 20 世纪初以来，特别是第二次世界大战以后，人类开发利用海洋的形式有了重大的变化，对海洋的开发已从传统的渔业资源利用进而发展为矿物资源、化学资源、热能资源、潮汐能资源等方面的利用，对海洋的利用也从利用水域发展到海底、波浪、潮汐等的利用。一方面，海洋科学技术的发展使各国之间的经济关系发生变化，特别是对那些以渔业为国民经济主要来源的国家的经济影响尤为重大，这样就必然使发展中国家产生保护自己的近海渔业和生物资源的要求，从而提出建立渔业区或专属经济区的要求，再如，海洋石油、锰结核矿等矿物资源的开发无疑会给整个国际社会的能源生产、供应关系等带来直接的影响，从而也就要求海洋法发生相应的变化。另一方面，海洋科学技术的发展也必然对海洋法产生许多直接的影响。例如，随着科学技术的发展，国家就不能再以“陆地控制权终止在武器力量终止之处”的规则确定领海宽度；在认识到海洋污染的危害性并防止其发生的科学技术发展的情况下，海洋污染就成为海洋法中的一个重要问题；而大陆架和国际海底制度，也是在海底开发技术发展的直接影响下产生和发展的。从战后海洋法发展的历史上看，每一海洋法规则的废弃、修改都在不同程度上受到海洋科学技术发展的影响，国际海底区域制度等也无一不是在科学技术的推动下发生的。毫无疑问，科学技术的迅速发展是促使战后海洋法发生重大变化的重要因素之一。

2. 非殖民化运动的发展及第三世界国家的兴起

第二次世界大战后，国际关系的主要特征之一是非殖民化运动的发展和第三世界国家的兴起，这一特征无疑也对“二战”后的海洋法发展产生了重大影响。

从海洋法的发展史来看，“二战”前占主导地位的是欧美的某些发达国家的活动，战后随着非殖民化运动的蓬勃发展，在国际上形成了一个第三世界，据统计，“二战”后独立的国家已有九十多个，这样，加上“二战”前独立的亚非拉发展中国家，在人口上已占全世界 70%

以上，在陆地面积上约占58%。这些国家共同组成第三世界，成了政治舞台上的巨大力量，从而使整个国际力量的对比和国际组织、国际会议的结构发生明显的变化。

首先，从国际力量的对比关系上看，1930年参加海牙国际法编纂会议的47个国家中，发展中国家的数量是很少的，而第一、二次海洋法会议的八十多个参加国中，发展中国家的数量已大大增加，但是由于当时各个方面条件的限制，它们对会议还不构成影响，而到第三次海洋法会议时，在一百六十多个与会国中，发展中国家的数量已达120个左右，其影响是不容忽视的，在某些方面甚至是决定性的，海洋大国主宰海洋法的时代已一去不复返了。

其次，从“二战”后海洋法的具体制度来看，有许多概念都是发展中国家提出的，例如，专属经济区的概念，作为“人类共同继承财产”的国际海底区域的概念等。同时，第三世界国家反对海洋霸权主义、捍卫自己海洋权益的斗争也促使《海洋法公约》反映了发展中国家的基本要求和利益。这些事实本身就是第三世界国家在“二战”后，在海洋法发展史中的作用的证明，而第三世界的兴起是和非殖民化运动相联系的，因此，可以说非殖民化运动的发展及第三世界国家的兴起是战后海洋法发生重大变化的又一重要因素。

3. 联合国及其他国际组织作用的加强

联合国是第二次世界大战后建立的一个普遍的国际政治性组织，由于其在当代国际关系中发挥的重要作用，其对“二战”后海洋法的发展与变化也必然产生重要的影响。

首先，战后召开的三次海洋法会议的组织者和协调者都是联合国。很难设想，如果没有联合国这一普遍国际组织的组织与协调，这三次海洋法会议会如期召开。会议所取得的成果尽管是会成员国的努力，但是联合国作为一国际组织的作用也是不容忽视的。

其次，联合国作为一个巨大的政治论坛，为各国协调自己的海洋政策，加速海洋法问题的政治联盟，表达自己的海洋权益方面的愿望和要求、反对海洋霸权主义提供了一个广泛的政治舞台，而联合国的这种作用无疑也极大地促进了海洋法的变化。

最后，联合国作为海洋科技发展的通报者，对海洋法的发展和变化所产生的作用也是不容忽视的。海洋科学技术的发展及其对世界经济的影响能够迅速地为所有国家所了解，有很大一部分要归功于联合国，而各国对此种情况的及时、准确的了解对于协调自己的海洋政策是十分重要的。

联合国对于“二战”后海洋法发展的作用是多方面的。“二战”后海洋法之所以发生如此巨大的变化，联合国的作用不能不说是一个重要的因素。

除联合国外，其他国际组织对海洋法的发展和变化的作用也是十分明显的。在这方面，除联合国的有关机构，如教科文组织、政府间海事协商组织、经社理事会、粮农组织之外，区域性国际组织和各种政治、经济等专门组织的作用也是十分重大的，如非洲统一组织、不结盟会议等。“二战”后国际组织的扩增以及它们在国际关系中的重要作用是海洋法发生重大变化的重要因素。

4. 世界能源需求与国际经济新秩序的形成

能源需求迅速增长是第二次世界大战后世界秩序中的一个突出问题，特别是中东石油危机之后，这一问题显得更加突出。然而，由于陆地资源日益枯竭，各国不得不断地寻求新的能源基地。而频繁的海洋科学研究和调查越来越显示出把海洋作为能源基地是现实的。这种情况首先刺激各国把发展自己的海洋科学技术放到重要的位置上；同时各国也不得不重新调整自己的能源政策，增加海洋资源开发的投资，这方面的情况都直接影响到海洋法的发展变化，特别是对于大陆架法律制度与国际海底区域法律制度的发展，能源资源的需求不能不是一个重要的因素。

一方面，应该看到，促使第二次世界大战后国际海洋法发生巨大变化和发展的各种因素不是彼此孤立的，在很多方面和在很大程度上，它们都是相互作用的，实际上，正是各种因素的合力促使海洋法发生了变化。另一方面，也应看到新的海洋法律制度的形成与发展也是当代国际关系中的一件大事，它也必将对国际关系的发展产生重要的影响，也将随着国际关系的发展和海洋科学技术的发展而产生新的变化。

课后复习

1. 海洋法是怎么发展起来的？
2. 近代和现代海洋法发展的内容是什么？
3. 第三次海洋法会议的主要内容是什么？
4. 第三次海洋法之所以取得重大成果的因素有哪些？
5. 你对《海洋法公约》是如何评价的？

第四章 海洋法的基本原则

提　要

海洋法是国际法的一个重要部门，因此，海洋法基本原则的含义和特点与国际法基本原则的含义和特点有某些共通性，但是海洋法也有自己的特有原则。本章从《海洋法公约》及其他国际法律文件中抽象概括出海洋法的特有原则如下：便利国际交通原则、公平利用海洋资源原则、海洋资源的可持续开发与保护原则。

重点问题

1. 海洋法基本原则的含义、特点。
2. 海洋法特有的基本原则的含义与内容。

第一节　海洋法基本原则概述

“法律原则是可以作为众多法律规则之基础或本源的具有综合性、稳定性的原理和准则”①。法律原则可以划分为基本原则和具体原则。基本原则中体现了法律的基本精神，是在价值上比其他原则更为重要，在功能上比其他原则的调整范围更广的法律原则。

法律基本原则是法律制度内部协调统一的基本保障，它指导法律的解释与法律的推理，补充法律的漏洞，强化法律的调控能力，限定权利的自由裁量。

海洋法的基本原则（fundamental principle of maritime law）是指那些被各国公认和接受、具有普遍约束力的，适用于海洋法各个领域、构成海洋法基础并具有强行法性质的法律原则。

国际法基本原则的主要特征也是海洋法基本原则的主要特征。简述如下：

1. 国际社会公认：只有得到国际社会整体公认的海洋法原则才可能成为海洋法的基本原则。

2. 具有普遍的约束力：海洋法的基本原则是适用于海洋法一切内容，具有普遍效力的全局性原则，对海洋法的各个领域都具有一般性的指导作用和拘束力。像公海自由原则，由于只

① 张文显．法理学．北京：法律出版社，1997：71.

适用于公海领域，所以不能成为海洋法的一项基本原则。

3. 构成海洋法的基础：海洋法的基本原则是海洋法的基础。它是产生其他具体原则、规则、制度的法律基础，对其他的原则、规则、制度有制约作用，也是判断其他原则、规则、制度是否符合海洋法的法律标准。

4. 具有强行法性质：国际法中的强行法规则是指有关国际社会公共秩序的重要事项并为整个国际社会所共同遵守的，作为国际社会成员的国际法主体无法按其意志变更或排除的规则，在国际关系中，进一步说，在海洋法律关系中，必须绝对加以服从和执行，否则，便应承担相应的责任，承受相应的制裁。

海洋法是国际法的重要分支，是国际法上不可分割的一部分，具有国际法的一般特征。所以，国际法的基本原则也是海洋法的基本原则，例如，和平共处五项基本原则、不使用武力或武力威胁原则、平等互利原则、国际合作原则、诚实履行国际义务原则、和平解决争端原则、主权平等原则等，都是很重要的海洋法基本原则，构成海洋法的法律基础。

但海洋法调整的国际关系是国际法主体（主要是国家）在海洋领域内所发生的权利义务关系，因此，海洋法也具有自己特殊的基本原则，例如，便利国际交通原则、公平利用海洋资源原则、海洋资源的可持续开发与保护原则等。这些原则在海洋法领域中发挥的作用是不能被取代的。

第二节　海洋法基本原则的内容

一、便利国际交通原则

在科学技术飞速发展的今天，任何国家都不能完全依赖本国的资源和技术生存和发展。要想获得发展就必须打开国门，积极开展国际合作和交流，而要开展国际合作和交流，就必须依靠交通运输业。交通运输的方式主要有陆、海、空三种，其中，陆地运输因受地形因素影响，很难将交流范围扩大；空运虽然快捷，但因运输量少、费用昂贵等因素限制了广度和深度；只有海运，可以将世界各大洲的一百二十多个国家紧密地联系在一起，并可通过内河航道与三十多个内陆国家相连，再加上运费非常便宜、运输量大等优点，成为国际交流的主要方式。

目前世界上共有大中小型海港九千八百多个，世界上货运量的90%都是依靠海洋运输完成的，其年产值超过1 000亿美元。[①] 美国、英国、日本等发达国家都是世界上发达的海运国家，它们所需要的许多原料进口和产品出口都依赖于海洋运输业。因此，海洋运输已成为一个国家经济发展程度的重要标志，成为世界经济的命脉。这就意味着在当今的海洋资源利用中必须要重视海洋资源的交通运输价值，在制定海洋法基本原则中应对便利国际交通原则予以明确。

便利国际交通原则是指，国际法主体（主要是指国家）在行使海洋权利时，不得阻断国际交通，并应为其提供各种便利的准则。这一原则的内容源于海洋的物理特性。海水水体在地理上的相通性决定，如果人为地阻断海洋这一天然通道，将会减损海洋的可利用价值。

海上交通是国家之间、地区之间、国家与地区之间，进行经济、政治、文化等方面的交流与合作的一种重要渠道。尤其是它在贸易领域中所体现的作用，是陆上和航空领域所不能替代

① 朱晓东，李扬帆等．海洋资源概论．北京：高等教育出版社，2005：102.

的，所以人类对海洋航行的便利需求是越来越强烈了。而实践中又由于各国海域主权的不同要求，在不同的海域中，人们享有的航行权利受到不同程度的限制。所以，便利国际交通规则应需而生，是时代的产物。21 世纪是海洋的世纪，海洋在人类的生存中将起着越来越大的作用。

《海洋法公约》在序言部分中指出："在妥为顾及所有国家主权的情形下，为海洋建立一种法律秩序，以便利国际交通……"这一原则在许多海洋法律制度中都有所体现。

在内海海域的港口法律制度中，有国家开放港口应平等地对所有国家的商船开放的规定。

在领海制度方面，《海洋法公约》第 17 条规定了无害通过权："在本公约的限制下，所有国家，不论沿海国或内陆国，其船舶均享有无害通过领海的权利"。第 22 条规定了领海内海道及分道通航制。

同时，《海洋法公约》设立了用于国际航行的海峡制度。这项制度显著地体现了海洋法的便利国际交通原则。《海洋法公约》第 36 条规定了用于国际航行的海峡的公海海道或穿过专属经济区的航道。第 37 条规定了过境通行权，规定船舶、飞机过境不应受阻碍。第 41 规定了海峡内的海道和分道通航制。第 43 条助航制度规定："(a) 在海峡内建立并维持必要的助航和安全的设备或帮助国际航行的其他改进办法。"

群岛水域制度方面，《海洋法公约》第 52 条规定了群岛水域的无害通过权，第 53 条规定了群岛海道通过权（海上、空中）。

在专属经济区制度方面，《海洋法公约》第 58 条第 1 项规定："在专属经济区内，所有国家，不论沿海国或内陆国，在本公约的有关规定的限制下，享有 87 条所指的航行、飞越自由……"在公海制度方面，《海洋法公约》第 87 条规定了公海自由中的航行自由、飞越自由。

并且联合国成立了专门机构——国际海事组织（International Maritime Organization）。《国际海事组织公约》第 1 条宗旨中涉及"鼓励航行效率、鼓励各国政府取消影响国际贸易中航运的歧视性行为和不必要的限制"。其主要活动之一就是制定和修改有关海运方面的公约和规定。国际海事组织通过的公约，如 1972 年《国际海上避碰规则》、1974 年《海上旅客及其行李运输雅典公约》、1988 年《关于制止对海上航行安全非法行为公约》等，不同程度地反映了便利海上交通这一基本原则。

二、公平利用海洋及其资源原则

公平利用海洋及其资源原则是指国际法主体（主要指国家）为实现各自在海洋及其资源方面的预期目标，都具有平等的机会合理地利用海洋及其资源的准则。海洋和海洋资源是人类的共同财富。

公平是人类通过法律所追求的重要价值，它要求机会平等与结果平等。公平就是权利和利益的合理配置。权利和利益在海洋法领域的物质实体的表现就是海洋及其资源。海洋及其资源对人类的重要性，已经在世界范围内达成广泛的共识。如何保证各国都能够公平有效地利用海洋及其资源，是海洋法所要追求的目标和要解决的一个重大问题。

关于海洋的含义第一章已经作了详细的介绍，所以现在要介绍的是海洋资源的含义。一种观点认为在海洋法领域中的海洋资源包括海洋生物资源、海洋矿产资源、海洋化学资源（海水中的化学物质和淡水等）、海洋能资源（如水力资源）。① 另一种观点则是狭义的说法，认为海洋资源只包括海洋生物资源和海洋非生物资源，其中海洋非生物资源主要是指矿产资源，而海

① 于焱平．海洋与中国未来概论．北京：海洋出版社，2001：13.

洋化学资源和海洋能资源应该被统称为海洋能源。

从海洋学的角度讲，上述观点似乎已经陈旧不堪了。当今海洋学对海洋资源的含义有了更深的拓广，已经从资源、能源扩展到“空间”这一领域，海洋空间也是海洋资源的一部分。但是目前国际社会在海洋法领域较为关注的问题主要是海洋生物资源。海洋生物资源，又称海洋渔业资源或海洋水产资源。[①]《海洋法公约》在序言部分中指出的“在妥为顾及所有国家主权的情形下，为海洋及其资源建立一种法律秩序……以促进海洋及其资源的公平而有效的利用”，即体现了公平利用海洋及其资源原则。

《海洋法公约》在具体内容上也都体现了这项原则的精神，如第62条中的“(2) 在没有能力捕捞全部可捕量情形下，应通过协议或其他安排，并根据第4款所指的条款、条件、法律、规章，准许其他国家捕捞可捕量的剩余部分，尤其是发展中国家的部分”的规定；第70条关于内陆国和地理不利国“有权在公平的基础上参与开发同一分区域或区域的沿海国专属经济区的生物资源的适当剩余部分”的规定；第82条关于对200海里以外大陆架开发应缴费用和实物根据公平分享的标准分配给本公约各缔约国，考虑发展中国家，特别是最不发达国家和内陆国的利益和要求的规定；第87条关于公海航行中捕鱼自由的规定；关于公海航行权的第90条中规定：“每个国家，不论是沿海国或是内陆国，均有权在公海上行驶悬挂其旗帜的船舶。”另外，第125条规定：“为行使本公约所规定的各项权利，包括行使与公海自由和人类共同继承财产有关的权利的目的，内陆国应有权出入海洋及其资源。为此目的，内陆国应享有利用一切运输工具通过过境国领土的过境自由。”公约还对于与过境运输有关的关税、税捐、海关便利、港内待遇等问题作了原则性的规定。此外，在大陆架划界方面的“公平原则”，国际海底区域的“人类共同继承财产原则”，区域的平行开发制度，等等，也是保证各国公平利用海洋及其资源的重要原则。

当然，公约对公平利用“空间”资源的规定也是有体现的。领海制度中的船舶无害通过权，国际海峡的过境通行权，群岛水域的无害通过和群岛海道通过权等实际上就是对海洋本身及其上空空间资源，在不排除个别国家的情况下，谁都有正当合法行使的权利。

需要强调的是公平利用海洋及其资源原则并不是无条件的，它也受到一定的法律、规章的限制。

三、海洋资源的可持续开发与保护原则

20世纪中期以来，世界经济获得迅猛发展，但是，人类社会也为之付出了沉重的代价，包括地球人口急剧增长、陆地资源日渐减少、生态环境不断恶化，这些已威胁着人类的未来发展。于是，人们日益认识到保护生态环境的重要性，可持续发展原则也逐步被提到资源开发与保护的日程上来。

1972年6月，联合国在斯德哥尔摩召开的世界环境大会上正式提出了“可持续发展”概念。随后，1992年，里约联合国环境与发展大会通过的《里约环境与发展宣言》提出了可持续发展理论，而有关海洋可持续发展的理论，是在该会议同时通过的《21世纪议程》中被提出的。至此，可以说，海洋资源的可持续开发与保护原则已经成为一项被广为认可的海洋法基本原则。

关于可持续发展的定义，1974年《各国经济权利和义务宪章》强调：“为了当代和后世而

① 陈宗镛．海洋科学概论．青岛：青岛海洋大学出版社，1992：314.

保护、维护和改善环境，是所有国家的责任。所有国家都应根据此项责任制定它们自己的环境和发展政策。所有国家的环境政策应对发展中国家当前的和未来的发展有所增进，而不发生不利影响。”进入20世纪80年代以后，这一思想又进一步发展成为一个新的法律概念——持续发展。1981年国际自然保护联盟在《保护地球》文件中认为：“改进人类生活质量，同时不要超过支持发展的生态系统的负荷能力。”1987年世界环境发展委员会在《我们共同的未来》报告中提出：可持续发展是指既能满足当代人的需要又不损害满足子孙后代需要的能力的发展。该概念已经在国际社会上取得了共识。可持续发展的定义中包含了两个要素：一是当代和后代的人类的“需要”，这一概念尤其体现了发展中国家渴望消除贫困、追求经济和社会发展的立场；二是后代人类满足自己需要的“能力”。这一概念强调地球资源的有限性和生态环境的脆弱性，要求当代人类的发展不应损害后代发展所需依赖的自然生态系统。

海洋资源的可持续开发与保护原则是指国际法主体（主要是国家）在开发和利用海洋资源时，必须顾及全人类及子孙后代的利益和需要，不得破坏任何生命支持系统，并予以保护的准则。

海洋对人类的重要作用已经日益引起各国的重视，海洋不仅是人类经济发展的重要原料和能源的供应地，还是风雨的故乡、全球气候的调解器。正如联合国《21世纪议程》中所指出的那样：“海洋是全球生命支持系统的一个基本组成部分，也是一种有助于实现可持续发展的宝贵财富。”

海洋对于世界可持续发展至关重要，蓝色经济绿色发展成为人类的共同愿望。

海洋资源的可持续开发与保护原则是在可持续发展的理念上建立起来的。资源与环境是相互区别又不能分割的两个概念。海洋资源开发利用不合理造成资源与环境的破坏和严重浪费，海洋环境遭到破坏，对资源，尤其是海洋生物资源，构成极大的危害。可见，坚持资源的可持续发展与坚持环境的可持续发展是紧密相连的。虽然可持续发展的概念是在《海洋法公约》之后提出的，但是，公约的许多内容也都体现了这一原则和精神，如有关海洋环境的保护和保全的规定、海洋科学研究的规定等，都是海洋资源的可持续开发与保护原则的具体体现。此外，国际海事组织通过的一系列的防止船舶污染的国际公约健全了海洋资源保护制度。

海洋资源的可持续开发与保护还包括海洋生物资源的可持续开发与保护。在自然界中，一切能为人类利用的自然要素就是自然资源。海洋生物资源属于自然资源中的生物圈资源，其重要特征是可更新性，这反映出这种资源有生命，有自然更新能力，在适宜的海洋环境中，如果被合理地利用，便可以保持其生态平衡，使其可以继续不断更新繁衍，被人类持续利用，否则，日益衰退，崩溃灭绝。保护海洋生物资源，一方面要加强海洋渔业环境的保护，防止污染，另一方面就是合理捕捞。《海洋法公约》对海洋生物资源的开发与保护体现在第61条：“确保专属经济区内的生物资源维持不受过度开发的危害。”同时，第64条到第67条是关于生物多样性的开发和保护。该公约也规定了对海洋非生物资源的开发与保护，如大陆架的勘探权、国际海底区域的开发制度等。

海洋资源可持续开发与保护原则的基本内涵是，利用现代科学技术和物质装备手段，适当地选择海洋开发方式和资源利用模式，科学合理地开发利用海洋资源，保护生态环境，使海洋具有长期持续发展的能力，确保当代人及后代人对海洋产品的需求得到满足。其基本思路是用生态经济和环境保护的观点来指导海洋资源的开发利用，按照“整体、协调、循环、再生”的生态学原理，建立完整的海洋生态体系，通过对海洋各产业整体结构的优化和产业间相互促进利用因素的发挥，尽可能地合理利用海洋生态系统内部的积极因素，减少外部投入和提高外部投入效率，使海洋资源的开发潜力得到充分发挥。

因此，海洋资源的可持续开发与保护原则也具有其独有的特征：

（1）人与海洋的协调性。人们的海洋开发活动和人们的生活以人与海洋和谐共存为最高准则。虽然人们开发利用海洋资源可获得丰厚的物质利益，但获得物质利益必须遵循海洋自然生态规律，在开发、利用、保护和重新培植海洋资源与环境的动态过程中来实现，绝不能以牺牲海洋资源、破坏海洋生态环境为代价。

（2）海洋产业发展的持续性。海洋产业发展，不仅要扭转由于海洋自然灾害、国家政策和市场因素造成的海洋产业短期内徘徊、停滞的状态，更重要的是要解决长期性的、未来的发展条件和环境，使现在和未来海洋经济具有长期、稳定、持续增长和发展的能力。

（3）海洋资源利用的永续性。发展海洋经济，特别要重视保护和管理海洋产业赖以发展的自然资源，如海水资源、海底及海岸带森林资源、海洋生物资源等；努力使海洋资源尤其是不可再生的海洋石油及天然油气、海洋矿产等资源保持一定的储量，不断提高对其的利用质量和效益。

（4）海洋生态环境的协调性。发展海洋经济，要有效控制海域污染、赤潮、海水侵蚀等海洋环境恶化问题，建立海底森林及海岸红树林等保障系统，促进海洋生态平衡，不断提高环境质量。

海洋资源的可持续开发与保护原则是一种新的发展观，其实质是以人类社会与自然和谐发展为目标，以经济社会与环境协调为途径，逐步走出一条人口、环境、资源与发展相协调的道路。海洋可持续发展的核心是，既发展海洋经济又不牺牲环境，从而实现人与海洋的和谐共生。

课后复习

1. 海洋法基本原则的内容有哪些？
2. 便利国际交通原则有什么现实意义？
3. 海洋资源的可持续开发与保护原则在《海洋法公约》有哪些体现？

第二编

海　域

第五章
内　水

提　要

内水有广义和狭义之分。狭义的内水是指领海基线向陆地一面的海域，广义的内水还包括一国陆地领土内的水域，即内陆水。《海洋法公约》所说的内水是狭义的内水。基线是一国领海与海岸或内水之间的分界线，也是测算领海、毗连区、专属经济区、大陆架宽度的起算线。沿海国对内水有完全的、排他的主权。

重点问题

1. 基线的含义及划定。
2. 内水的含义及法律地位。
3. 港口制度。
4. 海湾、海峡的分类及法律地位。

第一节　基线

一、基线的概念

基线（baseline）是一国领海与海岸或内水之间的分界线，也是测算领海、毗连区、专属经济区、大陆架宽度的起算线。基线向陆地一面的海域是内水。基线向海一面的海洋因法律地位的不同可分为领海、毗连区、专属经济区、大陆架等海域（见图 5—1）。国家在不同的海域内有不同的权利，所以如何划定基线对各国是非常重要的。

二、基线的划定

（一）正常基线（normal baseline）

正常基线就是海水退潮时退到距离海岸最远的那条线，即沿岸的低潮线。《海洋法公约》第 5 条规定，“除本公约另有规定外，测算领海宽度的正常基线是沿海国官方承认的大比例尺海图所标明的沿岸低潮线”（见图 5—2）。大比例尺海图一般是指八万分之一以上的海图。

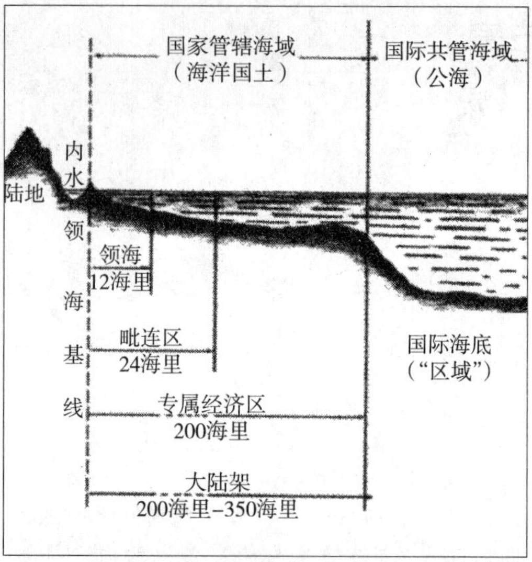

图 5—1

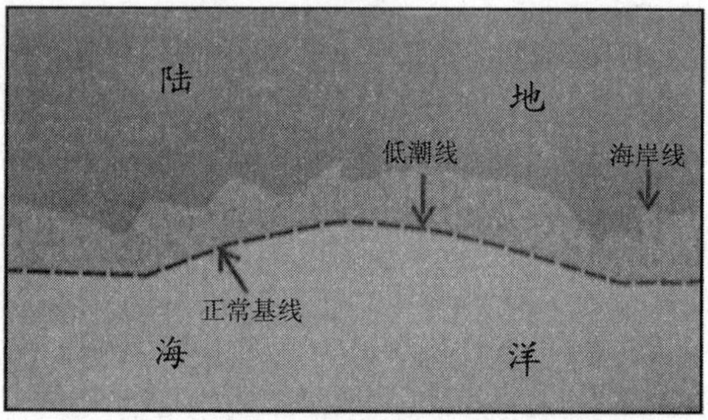

图 5—2

图片来源：张海文等著/绘制：《〈联合国海洋法公约〉图解》，16 页，北京，法律出版社，2010。

正常基线多适用于海陆分界明显，海岸较平缓、无明显凸凹的情况。最早规定从低潮线起算领海的是 1839 年的英法捕鱼条约。

（二）直线基线（straight baseline）

直线基线就是在大陆沿岸突出处和岸外岛屿最外缘选定一系列适当的基点，在这些基点之间连续地划出一条条直线，这些直线构成的一条沿着海岸的折线就是直线基线，所以直线基线也被称为折线基线（见图 5—3）。

一国如果海岸极为曲折，海岸岛屿、礁滩、岩石众多而复杂，采用直线基线方法划分内水和领海的界线，一般能正确地划定领海的外部边缘，便于航行者准确地识别领海的外部界线。

直线基线的历史没有正常基线的历史长。挪威国王 1889 年颁布的敕令中最早提到用直线基线来划分领海和内水的边界。[①] 1951 年国际法院在“英挪渔业案”判决中确认了直线基线法。该案案情如下：1935 年 7 月 12 日，挪威国王颁布一项敕令，宣布 4 海里专属渔区。该海域以连接挪威沿岸外缘的高地、岛屿和礁石（即“石垒”）上的 48 个基点之间的直线基线向海

① 尼古拉耶夫．国际法中的领水问题．北京：法律出版社，1956：141-142.

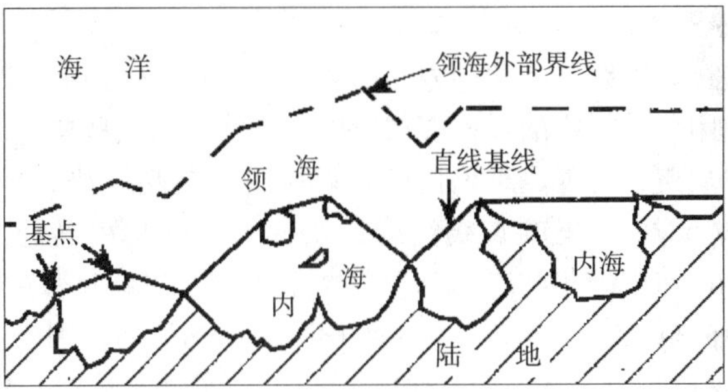

图 5—3

平行划出。这些基点之间的距离有的超过 10 海里，其中最长的达 44 海里。英国反对挪威划定基线的方法，认为直线基线法违反了国际法。在外交谈判失败后，由于多艘英国渔船被挪威逮捕，英国于是在 1949 年 9 月 28 日向国际法院提起诉讼。国际法院于 1951 年 12 月 18 日作出判决，驳回英国的要求，判定挪威 1935 年敕令划定渔区的方法和采用直线基线法确定领海基线并不违反国际法。① 国际法院对直线基线法的确认有重要意义。"英挪渔业案"后，采用直线基线的国家逐渐增多，如冰岛、印尼、芬兰、瑞典都纷纷采用这种方法。很多国家确立的直线基线最长长度都超过"英挪渔业案"中挪威的最长直线基线 44 海里（见表 5—1）。

表 5—1

国家	长度（海里）	国家	长度（海里）	国家	长度（海里）	国家	长度（海里）
多米尼加	45	英国	40.25	委内瑞拉	98.9	冰岛	74
法罗群岛	60.8	莫桑比克	60.4	菲律宾	140.05	印度尼西亚	124
缅甸	222.3	几内亚比绍	79	厄瓜多尔	136	几内亚	120
马达加斯加	123	泰国	59.15	海地	89	毛里塔尼亚	89

资料来源：陈德恭：《现代国际海洋法》，58 页，北京，海洋出版社，2009。

1958 年，联合国第一次海洋法会议制定的《领海与毗连区公约》以国际条约的形式肯定了直线基线规则。1982 年，联合国第三次海洋法会议通过的《海洋法公约》再一次对直线基线方法作了肯定，并作了详细规定，具体如下：

（1）在海岸线极为曲折的地方，或者如果紧接海岸有一系列岛屿，测算领海宽度的基线的划定可采用连接各适当点的直线基线法。

（2）在因有三角洲和其他自然条件以致海岸线非常不稳定之处，可沿低潮线向海最远处选择各适当点划定直线基线，而且，尽管以后低潮线发生后退现象，该直线基线在沿海国按照本公约加以改变以前仍然有效。

（3）直线基线的划定不应在任何明显的程度上偏离海岸的一般方向，而且基线内的海域必须充分接近陆地领土，使其受内水制度的支配。

（4）除在低潮高地上筑有永久高于海平面的灯塔或类似设施，或以这种高地作为划定基线的起讫点已获得国际一般承认者外，直线基线的划定不应以低潮高地为起讫点。

（5）在依据第 1 款可以采用直线基线法之处，确定特定基线时，对于有关地区所特有的并经长期惯例清楚地证明其为实在而重要的经济利益，可予以考虑。

（6）一国不得采用直线基线制度，致使另一国的领海同公海或专属经济区隔断。

① 陈致中编著．国际法案例．北京：法律出版社，1998：191－198.

（三）混合基线

混合基线即正常基线和直线基线两种方法的兼用。《海洋法公约》第 14 条规定沿海国为适应不同情况，可交替使用公约规定的任何方法以确定基线。在实践中，一些海岸线较长、地形复杂的国家，如荷兰、瑞典、丹麦、哥伦比亚，多采用混合基线法。丹麦 1960 年 12 月 21 日宣布在 7 段 9 节总长为 68.6 海里的直线基线中，有一部分是由岛屿及其低潮线相连接的。1978 年 7 月 25 日哥伦比亚制定的第 10 号法令第 4 条规定“测算领海宽度的正常基线为沿岸的低潮线。在海岸线极为曲折之处，或如果紧接海岸有一系列岛屿，则应自连接各适当点的直线基线测算”。由此可见，1982 年《海洋法公约》的规定，实际上是对一些国家实践的总结。

此外，《海洋法公约》还对河口、海湾、港口、泊船处及低潮高地如何划定基线作了规定。这将在以后的相应部分涉及。

第二节　内水概述

一、内水的概念

内水有广义和狭义之分。狭义的内水仅指领海基线向陆地一面的海域，即内海水。广义的内水还包括一国陆地领土内的水域（河流、湖泊等）。按照《海洋法公约》第 8 条第 1 款的规定，除群岛国的情况外，领海基线向陆地一面的水域构成国家内水的一部分。因此，《海洋法公约》中所指的内水是狭义的内水。以下未特殊说明之处的内水均是指《海洋法公约》中所说的内水。

二、内水的法律地位

内水是沿海国领土的组成部分，国家对其有完全的、排他的主权。《奥本海国际法》指出“实际上，内水在法律上是和国家的陆地相同的，虽然在形体上并不一样”①。国家在该海域的主权主要表现在以下方面：

1. 沿海国有权制定有关内水的法律和规章制度。

2. 一切外国船舶未经沿海国许可不得进入内水。

3. 外国商船如果获准进入一国内水，必须遵照该国法律和规章驶入该国指定的港口，但有两种例外情况：一是对于外国遇难船舶（例如逃避大风暴的船舶），各国一般允许其驶入内水而无须事先获准，但它们应遵守沿海国的一切规章和制度，并且不得从事贸易、捕鱼、测绘等任何违反沿海国利益的行为，未经许可，船员也不得上岸；二是基于条约义务，各国也常准许外国商船驶入内水。

4. 外国军用船舶必须通过外交途径办理一定手续，才得进入一国内水。

5. 沿海国对于进入其内水的外国船舶可行使属地管辖权，但通常仅在其利益受到损害时才强制执行其法律。至于纯属船舶内部的事务，一般由船旗国管辖。停留在港口的外国军舰，享有国家豁免权，港口国不得对其进行任何形式的诉讼，不得加以逮捕和扣留。但外国军舰和其他船舶一样，必须遵守所在国的有关法律和规章，如果有违反情事，港口国可提出警告，直至强迫其离境。

应当注意的是：如果某内水在采用正常基线时是在基线以外，而只是在采用了直线基线之

① 詹宁斯，瓦茨修订．奥本海国际法．第 1 卷第 2 分册．北京：中国大百科全书出版社，1998：7.

后才被划在基线之内的，这一海域便允许外国船舶无害通过。《海洋法公约》第 8 条规定："如果按照第 7 条所规定的方法确定直线基线的效果使原来并未认为是内水的区域被包围在内成为内水，则在此种水域内应有本公约所规定的无害通过权。"（见图 5—4）

内水域包括港口、海湾、海峡以及领海基线与海岸之间的海域（见图 5—5）。

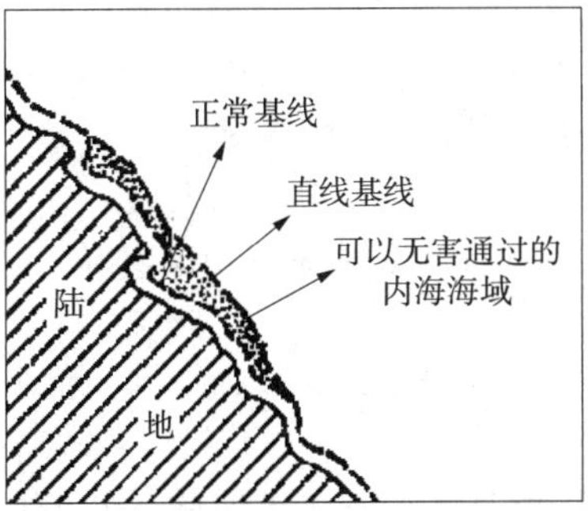

图 5—4

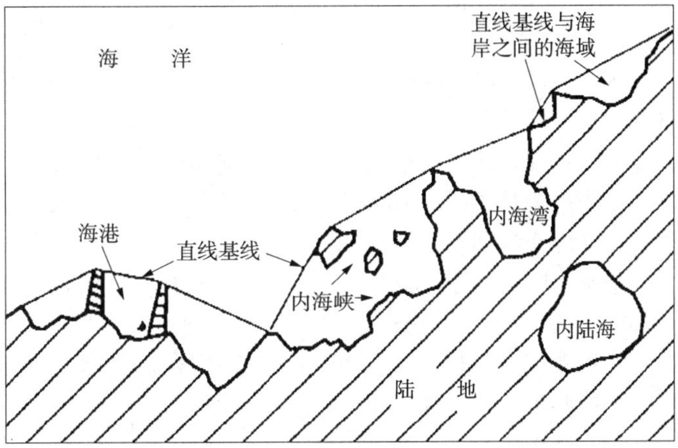

图 5—5

第三节 港口

一、港口的概念及分类

港口是指具有天然条件和人工设备，便于船舶停泊和上下客货的港湾，海岸线上的港口即为海港。在海洋法中，海港指用于装卸货物、上下乘客和船舶停泊并具有各种工程设施的海域。

从法律地位上，港口可分为开放港和不开放港，不开放港即封闭港。一国准许外国船舶进入的港口为开放港口，而不对外国船舶开放的港口，如军港或专为本国沿海贸易服务的港口，为封闭港。此外，从港口的形成上，可将港口分为天然港和人工港；从港口的用途上，可将港口分为军港和商港。

二、港口的划定

从港口的定义可知，港口除了包括必要的海域外，还有许多为方便装卸货物、上下乘客和船舶停泊的各种工程设施。所以，国际法规定，港口的外部界限是指一条连接港口最外缘各海港建筑、工程最外点而将整个港口包围在内的线。当港口外缘设有和防波堤一样的伸入大海最深处的永久性建筑时，该界限便是与这类永久性建筑最外缘重合的一条线。

关于对港口的划定，《领海与毗连区公约》第 8 条规定"构成海港体系主要部分的最外部永久工程应视为组成海岸的一部分"。1956 年国际法委员会为第一次海洋法会议做准备时对此曾作的注释指出：直至最外部设施之间的一条线的港口水域，构成沿岸国的港口水域，构成沿岸国内水的一部分，在海岸和伸出海上建立的永久性建筑（如防波堤和海岸保护工程）应视同海岸工程。[1] 1982

① Gary Knight. Law of the Sea：Cases，Documents and Readings，1980，pp. 5-104.

年《海洋法公约》第 11 条规定“为了划定领海的目的，构成海港体系组成部分的最外部永久海港工程视为海岸的一部分。近岸设施和人工岛屿不应视为永久海港工程”。这就是说，海港的最外部永久海港工程视为“海岸”，沿海国在划定领海基线时，可以此“海岸”最外部的一条线作为领海基线，但不能根据近岸设施和人工岛屿的位置划定领海基线。

三、港口制度

国际上关于海港制度曾制定一些条约，其中最重要的是 1923 年的《国际海港制度公约》及其附件《国际海港制度规则》。规则的主要内容如下：（1）国家的开放港口应对所有国家的商船开放；（2）外国商船进入港口，应遵守港口国的法律；（3）港口国对进入港口的外国船舶一律给予平等待遇，不加歧视；（4）对于遇难和躲避风暴的船舶应准其入境、停泊；（5）对于军舰入港应作特别规定。

但是，因为批准该公约的国家不多，所以实践中，各国多通过国内法或者双边的友好、通商和航海条约规定外国船舶入港制度和规则。

虽然各国有权制定自己的港口制度和规则，国际上也有很多双边的友好、通商和航海条约，但这些规则制度有一些相似性，主要包括：

（1）外籍船舶进人港口须经许可、办理一定手续，并提早数日将预计抵港时间告知港口国。在到港前 24 小时之前，船舶应将到港时间、船体前后吃水情况向港务监督报告。

（2）外籍船舶抵港后应立即呈报有关报表和交验有关证书及文书，并接受港口国卫生防疫、海关缉私、移民、边防安全等部门的检查。

（3）外籍船舶进港口时应接受强制引航并按规定的航道和航速行驶。

（4）为维护港内秩序，各国应规定外籍船舶在港内应遵守的事项，如武器的封存、无线电装置使用的限制等。

（5）为加强港内水域保护，许多国家还对港内排放油类、油性混合物和其他污物制定了专门的法规。如船舶排放压舱水、舱底水，必须向港监申请批准，等等。

（6）在沿海国对港内外国船舶的司法管辖方面也有一些规定：

1）沿岸国根据领土主权原则，对其港口内的外国船舶具有刑事管辖权。但在实践中，除下列情况外，沿海国一般都不行使管辖权；案情重大、沿岸国为受害者或应船旗国请求管辖。

2）对于港内外籍船上的民事案件，如果属于船舶内部纪律、工资、劳动条件、秩序，经济事务、人身权利或财产纠纷等问题，沿海国通常不行使管辖权；只有当争执涉及港口国公民的利益，或者争执发生在一国船上而争执的另一方为船舶以外的人，或者涉及船舶以外的因素，沿海国才进行管辖。此外，对于船舶本身的民事案件，如涉及船舶本身在港内航行、停留期间的权利与义务问题，所在国法院根据本国法律有权决定是否受理。

可见，在司法管辖方面采用的是沿岸国与船旗国管辖相结合的原则。

第四节　海湾

一、海湾的概念

海湾是指海洋深入陆地而形成的明显的水曲。但只有当水曲的面积大于或等于以水曲曲口宽度为直径所划的半圆时，这样的水曲才能称为海湾（如图 5—6 中的 AB、CD 是海湾，而 EF 则不是海湾）。也就是说，那些入口较宽而伸入陆地的海域面积较小的沿岸水曲，不能形成海湾。

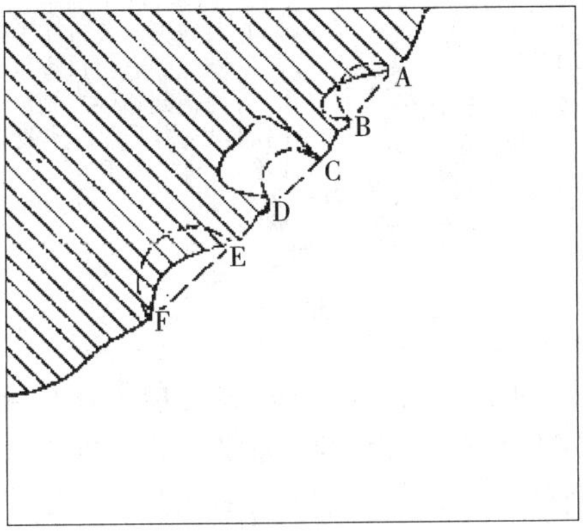

图 5—6

根据海湾沿岸分属国家不同，可将海湾分为：沿岸属于一国领土的海湾；沿岸属于两个或两个以上国家领土的海湾；历史性海湾。

二、海湾的法律地位

（一）沿岸属于一国领土的海湾

对于沿岸属于一国领土的海湾，国家可以在一定条件下将其划入本国内水的范围内，从而对其有完全的排他的主权，因此，确定这种海湾的前提是划定海湾的范围。按照习惯，在国际实践中，曾有过如下几种做法：

（1）英美都主张 3 海里的领海宽度，因此，湾口宽度不超过 3 海里领海宽度的两倍（6 海里）的海湾构成沿岸国的领湾，湾内水域构成沿岸国内水。

（2）1882 的《北海渔业公约》确立了 10 海里规则，1910 年，常设仲裁法院在“北大西洋海岸捕鱼案”中认为内海湾的湾口可以不超过 10 海里[①]，即湾口宽度不超过 10 海里的海湾属于沿岸国内水；而在 1951 年的“英挪渔业案”中，国际法院认为 10 海里规则不是公认的习惯规则。[②]

（3）1958 年《领海与毗连区公约》规定湾口宽度不超过 24 海里的海湾，为沿岸国的内水；湾口宽度超过 24 海里者，根据特定划界方法部分地属于内水。该公约还就海湾定义和划界规则作了具体规定。

1982 年《海洋法公约》第 10 条就沿岸属于一国的海湾作了新的规定，具体规定有：

（1）确定了海湾的概念，即“海湾是明显的水曲，其凹入程度和曲口宽度的比例，使其有被陆地环抱的水域，而不仅为海岸的弯曲。但水曲除其面积等于或大于横越曲口所划的直线作为直径的半圆形的面积外，不应视为海湾”。

（2）指出了划定海湾水曲面积方法，即“水曲的面积是位于水曲陆岸周围的低潮标和一条连接水曲天然入口两端低潮标的线之间的面积”（见图 5—7）。

---

① “北大西洋渔业仲裁案”，陈致中编著．国际法案例：176－180.

② “英挪渔业案”，参见上书：191－198.

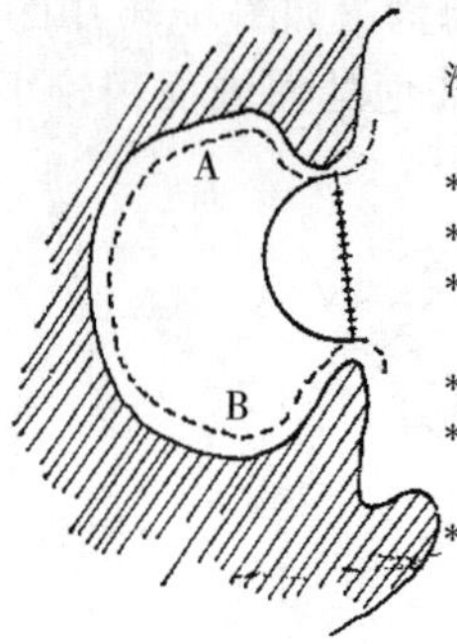

图 5—7

如果因有岛屿而水曲有一个以上的曲口，该半圆形应划在与横越各曲口的各线总长度相等的一条线上。水曲内的岛屿应视为水曲水域的一部分而包括在内（见图 5—8）。

（3）规定了确定海湾性质的方法，即规定了海湾的法律地位：如果海湾天然入口两端的低潮标之间的距离不超过 24 海里，则可在这两个低潮标之间划出一条封口线，该线所包围的水域应视为内水；如果海湾天然入口两端的低潮标之间的距离超过 24 海里，则 24 海里的直线基线应划在海湾内，以划入该长度的线所可能划入的最大水域为内水（见图 5—9）。

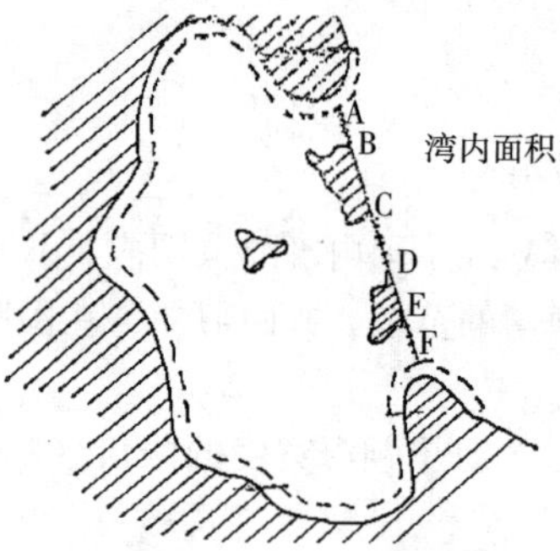

图 5—8

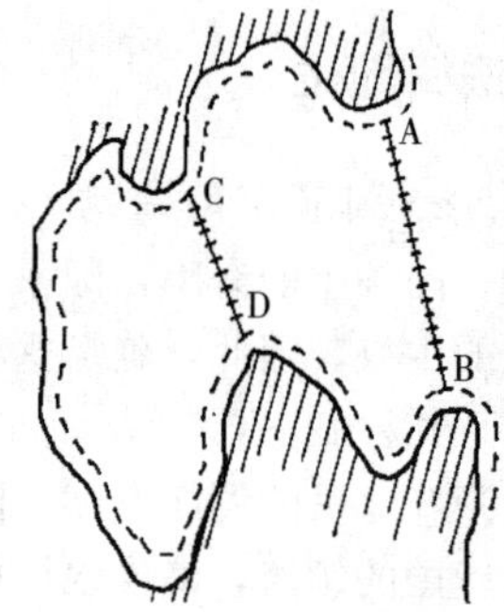

图 5—9

《海洋法公约》第 10 条最后指出“上述规定不适用于所谓‘历史性’海湾，也不适用于采用第 7 条所规定的直线基线法的任何情形”。

（二）沿岸属于两个或两个以上国家的海湾

《海洋法公约》对这类海湾未作出规定，国际上也没有通用的规则，学者们的看法不同，各国的做法也不尽一致。在实践中，一些国家是采用特别协定的方式来确定这类海湾的法律地位，如英国和西班牙就是采取协定的方式来解决两国在阿尔及西拉湾的领水划定问题的。

（三）历史性海湾

历史性海湾是指湾口虽然超过领海宽度的 2 倍，但历史上一向被承认是沿海国内水的海湾。绝大多数历史性海湾沿岸属于一国，个别历史性海湾沿岸分属不同国家。

最先使用历史性海湾这一概念的是 1910 年“北大西洋海岸捕鱼案”。该案的中心问题是解决在北大西洋沿岸有海湾地形的地方如何划定 3 海里领海的起算线，该案的判决引起了国际法学家之间的争论。此后，很多国际法学家以及国际法学会都研究过“历史性”海湾的法律问题，提出过一些意见和建议。1962 年 3 月 9 日，国际法委员会为联合国秘书处所准备的研究文件“关于历史性水域，包括历史性海湾的法律制度”中指出了一国取得历史性权利的水域应具有的三个要素：(1) 主张历史性权利的国家应对该水域行使权利；(2) 该权利的行使应是连续的在一个相当长时间内，并实际上已发展成为惯例；(3) 各国的态度，即为各国所默认。此外，也有提及第四个要素的，即证明是基于经济、国家安全及其重大利益上的需要或类似理由而主张的。[①] 1958 年《领海与毗连区公约》第 7 条第 6 款和 1982 年《海洋法公约》第 10 条第 6 款，都明确承认了历史性海湾的存在，但未对何为历史性海湾下定义。目前，各国学者虽对历史性海湾有不同主张，但在历史性海湾的形成条件方面均承认须具备以下要件：一是沿岸国已对该海湾长期作为内水而行使主权，二是其他国家长期（明示或默示）承认该项控制的事实。

历史性海湾这一概念之所以受到支持，主要理由如下：

其一，是基于对国家领土完整的考虑，对于深入国家陆地的海湾的控制有助于国家的领土完整；

其二，从国防和经济利益考虑，深入陆地的海湾，对于国家的国防安全和经济利益（包括沿海工业、商业、海洋事业）已经或将具有比一般开阔性平直海岸更为重要的意义；

其三，从历史角度考虑，沿岸国已经对该类海湾长期地实行了作为内水加以有效控制的实践，并因此在沿岸国和海湾之间形成了紧密的、重要的利益关系；

其四，其他有关国家长期以来对沿岸国实行该项控制的承认（明示或默示）。

上述理由中的后两条其实就是历史性海湾存在的条件。应当注意的是：虽然在国际法理论界，对于何为"长期的有效控制"和"长期承认"并没有统一的观点，但在各国实践中，已有一系列的海湾被宣布和确立为历史性海湾，它们当中有一些还是根据早期的湾口宽度不得超过 6 海里或 10 海里的标准宣布的。如果根据目前的湾口宽度不得超过 24 海里的标准，那么有些湾口宽度大于 6 海里或 10 海里而未超过 24 海里的海湾，就无须纳入历史性海湾的范围，而是可以根据"24 海里"的一般规则，被确立为沿岸国的内海湾。属于这一类的历史性海湾，有法国的湛卡尔湾（湾口宽 17 海里）、加拿大的康塞普兴湾（湾口宽 20 海里）等。由于历史性海湾的概念中并没有关于其湾口宽度的上限，一些国家宣布的历史性海湾的湾口宽度大大超过了 24 海里，如加拿大的哈得逊湾的湾口宽度为 50 海里，根据加拿大对其有效控制和各国的默认被宣布为历史性海湾。再如原苏联的大彼得湾的湾口宽度为 110 海里。我国的渤海湾也具有历史性海湾的性质。

此外，以下两点值得注意：

第一，历史性海湾与历史性水域是不同的。历史性水域是指那些根据国际法所规定的一般规则，不应被确立为内水，但却根据沿岸国的历史性权利和各国对此项权利的默认而被确立为内水的海域。此种水域包括历史性海湾，以及海峡、群岛水域中的历史性水域和其他历史性水域。确立历史性水域的理由和限制条件与上述历史性海湾相同。由此可见，历史性水域是一个包括历史性海湾并具有更广泛内容的概念，它属于沿岸国家的内水，沿岸国对其享有完全的排他性主权，而历史性海湾是历史性水域的最主要的内容。

第二，内水的历史性水域与后来出现的"领海的历史性水域"也不同。在第三次海洋法会议的讨论中一些国家提出了"领海的历史性水域"这一说法。如 1974 年 8 月 19 日，菲律宾代表在会上提交的《菲律宾：历史性水域和领海的划定界限》的提案中指出：领海可包括由于历史性权利或所有权而属于一国，并由该国实际视为其领海的水域；有关领海宽度的划界规定的最大界限不适用于任何国家视为其领海的历史性水域。但是，关于领海中的历史性水域的说法

① 转引自刘楠来等．国际海洋法．北京：海洋出版社，1986：19.

并未形成一项制度，也并未在后来的公约中体现。

第五节　海峡

一、海峡的概念、特征

海峡是位于两块陆地（包括大陆和岛屿）之间、两端连接海洋的狭长的天然水道。海峡具有以下特征：

1. 海峡连接两个海或洋。

2. 海峡是一条狭长的水道。所谓狭长是相对的，有的海峡可能宽数里乃至数十里，有的甚至可以超过数百里，如莫桑比克海峡和丹麦海峡均超过200海里，但仍然为海峡。

3. 海峡是天然形成的。从海峡的地理位置看，有三种情况：其一是位于两块大陆之间，如直布罗陀海峡、博斯普鲁斯海峡、达达尼尔海峡、曼德海峡、白令海峡；其二是位于沿岸岛屿与大陆之间的海峡，如松德海峡、拉芒什海峡、朝鲜海峡；其三是位于岛屿之间的海峡，如大贝尔特海峡、印度尼西亚群岛海峡、拉彼鲁兹海峡（见图5—10）。

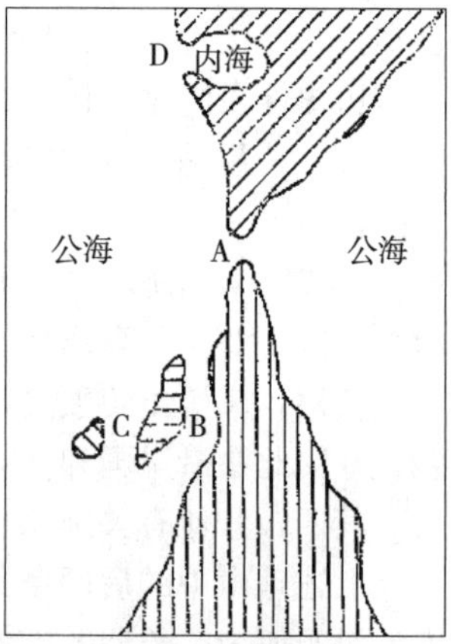

图 5—10

二、海峡的重要性

海峡在世界航运发达的今天具有重要的作用，这种重要性至少表现在以下几方面：

第一，海峡是沟通海洋的重要通道。在全世界上千个大小不等的海峡中可以用于航行的约有一百三十个，而经常用于国际航行的主要海峡有四十多个。[①] 这些海峡在海上运输中发挥着重要作用。例如每年经过直布罗陀海峡的船舶在15万艘以上，该海峡处于波斯湾北部的伊朗和阿曼之间，西接波斯湾、东连阿曼湾，并通向阿拉伯海和印度洋的霍尔木兹海峡，在正常情况下，平均每8～10分钟就有一艘油轮穿过。总之，海峡的通畅与海洋的通畅关系密切。

第二，海峡在战略上具有十分重要的地位。例如，马六甲海峡，位于马来半岛和印度尼西亚苏门答腊岛之间，是沟通太平洋和印度洋的重要航道；直布罗陀海峡位于欧洲西南端和非洲西北端之间，扼大西洋和地中海航运的咽喉；博斯普鲁斯海峡和达达尼尔海峡是欧洲与亚洲的分界线，控制着黑海的出口。这样的海峡不胜枚举。

第三，海峡不仅具有重大的经济和战略意义，而且具有重要的军事价值。在历史上，一些海上强国，为了对外扩张和掠夺，争夺海上优势和海域的控制权，曾多次使用炮舰迫使若干海峡沿岸国家缔结有利于它们自由使用海峡的国际条约就是很好的说明。即使在今天，海峡也是海洋争夺战的焦点。

此外，海峡对海峡沿岸国的安全和利益也至关重要。

三、海峡的分类及法律地位

对世界上众多的海峡，学者们曾从不同的角度进行分类。如丹麦的国际法学家布鲁尔

① 李长久，卢云亭．海峡．北京：海洋出版社，1980：1.

(E. Bruel) 按照海峡的地理特征，将海峡分为：(1) 大陆之间的海峡；(2) 大陆与岛屿之间的海峡。(3) 岛屿之间的海峡。《奥本海国际法》根据海峡两岸是否属于同一国家将海峡分为：(1) 两岸陆地属于同一国家的海峡；(2) 两岸陆地属于两个以上国家的海峡。① 我国的周鲠生教授从海峡所连接的水域将海峡分为：(1) 连接一面公海和一面闭海的海峡；(2) 连接两面公海的海峡；(3) 连接两面闭海的海峡，如 1774 年《库楚克—开纳滇条约》以前的刻赤海峡，因为当时该海峡所连接的亚速海和黑海的沿岸部属于土耳其帝国的领土，这类海峡本身就是一个内海，但现已不复存在。② 目前常用的分类法是根据海峡的法律地位，将海峡分为内海峡、领海海峡及非领海海峡；或根据海峡对于国际航行的意义，将海峡分为用于国际航行的海峡和非用于国际航行的海峡。

（一）根据海峡的法律地位，海峡可分为内海峡、领海海峡及非领海海峡

1. 内海峡 (inland strait)，即处于一国领海基线以内的海峡（见图 5—11）。这种海峡和基线以内的其他水域一样，构成该国内水的一部分，该国对其具有完全的和排他的主权；其法律制度也由该国国内法规定，沿海国可以拒绝外国船舶通过该海峡，外国船舶，未经许可不得驶入。例如我国的琼州海峡，1958 年我国领海声明确定直线基线方法划定基线，琼州海峡是基线以内的海峡，属于中国的内水。

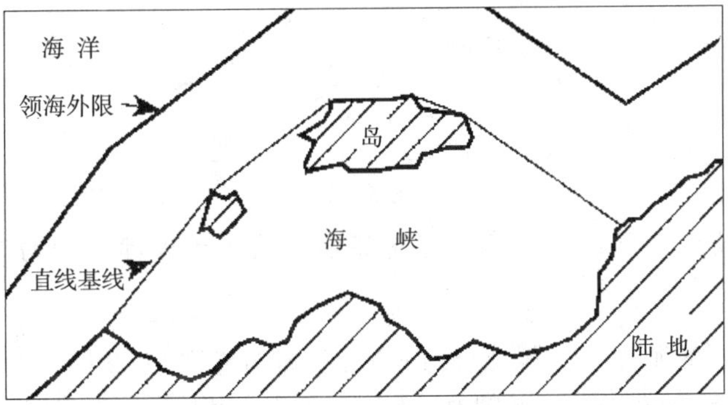

图 5—11

2. 领海海峡 (territorial strait)，简称领峡，即峡宽在两岸领海宽之和以内的海峡（见图 5—12）。如果该海峡两岸同属于一国，则属沿岸国领峡，适用该国的领海制度，即国际法中一切关于在领海内航行、捕鱼和管辖权的规则也适用于领海海峡。领海海峡一般是允许商船无害通过的。如果两岸分属不同国家，在没有特别条约另作规定的情况下，其疆界线应是通过海峡的中心航道，海峡的航行制度由沿岸国协议决定。对于这一类海峡，如果它是用于国际航行的，那么按照《海洋法公约》的规定该海峡适用过境通行制度。

3. 非领海海峡 (non-territorial strait)，又称非领峡，指宽度超过两岸领海宽度之和的海峡。这种海峡在领海外部界限以内的部分属于领海，适用领海制度；其余部分依海域性质不同，分别适用毗连区、专属经济区或公海制度，应允许外国船舶自由通过（见图 5—13），例如，我国的台湾海峡除两岸的领海以外中间还有一个可由各国自由航行的公海水道。有的海峡的宽度甚至超过了 200 海里，如莫桑比克海峡、丹麦海峡等。

① 詹宁斯，瓦茨修订．奥本海国际法：44.

② 周鲠生．国际法．上册．北京：商务印书馆，1976：375.

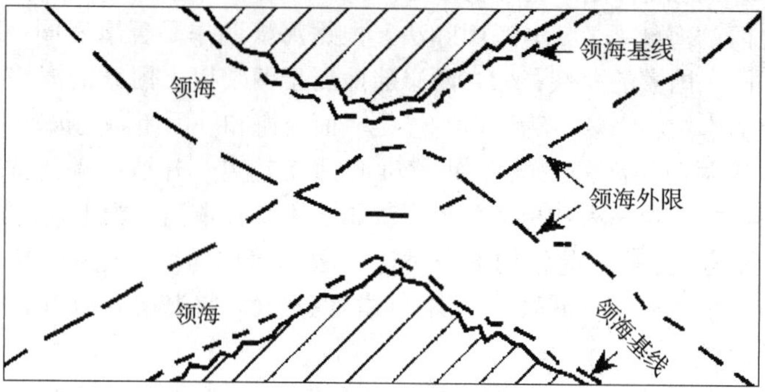

图 5—12

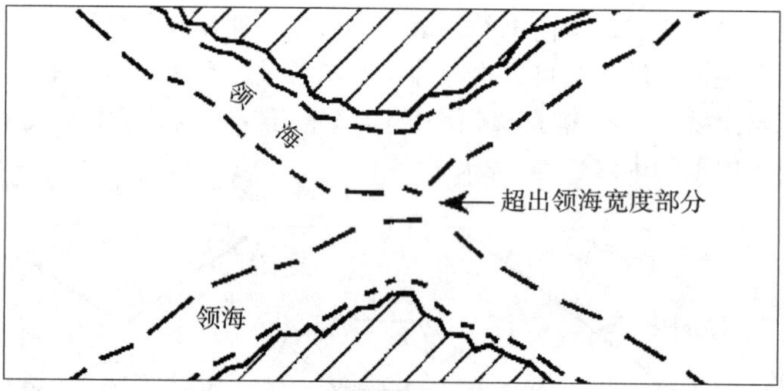

图 5—13

（二）根据海峡对国际航行的意义，将海峡分为用于国际航行的海峡和非用于国际航行的海峡

1. 用于国际航行的海峡。《海洋法公约》在第三部分专门对“用于国际航行的海峡”进行了规定，指出：用于国际航行的海峡的通过制度，不应在其他方面影响构成这种海峡的水域的法律地位，或影响海峡沿岸国对这种水域及其上空、海床和底土行使其主权或管辖权；海峡沿岸国的主权或管辖权的行使受本部分和其他国际法规则的限制。至于用于国际航行海峡的具体内容，将在下文进行阐述。

2. 非用于国际航行的海峡。用于国际航行的海峡之外的海峡均属于非用于国际航行的海峡，其法律地位依照水域所处的范围来决定。

需要注意的是，只有内海峡才属于本节范畴的海峡。

第六节　内水的其他组成部分

一、河口湾

所谓河口湾就是指在河流入海口，由河流两岸向海的延伸部分构成的一片向海的类似于海湾的水域。正是在该水域内，河水与海水相连接。根据《海洋法公约》第 9 条的规定，“如果河流直接流入海洋，基线应是一条在两岸低潮线上两点之间横越河口的直线”。但是，当河口出现河口湾这一复杂情况时，应根据有关海湾的划界规定类推。在湾口两岸低潮线上的两点之间划一条横越湾口的封口线，作为领海基线，如果在湾口还有其他沙洲、岩 礁、冲积岛时，则可以在它们的外缘选定一些点，并用直线连接起来形成直线基线。基线以内的河口湾属于内水，适用内水的法律制度，外国船舶非经允许不得驶入。

二、领海基线与海岸之间的水域

如前所述，领海基线主要有正常基线和直线基线，因而，在正常基线的情况下，领海基线与海岸间的海域是指低潮线和高潮线之间的海域，而在直线基线的情况下，领海基线与海岸间的海域是指直线基线与海岸高潮线之间的海域。由于直线基线的确立晚于正常基线的确立，因而后一种确定方法晚于前一种确定方法。

处于领海基线与海岸之间的海域，属于国家的内水，国家对其享有完全的排他性管辖权，非经国家许可，外国船舶不得进入。但 1958 年《领海与毗连区公约》第 5 条第 2 款规定："如果按照第 4 条确定直线基线的效果使原来被认为是领海或公海一部分的区域被包围在内成为内水，则在此项水域内应有本公约第 14 条至第 23 条所规定的无害通过权。" 1982 年《海洋法公约》第 8 条第 2 款也作了类似规定："如果按照第 7 条所规定的方法确定直线基线的效果使原来并未认为是内水的区域被包围在内成为内水，则在此种水域内应有本公约所规定的无害通过权。"（见图 5—4）

应当注意，内水中这种特殊的无害通过和领海中的无害通过制度不同。按照国际法，领海中的无害通过是对国家领土的一般限制，是一项较为完整和独立的制度，是领海法律地位的重要制度之一；而内水中这种特殊的无害通过，只是为了维持国际航道和航行的现状，为了方便国际航行，对于那些原来并不是内水，而现在根据公约规定的直线基线法被划入领海基线以内而成的内水所实行的一项例外的无害通过，它并不构成内水的一项完整的制度。

第七节　我国的内水

我国的大陆海岸线长达 18 万多千米，岛屿海岸线长 14 万多千米，沿海有许多岛屿、海湾、海峡、河口、港口。我国的内水包括被直线基线划入的海湾、海峡、港口、河口及领海直线基线与海岸之间的海域等。1958 年 9 月 4 日颁布的《中华人民共和国政府关于领海的声明》规定，"在基线以内的水域，包括渤海湾、琼州海峡在内，都是中国的内海"。1992 年我国的《领海及毗连区法》也规定："中华人民共和国领海基线向陆地一侧的水域为中华人民共和国的内水。"我国的内水由我国实行完全的排他的管辖权，任何外国船舶未经我国政府许可不得进入。对我国内水的侵犯，将构成对我国领土的侵犯，并将引起相应的国际责任。

一、渤海

渤海属于我国的内水海域，一面临海，三面环陆，东面经渤海海峡与黄海相通，面积为 7.7 万平方千米，平均水深 18 米。渤海沿岸有辽东湾、渤海湾和莱州湾。辽河、海河、黄河等河流从陆上带来大量有机物质，使这里成为盛产对虾、蟹和黄花鱼的天然渔场。辽东半岛南端老铁山西角与山东半岛北岸蓬莱头的连线是渤海与黄海的分界线。

二、琼州海峡

琼州海峡，位于我国南部雷州半岛和海南岛之间，东接南海，西临北部湾，地理位置十分重要，对中国的经济和国防具有极为重要的意义。该海峡宽为10.8海里，长为54海里，海峡中水域最深处为100米。根据1958年我国关于领海的声明，它被划入我国领海的直线基线以内，是我国的内海峡，受我国的排他性管辖。但为了照顾近邻国家通航的便利，同时兼顾国防的安全，我国允许外国商船在一定条件和严格管制下通过海峡，即外国船舶未经许可不得进入或穿越。1964年6月8日，我国颁布了《外国籍非军用船舶通过琼州海峡管理规则》，该规则第1条规定，“琼州海峡是中国的内海，一切外国籍军用船舶不得通过，一切外国籍非军用船舶如需通过，必须按照本规则的规定申请批准。”根据该规则的规定，外国非军用船舶须在进入海峡48小时之前或起航以前，提出过峡请求，将船名、国籍、总吨、航速等情况详细电报琼州海峡管理处，接到批准过峡的通知后方得过峡。过峡时，须遵守一系列具体的规则：如通过管理区的时间，一律以白天为限，夜间不许通行；在通过琼州海峡时，不得使用雷达，不准进行照相、测量以及其他违反中国法令的行为等。为加强海南省琼州海峡水域的通航安全管理，保障船舶、设施和人命财产的安全，依据《中华人民共和国海上交通安全法》及有关法律、法规，2003年5月10日，海南省人民政府发布了《海南省琼州海峡水域通航安全管理规定》。该规定共13条，自发布之日起施行，主要内容有：(1) 任何组织和个人在海南省琼州海峡的港区、锚地、航道、航路、通航密集区、禁航区、通航管制区、水上水下设施保护区、港外系泊点、海上助航标志保护水域，在建港口及其配套水域，在为确保船舶航行安全与各类水上水下施工作业安全划定的其他水域从事各项活动，必须遵守本规定。(2) 严禁在该水域内设置定置渔网、渔栅及其他危害船舶航行安全的碍航物。严禁在航道、港池内从事渔业捕捞作业。(3) 凡在海南省琼州海峡通航水域内违法设置的定置捕捞网具及其他危害航行安全的碍航物，有关市、县人民政府应责令当事人拆除或组织有关单位强制拆除。(4) 任何组织和个人都有维护海南省琼州海峡通航水域通航安全秩序的义务。公民、法人和其他组织发生危害船舶航行安全的行为，应主动报告海事行政主管部门；凡发现破坏或可能影响海南省琼州海峡通航水域通航安全秩序的行为，应及时报告海事行政主管部门。(5) 海事行政主管部门依照《中华人民共和国海上交通安全法》和本规定，对海南省琼州海峡通航水域通航安全实施管理和监督。(6) 海南省琼州海峡沿岸各市、县人民政府应当积极协助海事行政主管部门做好本行政区沿海水域内的海峡通航水域通航安全管理工作。(7) 海南省琼州海峡沿岸各市、县人民政府及有关行政主管部门在规划或审批海峡沿海水域各类海洋开发利用项目时，应征求海事行政主管部门对通航安全管理的意见。(8) 海事行政主管部门与海南省琼州海峡沿岸各市、县海洋、渔业行政主管部门间要建立相应的通航安全管理协调工作联系制度，负责协调及交流相关信息。(9) 任何组织或个人在海南省琼州海峡通航水域内从事水上体育竞赛、训练，水上娱乐活动及其他水上活动，必须经海事行政主管部门批准。(10) 拒绝、阻碍依法执行通航安全管理公务的，由公安机关依照《中华人民共和国治安管理处罚法》的有关规定处理；构成犯罪的，移送司法机关追究刑事责任。(11) 因违法审批或疏于管理导致海南省琼州海峡通航水域通航安全秩序遭受破坏，造成船舶安全重大、特大事故的，依照《国务院关于特大安全事故行政责任追究的规定》及《海南省重大安全事故行政责任追究的规定》追究有关责任人的责任。

三、海港

在我国沿海，分布着几百个港口，包括商港、军港、渔港、工业港、专用港等。其中，用于对外贸易和外籍船舶出入的开放港有大连、秦皇岛、天津、烟台、青岛、连云港、南通、上海、宁波、温州、福州、厦门、汕头、黄埔、广州、湛江、海口、北海等。

中国的港口制度最先是由1954年《中华人民共和国海港管理暂行条例》和1957年《中华人民共和国对外国籍船舶进出港管理办法》规定的，1979年《中华人民共和国对外国籍船舶管理规则》取代了以前的规定，目前我国港口制度主要体现在1979年《中华人民共和国对外国籍船舶管理规则》、1976年的《中华人民共和国交通部海港引航工作规定》及1983年的《中华人民共和国海上交通安全法》及2003年的《中华人民共和国港口法》中。

总体说来，海港所占用的水域属于国家的内水，完全受国家主权的管辖和支配，外籍船舶进入我国港口和在我国港口停留，必须遵守中国的法律、法规。

1. 进港规则

外籍船舶进入中国港口，必须事先获得许可，应在预计抵达港口1周前，通过我国外轮代理机构办理进港申请批准手续，并要在到港24小时前，再作一次到达具体时间与船体吃水情况的报告。

外籍船舶获准入港者，应在指定地点等候我国的港监、边防、海关、检疫等机关的检查。

外籍船舶进出我国港口和在港口航行，必须由我国港监指派的引航员引航。

2. 港内停泊和管理规则

外籍船舶进入港口，应即呈报进口报告，交验船舶证书及有关文件。

外籍船上的武器、弹药应由港监封存；船上停止使用无线电通信设备，禁止射击、游泳、钓鱼、鸣放鞭炮；未经当地有关部门批准，船上人员不得登陆和装卸货物。

港内航行和停泊的外籍船舶应悬挂其国旗和港口规定的信号。

外籍船舶有下列情形之一者，港务监督有权令其停航、返航或禁止出港：处于不适航状态，违反中国的法律或规章，发生海损事故，未缴纳应承担的款项，等等。

3. 出港规则

外籍船舶出港须呈交出港报告和有关文件，经检验后发给出港许可证。

外籍船舶处于不适航状态，或有违法情况，或发生事故，港监有权禁止其出境。

4. 司法管辖

根据国家主权原则，我国对港内外籍船舶上一切事件都拥有管辖权。但在实践中，一般对于港内外籍船舶上的刑事及民事案件并不行使管辖权，只有下列案件我国才予以受理：案件涉及或损害我国公民利益的；案件扰乱了我国沿海安宁和良好秩序的；案情影响重大经船长或船旗国请求援助的；有关船舶本身海损、污染、追索等责任纠纷的案件。

课后复习

1. 不定项选择题

(1) 1951年的“英挪渔业案”中，国际法院确认了（　　）。

A. 正常基线法　　B. 直线基线法　　C. 混合基线法　　D. 内水的范围

(2) 下列哪些是我国的内水？（　　）

A. 台湾海峡　　B. 琼州海峡　　C. 渤海湾　　D. 东海

2. 名词解释

(1) 基线。

(2) 海峡。

(3) 海湾。

3. 简答题

(1) 内水的法律地位。

(2) 历史性海湾的法律地位。

4. 论述

我国的港口制度。

第六章
领海与毗连区

提　要

领海是邻接国家领陆、内水或群岛水域的，受国家主权支配和管辖的一定宽度的海水带。《海洋法公约》规定每一国家有权确定其领海的宽度，直至从按照本公约确定的基线量起不超过12海里的界限为止。沿海国对领海内的自然资源享有所有权，对领海享有沿海航运权及贸易权，对领海的上空享有领空权，对领海内的有关制度享有立法权及对领海基于属地原则而享有司法管辖权。沿海国以外的其他国家在沿海国领海享有的唯一权利是无害通过权。

毗连区是沿海国在毗连其领海的一定海域范围内对特定事项行使必要管制的区域，其范围从测算领海宽度的基线量起，不超过24海里。

重点问题

1. 领海宽度确定方法。
2. 沿海国在领海的权利。
3. 无害通过权的含义。
4. 毗连区的法律地位。

第一节　领海概述

一、领海制度的形成

领海制度的形成，是人类发展到一定历史阶段的产物。具体说来，可以分为以下几个阶段：

1. 在古罗马时代，还没有出现领海的概念，当时，海洋被认为是处于共同使用的状态。由于在罗马法中，管辖权和所有权是有区别的，因此历史文献中关于罗马皇帝对海洋拥有管辖权的记载，并不意味着罗马皇帝对海洋拥有所有权。

2. 当人类社会进入封建制阶段以后，各国的君主，对海洋也提出和对陆地领土一样的控制和占有的要求。为了适应封建君主控制海洋的需要，后来的注释法学家对罗马法作了重新解释。如意大利法学家巴托鲁斯（Bartolus，1314—1357）提出，任何国家的君主对沿海100海里范围内的邻接岛屿都享有所有权，并对岛屿之间的海域拥有权力。16世纪下半叶，另一位意大利法学家真提利斯阐述了沿岸海域是毗连海岸所属国的领土的延续的观点，并把这种海域称作领水，从而在国际法历史上第一次提出了领水的概念。这些法学家的论说，为国际法上的领海制度的形成做了理论上的准备。

3. 随着资本主义生产关系在封建社会内部的产生和发展，新兴资产阶级日益要求打破少数海洋强国对海洋的垄断和控制，以便有利于航海贸易的进行。荷兰新兴资产阶级的代表人物，公法学家格劳秀斯在其1609年发表的《海洋自由论》中提出了海洋自由原则。这一原则尽管当时遭到一些封建国家统治者的反对，但是，当资产阶级在各国逐渐取得统治地位以后，它也获得了广泛的支持。在这期间，许多国家的统治者放弃了对于广阔海洋的要求，而转向只是主张对于相对不大的沿海海域实行统治。领海制度逐渐得以确立。

二、领海的概念

1958年日内瓦《领海与毗连区公约》规定："国家主权扩展于其陆地领土及其内水以外邻接其海岸的一带海域，称为领海。"1982年《海洋法公约》基本上保留了这一定义，同时增添了群岛国领海的内容。《海洋法公约》规定："沿海国的主权及于其陆地领土及其内水以外邻接的一带海域，在群岛国的情形下则及于群岛水域以外邻接的一带海域，称为领海"。所以我们可以将领海定义为是邻接国家领陆、内水或群岛水域的，受国家主权支配和管辖的一定宽度的海域。从定义可知，领海具有以下特征：

（一）该海域必须是邻接海岸或内水的海域

这里需要说明以下几点：

1. 只能是沿海国拥有领海，而内陆国，如尼泊尔、蒙古、玻利维亚等国家由于无海岸，那么由于这种地理上的缘故，则使其无法拥有领海。

2. 就沿海国而言，这里所说的内水是指由于海湾或海峡所形成的或由于沿海岛屿众多而处于领海基线以内的内水，而并非完全处于一国领陆内的内水。

3. 领海应与海岸、内水相邻，而不能远离海岸或内水，从而确定了领海的内侧位置。另外，由于群岛国的特殊情况，群岛国的领海是邻接群岛水域的一带海域。

（二）领海受一定宽度的限制

领海海域，并非辽阔无边，而是一带海域，即有一定的宽度。《海洋法公约》规定："每一国家有权确定其领海的宽度，直至从按照本公约确定的基线量起不超过12海里的界限为止。"公约的规定虽并未能将领海宽度统一起来，事实上，由于各国的情况不同，也很难有整齐划一的规定，不过公约肯定了两点：(1) 各国可自行确定其领海宽度，实践中，沿岸国一般会结合其经济、国防等利益并参照国际惯例来加以规定；(2) 各国确定的领海宽度不得超过12海里。事实上，各国领海宽度差别很大，最少的是3海里，大多数国家采用的是12海里的标准。我国就是这种情况。[①]

（三）领海海域受国家主权的管辖和支配

领海海域是国家领土的一部分，国家对其拥有排他的管辖权。这种主权不仅包括领海海域，还及于其上空、海床和底土。换言之，领海属于沿岸国领土的组成部分之一，国家对领海

① 关于领海宽度，可具体参见本章第二节.

如同对自己的陆地，对领海以及领海内的人和物行使排他的管辖权。当然，由于领海的特点，此项主权的行使还要受有关国际公约和有关国际法规则的限制，如外国商船可在领海内“无害通过”。

最早确认领海主权的国际条约是1919年《巴黎航空公约》。该公约第1条规定：“缔约各国承认每一国家对其领土上的空间具有完全的和排他的主权。本公约所指一国的领土应理解为包括本国和殖民地的国土以及毗连的领水。”1958年《领海与毗连区公约》以及1982年《海洋法公约》都明确规定沿海国的主权及于领海。

一个海域要想构成领海，以上三个特征缺一不可。如果国家不邻接海洋，则无领海；领海如无一定宽度，则无法确定海域和管辖范围；国家如不在此海域内行使主权，则此海域对国家来说就是“存在着的无”。

此处还有一点需要说明的是我们现在所说的领海曾经有过不同的称谓。如沿岸水（coast waters)、海水带（maritime belt)、领水（territorial waters）等。1930年海牙国际法编纂会议最后议定书乙编“关于领水问题”的草案中认定，“领海”一词在各名词中相比较更合适。1958年《领海与毗连区公约》及1982年《海洋法公约》均将此海域称为领海。这主要是因为沿岸水、海水带、领水没有真正界定该海域的特征。尤其值得一提的是“领水”。在国际法中，国家的领土构成包括领陆、领水、领空和底土，而领水是指一国主权管辖下的一切水域，既包括一国的内水（处于领海基线以内的内水及处于一国领陆内的内水)，也包括一国的领海，因而领海只是领水的一部分，二者并不能等同。

第二节　领海宽度及界限

一、领海的宽度

如前所述，一国对领海享有主权，这种主权不仅包括领海海域本身，还包括领海的上空、海床和底土。因此，国家将在多大的空间范围内行使这种主权，就涉及领海的宽度问题。这也是领海制度中的核心问题。

历史上曾经有过各种各样的确定领海宽度的方法和主张，例如，以从岸上能听到海上人的声音的最远距离作为领海的宽度，以测深锤沉到海底地方到海岸的距离作为领海的范围，也有以从岸上射出的箭所能达到的距离作为领海范围的。但综观各种主张，主要有：

（一）航程说

最早提出领海具体宽度主张的是意大利法学家、著名的后期罗马法注释家巴托鲁斯。他主张沿海国对领海的法律管辖权延伸至从海岸算起100海里或相当于两天行程的距离，以作为领海的正确宽度。[①] 这就是著名的航程说。16世纪的意大利的法学家真提利斯以及同一时代的英国法学家普洛登（Plowden)、法国法学家博丹（Bodin）等人也持类似的观点，但是他们所主张的海上疆界并未被各国的一般习惯确认，也没有任何国家采用他们的主张作为其领海或海上的界限。

（二）视野说

此即以目力所及的地平线作为领海的界限。此界限距海岸观望点约14海里。最早采用这

① 普雷斯科特．海洋政治地理．北京：商务印书馆，1978：28.

种方法的是苏格兰，后来英国也曾采用这种方法来确定海湾或湾口是否属于某一国范围的领地。1565 年，西班牙国王菲利浦二世在其敕令中规定：“任何船只都不能进入我们的海岸、港湾或河流，即从我们的土地上能看见的界限以内，以伺机破坏我们的或我们盟国的船只”[①]。虽然有一些国家采用这种方法，但这种方法要受到许多条件的限制，如视力所及的距离很大程度上取决于观察者的位置；观察时的天气好坏，也就是所谓的能见度；以及观察者视力的敏锐能力。因此，这种方法所确定的领海是处于变化之中的。

（三）专属捕鱼权说

此即用专属捕鱼权的范围来确定领海的宽度。这是因为各国普遍承认沿海国在其领海享有专属捕鱼权，所以专属捕鱼权在一定的意义上反映了领海主权的概念。但是虽然专供毗连国家的沿海居民使用的捕鱼范围可能有一定的传统的范围，但是，可能由于渔季的变化和其他因素的影响，依捕鱼范围所确定的领海无确定性，因而这种方法也并不可取。

（四）大炮射程说

此即以沿海国在岸上拥有的实际力量来决定在海上行使控制权的范围。在这方面，作出重要贡献的是荷兰法学家宾克舒克。1702 年，宾克舒克提出“使陆地的权力扩展到炮弹爆炸的地点显然是较为合理的，陆地的权力是以武器威力的范围为范围”[②]。这里，宾克舒克所说的陆地权力是指海岸对海域的控制权，武器威力就是指大炮的有效射程。换言之，沿海国对近海以大炮射程为限的控制宽度即为该沿海国的领海宽度。

宾克舒克的主张是当时的领海实践和理论的产物。应当注意的是尽管宾克舒克提出了以大炮射程来确定领海宽度，但事实上，在宾克舒克之前，大炮射程规则已很盛行。[③] 除宾克舒克外，英国法学家福尔顿（Fulton）对大炮射程规则也作出解释，但是他的解释与宾克舒克不同。他认为，存在着海洋应当向陆地致敬的规则，而应敬礼的范围的界线则由大炮的射程决定。福尔顿是从另一方面来论证国家领土最高权力在沿岸海水带上的有效范围决定于自岸上发出的大炮射程的这个规则的。

（五）3 海里规则

由于大炮射程得到各国的普遍赞同，而 18 世纪大炮射程平均不超过 3 海里，一些国家便规定其领海宽度为 3 海里。尤其是英、美等海上大国，由于拥有强大的海上力量，为了便于接近他国海岸，同时也为了便于获取他国近海资源，竭力主张 3 海里领海是国际法公认的规则。但一项规则如若能构成普遍国际法规则，不仅要求各国长期、反复的实践，同时需要法律确信，而当时英美之外的许多国家规定了大于 3 海里的领海。[④] 斯塔克在其《国际法导论》中说：“到了十九世纪，法学家、法院与各国惯例都已广泛采用了 3 海里限度。到二十世纪，这种限度是继续得到英、美这两个海洋大国的坚定支持，但仍未能被承认为国际法的普遍规则。”[⑤]

（六）第三次海洋法会议对领海宽度的规定

由于 3 海里的领海宽度并不是一项普遍承认的国际法规则，所以，确定领海宽度就是国际

---

① 尼古拉耶夫．国际法中的领水问题：42.

② 3 Willson, *International Law*, 1939, p. 99.

③ 最早运用大炮射程规则的是 1610 年的英国荷兰渔业争端。此后，1646 年的《法荷条约》、1659 年的《法西条约》、1663 年的《法挪条约》以及一些国家的法律，也都提到了大炮射程规则。

④ 当然，在第三次联合国海洋法会议之前，国际上也存在一些条约或仲裁案例包含对 3 海里领海宽度的承认，例如 1882 年的《北海渔业公约》、1888 年关于苏伊士运河的《君士坦丁堡条约》、1893 年的“白令海渔业仲裁案”及 1910 年的“北大西洋海岸捕鱼案”，但这些条约的参加国并不具有普遍性，这些案件也仅是涉及个别国家的某些特殊利益，它们都不具有国际立法的性质，因此不能认为 3 海里领海宽度是公认的国际法规则。

⑤ 斯塔克．国际法导论．北京：法律出版社，1984：173.

社会必须解决的问题。虽然1930年海牙会议、联合国第一次及第二次海洋法会议均涉及此问题，但均未解决该问题。在第三次联合国海洋法会议上，有关领海宽度的争论虽不十分突出，但仍然是一个牵动全局的问题。当时各国对领海宽度的主张分为下列几种：

1. 主张200海里领海权，用领海、邻接海和国家海洋区域等不同名称来表示主权概念上的领海。这就是通常被称为的“领海派国家”，大多为拉美国家，共有15个国家。

2. 主张12海里领海，共有59个国家持此主张。

3. 主张12海里领海宽度与200海里专属经济区权利一并解决。持这种主张的有43个国家。

4. 主张12海里领海宽度应以海峡自由通过为条件，主要是美英等国持此主张。

5. 主张其他领海宽度，如以色列主张6海里，尼日利亚主张30海里，坦桑尼亚主张50海里。

6. 中国、朝鲜、阿尔及利亚等国不提具体的领海宽度，主张沿海国根据本国的一切有关因素，合理地确定领海宽度。

7. 主张历史性海域，以历史法令和条约中的经纬度来确定领海范围，例如菲律宾和汤加王国。

从上面的主张可见，主张12海里领海宽度的国家居多，但是它们的出发角度并不相同。而那些主张领海宽度超过12海里的国家，大多是源于策略上和其他因素的考虑，并不意味着最终不接受12海里的主张。如美国声称，它可以同意领海的最大宽度为12海里，但必须以军舰自由通过海峡为条件。不少第三世界国家赞成12海里领海是为换取对200海里海洋权的承认。这些国家把12海里领海和200海里专属经济区或承袭海看作是200海里海洋权的一个整体观念。即使是一些坚持200海里领海的国家，也把着眼点放在200海里专属经济区的海洋权上。例如，秘鲁和巴西都明确表示，它们可以接受12海里领海，但是，如果专属经济区的权利得不到保证，就恢复200海里领海的立场。应该说，大多数第三世界国家在维护200海里海洋权的目标上是一致的，但是，在领海宽度问题上，它们之间是存在着差别的。在第三次海洋法会议上，被称为“经济区派”或“承袭海派”的国家，主张建立200海里的专属经济区或承袭海，对自然资源行使主权和管辖权。在这200海里海域的范围内，沿海国可划定12海里领海以行使主权。另有部分拉美国家和少数非洲国家，主要是秘鲁、厄瓜多尔、索马里等国，则坚持主张200海里领海，由沿海国行使主权和管辖权，或在200海里范围内分段实行不同类型的管辖。这就是所谓“领海派”的主张。

实际上，“领海派”和“经济区派”的主张并无根本不同和实质性差别。厄瓜多尔在第三次海洋法会议第三期会议上关于领海条款发表声明指出，沿海国可以根据各种条件和利益，建立一个宽度不超过200海里的领海，这绝不意味着每个国家必须建立200海里领海，沿海国在其领海内行使主权时，可以允许制度的多元性，在领海内划条界线，在界线之内，各国船舶享有无害通过权，在界限之外，船舶和飞机可以自由通过，因此，沿海国和国际社会的利益都已得到照顾。由此可见，“领海派”的“领海”概念已不完全是传统的领海概念，它们实际上是主张在12海里内实行严格的领海主权，在12海里以外则不那么严格。它们主张200海里领海的目的是使沿海国在200海里全部范围内拥有主权和管辖权，而不是强调所谓领海的绝对主权。因而，这和“经济区派”的主张实质上是相似的。

通过“七十七国集团”内部的协调，“领海派”与“经济区派”的分歧得到了解决。“领海派”国家不再反对12海里领海，而把重点放在争取200海里专属经济区的权利上，从而和“经济区派”的立场趋于一致，并起到相辅相成的作用。经过与会国的长期协商，1982年第三次海洋法会议第十一期会议上通过的《海洋法公约》第 3 条对领海宽度问题作了如下规定："每一国家有权确定其领海的宽度，直至从按照本公约确定的基线量起不超过 12 海里的界限为止。"

二、领海的界限

一国的领海宽度确定之后，大致可以知道一国领海的轮廓，但尚不能标出该国领海的确切位置和范围。要确定领海确切位置和范围就需要确定领海的界限，也就是确定领海的内部界限和外部界限。

（一）领海的内部界限

领海的内部界限就是测算领海宽度的起算线，即领海基线。1805 年的"安娜号"（the Anna）案首先触及领海基线问题。该案中，西班牙船"安娜号"在离美国海岸 3 海里外，却在距离密西西比河口部分冲积岛屿约 2 海里外，遭到英国私掠船捕获。该案提交到英国捕获法庭（Court of Prize）审理时，美国认为该船是在美国领海内遭捕获，应由美国管辖。但该船所在位置，若从美国海岸起算，则位于 3 海里外，即不在美国领海内；但若从密西西比河的冲积岛起算，则未超过 3 海里，应在美国领海内。捕获法庭认为：此等岛屿是邻近海岸形成的天然附属物，无论此等岛屿的构成材料是岩石还是泥土，均不能改变国家对其统治权，因为对领土的保护，应该从此等岛屿算起。因此，捕获法庭将该案交由美国处理。①

关于测算领海基线的方法可参见第一章第一节。此外，由于河口、港口、海湾、礁石、低潮高地线的基线有特殊的划定方法，《海洋法公约》也作了规定。

如就礁石而言，于环礁上的岛屿或有岸礁环列的岛屿的情形下，测算领海宽度的基线是沿海国官方承认的海图上以适当标记显示的礁石的向海低潮线。就泊船处而言，公约规定通常用于船舶装卸和下锚的泊船处，即使全部或一部位于领海的外部界限以外，都包括在领海范围之内。就低潮高地而言，公约规定低潮高地是在低潮时四面环水并高于水面但在高潮时没入水中的自然形成的陆地。如果低潮高地全部或一部与大陆或岛屿的距离不超过领海的宽度，该高地的低潮线可作为测算领海宽度的基线；如果低潮高地全部与大陆或岛屿的距离超过领海的宽度，则该高地没有其自己的领海。关于河口、海湾及港口的规定可参见第一章。

（二）领海的外部界限

按照《海洋法公约》第 4 条的规定，领海的外部界限是一条其每一点同基线最近的距离等于领海宽度的线。这一条线同时也是领海与毗连区、专属经济区、公海的分界线。《海洋法公约》并未规定如何具体划定领海的外部界限，但根据各国的实践，划定领海外部界限的方法有以下三种：

1. 交圆法

如果领海基线是正常基线时，则可采用交圆法来划定领海的外界线，具体划法是：以低潮线上的若干点作圆心，用等于领海宽度的长度为半径，逐一向向海方向划出一系列相交的半圆，各交点之间的半圆连接成的弧线，就是领海的外部界限。一般说来，基线上选择的圆心，往往是在基线的外突之点上。圆心之间的距离愈小，在各弧线外应划入而未划入的领海范围也就愈少。相对而言，领海外部界限就愈为准确（见图 6—1）。

---

① 转引自姜皇池．国际海洋法．台北：学林文化事业有限公司，2004：126.

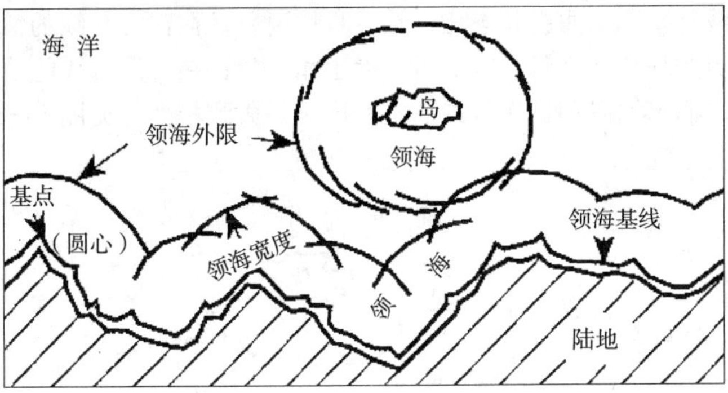

图 6—1

最早提出交圆法的是美国。美国在 1930 年海牙国际法编纂会议上提出了沿着以海岸线外的各点为中心、领海宽度为半径的圆弧法。这种方法，来源于船舶在航行时，为确定其船位是否在某一国的领海内而采用的办法：当船舶在邻近一国的领海的海域上航行时，为测定其船位是否进入某一国家领海，往往以本船的位置为中心，以某一沿海国家的领海宽度为半径，在大幅的航海图上向向陆方向作一弧线。如果弧线未触及沿岸的陆地，便可断定该船仍在沿海国的领海之外航行；如果弧线触及沿岸的陆地，表明该船在沿海国领海的外界线上；如果所作弧线割入沿岸陆地，则表明该船已进入该沿海国的领海。为了确定领海的外界线，可选择海岸或低潮线，或岸外附属岛礁的外缘上的若干点为中心，以领海宽度为半径，向海作一系列弧线，并使相邻的半圆相交，于是连接这些交点的弧线便成了领海的外界线。这种方法的优点是，可以作出一个较为平直的领海外界线，其上的每一点与最近陆地的距离均等于领海宽度。

2. 共同正切线法

在海岸极为曲折而采用直线基线法来测算领海宽度的情况下，通常采用这种方法来划定领海的外界。其划法是以直线基线上的每个基点为圆心，以领海宽度为半径，向向海的方向划出一系列的半圆，在每两个相邻的半圆之间划一共同切线，连接各切线的交点的一条线，就是领海的外界线。应当注意：这条线的每一段都是正切线，而且是直线，并平行于相应的基线，其间的距离等于领海的宽度。如果采用这种方法，领海的外部界线与海岸曲折的情形大致是平行的（见图 6—2）。

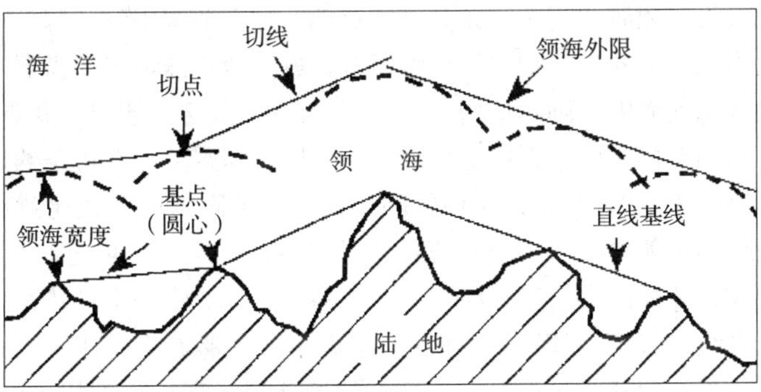

图 6—2

3. 平行线法

测量领海基线无论是采用正常基线法还是采用直线基线法，其外部界限均可采用平行线法予以划定，就是以基线上的各点，按照领海宽度的距离向与海岸大致走向垂直的方向平行外推，使领海的外界线与基线的曲折状态相一致。具体说来，在正常基线的情形下，海岸、低潮线与所划的领海外界线均相互平行，其曲折程度也相一致；在直线基线的情形下，外界线与基线一段一段相平行，而与海岸和低潮线的曲折程度只是大致相似（见图 6—3、图 6—4）。

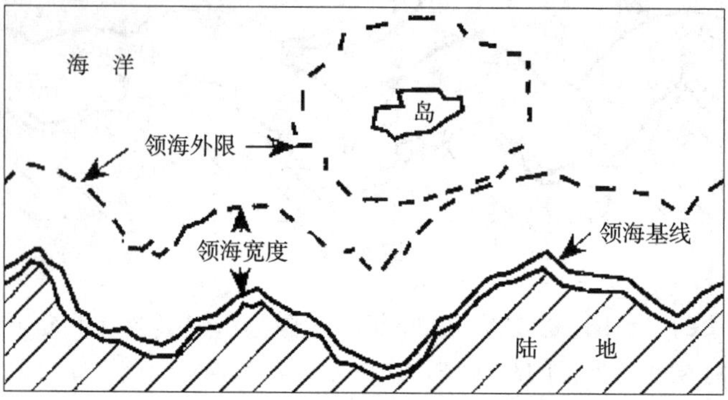

图 6—3

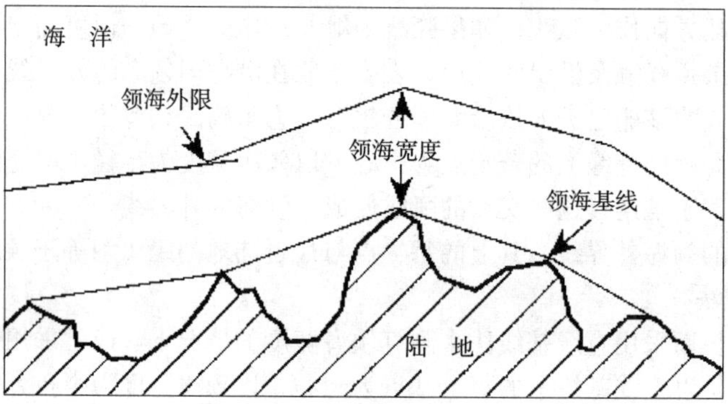

图 6—4

三、海岸相向或相邻国家间领海界限的划定

《海洋法公约》规定："如果两国海岸彼此相向或相邻，两国中任何一国在彼此没有相反协议的情况下，均无权将其领海伸延至一条其每一点都同测算两国中每一国领海宽度的基线上最近各点距离相等的中间线以外。但如因历史性所有权或其他特殊情况而需要按照与上述规定不同的方法划定两国领海的界限，则不适用上述规定。"这一规定说明以下几点：

第一，两国之间如有协定则根据协定处理。一些国家间曾签订双边条约，规定了国家间的领海界限。如 1968 年 10 月 24 日伊朗和沙特阿拉伯《关于阿尔½阿拉比亚和法尔西两岛的主权和划定沙特阿拉伯和伊朗之间海底地区的疆界线的协定》第 1 条规定："双方互相承认沙特阿拉伯对阿尔½阿拉比亚岛的主权和伊朗对法尔西岛的主权。每一个岛屿都应有自上述各岛的每一个岛屿的最低潮线算起 12 海里的领海带。在这些领海带重叠的地区，划分两个岛屿的领海的疆界线应这样画出，使其全线与每一个岛屿的最低潮线都是距离相等的。"既然两国协议是它们意思表示一致的结果，那么两国间可选择它们同意的任何方法，其中包括用等距离中间线法。

第二，海岸相向或相邻的国家，除因历史性所有权或其他情况另有协议外，两国领海通常以中间线为界，中间线上的任何一点与两边基线最近点的距离是相等的。这一方法被称为等距离中间线原则。

相邻国家等距离中间线的划法是从边界两边各选一定距离的点，以点为心，以相等的任意半径为弧，两弧交点连起来便是相邻国的中间线（见图 6—5）。

相向国家的中间线也是一样，分别在两岸选点，作为圆心，以一定的距离为半径划弧，连接两弧相交之点，即为等距离中间线（见图 6—6）。

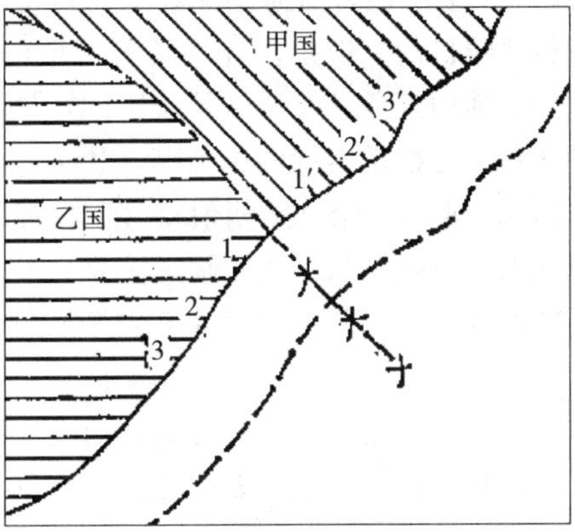

图 6—5

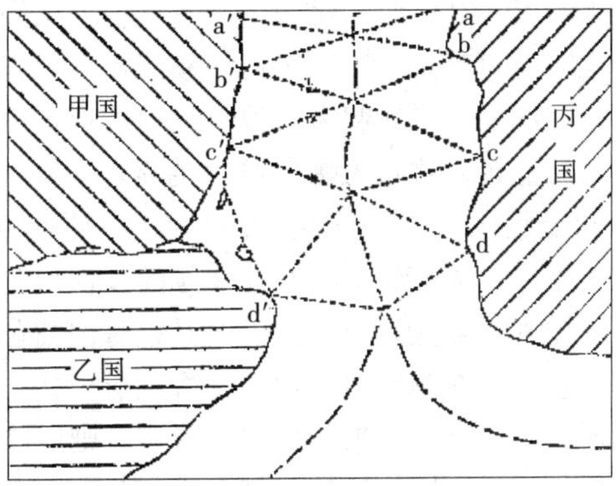

图 6—6

此外，如果相邻及海岸相向的两国的领海宽度各不相同，而海面宽度又小于它们的领海宽度的总和，则会发生领海重叠的情形。在这两种情形下，领海界限如何划定，国际上并无多大争论。一般认为，两国间的领海分界线应由双方根据不同的地理情况并照顾到历史上和经济上的各种因素，通过充分协商以协议来解决。

第三节　沿海国在领海的权利与义务

一、沿海国在领海的权利

如前所述，一国的领土包括领陆、领水、领海和领空，国家对其领土有完全的排他的主权。其中领海属于领水的一部分，因此，领海受沿海国主权的支配，即领海范围内的一切人、物和事均受沿海国的管辖。从这一点看，领海和内水的法律地位是相同的，但 1958 年《领海与毗连区公约》及 1982 年《海洋法公约》都规定“沿海国对于领海的主权的行使要受公约的有关规定和其他国际法规则的限制”。这一限制就是承认外国船舶在领海内享有“无害通过权”。归纳起来，沿海国在领海内的权利主要包括以下几个方面：

（一）对自然资源的所有权

领海内的一切资源，包括海水、海床和底土内的生物和非生物资源，均属沿海国所有。沿海国享有在其领海内对这些自然资源的开发利用的专属管辖权。由于这种管辖权是排他性的，因此除非得到沿海国的允许，否则沿海国以外的任何国家都无权在沿海国的领海从事资源开发活动。

实践中，沿海国为了更好地行使其对领海内的资源的所有权，可以制定相应的法律和规章，对这些开发活动实行管理和控制。沿海国也可以通过国际协议或国内立法准许其他国家的法人和自然人进入其领海，单独地或与沿海国合作，从事资源的开发活动。但所有这些活动都必须遵守沿海国的有关法律和规章。

在这里有两个值得注意的问题：

第一，在沿海国领海中的捕鱼权。领海内捕鱼权是沿海国资源所有权的重要组成部分。一些学者曾对领海捕鱼权进行研究，如威廉·威尔武德认为：一个国家的居民，有在他们的沿海进行原始的和排他性的捕鱼权利。这一部分海洋必须属于沿海国的主要理由之一是，如果任何人都可以在这里自由捕鱼，则这些鱼类就有灭绝之虞。[①] 很明显，沿海国家要求并行使这种权利，是出于保障其沿海居民的生计和维护国家经济利益的目的。但是，有些国家在维护这种权利时，也非绝对禁止外国国民进入领海捕鱼。各国由于其地理条件和历史传统不同，具体的做法是不尽相同的，概括起来大致有三种情形：一是领海捕鱼权由本国国民独享，禁止外国渔民进入其领海捕鱼。这是大多数国家的做法。如 1922 年，英国渔船“圣胡伯特号”在苏联海岸 11.5 海里处捕鱼，被苏联当局拿捕，因为它的做法违反了苏联 1921 年的领海法令。二是领海捕鱼权由本国国民优先享有，在一定的条件限制下准许其他国家的国民进入其领海捕鱼。三是在互惠的原则下，允许外国国民在其领海内捕鱼。

第二，对于在领海内发现的考古和历史文物如何处理。原则上，这些考古和历史文物均属沿海国所有。但是，如果物主明显可辨，则应将该文物归还物主。在领海内打捞、挖掘和移出文物，应依照沿海国的法律和规章进行。

（二）沿海航运权及贸易权

沿海国为了保障其主权和经济利益，同属一国一海两港间的贸易或不属一海而同属一国的两港间的贸易，仅保留给本国国民。除非根据条约或根据互惠原则，否则，不准外国船舶从事这种活动。

（三）领空权

根据国际法，领空是指一国领陆和领水之上的处于国家主权管辖之下的一定高度的空间。虽然领空的高度是一个迄今尚未解决的问题，但国家对领空拥有主权这已被各国所承认。由于领海是领水的一部分，所以国家对领海上空有专属权利，即未经沿海国许可外国飞机不得进入该国领海上空。

国家对领海上空享有主权不仅体现在各国的国内法中，而且在一些国际公约中得到规定。这不仅包括有关海洋法方面的公约，也包括一些航空法方面的公约。如 1958 年《领海与毗连区公约》第 2 条规定“沿海国的主权扩展于领海以上的空间及其海床和底土”；1982 年《海洋法公约》再次指出“国家的主权及于领海的上空及其海床和底土”；1919 年《巴黎航空公约》规定各国对其领土上空有完全的排他性的主权，1944 年《国际民用航空公约》也作了同样的规定。

（四）对有关制度拥有立法权

沿海国有权制定、颁布有关领海内航行、缉私、移民、卫生、电缆和管道以及助航设备和设施的保护，水域保护和海洋生物资源养护等方面的规章制度，并有权对违反者进行制裁。

（五）司法管辖权

如前所述，沿海国以外的国家在沿海国的领海享有无害通过权，因此，沿海国在领海行使司法管辖权时要兼顾国际习惯与国际公约的规定。也就是说，国家根据其属地优越性，对于在本国领海内发生的刑事、民事案件均有管辖权。但在通常的情况下，沿海国并不对通过领海的

---

① 希金斯，哥伦博斯．海上国际法．北京：法律出版社，1957：111.

外国船舶行使管辖权。

1. 刑事管辖权

根据《海洋法公约》第 27 条的规定，一般来说，沿海国不应对通过领海的外国商船行使刑事管辖权，“以逮捕与在该船舶通过期间船上所犯任何罪行有关的任何人或进行与该罪行有关的任何调查”，但有下列情形之一者，不在此限：(1) 罪行的后果及于沿海国；(2) 犯罪行为属于扰乱当地安宁或领海的良好秩序者；(3) 经船长或船旗国的外交代表或领事官员请求地方当局予以协助者；(4) 这些措施是取缔违法贩运麻醉药品或精神调理物质所必要的。

《海洋法公约》第 27 条第 2 款规定，“上述规定不影响沿海国为在驶离内水后通过领海的外国船舶上进行逮捕或调查的目的而采取其法律所授权的任何步骤的权利”。

在发生上述情况时，如经船长请求，沿海国在采取任何步骤之前应通知船旗国的外交代表或领事官员，并应为外交代表或领事官员与船上乘务人员之间进行接触提供便利。但遇紧急情况，发出通知可与采取措施同时进行。同时，地方当局在考虑是否逮捕或如何进行逮捕时，应适当顾及船舶的航行利益。

除关于海洋环境的保护和保全部分另有规定或违反有关专属经济区的法律规章外，如果来自外国港口的外国船舶仅仅通过领海而不驶入内水，沿海国不得在通过领海的船舶上采取任何步骤，以逮捕与该船舶进入领海以前所犯任何罪行的有关人员或进行与该罪行有关的调查。

2. 民事管辖权

根据《海洋法公约》第 28 条的规定，沿海国不应为了对通过领海的外国船舶上的某人行使民事管辖权而停止该船舶的航行或改变其航向。除船舶本身在通过沿海国水域航行过程中或为此种航行目的而承担的义务或发生的债务诉讼外，沿海国也不得为任何民事诉讼的目的而对船舶从事执行或加以逮捕。但此项规则不妨碍沿海国按照其法律为任何民事诉讼的目的而对在领海内停泊或驶离内水后通过领海的外国船舶从事执行或加以逮捕的权利。

3. 适用对象

应当注意，上述刑事、民事管辖权的规则不仅适用于一般商船，也适用于商业目的的政府船舶。如果外国军舰被允许通过领海，虽然其享有豁免权，但其也应遵守沿海国的法律和规章，对于其违反法律和规章的行为，沿海国虽不能对其行使管辖权，即沿海国对其不能进行处罚，但可以限令其离开。

（六）战时中立权

也就是说，沿海国在领海有保持战时中立的权利。在战争时期，沿海国若为中立国，交战国不得在该沿海国的领海内交战或伏击敌船，也不得在该领海内拿捕商船，该沿海国有权对交战国军舰的通过设置各种障碍。而且出于保护国家安全的必要，沿海国可在其领海的特定区域内暂时停止外国船舶的无害通过。

（七）紧追权

这是说沿海国发现外国船舶在其领海内违反本国法律和制度时，可以从领海对该船进行追逐直至公海。关于紧追权，具体参见公海部分中对紧追权的论述。

（八）沿海国的保护权

虽然沿海国以外的国家在沿海国的领海享有无害通过权，但为了保护国家安全（包括武器演习在内），沿海国可在对外国船舶之间在形式上或事实上不加歧视的条件下，在其领海的特定区域内暂时停止外国船舶的无害通过。但这种停止仅应在正式公布后发生效力。

二、沿海国在领海的义务

按照《海洋法公约》的规定，沿海国在领海的义务主要有：

1. 除按照该公约规定外，沿海国不应妨碍外国船舶无害通过领海，尤其在适用本公约或依本公约制定的任何法律或规章时，沿海国不应：（1）对外国船舶强加要求，其实际后果等于否定或损害无害通过的权利；或（2）对任何国家的船舶，或对于载运货物来往任何国家的船舶，或对于替任何国家载物的船舶，有形式上或事实上的歧视。

2. 沿海国应将其所知的在其领海内对航行有危险的任何情况妥为公布（appropriate publicity），否则，会承担国家责任。科孚海峡案就是典型的例子：1946 年 5 月 15 日，两艘英国军舰通过位于阿尔巴尼亚大陆与科孚岛北部之间的科孚海峡，遭到阿尔巴尼亚炮兵的轰击，但没有被击中。英国立即向阿政府抗议，声称其军舰在海峡享有无害通过权。阿政府则明白表示：外国船舶通过其领海必须事先通知并取得其许可。1946 年 10 月 22 日英国舰队再次驶入科孚海峡北部，两艘驱逐舰触水雷，造成军舰受损、许多海军人员伤亡的巨大损失。事件发生后，英国通知阿政府，将在其海峡扫雷。阿政府予以拒绝。11 月 13 日，英国海军单方面在海峡进行扫雷活动。1947 年 5 月 22 日，英国单方面向国际法院起诉。法院指出，造成损害和伤亡的雷区是新近布设的，并且实际证据证明阿尔巴尼亚当局不可能对于在其领海中布雷一事完全不知晓。法院进一步指出：假定阿尔巴尼亚政府知道这种情况，那么，“为了一般航行的利益”，它有义务通知“在阿尔巴尼亚领海内存在雷区”，并警告“正在临近该区的英国军舰它们面临着雷区近在眼前的危险”。因阿尔巴尼亚没有遵守这项义务，法院以 11 票对 5 票判定：阿尔巴尼亚应对 1946 年 10 月 22 日在阿尔巴尼亚领海上发生的触雷事件以及由此事件造成的损害及人命损失负责。

除此之外，沿海国还应公布的事项有：（1）沿海国所指定的航道和分道通航制海图；（2）沿海国领海基线海图和地理坐标表；（3）沿海国有关无害通过的法律和规章；（4）如为保护国家安全包括武器演习在内而有必要，沿海国可在对外国船舶之间在形式上或事实上不加歧视的条件下，在其领海的特定区域内暂时停止外国船舶的无害通过，应将这种停止正式公布。

第四节　其他国家在沿海国领海的权利

沿海国以外的国家在沿海国的领海享有的唯一的权利是无害通过权。无害通过权主要是指外国船舶只要在不损害沿海国的和平、良好秩序和安全的情况下，无须事先通知或征得许可就可继续不停地迅速穿过领海，或为驶入内水或自内水驶往公海而通过另一国领海的权利。

一、无害通过权的确立与发展

外国船舶在领海享有无害通过权是随着领海法律地位的确立而确立的。正如海洋法的历史中所述，在中世纪以前，本无公海和领海之分，整个海洋被认为是公有物，它为所有人所利用，任何人不得主张权利。这就是所谓的“海洋自由”的基本观点。海洋自由保证了各国船舶在海洋上畅通无阻，有利于商业和航海事业的发展。但后来沿海国从本国沿海的安全（当时主要是抵抗海盗）和近海利益出发，在沿海划定自己的领海范围，主张领海主权。但是在主张领海主权时，还要照顾到其他国家在该海域的航行权利，如果赋予外国商船在该海域的“无害通过权”，就能很好地协调沿海国和非沿海国之间的利益。因而英国法学家奥本海认为，“每一个国家依据习惯国际法都有权要求准许其商船在平时无害通过任何其他国家的领海”，这是“公海自由原则的一种结果”，“沿岸国在平时阻止通过其领海的自由航行的任何企图，在法律上都是不许可的”①。

无害通过权得到了许多法学家的支持。早在 16 世纪意大利法学家真提利斯就认为商船有进入他国领海的权利。18 世纪瑞士法学家瓦特尔也认为“一个国家不能拒绝不犯嫌疑的船只为无害的目的进入领水”②。英国法学家霍尔断言沿岸海应为商业航运的目的由全体人类使用，认为“所有国家的船只为通商的目的而具有极大的航行自由，这是对全世界的利益都有关系的”③。法国的里维尔和德国的李斯特也都认为外国船舶享有无害通过权。④

无害通过权随着领海法律地位的确立，逐渐成为传统国际法公认的规则，一直沿用至今。正如美国的耶赛普教授所说：“无害通过好像是在海洋自由与领海理论两者之间取得协调的结果。国际社会既承认沿海国对其沿海水域享有权利，又不欲损害其所取得的海洋自由。无害通过权作为一项公认的原则，即使没有权威论据的支持，也已在国际法上牢固地确立下来了。”⑤

值得一提的是“无害通过”这项古老的国际法原则最早是在领海中确立的，然而，随着世界航运贸易事业的不断扩大发展以及各国政治、经济和军事交往的增加，领海中的无害通过权发生了许多新变化，特别是《海洋法公约》将无害通过权适用的水域从领海扩至群岛水域、特定内水等。

二、无害通过权行使的前提

第一，尊重沿海国的领土主权。如前所述，无害通过权是指外国船舶在沿海国领海的权利，由于沿海国对领海享有主权，所以外国船舶行使无害通过权首先要遵守沿海国的领土主权，如遵守它的法律和规章。国际法中将领土主权的限制分为一般限制和特殊限制，无害通过权是对国家主权的一般限制，但并不排除沿海国为了维护其领海主权而反对非无害的通过。国家可以制定维护其领海主权的法律和规章，并要求通过的外国船舶加以遵守，以保证其领海的和平、安全和良好秩序。关于沿海国的领土主权参见本章第三节。

第二，通过应是“无害”的。《海洋法公约》指出通过只要不损害沿海国的和平、良好秩序或安全，就是无害的。该公约同时列举了 12 种非无害的行为，指出如果外国船舶在领海内进行下列任何一种活动，其通过即应视为损害沿海国的和平、良好秩序或安全：(1) 对沿海国的主权、领土完整或政治独立进行任何武力威胁或使用武力，或以任何其他违反《联合国宪章》所体现的国际法原则的方式进行武力威胁或使用武力；(2) 以任何种类的武器进行任何操练或演习；(3) 任何目的在于搜集情报使沿海国的防务或安全受损害的行为；(4) 任何目的在于影响沿海国防务或安全的宣传行为；(5) 在船上起落或接载任何飞机；(6) 在船上发射、降落或接载任何军事装置；(7) 违反沿海国海关、财政、移民或卫生的法律和规章，上下任何商品、货币或人员；(8) 违反本公约所规定的任何故意和严重的污染行为；(9) 任何捕鱼活动；(10) 进行研究或测量活动；(11) 任何目的在于干扰沿海国任何通信系统或任何其他设施或设

① 詹宁斯，瓦茨修订．奥本海国际法．第 1 卷第 2 分册：31－32.

②③ 转引自周鲠生．国际法．上册：370.

④ 参见上书：370.

⑤ Jessup. “The Law of Territorial Water and Maritime Jurisdiction”. *Henkin International Law*: *Case and Materials*, 1980, p. 328.

备的行为；（12）与通过没有直接关系的任何其他活动。

公约同时还规定：沿海国可在其领海内采取必要的步骤以防止非无害的通过；在船舶驶往内水或停靠内水外的港口设备的情形下，沿海国也有权采取必要的步骤，以防止对于准许这种船舶驶往内水或停靠港口的条件的任何破坏；如为保护国家安全包括武器演习在内而有必要，沿海国可在对外国船舶之间在形式上或事实上不加歧视的条件下，在其领海的特定区域内暂时停止外国船舶的无害通过，但这种停止仅应在正式公布后发生效力。

将这两个前提条件联系起来可以得出以下结论：

其一，沿海国从本国实际利益来考虑，按照国际法的原则允许外国船舶无害通过本国的领海，这本身就是国家行使主权的体现；

其二，外国船舶不损害沿海国的安全和良好秩序，遵守沿海国的法律和规章通过领海，这本身是尊重领海主权的行为；

其三，一国在允许他国船舶无害通过其领海的同时也得到了在他国领海的无害通过权，这其实是一种互让互利。

三、通过的含义

在上述的前提条件下，船舶可通过领海。但船舶在通过领海时，不仅要遵守沿海国的有关法律和规章，也要遵守国际法的有关规定。具体包括以下几种情况：

1. 通过应继续不停和迅速进行。这里要注意以下两个问题：何为通过？何为继续不停和迅速进行？

第一，按照《海洋法公约》第 18 条的规定，通过是指为了下列目的而通过领海的航行：A. 穿过领海，但不进入国家内水或停靠内水以外的泊船处或港口设施；B. 驶往或驶出内水或停靠这种泊船处或港口设施。

第二，公约规定通过应继续不停和迅速进行。通过包括停船和下锚在内，但以通常航行有此需要——或由于不可抗力，或由于遭遇灾难，或由于救助遇险人员、船舶、飞机而确有必要——为限。这里的迅速不停，应该是指船舶在通常航行的速度下行驶。如果船舶速度过慢或过快，都容易引起怀疑：船舶过慢地通过领海，常有侦查、搜集情报、勘探或收获海洋资源的可能；而船舶超过常速极快地通过领海，也往往有侵害沿海国利益行为的发生，或有逃避沿海国的管辖的可能。

2. 潜水艇和其他潜水器不得潜行，必须浮在海面并展示其旗帜。自从潜水艇被用于军事以来，外国潜水艇在领海通过就被要求必须浮在水面上航行，这是公认的国际法规则。《海洋法公约》第 20 条对此作了明确的规定：在领海内的潜水艇和其他潜水器须在海面上航行并展示其旗帜。这种规定是非常必要的，如果潜水艇和其他潜水器在海面下航行，在沿海国科技水平不发达的情况下，就无法知道潜水艇和其他潜水器的水下行为是否合法，因而也无法对其进行有效的控制，以防止其非无害的通过；特别是用于军事方面的潜水艇和其他潜水器，其本身就具有潜在的危险性，更应当要求其在海面上航行。

3. 外国核动力船舶和载运核物质或其他本质上危险或者有毒的物质的船舶，在行使无害通过领海的权利时，应持有国际协定为这种船舶所规定的证书并遵守国际协定所规定的特别预防措施规则。这是要求外国特种船舶在遵守其他义务和条件限制的同时还必须符合两项要求：一是必须持有有关证明书，即按有关国际协议规定符合核动力船舶的要求和装运核物质、有毒物质或其他危险物质的规定的统一规格的适装适运证明书。二是这类船舶必须采取特别预防措施，即有严密防止核物质、有毒物质或其他类似危险物质泄漏、扩散、爆炸或污染的符合国际协议规定的标准要求的措施。《国际散装运输危险化学品船舶构造和设备规则》《国际散装运输液化气体船舶的构造和设备规则》《统一应用散装化学品规则及气体运输规则》等规则为这类船舶的结构设置、电路设置等均规定了具体标准和特别预防措施，并制定了统一要求和适装证书。

这种规定主要是因为这些特种船舶在领海通过时容易给沿海国的安全带来威胁或危险，如核泄漏而产生的核辐射对人体或其他生物危害极大，巨型油轮排出的大量污物或发生原油泄漏等，会造成严重的海洋污染、环境危害等，因此，广大沿海国对此类船舶比较敏感，国际社会也普遍重视。实践表明在此种船舶通过领海之前，船旗国都会确保船只持有国际规则和标准所规定并依据该规则和标准颁发的各种证书，采取适当的预防措施。

4. 遵守特定的海道和分道航行要求。规定特定的海道和分道航行主要是从航行安全的角度考虑，既有利于沿海国对通过领海的船舶进行有效的控制，防止非无害的通过，也有利于船舶本身的航行安全。因而，《海洋法公约》第 22 条肯定了沿海国可要求行使无害通过其领海权利的外国船舶使用其为管制船舶通过而指定或规定的海道和分道通航制，特别是油轮或特种船舶只在上述海道通过。

5. 关于在对通过领海的外国船舶可否征收费用的问题上，一般说来，沿海国对外国船舶不得仅以其通过领海为理由而征收任何费用，但对于通过领海的外国船舶如果提供了特定服务的，可征收费用，如对船舶的修理费，但征收费用时不应有任何歧视。

四、关于外国军舰通过领海的问题

对船舶的一种基本分类是将其分为商船和军舰。商船是用于经济贸易等商业目的的船舶，因此普遍认为一切国家的商船均具有无害通过领海的权利，这是国际法上公认的规则。而军舰是国家武装部队的一部分，因此对于军舰是否享有无害通过权问题，在国际社会上并无统一看法。

首先法学家对此有不同主张。里维尔和李斯特认为外国商船和军舰都享有无害通过权。[①]霍尔则认为“无害通过权不及于军舰，军舰要享有这个权利决不能按商船通过权所依据的理由来辩解”[②]。奥本海认为“没有任何国家在实际上反对外国军舰和其他公用船舶在平时通过它的领海”，但同时也指出“外国军舰不受阻碍地通过领海的权利并没有获得一般的承认”[③]。我国著名法学家周鲠生也认为，军舰不享有无害通过权，无害通过权对一切国家的船舶，不分军舰、商船，一律适用，肯定不能代表一切国际实践，不是一切国家所能接受的规则。[④]

从各国的做法来看，在 18 世纪时，俄国和英国先后取得了商船进入黑海的权利，但军舰不得入内。1841 年土耳其、英国、奥地利、法国、普鲁士和俄国订立《伦敦公约》，肯定了土耳其坚持不许外国军舰驶入黑海的规则。1936 年的《蒙特娄公约》，尽管允许军舰驶入黑海，但却对军舰吨数、数量等加以限制，并将平时与战时作了区别。这说明自古以来，军舰和商船享受的待遇是不同的。

从历史上有关的国际文件看，规定也不尽一致。最初享有无害通过权的外国船舶指的是外国商船而非军舰。早在 1894 年国际法学会通过的《领海法律地位》第 5 条就规定，一切船舶

① 参见周鲠生．国际法．上册：370.

②③ 詹宁斯、瓦茨修订．奥本海国际法．第 1 卷第 2 分册：161.

④ 参见周鲠生．国际法．上册：370.

无区别地享有经由领海的无害通过权；同时在第 9 条指出，“本规定不包括军舰和军舰类的船只”[①]。1930 年海牙国际法编纂会议最后拟定的《领海法律地位的报告》在“除军舰以外的各种船舶”的标题下规定“沿岸国不得阻止外国船舶在其领海内无害通过”，显然，这里不包括军用船舶在内。[②] 各国接受外国船舶在其领海无害通过是为了商业上的航行利益，把这项权利扩大适用于军舰是没有理由的。军舰通过本身就是一种威胁。“这种特权只是有利于该个别国家，它常是有害于第三国，有时也对其通过的水域所属国有危险”[③]，即使在和平时期，也会造成误会，在两国关系紧张时就更是如此。一国可以允许外国军舰通过其领海，但这不是它的国际义务，这应由该国的国内立法规定。[④] 但第二次世界大战以后的法律文件规定有了变化：1958 年《领海与毗连区公约》规定一切船舶均享有无害通过权。1982 年《海洋法公约》同样规定所有国家的船舶享有无害通过领海的权利。这两个公约均未明确指出军舰享有无害通过权，也未否定军舰的这种权利。因此，实践中只能由各国国内法对此作出规定。

综观各国的做法，主要有以下几种：第一种是一般允许军舰和商船一样享受无害通过权，如墨西哥；第二种是要求军舰通过领海进行事先通知，如埃及、马耳他、芬兰、瑞典；第三种是要求军舰通过领海须得到事先许可，如伊朗、阿曼、也门；第四种是附条件地允许军舰通过，如荷兰规定在同一时间内同一国家 3 艘以上的军舰要通过，必须事先取得荷兰政府的准许。丹麦也有类似的规定。

第五节　毗连区

一、毗连区的概念

毗连区又称邻接区或特别区，是指沿海国在毗连其领海的一定范围内，对若干特定事项行使必要管制的区域。

1958 年《领海与毗连区公约》和 1982 年《海洋法公约》均对毗连区作了规定。1958 年《领海与毗连区公约》第 24 条规定：(1) 沿海国在毗连其领海的公海区域内，得行使下列事项所必要的管制：1) 防止在其领土或领海内违反其关税、财政、移民或卫生规章；2) 惩罚在其领土或领海内违反上述规章的行为。(2) 毗连区不得伸延到从测算领海宽度的基线起 12 海里以外。1982 年《海洋法公约》规定：(1) 沿海国可在毗连其领海称为毗连区的区域内，行使为下列事项所必要的管制：1) 防止在其领土或领海内违犯其海关、财政、移民或卫生的法律和规章；2) 惩治在其领土或领海内违犯上述法律和规章的行为。(2) 毗连区从测算领海宽度的基线量起，不得超过 24 海里。可见，《海洋法公约》虽基本保留了《领海与毗连区公约》对毗连区的规定，但仍有所修改：一是取消了毗连区属于公海的提法。鉴于专属经济区等制度的建立，领海之外已非公海，因此取消了毗连区是建立在领海之外、公海之内的提法，而改为毗连领海、称为毗连区的区域内。二是扩大了毗连区的外部界限。由于领海宽度和其他受国家管辖的海域范围宽度的扩大，毗连区的宽度也扩大为 24 海里（见图 6—7）。

---

① 魏敏主编．海洋法：77.

② 参见上书：78.

③④ 周鲠生．国际法．上册：370.

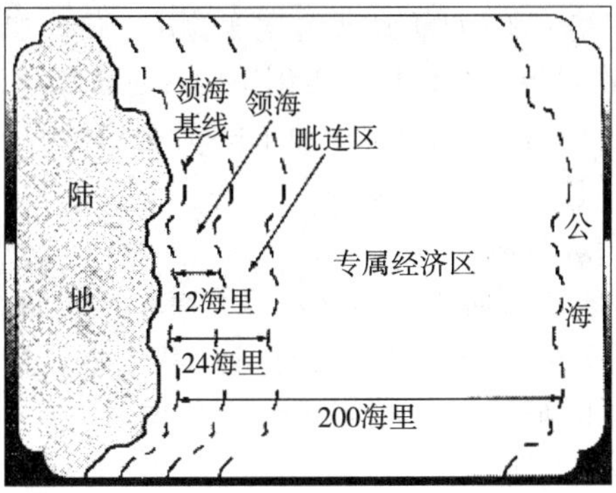

图 6—7

二、毗连区的产生与发展

如前所述，沿海国在其领海内享有主权权利。但是，为了防止走私和偷越国境及卫生防疫等实际需要，又有必要将某些权利扩大到领海之外的一定区域，正是在这种情况下，毗连区产生了。毗连区的产生经历了不同的时期，从设置方式看，经历了以下时期。

（一）单方宣告时期

一般认为，毗连区制度始于18世纪30年代。最早采取这种制度的是英国。英国曾先后制定了不同的法律制度来规定其在某一范围的海域内享有特定的权利。主要包括：（1）海关缉私区：英国曾于1736年制定了一项《游弋法》（Hovering Acts）。这项法律规定，对于距离英国海岸以外5英里的海域内的船舶，可行使监督检查权，发现在这海域内运载违禁品者，对船货均予以没收或罚款。这是因为当时有许多船舶在那里游弋、徘徊，伺机从事走私活动。之后，英国对该法进行过多次修改，宽度有2、4、8里格不等。1876年，英国废除《游弋法》，另颁布了一项《统一海关法》，规定只对于在3里格内的本国船舶行使缉私检查权，对外国船舶仍限于1里格之内。（2）专属渔区：英国于1811年颁布过一项渔业条例，规定对其属地锡兰（今斯里兰卡）和巴林的珍珠渔场享有专属采捕权；对于违章采捕的船舶，有权予以拘留或没收。其宽度相当于12海里～20海里，比当时的领海宽度大好几倍。① （3）检疫区：1753年的一项检疫法令规定，凡自瘟疫区来英国的船舶在距离海岸4里格内，必须向其他船舶发出信号。1825年又规定，在距岸2里格内，必须遵守检疫的条例。②

美国也是较早建立毗连区制度的国家。它于1799年颁布法律，规定，对于任何驶往美国港口的船舶，得在4里格的范围内施行登临检查权，以制止和惩治违反关税制度的行为。1922年的《关税法》进一步规定，对于在4里格范围内的任何船舶，不论是否驶往美国，均可登临检查。1935年的《反走私法》甚至授权总统可以宣布一个宽达50～100海里的“海关执行区”。19世纪以来，继英、美之后，许多国家根据本国的利益和需要，先后制定法律和规章，在领海外设置了内容不同、宽度不一的毗连区或专门管制区，如海关监督区或关税区、渔业区、卫生检疫区、安全区、中立区、民事、刑事管辖区、防止污染区等。

从上面的说明可见，不仅各国毗连区的宽度差异很大，而且即使一国之内，不同时期或不

---

① C. J. Colombos. *The International Law of the Sea*，§104，1962，p. 85；§148-§149，p. 125；§164，p. 143.

② Ibid.，§148，p. 125.

同的管制区也有不同的宽度，有的宽度可达领海宽度的几十倍。如英国，曾先后采取过 2、3、8 里格的海关缉私区。第二次世界大战以后，美国决定在远离美国海岸的地方建立“海上防御区”，把朝鲜民主主义人民共和国的领水和相当大的一片公海区域包括在内。这明显是非法的，违背了国际法上设立毗连区的原则。

（二）双边条约相互承认时期

沿海国单方面决定设置毗连区所产生的这种单方面将特定的管制权扩大延伸到领海外的区域的做法，常引起其他相关国家的反对，致使国家间经常发生矛盾。19 世纪下半叶以后，许多国家采取缔结双边条约的形式以便相互承认这种做法。如墨西哥曾于 1882 年与德国、于 1885 年与瑞典、于 1888 年与英国、于 1899 年与中国，分别签订条约，建立了 3 里格的关税区；于 1886 年与法国、于 1897 年与荷兰、于 1888 年与厄瓜多尔、于 1890 年与意大利，分别签订条约，建立了 20 千米的关税区。① 1924 年 1 月 23 日，美国与英国签订了禁酒条约，规定，英国同意美国海关得在领海 1 里格以外 1 小时航程的距离范围内，对英国船舶实施登临检查，以确定其是否有载运酒类输入美国的企图或行为。至 1930 年，美国又先后与德国、瑞典、挪威、丹麦、意大利，巴拿马、荷兰、西班牙、古巴、法国、比利时、希腊、日本、波兰、智利共 15 个国家，分别签订了类似内容的条约，承认和肯定了毗连区的原则。②

（三）国际公约调整时期

1930 年海牙国际法编纂会议上，一些国家主张一定宽度的领海，而另一些国家主张附加毗连区一定宽度的海域或一定宽度的领海加一定宽度的毗连区。但会议最后草拟的领海法律制度草案未涉及毗连区问题。1953 年国际法委员会为第一次海洋法会议进行准备工作时通过了关于毗连区的条款草案。这一条款草案被写入 1958 年《领海与毗连区公约》第 24 条，这样，毗连区制度基本上被肯定下来。到了 1982 年第三次海洋法会议时期，由于国际社会形势的变化，《海洋法公约》对毗连区又作了规定。

三、毗连区设置的法理依据

关于设置毗连区的法理依据，学者有不同的观点。

1. 国际礼让说。最早提出国际礼让说的是英国斯多威尔勋爵（Lord Stowell），他说：“国际礼让”允许沿海国“出于本国各种目的，特别是出于涉及安全和福利的税收或国防的规章，使它们便于将毗连其海岸的海洋部分视为其领域部分”③。他以此作为英国制定《游弋法》（也称《徘徊法》）的立法根据。后来，虽然英国取消了《游弋法》，但“国际礼让说”仍为某些学者所接受。

2. 利益说或安全说。这种观点认为，设置毗连区的法理依据就是保护本国的利益和安全。如美国的海德（C. C. Hyde）就主张一种预防性自卫的理论，他说：“对外国船舶的航行采取这种预防性的自卫行动的理由是，在这种自卫行动和如果不采取这种自卫行动，国家就有可能在其自己的领土上，遭受损失这两者之间存在着因果关系。”④

3. 折中说或补偿说。这种观点把毗连区的设立，看成是解决领海宽度冲突的一项折中、

① 尼古拉耶夫．国际法中的领水问题：61；王铁崖．中外旧约章汇编．第 1 卷．北京：三联书店，1957：936.

② C. J. Colombos. *The International Law of the Sea*，§152，p. 130.

③ C. J. Colombos，*The International Law of the Sea*，§148，p. 125.

④ 拉扎列夫．现代国际海洋法．天津：天津人民出版社，1981：149.

妥协的办法，看成是对于不满足于较窄领海宽度的国家的一种补偿。持这种观点的有劳特派特、维歇等。

法国海洋法学家日德尔（G. Gidel）在20世纪30年代初曾从理论上对毗连区制度进行过系统的、全面的阐述，并著有《海洋国际公法》（Le Droit International Public de la Mer）、《领海和毗连区》（La Mer Teritoriale et la Zone Contigue）等著作和论文。多数人认为，他是最早提出毗连区理论的学者。但是也有人认为，最早提出这一理论的是另一位法国国际法学家雷诺（Louris Renault，1843—1918年）。

四、毗连区的法律地位

如上所述，毗连区是为了保护国家某些利益而设立的特殊区域，沿海国在此区域内行使对下列特定事项所必要的管制：防止在其领土或领海内违反海关、财政、移民或卫生的法律和规章；惩治在其领土或领海内违反上述法律和规章的行为。由此可见，毗连区不同于领海，因为领海是受沿海国主权管辖和支配的区域。

第六节　我国领海及毗连区制度

中国自19世纪40年代以后，由于受西方列强的侵略和一系列不平等条约的束缚，主权遭受破坏。旧中国的门户大开，外国船舶不仅可以自由活动于中国沿海，而且可畅行在中国的内水。虽然1899年《中墨通商条约》中规定，彼此均以海岸去地3力克（每力克合中国10里）为界，以退潮时为准，界内由本国将关税章程切实施行并设法巡缉，以杜走私、漏税，宣布了缉私区[①]；1931年国民党政府宣布了中国领海宽度为3海里，缉私区为12海里，但中国的领海主权和中国缉私区的权利并未得到维护。中华人民共和国政府成立后，废除了旧政府关于领海和缉私区的规定，维护了我国的海洋权益，建立了我国领海及毗连区制度。1958年《中华人民共和国政府关于领海的声明》宣布我国领海宽度为12海里，领海基线采用直线基线法划定；同时，宣布一切外国飞机和军用船舶，未经我国政府许可不得进入我国领海和领海上空，外国船舶在我国领海航行，必须遵守我国政府的有关法令。这一声明宣布了我国领海的基本制度。根据1982年《海洋法公约》，我国于1992年颁布了《领海及毗连区法》，并于1996年5月15日发布了《中华人民共和国领海基线的声明》，宣布了我国大陆领海的部分基线和西沙群岛的领海基线。2012年9月10日，中国政府发表声明，公布《关于钓鱼岛及其附属岛屿领海基线的声明》。

一、我国的领海法律制度

我国的领海法律制度的主要内容有：

1. 领海的范围

中华人民共和国领海为邻接中华人民共和国陆地领土和内水的一带海域，其中，陆地领土包括中国大陆及其沿海岛屿、台湾及其包括钓鱼岛在内的附属各岛、澎湖列岛、东沙群岛、西沙群岛、中沙群岛、南沙群岛以及其他一切属于我国的岛屿。领海宽度从领海基线量起为12

① 王铁崖．中外旧约章汇编．第1卷：936.

海里。领海基线采用直线基线法划定，由各相邻基点之间的直线连线组成。领海的外部界限为一条其每一点与领海基线的最近点距离等于12海里的线。在基线以内的水域，包括渤海湾、琼州海峡在内，都是中国的内海。在基线以内的岛屿，包括东列岛、高登岛、马祖列岛、白犬列岛、大小金门岛、大担岛、二担岛在内，都是中国的内海岛屿。根据1996年《中华人民共和国领海基线的声明》，我国宣布了大陆领海的部分基线和西沙群岛的领海基线，其中大陆基点49个，西沙群岛基点28个。根据2012年《关于钓鱼岛及其附属岛屿领海基线的声明》，钓鱼岛领海基线，是根据在钓鱼岛及其附属岛屿上选定的17个领海基点划定的，从基线往外延12海里范围即为中国领海。

2. 中国领海主权

中华人民共和国对其领海享有主权，这种主权及于领海上空、领海的海床及底土。外国航空器只有根据该国政府与中国政府签订的协定、协议，或者经我国政府或其授权机关的批准或接受才可进入中国领海上空。

我国领海内的一切生物与非生物资源均属中华人民共和国所有，任何外国船舶不得进入我国领海进行捕捞作业；任何国家、国际组织、法人或自然人未经我国主管机关批准，不得在我国领海内进行非生物资源的勘查、勘探、开发和利用活动，经批准在我国领海内进行上述活动者必须遵守我国的有关法律和规章。我国对自己领海内的科学研究也具有专属的权利。我国领海内一切具有历史、艺术、科学价值的文物，也属中华人民共和国所有。另外，在我国领海内铺设电缆和管道必须经我国主管机关的批准，并应遵守我国有关的法律和规章。

3. 中国领海的航行制度

通过中国领海的船舶必须遵守中国法律、法规，不得损害中国的和平、安全和良好秩序。外国非军用船舶享有依法无害通过我国领海的权利，外国军用船舶必须经中国政府批准才可进入中国领海。按照国际惯例，外国船舶在通过我国领海时从事下列任何一种活动，其通过应视为非无害通过：(1) 以任何方式对我国的主权和领土完整进行武力威胁或使用武力；(2) 以任何种类的武器进行任何操练或演习；(3) 目的在于收集情报损害我国防务或安全的任何行为；(4) 目的在于影响我国防务和安全的任何宣传行为；(5) 在船上起落或接载任何航空器；(6) 在船上发射、降落或接载任何军事装置；(7) 违反我国海关、财政、卫生或出入境管理的法律和规章，上下任何货物、物品、货币或人员；(8) 任何故意和严重的污染行为；(9) 任何捕捞活动；(10) 任何科学研究或测量活动；(11) 目的在于干扰我国任何通信系统或其他设施或设备的任何行为；(12) 与通过没有直接关系的任何其他活动。

外国潜水艇和其他潜水器通过领海时必须在水面航行并展示其旗帜；核动力船舶和载运核物质、有毒物质或者其他危险物质的船舶通过中国领海，必须持有证明书并采取特别预防措施。中国政府为了航行安全和其他特殊需要可要求通过领海的外国船舶使用指定的航道或依照规定的分道通航制航行。中国政府有权采取防止和制止对领海的非无害通过的一切必要措施。

4. 中国领海中的管辖权

中国对其领海中的人、物和事具有管辖权。但按照国际惯例，对于通过我国领海的外国船舶上的犯罪行为，我国一般不行使刑事管辖权，但犯罪行为或罪行后果及于我国或我国公民，或罪行性质系扰乱我国的和平、安全或良好秩序，或经船长或船旗国外交代表或领事官员请求予以协助，或非法贩运麻醉品、毒品者，我国可以行使管辖。对于民事管辖权，一般也按国际惯例办理。

中国的有关机关对于违反中国法律法规的外国船舶有权依法处理，主管机关有权对于违反我国法律的外国船舶决定实行紧追。对于违法的外国军用船舶或用于非商业目的的外国政府船舶有权要求其立即离开领海，并要求其船旗国对该船造成的损失或损害承担责任。对于非法进入领海进行科学研究、海洋作业等活动的外国组织或个人，中国有关机关有权依法处理。

二、我国的毗连区制度

1. 中华人民共和国毗连区为领海以外邻接领海的一带海域。它的外部界限为一条其每一点与领海基线的最近点距离等于24海里的线。

2. 中华人民共和国有权在该区域内防止和惩处在其陆地领土、内水或者领海内违反有关安全、海关、财政、卫生或者入境管理的法律、法规的行为。中国主管机关有充分理由认为外国船舶在其陆地领土、内水或领海内违反了有关安全、海关、财政、卫生或入境管理的法律、法规时，可对其实行紧追。

课后复习

1. 不定项选择题

(1)“乐安”号运送该货物的航行路线要经过丁国的领海和毗连区。根据《海洋法公约》，下列选项正确的是：(　　)。

A. “乐安”号可不经批准穿行丁国领海，并在其间停泊转运货物

B. “乐安”号在丁国毗连区走私货物，丁国海上执法船可行使紧追权

C. “乐安”号在丁国毗连区走私货物，丁国海上执法机关可出动飞机行使紧追权

D. 丁国海上执法机关对“乐安”号的紧追权在其进入公海时立即终止

(2)“潇湘”号运送该批平板电脑的航行路线要经过丁国的毗连区。根据《海洋法公约》，下列选项正确的是：(　　)。

A. “潇湘”号在丁国毗连区通过时的权利和义务与在丁国领海的无害通过相同

B. 丁国可在“潇湘”号通过时对毗连区上空进行管制

C. 丁国可根据其毗连区领土主权对“潇湘”号等船舶规定分道航行

D. “潇湘”号应遵守丁国在海关、财政、移民和卫生等方面的法律规定

(3) 甲国的一个航海航空爱好者组织“碧海蓝天协会”准备进行一次小型飞机“蓝天号”和赛艇“碧海号”的海上联合表演，计划涉及我国的领海和领海上空。对此，根据国际法的有关规则和我国的相关法律，下列哪些判断是正确的？(　　)

A. “蓝天号”飞行表演如在我国领海上空进行，必须得到我国的允许

B. “碧海号”赛艇表演如果在我国领海中进行，必须得到我国的允许

C. “蓝天号”在前往表演空域途中，如果仅仅是以通过为目的，从而飞过我国的领海上空，则无须得到我国的许可

D. “碧海号”在前往表演海域的途中，如果仅仅是以通过为目的，从而穿越我国的领海，则无须得到我国的许可

2. 名词解释

毗连区。

3. 简答

(1) 沿海国在领海的权利。

(2) 毗连区的法律地位。

4. 论述

无害通过权。

第七章
岛屿与群岛水域

提 要

本章重点研究岛屿、群岛、群岛国、群岛水域等制度，研究群岛基线的概念及划定方法，岛屿、群岛水域及其法律地位，群岛水域的通行权等内容。

重点问题

1. 岛屿的法律地位。
2. 群岛基线的概念及划定方法。
3. 群岛水域及其法律地位。
4. 群岛水域的通行权。

第一节 岛屿的法律制度

一、岛屿的定义

1958 年《领海与毗连区公约》及 1982 年《海洋法公约》均对岛屿问题进行了规定。前者在第 10 条第 1 款中规定“岛屿是四面环水并在高潮时高出水面的自然形成的陆地”，后者在第 121 条第 1 款中规定“岛屿是四面环水并在高潮时高于水面的自然形成的陆地区域”。由此可见，两个公约对岛屿的定义基本相同。从两公约对岛屿的定义看，岛屿具有以下特点：(1) 岛屿是自然形成的陆地区域，从而将人工岛屿排除在外。(2) 岛屿是高潮时高于水面的陆地区域。那些在低潮时四面环水并高于水面的自然形成的陆地被称为低潮高地。(3) 岛屿是四面环水的陆地区域。三面环水的陆地区域被称为半岛。

二、岛屿的法律地位

《海洋法公约》第 121 条第 2 款规定：除第 3 款另有规定外，岛屿的领海、毗连区、专属经济区和大陆架应按照公约适用于其他陆地领土的规定加以确定。也就是说，除第 3 款另有规定外，岛屿具有与其他陆地领土相同的法律地位。该条第 3 款规定：不能维持人类居住或其本身经济生活的岩礁，不应有专属经济区或大陆架。这是实践中争议最多的一款。其核心问题有两个：

第一，如何理解“岩礁”？虽然《海洋法公约》对岩礁并没有作出界定，但从该条的内容设计看，其规定在第 121 条岛屿制度之下，所以岩礁也应属于岛屿。只不过岩礁的面积较小，但具体应是多大面积，观点并不相同，如国际水文地理局认为岩礁的面积小于 1 平方千米，美国地理专家罗伯特・D・霍奇森（Robert D. Hodgson）认为面积小于 0.001 平方英里的是岩礁（rocks）。①

第二，如何解释“不能维持人类居住或其本身的经济生活”？这主要表现在两个方面：一是“维持人类居住”究竟应维持多久？二是“维持本身的经济生活”所依赖的资源，究竟应该来自岩礁本身，还是可以包括岩礁以外的资源的输入？在这两个问题上，绝大多数学者主张从严解释。如我国台湾地区的马英九先生认为，规定第 121 条第 3 款的目的是否定某些岩礁拥有专属经济区和大陆架，以作为对第 2 款的限制，因此，对第 3 款必须从严解释，否则，这一限制将失去意义。他认为，对第 3 款可作如下理解：（1）这个岩礁必须能在相当长的时间内维持人类居住；（2）岩礁维持本身的经济生活所需的资源应限于岩礁本身所产，而不包括其领海内及外地输入的资源；（3）开发岩礁本身资源须符合经济原则，其标准应依争端发生时的当地情况而定。②

需要说明的是，按照《海洋法公约》第 121 条第 3 款的规定，即使是不能维持人类居住或其本身的经济生活的岩礁，同样也可以拥有领海及毗连区。

《海洋法公约》关于岛屿的制度规定在第 121 条，共 3 款内容，一些国家利用第 3 款规定的模糊性来侵犯其他国家的权利，日本的“冲之鸟礁”外大陆架申请案就是一例：冲之鸟礁，日方称“冲之鸟岛”或“冲鸟岛”，是一个珊瑚礁，位于北纬 20 度 25 分、东经 136 度 04 分，距离东京 1 700 千米，距冲绳首府那霸 1 100 千米，距离硫黄岛 720 千米，距离小笠原群岛的父岛 910 千米。该礁礁盘呈东西方向细长的椭圆状，东西长约 4.5 千米，南北长约 1.7 千米，周长约 11 千米，礁湖内水深度 3 米～5 米。其西端有两处礁石：东露岩和北露岩。其中东露岩通常露出海面 0.9 米，北露岩通常露出海面 1.0 米，在最高潮时，北露岩露出海面 16 厘米，东露岩露出海面 6 厘米。冲之鸟礁不能供人类居住，也无法维持经济生活，设定大陆架没有任何根据。2012 年 4 月，联合国大陆架界限委员会（Commission on the Limits of the Continental Shelf，CLCS）在第 29 届会议上对日本提交的大陆架外部界限划界案作出了最终审议，并一致通过了“大陆架界限委员会关于 2008 年 11 月 12 日日本提交的划界案的建议”，建议对南九州帕劳洋脊区块（KPR）不采取行动，其主要原因是“冲之鸟礁”的法律地位不明。③

三、岛屿在相邻或相向国家间海域划界中的作用

《海洋法公约》对于岛屿在海域划界中的作用并没有作出规定，实践中，岛屿在海域划界中的作用有如下几种情况：

第一，岛屿具有全效力。这是指岛屿被作为划界的基点，与划界另一方国家的大陆领土具

① 转引自袁古洁．海洋划界的理论与实践．北京：法律出版社，2001：198.

② 马英九．从新海洋法论钓鱼台列屿与东海划界问题．台北，中正书局，1986：130－131.

③ “Summary of Recommendations of the Commission on the Limits of the Continental Shelf in Regard to The Submission Made By Japan on 12 November 2008”, para. 20, available at http: //www. un. org/Depts/ los/clcs _ new/submissions _ files/jpn08/com _ sumrec _ jpn _ fin. pdf.

有同等的地位。具体情况包括：(1) 岛屿面积较大、定居人口众多等，使其具有重要地位，因此，可获全效力。(2) 划界国家之间均有各方面条件相类似的岛屿位于划界区域内，应互相均予以全效力。(3) 由于其他因素，划界双方达成谅解，岛屿获得全效力。如 1982 年签订的澳大利亚—法国（新喀里多尼亚）海洋划界协定中，澳大利亚的米德顿礁（Middleton Reef）获得全效力。该礁距离最近的澳大利亚领土豪勋爵岛沿岸 125 海里，实际上只是一个低潮高地。该区域没有对任何一方来说具有重要经济意义的资源，并且两国在政治上均有缔结此类协定的意愿，因此，法国作出让步，使该礁获全效力。

第二，岛屿具有“半效力”。这是指岛屿作为被调整后的划界基点。通常的做法是：首先，在划界对方国家的大陆沿岸与岛屿作为基点的国家之间的海域划出第一条界线；其次，在划界对方国家的大陆沿岸与岛屿不作为基点的国家之间的海域划定第二条分界线，由此，在第一条和第二条界线之间形成一个中间区；最后，在该中间区划定第三条界线，一般为第一条和第二条界线之间的中间线，作为最终的分界线。也即在划界过程中，岛屿既未能获得与大陆一样的效力，也未被完全忽视。

第三，岛屿具有“零效力”。这是指岛屿不被作为划界的基点。实践中，主权尚有争议的岛屿，常获零效力。① 如 1974 年伊朗与阿拉伯联合酋长国签订划界条约，界限划在波斯湾口的霍尔木兹海峡附近，湾中的阿布穆萨岛，其主权在两国的争执之中，划界时双方同意不将该岛作为划界基点，该岛不享有任何效力。②

四、中国的岛屿

我国是海洋大国，海域辽阔，海岛众多。在我国 300 万平方千米的海域中，面积为 500 平方米以上的海岛有六千九百多个，小于 500 平方米的海岛有上万个。改革开放以来，特别是实施国家海洋开发战略以来，随着经济的快速发展和自然资源的短缺，海岛资源的重要性日益显现，海岛开发利用特别是无居民海岛的开发利用活动也越来越多。同时，海岛开发、建设、保护与管理工作中也还存在很多问题。为了保护海岛及其周边海域生态系统，合理开发利用海岛自然资源，维护国家海洋权益，促进经济社会可持续发展，我国制定了《海岛保护法》。③ 该法已于 2010 年 3 月 1 日起开始实施。该法共 6 章、58 条，分别是总则，海岛保护规划，海岛的保护，一般规定，有居民海岛生态系统的保护，无居民海岛的保护，特殊用途海岛的保护，监督检查，法律责任，附则。

此外，我国与周边一些国家存在岛屿主权争端，如中日钓鱼岛争端以及在南海中的一些岛屿主权争端，这些岛屿主权争端对划界有一定影响，具体参见大陆架一章。

第二节　群岛水域

一、群岛和群岛国的定义

依据《海洋法公约》的规定，群岛是指一群岛屿，包括若干岛屿的若干部分、相连的水域

① 袁古洁．国际海洋划界的理论与实践：40.

② 转引自薛桂芳，胡增祥编著．海洋法理论与实践：73.

③ 海岛保护法（草案）全文及说明，http://www.npc.gov.cn/npc/xinwen/lfgz/2009-06/27/content_1508586.htm.

和其他自然地形，它们彼此密切相关，以至于这种岛屿、水域和其他自然地形在本质上构成一个地理、经济和政治的实体，或在历史上已被视为这种实体。群岛国是指全部由一个或多个群岛构成的国家，并可包括其他岛屿。①

《海洋法公约》对群岛和群岛国的上述规定，基本上可以作为群岛和群岛国的定义。为了更好地理解和认识群岛与群岛国的定义，以及其在实践中的运用，应当注意以下几点：

第一，群岛国不包括其本身拥有一个或多个沿海群岛的大陆国家。例如，丹麦有法多斯群岛，厄瓜多尔有加拉帕戈斯群岛，挪威有斯匹次毕尔根群岛，葡萄牙有亚速尔群岛等，但这些国家都不是群岛国，他们在拥有大陆以外还拥有群岛。这些国家的群岛不按《海洋法公约》的规定使用群岛基线，也不具有群岛水域的法律地位。

第二，群岛国的上述定义使一些其本身并不认为自己是群岛国的国家被划入群岛国范围，如日本、新西兰和英国等。一个国家是否有权选择本国是否作为一个群岛国，这在定义中尚不清楚，但各国有权利确定是否使用群岛基线是明确的。因为《海洋法公约》第 47 条规定“群岛国可以划定连接群岛……的直线群岛基线”，表明《海洋法公约》确定群岛国定义的后果是使用群岛基线。

第三，有些属于定义内的群岛国，如古巴和冰岛等国，是由一个主要大岛组成的群岛国，他们采用划定环绕岛屿的线不是群岛基线而是直线基线，使群岛与主要岛屿连起来，从而把大片公海构成其内水而不是群岛水域。

上述问题的出现表明：《海洋法公约》关于群岛和群岛国的定义非常广泛并且不够明确，而且没有说明岛屿的数目多少及其相互之间的联系。但是由于群岛水域基线的划定还是非常严格明确的，所以有些难题可以解决，其后果无非是多形成几个群岛国。目前看，即使将不视其本国为群岛国的一些国家（如日本和英国）除外，仍约有三十个国家②属于定义范围内的群岛国。

二、群岛领海和群岛国制度的历史发展

在领海制度中，每个海上岛屿都有自己的领海，而且大多数岛屿还可有其他水域，是毫无疑义的。1930 年海牙国际法编纂委员会草拟的作为该会议第二领水委员会报告附件的一个包括 8 项未编号的条款草案关于岛屿问题指出，“岛屿是涨潮期间经常露出水面并为海水围绕的陆地”，“每一个岛屿均有其本身的领海”。1958 年《领海与毗连区公约》第 10 条规定，“岛屿是四面环水并在高潮时高出水面的自然形成的陆地”，“岛屿的领海按照本公约各条款的规定测算”。《海洋法公约》第 121 条规定，“岛屿是四面环水并在高潮时高于水面的自然形成的陆地区域”，“岛屿的领海、毗连区、专属经济区和大陆架应按照本公约适用于其他陆地领土的规定加以确定”。

群岛如何划定领海是领海制度中的又一个问题。属于一国的沿岸群岛可按《领海与毗连区公约》和《海洋法公约》的规定，采用直线基线法确定领海，基线以内的岛屿即为内海岛屿。那么，自成一国的群岛国家如何确定领海？是否仍适用这种规则？是否应该有一种特别的法律制度？

从 1930 年的海牙会议开始，直到 1958 年第一次海洋法会议，都未能解决这个问题。1958 年海洋法会议解决了“沿海国群岛”的问题。《领海与毗连区公约》第 4 条规定，在海岸极为

① 参见《海洋法公约》第 46 条第 1 款.

② 周忠海．国际海洋法．北京：中国政法大学出版社，1987：128.

曲折的地方，或者如果紧接海岸有一系列岛屿，测算领海宽度的基线的划定得采用连接各点的直线基线法。从那时起，挪威和其他一些国家都采取了同样的行动，把沿海群岛的最外缘的各点连接起来划出直线基线，并把它与大陆连接起来。英国划出霍布瑞兹群岛的直线基线，德意志联邦共和国划出佛里西安群岛的直线基线。

在 1958 年第一次海洋法会议上，印度尼西亚、菲律宾、丹麦和南斯拉夫等国提出，适用于“沿海国群岛”的直线基线也应类推适用于海洋中的群岛[①]，如汤加和菲律宾。但是这一提案未获得成功。其原因主要是沿海国群岛和大洋群岛在实践中有时很难区分。以冰岛的直线基线为例，将近海岛屿都作为沿海的岸线，就很难分清楚是沿海岛屿还是大洋岛屿。

极力要求建立一种特别群岛制度的国家是作为群岛国的印度尼西亚和菲律宾。早在 1955 年和 1957 年，两国就先后宣布要用直线基线把其群岛整个连接起来，而把基线内的水域视为内水。[②] 1960 年和 1961 年上述主张被分别写入两国的立法。1960 年印度尼西亚水域的政府条例规定，“印度尼西亚领水是 12 海里的海带，其外部界限是垂直计算到各基线或各基线的各点，而各基线是连接组成印度尼西亚的最外部岛屿或其一部分的低潮标最外各点的各直线”，印度尼西亚内水是以上“所载各基线以内的全部水域”；1961 年印度尼西亚在批准《公海公约》时作了保留，其内容即 1960 年政府条例的规定。1968 年 9 月 18 日菲律宾关于规定菲律宾领海基线的法律（修正）指出，“菲律宾领海的基线经决定包括连接群岛的最外部岛屿的适当各点的各直线”。印度尼西亚和菲律宾提出的这一主张即群岛原则。两国的主张主要是出于安全的考虑，印尼还强调其各岛的统一和岛屿领土的完整。但上述做法遭到英美等海洋大国的抗议和反对。第一次海洋法会议制定的《领海与毗连区公约》和《公海公约》都没有规定群岛制度。

反对建立特别群岛制度的是海洋大国。因为特殊的群岛制度使原属于公海的大部分水域变成了领海，原属于领海的水域变成了内水，对国际航行影响极大，其结果是使海洋大国的军舰和商船失去航行自由的权利。所以直至第三次海洋法会议之前，反对者始终坚持：正常的岛屿制度同样适用于群岛和大洋群岛，以保留重要的国际航线。

1958 年以后，加勒比海、太平洋及印度洋许多群岛国的独立，大大促进了大洋群岛特殊制度的建立，以适应群岛国利益的需要，如捕鱼、控制群岛内水的交通、促使群岛之间的团结、防止走私和非法进入以及控制污染等。1973 年，斐济、印度尼西亚、毛里求斯和菲律宾等国组成的群岛国集团向海底委员会提出建立群岛特别制度的主张，提出“群岛原则”概念，随后又将原则条文化，提出了“群岛条款草案”。草案包括 5 条，其中的建议包括：“群岛是完全或主要由一个或一个以上群岛组成的国家”；“群岛国在作计算领海范围的基线时，得使用连接群岛最外缘的岛屿和干礁的最外缘各点的直线基线法”；“基线所包围的水域”，“不问其深度或与海岸的距离如何，属于该水域所属的群岛国，并受该国主权支配”。

1982 年第三次海洋法会议经过几期会议的协商，基本接受上述群岛原则，在《海洋法公约》的第四部分专门对群岛国的法律地位作出规定。《海洋法公约》所确定的群岛国制度的基本特点有二：一是允许以直线群岛基线连接群岛最外缘的各岛，满足了群岛国的愿望；二是创设了一个新的法律概念——“群岛水域”。但是群岛水域不影响海洋大国的航行利益。此外，《海洋法公约》还对群岛基线的长度以及群岛陆地面积与水域面积的比例作出了规定。但是，《海洋法公约》未涉及大陆架国家的海洋群岛问题。

---

① 联合国文件，A 2934 号（1955）：52 - 53.

② 联合国立法集．第 35 卷（1971）：印度尼西亚，1960 年第 4 号关于印度尼西亚水域的法令．

三、群岛水域的法律制度

（一）群岛基线

群岛基线是连接群岛最外缘各点的直线基线。《海洋法公约》第 47 条规定，“群岛国可划定连接群岛最外缘各岛和各干礁的最外缘各点的直线群岛基线”。这条基线是群岛国测量其领海、毗连区、专属经济区和大陆架的基线。但群岛基线内，即向陆、向岛一面的水域不属内水，而是群岛水域。（见图 7—1）

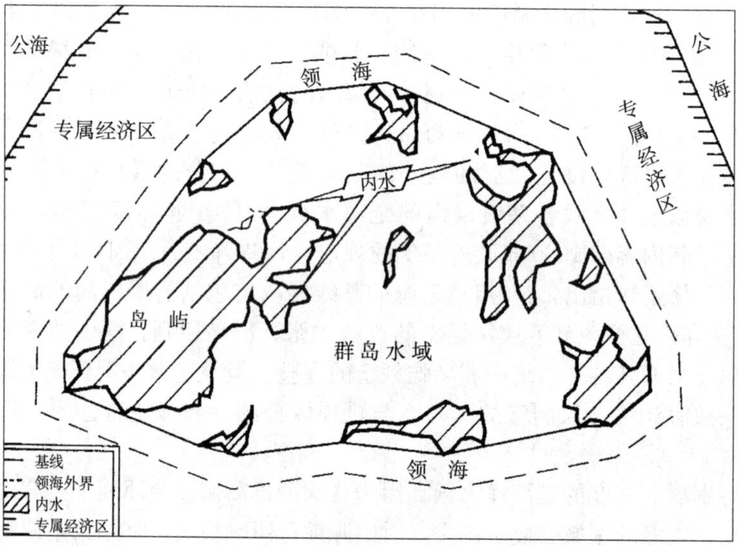

图 7—1

按照《海洋法公约》第 47 条，群岛基线的划定主要受下述条件的限制：

（1）群岛基线的划定应按照包括环礁在内的陆地面积和水域面积的一定比例进行。陆地和水面面积的比例为 1 比 1 到 1 比 9 之间。为了计算这种比例，陆地面积可包括位于岛屿和环礁的岸礁以内的水域，其中包括位于陡侧海台周围的一系列灰岩岛和干礁所包围或几乎包围的海台的那一部分。最大的比例 1 比 1 可以防止由一个最大岛的群岛国使用群岛基线，而最小的比例 1 比 9 可以防止群岛基线连接非常远的岛屿。印度尼西亚陆地和水域的比例是 1 比 1.2，菲律宾的比例是 1 比 1.8。

（2）群岛基线的长度不应超过 100 海里。围绕群岛的基线总数中至多有 3％的基线可超过该长度，但要在 100 海里～125 海里之间。这种数字对群岛国一般是适用的。例如，印度尼西亚的群岛基线由 196 条直线组成，其中长度超过 100 海里而在 125 海里之间的基线有 5 条，其余的都小于 100 海里；菲律宾的群岛基线由 80 条直线组成，其中有两条直线在 100 海里～125 海里之间，一条为 140 海里，其余的小于 100 海里。

（3）群岛的主要岛屿应包括在群岛基线以内。

（4）群岛基线的划定不应在任何明显的程度上偏离群岛的一般轮廓。当然，是否所有的群岛都有一个确定的轮廓值得怀疑。事实上，沿群岛的最外缘岛屿划定群岛基线，而后才能大体上确定群岛的一般轮廓。

（5）除在低潮高地上建有永久高于海平面的灯塔或类似设施，或者低潮高地全部或一部与最近的岛屿的距离不超过领海的宽度外，群岛基线的划定不应以低潮高地为起始点。

(6) 群岛基线不应以隔离另一国领海同公海或专属经济区联系的方法划定。印度尼西亚的基线制度似乎影响到了新加坡的领海。但是，即使印度尼西亚不采取这种基线制度，新加坡是否有专属经济区都值得怀疑。在此情况下，《海洋法公约》第47条第5款的上述规定是否适用值得研究。

(7) 群岛基线应在大比例尺的海图上标出，并连同地理坐标表一起妥为公布，并应将各该海图或坐标表的一份副本交存于联合国秘书长处。

按照群岛国的定义，一个群岛国可以由几个群岛组成，如所罗门群岛和毛里求斯等。群岛国可以在每个群岛上确定一条群岛基线，而不必以单一的基线把所有构成群岛的岛屿全部包括起来。这种方法当然应满足上述限制条件。

(二) 群岛水域及其法律地位

群岛基线内的水域构成群岛水域。但群岛国可以在群岛水域内的每个岛上的河口、海湾和港口处，按照正常的基线规则划定一条封闭线，这条封闭线内的水域为内水。因此，严格地说，群岛水域是指群岛基线以内，河口、海湾和港口封闭线以外所包括的水域。① 珊瑚礁内的环礁湖应算群岛水域，而不是内水。

群岛水域是国际法上一个新的概念。尽管这部分水域与领海极为相似，但这部分水域既不属于内水，也不是领海。依据《海洋法公约》的规定，群岛国的主权及于群岛水域，及于群岛水域的上空、海床和底土，以及其中所包含的资源。② 但是这项主权要受到其他第三国所享有之权利的限制：

(1) 群岛国应尊重与其他第三国的现有协议，以及由此而产生的权利。这一规定是为了避免群岛国根据《海洋法公约》所享有的权利和其依原来的协定所承担的义务之间可能产生的矛盾和冲突。

(2) 群岛国应承认直接相邻国家在群岛水域某些区域内传统的捕鱼权和其他合法活动。行使这种权利和进行这种活动的条款与条件，包括这种权利和活动的性质、范围和适用的区域，经任何有关国家的要求，应由有关国家之间的双边协定予以规定。这种权利不应转让给第三国或其国民，或与第三国或其他国民分享。③ 此外，对于像印度尼西亚和马来西亚这样的群岛国来说，其部分群岛水域位于一个直接相邻国家的两个部分之间，该邻国传统上在该水域内行使的现有权利和一切其他合法利益以及两国间协定所规定的一切权利，均应继续，并得到尊重。④

(3) 群岛国应尊重其他国家所铺设的通过其水域而不靠岸的现有海底电缆。群岛国于接到关于这种电缆的位置和修理或更换这种电缆的意图的适当通知后，应准许对其进行维修和更换。⑤

应当指出，该项规定仅适用于电缆，而且仅限于现有海底电缆，而不适用于管道。其他国家要在该水域内铺设新的海底电缆和新的海底管道，要经过群岛国的同意才可进行。至于现有的海底管道，群岛国是否有要求其撤走和移动的权利，《海洋法公约》没有规定。如果管道所属国是《海洋法公约》的缔约国，那么依据《海洋法公约》第49条和第51条第2款，群岛国

① 参见《海洋法公约》第50条.

② 参见《海洋法公约》第49条第1、2款.

③ 参见《海洋法公约》第51条第2款.

④ 参见《海洋法公约》第47条第6款.

⑤ 参见《海洋法公约》第51条第2款.

似乎有这种权利。如果海底管道的所属国不是《海洋法公约》的缔约国，那么，群岛国和管道所有国的法律关系就应该按照习惯国际法处理。

（4）其他国家在群岛水域内享有航行权。所有国家的船舶均享有通过群岛水域的无害通过权。另外，外国的船舶和飞机在群岛国与主管国际机关（国际海事组织）协商后指定的海道和空中航道中享有更广泛的群岛海道通过权。

（三）群岛水域的通过制度

群岛水域的通过问题，按《海洋法公约》的规定，分为两种情况：一是无害通过权，二是群岛海道通过权。

无害通过权是指在群岛海道通过权有关规定的限制下，所有国家的船舶均享有群岛国内水界限以外的群岛水域的无害通过权。如为保护国家安全所必要时，群岛国可在对外国船舶之间在形式上或事实上不加歧视的条件下，暂时停止外国船舶在其群岛水域特定区域内的无害通过。这种停止仅在正式公布后发生效力。

群岛海道通过权是较无害通过权更为广泛的一种权利。这种海道和空中航道宽度可达50海里，并应穿过群岛水域和邻接的领海，而且还应包括用作通过群岛水域或其上空的国际航行和飞越的正常航道。群岛海道通过权基本上与用于国际航行海峡的过境通行权相同。群岛海道通过权的行使中，群岛国的权利和义务与外国船舶的权利和义务，以及用于国际海峡过境通行方面海峡沿岸国的权利和义务与外国船舶的权利和义务，完全相同。

具体说，群岛海道通行权是指按照《海洋法公约》的规定，群岛国指定适当的海道和其上的空中海道，专为所有船舶和飞机在公海或专属经济区的一部分和公海或专属经济区的另一部分之间继续不停、迅速通过和无障碍地过境为目的而行使的正常航行和飞越的权利。所有船舶和飞机均享有群岛海道通过权。群岛国为使船舶安全通过航道内的狭窄水道时，可以规定分道通航制。群岛国视情况需要，还可以其他海道或分道通航制替换原先已指定的海道或分道通航制，但海道中心线和分道通航制应妥为公布。① 通过群岛海道的船舶应尊重群岛国按照《海洋法公约》第53条制定的适用的海道和分道通航制。如果群岛国没有指定海道和空中航道，则可以通过正常用于国际航行的航道，行使群岛海道通过权。

《海洋法公约》在这方面仅给予群岛国一般管辖权，即立法权和执行权。②

（四）各国的实践

尽管《海洋法公约》对群岛水域的划分及群岛水域的法律地位作出了规定，但是各国的实践存在很大差距。

第一，一些群岛国按照《海洋法公约》的规定划定了群岛基线，而且由群岛基线组成其群岛水域。这些国家包括斐济、巴布亚新几内亚、圣多美岛和所罗门群岛。

第二，一些群岛国没有按照《海洋法公约》的规定划定其群岛基线，或者其基线的长度超过了《海洋法公约》的规定，或者是这些国家把群岛基线内的水域作为其内水而不是群岛水域。这些国家包括佛得角，印度尼西亚和菲律宾。它们至今仍保留它们的做法，未修改其立法。

第三，一些国家，如古巴和冰岛，它们按照《海洋法公约》定义应属于群岛国。它们可以利用群岛基线把其周围的大部分或全部岛屿都划入其群岛内。但它们说这些基线不是群岛基线，而是直线基线，因此它们把基线内的水域称为内水而不是群岛水域。另外，有些国家按照

① 参见《海洋法公约》第52条.

② 周忠海等．国际法学述评．北京：法律出版社，2001：363.

《海洋法公约》的定义很显然属于群岛国，但它们至今没划定群岛基线的意向，如爱尔兰、日本、新西兰和英国。还有一些很显然是属于群岛国的国家，其在最近的海洋立法中虽然没有使用群岛基线，但表明将来要使用群岛基线，如萨摩亚群岛和图瓦卢。

第四，一些国家按照《海洋法公约》关于群岛国的定义并不属群岛国，但它们要求使用群岛基线把大洋中群岛围绕起来。这些基线既不是《海洋法公约》中的群岛基线，也无理由说其是直线基线。提出这种主张的有丹麦（要划定法罗斯群岛基线）和西班牙。另一些非群岛国在它们最新的海洋区域立法中，拒绝把洋中的岛屿使用群岛基线围绕起来成为群岛。如美国对待其密克罗尼西亚群岛，新西兰对其库克群岛和托克芬群岛，都取上述态度。[①]

在《海洋法公约》生效前，上述主张的效力存在问题，换句话说，有关群岛的主张只在那些在其主张中默许或完全肯定地接受对方建议的国家间相互有效。如欧洲共同体、挪威和苏联在与丹麦签订协定时就允许它们的渔船在法罗斯群岛 200 海里专属渔区捕鱼。但是，这种主张对于那些一直持反对态度的国家无效。此外，还有一些国家给群岛下新的定义，试图排除其他国家为群岛国。如印度尼西亚承认其本身为群岛国，但却否认某些国家群岛国的地位。

课后复习

1. 选择题

按照《海洋法公约》的规定，群岛国群岛直线基线最长不得超过：（　　）。

A. 200 海里　　B. 100 海里　　C. 24 海里　　D. 125 海里

2. 名词解释

（1）群岛基线。

（2）群岛水域。

（3）群岛水域通过权。

3. 简答题

（1）简述划定群岛基线的限制性条件。

（2）简述群岛水域的定义及其法律地位。

---

① 周忠海．国际海洋法：130.

第八章
用于国际航行的海峡

提　要

海峡是位于两块陆地之间、两端与海洋相通的一条天然的狭窄水道。依据《海洋法公约》的规定，不同类型的海峡因法律地位的不同，其通行制度也不相同。用于国际航行的海峡主要实行过境通行制度。

重点问题

1. 用于国际航行的海峡的法律地位。
2. 《海洋法公约》中海峡过境通行制度的基本内容。

第一节　概述

一、用于国际航行的海峡的产生及界定

用于国际航行的海峡是在第三次联合国海洋法会议过程中逐渐形成的。《海洋法公约》规定一国领海的最大范围为 12 海里，也就是使各沿海国的领海从原来的 3 海里扩延至 12 海里。在过去实行 3 海里领海宽度时，这些海峡留有公海航道，但是实行 12 海里领海后，这些海峡就完全处于沿岸国的领海范围内。据统计，世界上有 120 个左右这样的海峡，其中有三十多个被认为是“用于国际航行的海峡”(包括已有专门国际条约规定通行制度的国际海峡)。这些海峡位于亚洲的有：朝鲜海峡、马六甲海峡、新加坡海峡、苏里高海峡、圣贝纳迪诺海峡等；位于非洲的有：桑给巴尔海峡；位于拉丁美洲的有：多米尼加海峡、圣卢西亚海峡、麦哲伦海峡等；位于欧洲的有：多佛海峡、直布罗陀海峡等；位于北美的有：胡安·德富卡海峡；位于大洋洲的有：库克海峡、福沃海峡等。

事实上，对于何为用于国际航行的海峡，《海洋法公约》并未给出明确定义，只是在第三部分第二节“过境通行”中规定：“本节适用于在公海或专属经济区的一个部分和公海或专属经济区的另一个部分之间的用于国际航行的海峡。”这一规定实际上沿用了 1958 年《领海与毗连区公约》的规定：“用于公海一部分和另一部分或另一外国领海之间国际航行的海峡”，只不

过是较 1958 年的规定增加了“专属经济区”这一海域。

二、各国关于用于国际航行的海峡通行制度的主张

这些被划入一国或几国领海范围内用于国际航行的海峡，到底属于领海的一部分，还是公海的一部分？是依据《领海与毗连区公约》的规定，“保留它的领海法律地位，沿岸国有权控制和管理”，还是另立一套不同于领海无害通过的独立的“海峡通行制度”？军用船舶的通过是“区别于商船”，还是“同商船一样”？上述问题是第三次联合国海洋法会议讨论和研究海峡问题时面临的主要问题，对此有不同的主张。

（一）美国和苏联主张自由通过

美苏是当时世界上的两个超级大国、海洋大国。出于全球海洋战略的需要，它们坚持主张在领海海峡内一切船舶有权自由通过。早在 1971 年美国向联合国海底委员会提出《领海宽度、海峡和渔业条款草案》时建议，“在公海的一部分与公海另一部分或外国领海之间的用于国际航行的海峡中，所有过境的船舶和飞机，为了通过和飞越自由”。这个条款草案把领海宽度和海峡并列规定，以海峡自由航行通过作为接受 12 海里领海宽度的条件，并否定了在扩大领海宽度后应属于领海的海峡所具有的领海地位。美国政府在 1972 年 2 月发表的对外政策报告中称：“美国依靠海洋来履行他在全球范围内的责任。我们的安全和我们朋友的安全依靠航海自由和飞越公海的自由，依靠自由穿过和飞越国际海峡。”美国关于上述条款的草案，是依据这个指导思想拟定的。

美国的提案得到苏联的赞同。在早期阶段，苏联宣布领海宽度为 12 海里时，就意识到与自由通过用于国际航行的海峡相联系，所以同时宣布可以自由航行和飞越用于国际航行的海峡。苏联认为，美国的“这一建议可以作为有关海峡条款的基础”。1972 年苏联向联合国海底委员会提出的《关于用于国际航行的海峡的条款草案》中，主张把这种海峡看作“公海”的一部分，尽管对于通过海峡的航行自由和海峡上空的飞越自由规定了几条规则，包含了若干国际法律保障，但实际上所主张的是“自由通过”，而不是“无害通过”。美苏两国都坚持军舰有无害通过或自由通过领海海峡的权利，并一再声称，保证海峡自由航行是解决 12 海里领海宽度和 200 海里专属经济区的一揽子计划的一个重要问题。

（二）发展中国家赞成“无害通过”

针对美苏的立场，广大发展中的沿海国家，从维护本国主权、安全和利益出发，提出“无害通过”的方案和主张。早在 1973 年 4 月 2 日，由塞浦路斯、菲律宾、马来西亚、印度尼西亚、摩洛哥、也门、希腊、西班牙 8 国向联合国海底委员会提交的《关于通过领海包括用于国际航行的海峡的航行的条款草案》就认为，通过领海和通过用于国际航行的海峡，应当看作一个整体，因为这种海峡形成领海的一部分，应同样适用无害通过制度。它们认为如果用于国际航行的海峡位于沿海国领海的范围内，那么就应该认为是沿海国的领海，无害通过制度也就适用于这种海峡。这样，既能保证沿海国安全，又不妨碍航行自由。所以，这些国家宣布它们的主权延伸至这种用于国际航行的海峡，构成它们领海的一部分。该条款草案的提案国马来西亚、印度尼西亚和新加坡，针对某些海洋大国提出的马六甲海峡应当“国际化”的主张，曾发表一项联合声明，宣布“马六甲海峡和新加坡海峡并不是国际性的海峡”，而应由 3 国共同管理。

出席第三次联合国海洋法会议的中国代表沈韦良于 1972 年 7 月 24 日在联合国海底委员会第二小组委员会会议上就海峡通航问题的发言中指出：“属于沿海国领海范围内的海峡，即使

经常用于国际航行，也不能因此改变它的领海地位而成为公海。允许无害通过，当然不是封闭海峡，它只是要求外国船舶通过海峡时，不损害沿岸国的和平、良好秩序和安全，并且应当遵守沿岸国的法律与规章。外国军舰和军用飞机通过时，应该事先得到许可。”1973 年 5 月 24 日非洲统一组织《关于海洋法问题的宣言》宣称：“非洲国家鉴于用于国际航行海峡的国际航行的重要性，原则上赞成无害通过的制度，但认为有必要进一步确切地规定该制度。”1975 年 4 月 5 日，出席第三次联合国海洋法会议“七十七国集团”各代表在内罗毕开会，表示反对用于国际航行的海峡“自由通过”的主张，要求实行“无害通过”制度。

（三）英国的折中方案和其他国家的主张

英国于 1974 年 7 月 3 日向第三次联合国海洋法会议第二委员会提出的“关于领海和海峡的条款草案”，试图折中美苏等国的提案和第三世界海峡沿岸国的提案，但实质上代表了一些海运大国的利益。这个草案形式上把领海通过和用于国际航行的海峡的通过作为两个项目分别列在同一文件的两章内，实则主张位于领海内用于国际航行、连接公海两部分的海峡实行“过境通行”的办法。提案强调，过境通行是航行自由和飞越自由的体现，因而对所有船舶和航空器享有的过境通行权利的形式“不得加以阻碍”。提案也规定海峡沿岸国有权指定海道，实行分道计划，实施防止油污的国际规章，并可制定损害赔偿等方面的法律规章等。

此外，还有一些沿岸国和内陆国家，出于其自身利益的考虑，有的偏于无害通过制，有的则偏于自由航行制。丹麦和芬兰原则上支持海峡过境通行，但认为宽度不超过 6 海里的海峡应实行无害通过。意大利主张在海峡与在公海上同样地实行航行和飞越自由，同时也主张在几类海峡上实行无害通过制度：一是宽度不超过 6 海里，二是位于同一国家海岸之间，三是接近海峡所连接的海洋各部分之间的其他交通路线。日本主张在承认 12 海里领海后，在宽于 6 海里、狭于 24 海里的海峡中，各国船舶有不受阻碍地自由通过的权利，但有 5 个海峡（宗谷海峡、津轻海峡、对马东海峡、对马西海峡、大隅海峡）的领海宽度应仍不得超过 3 海里。

（四）第三次联合国海洋法会议达成的协议

用于国际航行的海峡问题在第三次联合国海洋法会议上属于第二委员会讨论、协商范围内的问题。关于这个问题从开始就表现出严重的分歧和冲突，当然主要原因是政治上和战略上的而非经济上的。要解决的基本问题是在沿海国的特殊利益和国际航运的一般利益之间达成一种令人满意的平衡，解决 1958 年《领海与毗连区公约》未能涉及或未能解决的问题，特别是军舰通过用于国际航行的海峡的问题。

《海洋法公约》中用于国际航行的海峡部分是第三次联合国海洋法会议海洋大国与广大发展中国家斗争、妥协的产物，是一揽子交易的结果。美国宣布承认 12 海里领海宽度和专属经济区，第三世界国家同意接受用于国际航行的海峡实行过境通行制度。换言之，第三世界发展中国家以海峡过境通行制度作为牺牲和让步，换取海洋大国及发达国家对专属经济区的承认。

第三次联合国海洋法会议 1976 年的“订正单一协商案文”，将海峡区分为三类：(1) 介于公海（或专属经济区）的一部分和公海（或专属经济区）的另一部分之间的用于国际航行的海峡；(2) 连接公海（或专属经济区）和某一外国领海的海峡；(3) 介于某国岛屿及其大陆之间的海峡，而在该岛向海的一面还有另外一条同样能够提供航行便利的公海（或专属经济区）航道。第一类海峡实行过境通行制度，第二类和第三类海峡实行无害通过制度。1977 年第三次联合国海洋法会议第七期会议编制的“非正式综合协商案文”综合了各种草案的意见，规定了一种“过境通行权”。1982 年的第十一期会议，在各方意见作出妥协的情况下，《海洋法公约》对于用于国际航行的海峡制度作了专门规定。

第二节 用于国际航行的海峡的法律地位

一、用于国际航行的海峡的法律地位

根据《海洋法公约》的规定，用于国际航行的海峡处于一个或几个沿岸国的领海范围之内，因此属于其领土的一部分，海峡沿岸国对海峡水域及其上空、海床和底土行使主权或管辖权，实施的过境通行制度不应在其他方面影响构成这种海峡的水域的法律地位。[①]

可见，用于国际航行的海峡的法律地位包括三层意义：(1) 用于国际航行的海峡适用过境通行制度；(2) 沿岸国对这种海峡的水域及其上空、海床和底土行使主权或管辖权，且不受过境通行制度的影响；(3) 沿岸国主权或管辖权的行使受《海洋法公约》第三部分和其他国际法规则的限制。

《海洋法公约》第 38 条第 2 款和第 39 条对过境通行制度作了详细的规定。这里没有“无害”的问题，但是船舶和飞机在行使过境通行权的时候应该“不对海峡沿岸国的主权、领土完整或政治独立进行任何武力威胁或使用武力，或以任何其他违反《联合国宪章》所体现的国际法原则的方式进行武力威胁或使用武力”。另外，除因不可抗力或遇难而有必要外，不从事其继续不停和迅速过境的通常方式所附带发生的活动以外的任何活动。同时《海洋法公约》还指出，任何非行使海峡过境通行权的活动，仍受《海洋法公约》其他规定的限制。除这种威胁活动外，则不应任意妨碍过境通行，如因大批军舰过境，沿海国可以对这种行动表示怀疑，这可以认为是违反国际法的，可以通过外交途径提出抗议或诉诸司法程序。

二、用于国际航行的海峡的过境通行制度

(一) 实行过境通行制度的海峡的范围

过境通行是一种新的国际海峡通行制度，是《海洋法公约》第三部分“用于国际航行的海峡”的重点，适用于在公海或专属经济区的一个部分和公海或专属经济区的另一部分之间的用于国际航行的海峡。这类海峡包括两种情况：

(1) 两岸为一国所有，宽度不超过 24 海里，如连接太平洋和棉兰老海的苏里高海峡，沿岸属菲律宾，海峡最窄处为 10 海里。

(2) 两岸分属两个或几个国家，海峡宽度不超过 24 海里。这类海峡较多，如连接北海和大西洋的多佛尔海峡，沿岸分属英国和法国，海峡最窄处为 17.5 海里；连接北冰洋的楚科奇海和太平洋的白令海峡，沿岸分属美国和俄罗斯，海峡最窄处为 18.9 海里。

(二) 过境通行权的内容

《海洋法公约》第 38 条规定：“过境通行是指按照本部分规定，专为在公海或专属经济区的一个部分和公海或专属经济区的另一部分之间的海峡继续不停和迅速过境的目的而行使航行和飞越自由。但是，对于继续不停和迅速过境的要求，并不排除在一个海峡沿岸国入境条件的限制下，为驶入、驶离该国或返回的目的而通过海峡。”“任何非行使海峡过境通行权的活动，仍受本公约其他适用规定的限制。”

---

① 参见《海洋法公约》第 38 条.

可见，在用于国际航行的这类海峡中，所有船舶和飞机均享有过境通行的权利，过境通行不应受阻碍。过境通行专为在上述海峡继续不停和迅速过境的目的而行使航行和飞越自由。但是，对于继续不停和迅速过境的要求，并不排除在一个海峡沿岸国入境条件的限制下，为驶入、驶离该国或自该国返回的目的而通过海峡。

上述过境通行权包括一切船舶和飞机，既包括军用船舶，也包括商用船舶。至于潜艇通行，按《海洋法公约》的规定也是允许的，而且可以潜航通过。过境通行不影响海峡水域的法律地位和沿岸国对海峡水域、上空、海床和底土行使主权与管辖权。

（三）过境通行权行使的条件和限制

依照《海洋法公约》的规定，过境通行权行使的条件有：（1）仅适用于在公海或专属经济区的一部分和公海或专属经济区的另一部分之间的用于国际航行的海峡；（2）继续不停；（3）迅速过境。不符合这三个条件则不属于过境通行。其他活动受《海洋法公约》其他有关规定的限制。但继续不停和迅速过境的要求，并不排除在海峡沿岸国入境条件的限制下，为驶入、驶离该国或自该国返回的目的而通过海峡。

这表明，船舶和飞机在行使海峡过境通行权时应承担下述义务：（1）毫不迟延地通过或飞越海峡；（2）不对海峡沿岸国的主权、领土完整或政治独立进行任何武力威胁或使用武力，或以任何其他违反《联合国宪章》所体现的国际法原则的方式进行武力威胁或使用武力；（3）除不可抗力或遇难而有必要外，不从事其继续不停和迅速过境的通常方式所附带发生的活动以外的任何活动；（4）遵守其他有关规定。

除了上述4项外，行使过境通行权的船舶还应承担下述两项义务：（1）遵守一般接受的关于海上安全的国际规章、程序和惯例，包括《国际海上避碰规则公约》；（2）遵守一般接受的关于防止、减少和控制来自船舶的污染的国际规章、程序和惯例。此外，外国船舶，包括海洋研究和水文测量的船舶在内，在过境通行时，非经海峡沿岸国事先准许，不得进行任何研究或测量活动。

飞机在行使过境通行权时，除承担上述两项义务外，还应该：（1）遵守国际民用航空组织制定的适用于民用飞机的航空规则，国有飞机通常应遵守这种安全措施，并在操作时随时适当顾及航行安全；（2）随时监听国际上指定的空中交通管制主管机构所分配的无线电频率或有关的国际呼救无线电频率。

（四）海峡沿岸国对海峡过境通行的管理

海峡沿岸国有权制定关于海峡过境通行的法律和规章，以实现对海峡过境通行的管理：（1）海峡内的海道和分道通航制的航行安全与海上交通安全管理；（2）为了使有关在海峡内排放油类、油污废物和其他有毒物质的国际规章有效，制定具体实施或防止、减少和控制污染的法律与规章；（3）对于渔船，防止捕鱼，包括渔具的装载；（4）违反海峡沿岸国的财政、海关、移民或卫生，上下任何商品、货币或人员。

沿岸国应将这些法律、规章妥为公布，行使过境通行权的外国船舶应遵守这些法律和规章。但是，沿岸国在制定法规时，不应在形式或事实上在外国船舶间有所歧视，或在适用上有否定、妨碍或损害过境通行权的后果。享有主权豁免的船舶的船旗国或飞机的登记国在该船舶或飞机不遵守这种法律和规章及其他有关规定时，应对海峡沿岸国遭受的任何损失或损害负国际责任。

海峡沿岸国为了促进船舶安全航行，可根据《海洋法公约》立法或者实施分航道通航制或指定航行海道，但事先须征得国际海事组织的同意。沿岸国有义务不妨碍过境通行并应将其所知道的海峡内或海峡上空对航行或飞越有危险的任何情况妥为公布。海峡沿岸国和海峡使用国在建立和维持必要的助航设备、安全设施或帮助国际航行，防止、减少和控制来自船舶的污染等方面进行合作。

（五）过境通行制度的例外

1. 无害通过制度

（1）连接公海或专属经济区的一部分和公海或专属经济区的另一部分之间的用于国际航行的海峡，本应实行过境通行制度，但是，如果这类海峡是由海峡沿岸国的一个岛屿和该国大陆形成，而且该岛向海一面有在航行和水文特征方面同样方便的一条穿过公海或专属经济区的航道，则过境通行不适用，适用无害通过的制度。对于此项无害通过权，海峡沿岸国不得予以中止。

（2）位于领海范围以内，连接公海或专属经济区的一个部分和外国领海之间的海峡，这类海峡中的无害通过权同样不能被中止。

2. 实行特别制度的海峡

《海洋法公约》第 35 条（c）款规定过境通行不影响海峡的法律制度。这种海峡的通行已全部或部分地规定在长期存在、现行有效的专门关于这种海峡的国际公约中。

（1）麦哲伦海峡。该海峡两岸分属智利和阿根廷。两国 1881 年的条约宣布：麦哲伦海峡永久中立化，一切国家的商船和军用船舶均可自由航行；缔约双方承担义务在海峡两岸不修筑任何工事。1941 年双方签订关于在海峡地区修筑工事的新协定。第二次世界大战期间放弃了从前承担的关于海峡地区非军事化的义务，但仍保证所有各国的船舶自由航行。

（2）直布罗陀海峡。英国和法国于 1904 年代表埃及和摩洛哥发表宣言，表示确保直布罗陀海峡的自由通行。尽管这一宣言涉及岸上的中立，没有规定通行制度，但仍然有效。《海洋法公约》中的过境通行制度也可适用于该海峡，但是其永久中立的地位仍应保持。

（3）黑海海峡。1936 年的《蒙特娄公约》是关于土耳其的博斯普鲁斯海峡和达达尼尔海峡的条约，该公约中涉及海峡的条款始于 1774 年俄国与土耳其的条约。《蒙特娄公约》规定：在和平时期给予商船完全的过境自由和航行自由；在事先通知土耳其政府后，一定数量的军舰可以在日间自由通行；在某些情况下，潜艇也可以通过海峡。

（4）松德海峡和大小贝尔特海峡。这些海峡统称波罗的海诸海峡或丹麦海峡。根据 1857 年《哥本哈根条约》松德海峡和大小贝尔特海峡内实行各国商船自由航行制度。对于缔约国军舰通过海峡问题没有明文规定，但为丹麦长期所默认，甚至在战时，丹麦也允许交战国军舰通过海峡。

此外，需要注意的是，按照《海洋法公约》第 36 条的规定，如果穿过某一用于国际航行的海峡有在航行和水文特征方面同样方便的一条穿过公海或专属经济区的航道，则适用公约其他有关部分，其中包括关于航行和飞越自由的规定。换言之，当外国船舶通过此类海峡时，并不适用为用于国际航行的海峡规定的过境通行制度，而应依照船舶航行的水域性质来定：航行在领海时，适用沿海国有关无害通过的规定；航行在专属经济区海域及公海海域时，涉及航行自由及飞越自由，当然，这两种自由是有区别的。

课后复习

1. 选择题

过境通行制适用于下列哪一水域？（　　）

A. 领海　　　　B. 用于国际航行的海峡

C. 内海　　　　　　　　　　D. 通洋运河

2. 名词解释

（1）用于国际航行的海峡。

（2）海峡过境通行制度。

3. 简答题

（1）简述《海洋法公约》中海峡过境通行制度的基本内容。

（2）简述行使过境通行权需具备的条件。

第九章
专属经济区

提　要

专属经济区是由《海洋法公约》所确立的一项重要的海洋法制度。沿海国在专属经济区内享有管辖权，还享有以勘探和开发、养护和管辖海床和底土及其上覆水域的自然资源为目的的主权权利。

重点问题

1. 专属经济区的概念、法律性质以及与大陆架的区别。
2. 《海洋法公约》对于相邻或相向国家间专属经济区划界的规定。
3. 沿海国对于专属经济区管辖权的性质、内容和权利行使。
4. 专属经济区内其他权利和义务的内容。

第一节　专属经济区概述

一、专属经济区的概念

专属经济区是由《海洋法公约》所确立的一项重要的海洋法制度。《海洋法公约》第 55 条规定：“专属经济区是领海以外并邻接领海的一个区域，受本部分规定的特定法律制度的限制，在这个制度下，沿海国的权利和管辖权以及其他国家的权利和自由均受本公约有关规定的支配。”第 57 条又规定：“专属经济区从测算领海宽度的基线量起，不应超过 200 海里。”

《海洋法公约》的上述规定表明了专属经济区的概念和特征：(1) 专属经济区是在沿海国领海以外，但与领海紧密相连的一个区域；(2) 该区域的范围从测算领海的基线量起为 200 海里；(3) 在专属经济区内实行一种特殊的法律制度，以沿海国的权利和管辖权为主要内容，也有其他国家的权利和自由，均受《海洋法公约》的限制与支配。

沿海国在专属经济区内有勘探、开发、养护和管理海床与底土及其上覆水域自然资源（不论为生物还是非生物资源）的主权权利，并对区域内的人工岛屿、海洋科学研究、海洋环境的保护和保全行使管辖权。在专属经济区内，所有国家（不论是沿海国还是内陆国），在《海洋法公约》有关规定的限制下，享有航行和飞越自由、铺设海底电缆和管道的自由。

二、专属经济区的法律地位

关于专属经济区的法律地位，在第三次联合国海洋法会议上争论颇为激烈，大致有以下三种主要观点：

（一）“领海论”

“领海论”是主张200海里海洋权的国家所持的观点。拉丁美洲一些国家在开始提出200海里区域时，就采取了200海里领海的形式，主张对该区域享有主权和管辖权。1952年8月18日智利、秘鲁和厄瓜多尔三国签署的《关于领海的圣地亚哥宣言》宣布：“对邻接本国海岸并从该海岸延伸不少于200海里的海域，享有专属主权和管辖权。”并宣称国家对这个海域的主权和管辖权包括海床及其底土和一切自然资源，而仅允许一切国家的船舶在海域中无害通过。厄瓜多尔的代表在第三次联合国海洋法会议上的发言指出：“对于发展中国家的人民来说，唯一的法律上可接受和经济上行得通的解决办法就在于200海里区主权，即200海里领海论。”而1967年2月2日巴拿马第31号法律规定：“巴拿马共和国的主权扩展到在其大陆和岛屿领土及其内水以外200海里宽的领海区、该区的海床和底土以及上空。”1970年3月25日巴西第1098号法令规定：巴西领海“从巴西大陆和岛屿的海岸的低潮线算起200海里宽的一条海带”，而对于外国船舶只“承认它们有在巴西领海内无害通过的权利”。总之，持此论的国家认为，实行200海里领海制度是保护沿海国安全和经济利益的最好方法。

但是，一些国家因受《杜鲁门公告》的影响，在以“领海”这一概念提出200海里管辖权的主张时，已经同传统的、严格意义上的领海概念和领海制度有所不同，它们主要着眼于经济方面的权利要求，试图把领海概念中的主权属性与一般航行和交通自由加以调和，而不是要求仅受无害通过权限制的完全主权。萨尔瓦多1962年宪法规定，萨尔瓦多领土“包括自最低潮线算起距离为200海里的邻接海域，并包括领空、底土和相应的大陆架”；同时又规定“不影响按照公认国际法原则的航行自由”。阿根廷1966年12月29日的法令在规定国家主权扩展到200海里海域的同时，还确认“航行和飞行的自由不受本法律规定的影响”。乌拉圭1969年12月13日的“总统法令”宣布了200海里领海的主张，并将200海里领海分为两个区域：一是12海里区，实行无害通过；二是12海里以外到200海里为止的区域，各国在该区域内有航行、飞越和铺设海底电缆和管道的自由。

（二）“公海论”

“公海论”是坚持“领海以外即为公海”的传统观点的美国、英国、法国、日本等海洋大国的主张，它们认为，建立专属经济区的目的只是使沿海国在该区域内享有对自然资源的若干优惠权利以及其他经济方面的权利或便利，并不改变专属经济区应具有的公海性质或地位，亦不允许损害其他国家所享有的为国际法所承认的一切权利。英国代表在第三次联合国海洋法会议上的发言中表示，沿海国在经济区的权利仅及于资源，而“经济区的水域仍是公海”。乌克兰的代表明确表示：“从现行国际法观点来看，未来的经济区是由所有国家在平等基础上加以使用的公海的区域。”

一些海洋大国在提出的关于经济区的各种条款草案中，力图对于沿海国在生物资源的开发和利用、防止海洋污染和科学研究等方面的管辖权加以限制或排斥，把其他国家在专属经济区内的航行自由和权利绝对化，以实现专属经济区的公海性质。

（三）“专属管辖区论”

许多发展中沿海国家认为：200海里专属经济区就其法律性质而言，既不是领海，也不是公海，而是沿海国的专属管辖区，是“自成一类”的区域。沿海国对其专属经济区拥有相当广泛的主权权利和重要的管辖权。

专属经济区不同于领海。虽然两者同属国家的管辖范围，但其法律地位不同：领海构成沿海国领土的一部分，完全处于沿海国的主权支配与管辖之下，除受无害通过的限制外，不受其他限制；而专属经济区虽为沿海国的管辖区域，但不构成沿海国的领土组成部分，沿海国在专属经济区内的权利是不全面的，主要限于经济和资源方面的权利以及与开发和利用经济、资源权利有关的管辖权。事实上，当一些拉美国家刚开始以“领海”概念提出扩大管辖权范围的要求时，就已同传统意义上的领海概念有所不同，主要着眼于对经济权利的主张，并强调不影响各国在该区域内航行和飞越的自由。

专属经济区也不同于公海。公海不属于任何国家，也不能加以占有，任何国家，除受《海洋法公约》和国际惯例的限制外，都有使用公海的权利和自由，而其海底资源为全人类的共同继承财产。《海洋法公约》关于公海是指“不包括在国家专属经济区、领海或内水或群岛国的群岛水域内的全部海域”的定义，以及关于专属经济区适用不同于公海制度的特定法律制度的规定，已经明确无误地否定了专属经济区属于公海的主张。尽管《海洋法公约》也规定其他国家在专属经济区内有航行、飞越、铺设海底电缆和管道的自由，但这只涉及该区域的多种用途，已经不是公海意义上的自由，因为沿海国可以对其他国家在专属经济区内使用这类自由加以限制。

专属经济区既不是领海，也不是公海的一部分，成为确定专属经济区法律地位的唯一适当的基础。[①]“专属经济区论”已成为国际法学上的通说。

三、专属经济区与大陆架的关系

专属经济区与大陆架的相互关系，是一个曾经引起争论的问题。在第三次联合国海洋法会议上，有国家的代表建议取消大陆架制度，但是，多数国家的代表坚持认为，尽管建立了专属经济区制度，大陆架仍须作为一项独立的制度予以肯定。

专属经济区和大陆架在200海里内是一个重叠区域，都是国家的管辖范围，二者的关系非常密切；但是，二者又有区别，不可相互取代：

(1) 二者概念的形成过程不同。在大陆架的自然科学概念基础上所形成的大陆架法律概念源于习惯国际法，并已为《大陆架公约》所确认；而专属经济区是在20世纪70年代以后才出现的法律概念。

(2) 二者划分的法律依据不同。大陆架是沿海国陆地的自然延伸，包括被海水淹没的陆地、海床及底土；而专属经济区不是根据自然延伸，而是以一定的宽度，即从测算领海基线量起不超过200海里的方式确定的一个海洋区域。换句话说，沿海国对大陆架的权利是固有的，而沿海国对专属经济区的权利是随着沿海国的宣示等法律行为的实施才具有的。

(3) 国家在二者内的权利不同。在200海里内，沿海国为勘探大陆架和开发自然资源（包括海床和底土的矿物资源与非生物资源，以及属于定居种的生物），对大陆架行使主权权利；而国家在专属经济区内的权利，不仅包括200海里内的大陆架权利部分，而且包括200海里的水域，特别是对区域内生物资源的开发和利用以及为开发、使用和保护经济区自然资源而行使管辖权。

---

① 魏敏主编．海洋法：118.

（4）二者的范围不同。依照《海洋法公约》的规定，如沿海国大陆架宽度不及200海里，可扩大至200海里。一部分宽大陆架的外部界限可以超过200海里而达到350海里，对这一部分大陆架将采用单独的法律制度，沿海国在这一部分大陆架上的开发收入要适当与其他国家分享，其上覆水域则属公海，不归沿海国管辖，适用公海的法律制度。而专属经济区的最大范围是200海里。

第二节　专属经济区制度的产生和发展

一、拉美国家的主张

专属经济区的产生，同拉美国家提出的反对海洋霸权主义的200海里海洋权的斗争紧密联系在一起。“这一方面是自然的发展结果，因为拉美国家是最古老的发展中国家，另一方面也是地理发展的结果，因为拉丁美洲集中了一批具有重大沿海利益的国家。”①

专属经济区是国家范围内有别于领海或公海的特定海域，由1947年6月23日智利“总统声明”中首次正式提出。声明宣告并主张：“智利政府确认并宣布，其国家主权扩展到邻接其海岸的海域，不论其深度如何”；“对所有包括在海岸和伸入海洋而距离智利大陆海岸为200海里的一条数学平行线之间的海域，实行保护和控制”；声明强调：智利确认200海里海域的目的是“保存、保护、保全和开发在上述海域上、海域中和海域下处于政府控制下的自然资源，特别是渔业和捕鲸活动，以防止在开发这些资源时损害智利居民的利益，并防止这些资源遭到掠夺和破坏，从而损害本国和美洲的利益”；“不影响在公海上自由航行的权利”。同年8月1日，秘鲁在871号总统令中，也作出类似宣告：“国家将在邻接秘鲁海岸的海域内，对海岸和按地理线计算距离为200海里的一条假设平行线之间的区域，行使同样的控制权和管辖权。”

在上述主张的基础上，1952年8月18日，智利、厄瓜多尔和秘鲁三国签署了著名的《关于领海的圣地亚哥宣言》，宣称三国的“国际海洋政策是：对邻接本国海岸从该海岸延伸不少于200海里的海域，享有专属主权和管辖权”，并正式赋予这个海区以“200海里海洋区域”的名称。该宣言推动了200海里海洋权主张的发展。

1958年和1960年的两次海洋法会议没有对200海里海洋权问题作出积极反应，促使拉美国家再次掀起主张200海里海洋权的运动。1965年以后，厄瓜多尔、阿根廷、乌拉圭和巴西也纷纷颁布法律或法令，宣布200海里海洋权的主张，有国家的甚至采取了200海里领海的形式。②

1970年5月8日，阿根廷、巴西、智利、秘鲁、厄瓜多尔、萨尔瓦多、尼加拉瓜、巴拿马和乌拉圭9国签署了《蒙得维的亚海洋法宣言》，确定了国家有权划定“海洋主权或管辖权的范围”的原则。又在同年8月8日的《利马宣言》中重申该原则。除上述9国外，哥伦比亚、多米尼加、危地马拉、洪都拉斯和墨西哥5个拉美国家也签署了《利马宣言》。

1972年6月，15个加勒比海国家在圣多明各召开会议，会议最后通过了《圣多明各宣言》，首次提出了“承袭海”概念。《圣多明各宣言》规定：领海的最大范围是12海里，在领海外，从领海基线量起最大不超过200海里的范围内，沿海国主权及于所有再生的、非再生的

① 巴里·布赞．海底政治．北京：三联书店，1981：332.

② 魏敏主编．海洋法：120.

资源；超过12海里的这一区域称为“承袭海”。在这一区域内，沿海国对所有资源享有主权权利，而且有权采取措施预防海洋污染并对科学研究进行管制。但所有国家的船舶与飞机享有航行和飞越自由。《圣多明各宣言》为“承袭海”所制定的法律制度，实际上是后来“专属经济区”制度的基础。

二、非洲国家的主张

虽然拉美国家对专属经济区制度的建立作出了重大贡献，然而，“专属经济区”概念的正式提出，却始于非洲国家。1972年6月20日至30日，阿尔及利亚、喀麦隆、中非、贝宁、埃及、埃塞俄比亚、赤道几内亚、肯尼亚、毛里求斯、尼日利亚、坦桑尼亚等17个非洲国家，在喀麦隆首都雅温得举行非洲国家海洋法问题区域讨论会。该会议在最后通过的关于海洋法问题的总报告中，建议非洲国家有权在其领海以外“设立一个经济区”，在该区域内，沿海国为了开发和控制生物资源以及防止和管制污染等目的，“享有专属管辖权”，但经济区的设立不应影响航行、飞越、铺设海底电缆和管道的自由。但是，该报告未能提出经济区的界限和沿海国有科学研究的权利。

同年8月，肯尼亚在雅温得会议建议的基础上，以条约草案的形式正式向负责第三次联合国海洋法会议筹备工作的联合国海底委员会提交了一个“关于专属经济区概念的条款草案”，条款草案共11条，对专属经济区制度作了到那时为止最全面的说明，并补充以下内容：专属经济区的宽度最大不得超过从测算领海的基线量起200海里；经济区内的科学研究亦属沿海国的专属管辖范围等。至此，一个独立、完整的专属经济区概念正式形成。这一概念得到了发展中国家的广泛支持。

此后，1973年4月非洲各国专家在埃塞俄比亚首都亚的斯亚贝巴举行会议，1973年7月16日非洲14个国家向联合国海底委员会联合提出了“专属经济区条款草案”，又进一步解决了专属经济区的界限、沿海国对专属经济区的权利的性质和范围等一系列问题。

三、其他国家的主张

拉美国家和非洲国家所提出的建立200海里国家管辖区的主张，得到了广大发展中国家的支持。1973年9月9日第四次不结盟国家首脑会议通过的《关于海洋法宣言》，明确表示支持200海里国家管辖区的主张。南太平洋的斐济、汤加、瑙鲁等国在1973年8月举行的“南太平洋论坛”会议上通过决议，也决定在各自领土周围建立200海里经济区，以维护本地区的经济资源和利益。

中国代表1973年7月19日在联合国海底委员会第二届会议的发言中表示：“中国政府一贯支持发展中国家为维护海洋权的正义斗争，坚决支持他们提出的不超过200海里的专属经济区的合理主张。”同年7月14日中国代表团提出的“关于国家管辖范围内海域的工作文件”中，又提出了“专属经济区或专属渔区”的9点原则。

四、第三次联合国海洋法会议上的争论

在第三次联合国海洋法会议上，围绕建立200海里经济区的问题，广大发展中沿海国家同美苏等海洋大国展开了激烈的争论。起初，美苏等国坚决反对200海里经济区的概念和主张，认为这是对公海的“分割”和“掠夺”，后来迫于第三世界国家的坚持，不得不接受200海里专属经济区的概念，但是又试图对专属经济区的性质加以限制和篡改，以削弱沿海国对专属经

济区的权利和管辖。美国于1974年8月8日在第三次联合国海洋法会议提出的一项“关于经济区和大陆架一章的条款草案”规定：为了“保证充分利用经济区内的‘再生资源’”，“沿海国应许可其他国家的国民捕获其本国国民没有充分利用的那部分可捕捞的再生资源”。这实际上只承认沿海国在经济区内的所谓捕鱼“优先权”，而不是专属权，结果将使拥有强大捕捞能力的海洋大国真正捞到好处。此外，美苏等国还竭力把经济区问题同自由通过国际海峡、航行自由、科学研究自由、国际海底制度和防止海洋污染等问题并在一起，要求以一揽子解决这些海洋法基本问题作为承认经济区的先决条件。

围绕着内陆国和地理不利国家①是否有权参与沿海国在专属经济区内的自然资源的开发与分享的权利问题，各国在第三次联合国海洋法会议上也展开了争论。涉及内陆国的海洋权有两方面的问题：一是海洋航行问题，二是海洋资源问题。后者又包括国家管辖范围以外的国际海域和邻接沿海国领海的国家管辖范围海域两个方面。内陆国和地理不利国家在专属经济区内的海洋资源权利主要涉及它们与专属经济区沿海国的相互关系及权利的分享。

在1974年拉斯维加斯海洋法会议上，内陆国和地理不利国家提出主张：要求在沿海国的经济区内平等参加勘探和开发非生物资源，建立“区域经济区”和行使“区域主权”，该“区域经济区”内的资源不是沿海国所有，而是作为“区域的共同继承财产”，为区域内各国所共有，由有关各国组成的“区域管理机构”对该区域行使管辖权，对区域内的资源进行勘探、开发，并负责其收益的合理分配。此后，在各期海洋法会议上，内陆国和地理不利国家，始终反对沿海国对经济区的专属管辖权，或者要求缩小沿海国对专属经济区的权利和管辖范围，以谋求更多的海洋权利与自由，并分享经济区内自然资源，至少是生物资源的利益。最后，经过“七十七国集团”内部多次协商和第三次联合国海洋法会议1978年第七期会议设立的专门协商组的磋商，达成了妥协，在《海洋法公约》中规定了这类国家在专属经济区内的权利。

五、《海洋法公约》的规定

第三次联合国海洋法会议经过反复协商、争论，终于在各方让步后达成了协议，在《海洋法公约》第五部分规定了专属经济区制度。该制度基本上反映了第三世界沿海国家的要求和主张，但是一些条款也作了妥协，如：没有明确规定专属经济区不属于公海；没有明确规定沿海国对专属经济区行使的是“专属管辖权”；将“与海洋自由有关的”其他海洋用途列为所有国家在沿海国经济区内的权利。此外，公约对于内陆国和地理不利国家在“公平基础上，通过双边、分区域或区域性协定，参与开发同一分区域或区域沿海国经济区内生物资源的适当剩余部分”，也作了折中的规定，适当照顾了这类国家在相邻近的专属经济区内的利益。

第三节　专属经济区的划分

一、外部界限

专属经济区是领海以外并邻接领海的一个区域。专属经济区从测算领海宽度的基线量起，

① 地理不利国家是指其地理条件使其依赖于开发同一分区域或区域的其他国家专属经济区内的生物资源，以供应足够的鱼类来满足其人民或部分人民的营养需要的沿海国，包括闭海或半闭海沿岸国在内，以及不能主张有自己的专属经济区的沿海国。

不应超过200海里。也就是说，200海里是专属经济区的最大宽度，一个国家的专属经济区可以小于200海里。

200海里由智利最先提出，这个后来在海洋法上十分显赫的数字的提出是因为渔业上的特殊利益。因为盛产鱼类的亨博尔海流（即秘鲁海流），保持其向北的方向，从东向西移动，从来没有超过从海岸算起的200海里的距离。而拉美国家也大多支持200海里，这是因为拉美国家为维护民族利益，一向重视海洋主权，对于外国在其沿海滥肆捕鱼尤为关切。而且，几乎所有拉美国家在地理上都与公海相邻接，不发生相向国家的划界问题。南美西海岸的大陆架极为狭窄，相关国家从大陆架中几乎一无所得。因此才创立这种新的制度，尽可能弥补其不利地位。

二、相邻或相向国家间的划界问题

据统计，在实行200海里专属经济区制度后，有135个独立的沿海国和许多未独立领土面临至少与一个邻国发生区域重叠的问题，因而需要通过谈判来解决。那么，这些相邻或相向国家间重叠的专属经济区究竟按照什么原则和标准来加以划分？这就是相邻或相向国家间专属经济区的划界问题，也是第三次联合国海洋法会议上始终存在争议的一个重要问题。

同大陆架的划界问题一样，从地理条件看，世界各沿海国的海域情况相当复杂，各国的要求和主张各异，因而形成了不同的利益集团，主要有"公平原则"集团和"中间线原则"集团。爱尔兰、利比亚、罗马尼亚以及中国都主张按照公平原则划界，但英国、日本、西班牙、希腊等国家主张中间线或等距离线是划界的普遍原则。两大集团各持己见，相持不下，几期海洋法会议都未能达成协议，直至1981年第十期会议，才达成一项基本上能被主张公平原则和主张中间线或等距离线的两个对立集团接受的折中条文，并为1982年第十一期会议所通过。

在国际实践中，一些相邻或相向国家间重叠的专属经济区是按照等距离原则达成的，如1976年印度—斯里兰卡海洋疆界协定、1978年哥伦比亚与海地海洋界限协定和1980年法国和汤加签订的《划分专属经济区专约》等；有些则是按照公平原则达成的，如1977年哥伦比亚和哥斯达黎加海洋划界条约等；另外还有一些由于情况简单是按照经纬度划分的，比如1975年冈比亚和塞内加尔海上疆界协定；当然还有许多专属经济区的界限还需要进行谈判和达成协议；此外，也有一些国家，在就其专属经济区与邻国专属经济区的界限未达成协议之前，其专属经济区延伸到了中间线以外。

三、《海洋法公约》的规定

《海洋法公约》第74条对于海岸相向或相邻国家间专属经济区如何划界的原则和方法作了以下规定：

1. 海岸相向或相邻国家间专属经济区的界限，应在《国际法院规约》第38条所指国际法的基础上以协议划定，以便得到公平解决。

2. 有关国家如在合理期间内未能达成任何协议，即应诉诸公约第十五部分所规定的程序，即按照不同的问题，或者将争端提交导致有拘束力裁判的程序，或就解释或适用该公约而发生的争端交换意见，或将争端提交调解的程序和平解决。

3. 如果有关国家间存在现行有效的协定，关于划定专属经济区界限的问题，应按照该协定的规定加以决定。

4. 有关国家在未就专属经济区界限正式划定达成协议以前，应基于谅解和合作的精神，尽一切努力作出实际性的临时安排，并在此过渡期间内，不危害或阻碍最后协议的达成。这种安排应不妨害最后界限的划定。

《海洋法公约》第74条的规定表明，《国际法院规约》第38条所指的国际法是专属经济区划界的基础；公平应是划界的原则，也是划界所应达到的结果；通过和平方式达成协议应是划界遵循的方法。

第四节　国家在专属经济区的权利、义务

一、沿海国在专属经济区的权利、义务

（一）沿海国在专属经济区的主权权利

沿海国在其专属经济区内享有的重要权利是以勘探和开发、养护和管辖海床和底土及其上浮水域的自然资源为目的的主权权利：

1. 对生物资源的主权权利

沿海国对其专属经济区的生物资源享有所有权，有勘探和开发、养护和管理的主权权利。它可根据本国主权和国计民生的利益，确保生物资源的维持和不受过度开发的危害，按照最可靠的科学依据，制定对专属经济区生物资源养护和管理的措施，制定有关生物资源的勘探、开发及其他有关活动的规定。其他国家未经沿海国同意，不得擅自开发专属经济区内的生物资源。具体介绍参见下节内容。

2. 对非生物资源的主权权利

沿海国对于其专属经济区的海床和底土及水域中的矿物资源和其他非生物资源，为勘探和开发的目的，行使主权权利，即：如果沿海国不勘探或开发其自然资源，任何其他国家未经沿海国同意，均不得从事这种活动。沿海国有授权和管理为一切目的在其大陆架上进行钻探的权利。

专属经济区的非生物资源包括该区内的大陆架上和水域中的全部非生物资源。而大陆架的自然资源仅包括海床和底土的矿物与其他非生物资源，以及属于定居种的生物。另外，沿海国对于生物或非生物资源之外的其他资源，如利用风力、海流和水力生产能源等其他活动，享有主权权利。沿海国还有为开发其自然资源开凿隧道的权利。

值得注意的是："主权权利"是一种主权性质的权利，不同于完全主权，又高于一般的管辖权，是仅次于主权的一项占有性权利。①

（二）沿海国在专属经济区的管辖权

1. 管辖权的内容

（1）对于专属经济区内的人工岛屿、设施和结构的建造和使用的专属管辖权

沿海国在专属经济区内应有专属权利建造并授权管理建造、操作和使用人工岛屿、为勘探和开发及其他经济目的的设施和结构、可能干扰沿海国在区内行使权利的设施和结构。②

沿海国的这项管辖权包括有关海关、财政、卫生、安全和移民规章方面的专属管辖权，另外，还有在人工岛屿、设施和结构周围设立特定宽度安全区的权利。

---

① 周忠海等．国际法学述评：305.

② 参见《海洋法公约》第60条第1、2款．

(2) 海洋环境保护和保全的专属管辖权

沿海国有权根据本国的实际情况制定有关法律和规章，以防止、减少和控制来自船舶、陆地、海底活动、人工岛屿、设施和结构、第三国在海底铺设管道、倾倒和其他事项等对其专属经济区的污染。

沿海国有权强制执行本国所订立的防止污染的标准，保护和保全该区海洋环境的法律规章；有对于在该区域航行的船舶达到某种标准执行防污规定的权利、在船舶违法排放的情况下行使具体检查的权利，以及在更严重的情况下采取进一步措施的权利。

(3) 海洋科学研究的专属管辖权

沿海国对于其专属经济区内的科学研究应有专属管辖权，有权按照《海洋法公约》的有关规定，管理、授权和进行在其经济区内的科学研究。其他国家在专属经济区内进行海洋科学研究需经沿海国的明示同意。①

沿海国有权同意或拒绝其他国家在其专属经济内进行海洋科学研究。沿海国如认为对其主权权利和管辖权的行使有不当干扰可暂停该项海洋科学研究。而经过沿海国同意在其专属经济区内进行海洋科学研究的，沿海国有参与这项科学研究活动的权利，有权要求向其提供情报、科研成果和结论等。

(4) 行政管辖权

沿海国根据《海洋法公约》，在其主权权利和管辖权范围内，在其专属经济区内有行政管辖权，如对海底活动，人工岛屿、设施和结构，对生物资源的勘探和开发等，以及对海关、财政、卫生、安全和移民等方面的管辖权。

(5) 民事管辖权

沿海国在其专属经济区内，在行使其主权权利和管辖权时有民事管辖权。对于外国船舶在该区域违反规章、负有债务等，沿海国可行使民事管辖权。“违反的行为，致使其排放对沿海国的海岸或有关利益，或对其领海或专属经济区内的任何资源，造成重大损害或有造成重大损害的威胁，该国如认为有充分的证据，可按照该国法律提起司法程序，包括拘留船只在内，但受公约第十二部分第七节规定的限制。”

(6) 刑事管辖权

沿海国对于在其专属经济区内正常通过和航行的外国船舶无管辖权，以逮捕与在该船舶通过期间船上所犯任何罪行有关的任何人或进行与该罪行有关的任何调查，但是如果罪行的后果及于沿海国行使其勘探开发、养护和管理该区域自然资源的主权权利，或罪行是在领海内发生且后果及于该国的，沿海国得行使刑事管辖权。

2. 管辖权的行使

管辖权的行使是指沿海国以什么手段或方式保证其所享有的管辖权利能够得以实施。

(1) 监督

监督是行使管辖权的第一步，各国立法均规定，在专属经济区内从事一切勘探、开发等活动要经沿海国许可或持有许可证，对其自然资源的勘探和开发要经沿海国政府明示同意后方可进行。这些就是沿海国监督权的具体行使。而且国家官员及政府授权的人员有权对许可证及船上人员及其活动进行检查，以防止违法活动与妨碍沿海国主权权利和管辖权行使的事件发生。

对于海洋科学研究，外国船舶在专属经济区内的航行、飞越，铺设海底电缆和管道进行监督也是很重要的。而监督、监视和探知污染情况，对于海洋污染的防止更具有重要的意义。可

① 参见《海洋法公约》第246条第1、2款.

见，监督是沿海国为维护主权、保护其自然资源、保护海洋环境、行使管辖权的必要步骤，它主要是监督本国法律、规章的执行。

（2）登临、检查、搜查和逮捕

登临是在沿海国的官员有确实理由怀疑外国船舶在专属经济区内有违法行为或违法企图时，接近和登临外国船舶的权利。检查、搜查和逮捕是在证实外国船舶或人员有违法行为时所采取的进一步的措施。沿海国的官员或其他授权人员，在专属经济区内行使登临和检查，对渔船主是检查证件和渔网具，对其他船舶则主要是检查与油污染有关系的记录簿及可能违反沿海国法律的地方。对于持有证书的渔船和备有油污记录簿及有关证明书的其他船舶，登临和检查必须在船内进行。如果发现或确已查明有违法行为，则需要采取进一步的措施——逮捕。检查人员如发现任何人或船舶有违法行为，"无须持有传票、令状或其他手续，可以逮捕或扣留该船和船上的人员"。如果船舶在沿海国港口，则可以禁止其离港，将该船予以扣留。但是，采取这种措施，必须及时通过领事官员或外交代表通知船旗国。同时，所有这些权利的行使不得妨碍船舶在专属经济区内的正常航行和通过。

（3）司法程序

沿海国对于在专属经济区的违法行为所提起的司法程序，虽然要参照国际法和有关条约，但主要是依照国内法律进行。国家的行政、渔政、海关等官员及其他国家授权人员对于在其专属经济区内的违法行为应立即向本国最近、最方便的法院提起司法程序。但这种司法程序应只是针对与对其自然资源的勘探、开发有关的，以及与沿海国在专属经济区的主权权利和专属管辖权的行使有关的违法行为而提起的。这种司法程序的进行应与该区域的法律地位相符而不能超越。对于军舰、非商业性国有船舶等享有司法豁免权的外国船舶和人员，除非其本国政府或者联合国组织明确宣布放弃司法豁免权，沿海国不得提起司法程序。对外国政府提起司法程序，必须征得该国政府同意，方可进行。

（三）沿海国在专属经济区的义务

依照《海洋法公约》第 56 条的规定，沿海国在专属经济区内行使其专属权利时，要履行公约规定的义务，同时也要顾及国际法和其他有关国家在经济区内的利益，并应以公约规定的方式行事。

二、其他国家在专属经济区内的权利、义务

（一）一般规定

根据《海洋法公约》第 58 条的规定，在专属经济区内，所有国家，不论为沿海国抑或内陆国，在该公约有关规定的限制下，均享有航行和飞越的自由、铺设海底电缆和管道的自由，以及诸如船舶和飞机的操作及海底电缆和管道的使用等与这些自由有关的海洋其他国际合法用途。但是，《海洋法公约》一方面在第 88 条至第 115 条规定，有关适用公海的一般规则以及其他国家法有关规则，只要与该公约第五部分不相抵触，均适用于专属经济区；另一方面规定，各国在专属经济区行使其权利和履行其义务时，应适当顾及沿海国的权利和义务，并应遵守沿海国按照公约的规定和其他国际法规则所制定的与该公约第五部分不相抵触的法律和规章。此外，《海洋法公约》第 246 条还规定，经沿海国的同意，其他国家有在专属经济区内进行科学研究的权利，但此种科学研究活动不应对沿海国按照公约所规定的主权权利和管辖权而进行的活动有不当的干扰。

（二）内陆国和地理不利国家的权利

在海洋法的历史上，内陆国问题在海洋法中占有重要的地位。在第三次联合国海洋法会议

上，内陆国与地理不利国家组成集团，有56国参加。它们对海洋法各项问题，特别是专属经济区、大陆架问题，表达其主张和立场，是一个很有影响的利益集团。内陆国和地理不利国家要求平等分享沿海国专属经济区资源权利，是海洋法会议初期沿海国集团与内陆国和地理不利国家集团在专属经济区法律制度上的主要矛盾。

经过第七期会议的协商，两个集团终于取得了一项解决办法，并载入了《海洋法公约》。《海洋法公约》第69条和第70条规定，内陆国和地理不利国家“应有权在公平的基础上，参与开发同一分区域或区域的沿海国专属经济区的生物资源的适当剩余部分，同时考虑到所有有关国家的相关经济和地理情况”。不过，“这种参与的条款和方式应由有关国家通过双边、分区域或区域协定加以制定”，并考虑到避免对沿海国的渔民社区或渔业造成不利影响、内陆国和地理不利国家参与开发沿海国专属经济区的生物资源的程度以及有关各国人民的营养需要。《海洋法公约》还将发达的内陆国和地理不利国家与发展中的内陆国和地理不利国家加以区分，规定，发达的内陆国和地理不利国家“应仅有权参与开发同一分区域或区域内发达沿海国专属经济区的生物资源，同时顾及沿海国在准许其他国家捕捞其专属经济区生物资源时，在多大程度上已考虑到需要尽量减轻其国民惯常在该经济区捕鱼的国家的经济失调及渔民社区所受的不利影响”。

上述两条的规定，依《海洋法公约》第71条，将“不适用于经济上极为依赖于开发其专属经济区内生物资源的沿海国的情形”。该规定主要是根据冰岛保护渔业的要求而作出的。又依《海洋法公约》第72条的规定，为了便利行使开发专属经济区内生物资源的权利，内陆国和地理不利国家可“从第三国或国际组织取得技术或财政援助”，但“不应以租借或发给执照、或成立联合企业，或以具有这种转让效果的任何其他方式，直接或间接转让给第三国或其国民”。

第五节　专属经济区内资源的开发和利用

一、专属经济区内生物资源的养护和利用

由于专属经济区内的生物资源归沿海国所有，养护、利用该区域内的生物资源属沿海国主权权利范围以内的事项，所以它对于采取何种措施养护和利用经济区内的生物资源，具有决定性的权利。然而，由于鱼类是游动的生物，它的活动范围常常越出一个经济区而生活于各个经济区之间或经济区与公海之间，所以鱼类的再生和繁殖需要沿海国之间相互配合和有效合作，才能完善地保护鱼类资源。《海洋法公约》对于专属经济区内生物资源的养护和利用都作了具体的规定。

（一）生物资源的养护

《海洋法公约》对于专属经济区内生物资源的养护作了如下的规定：

1. 沿海国应决定其专属经济区内生物资源的可捕量，并应参照其可得到的最可靠的科学证据，通过正当的养护和管理措施，确保经济区域内生物资源的维持并不受过度开发的危害。为此目的，沿海国在适当情况下，应和各主管国际组织，不论是分区域、区域或全球性的，进行合作。

2. 如果同一种群或有关联的鱼种的几个种群出现在两个或两个以上沿海国的专属经济区内，或者出现在专属经济区内而又出现在专属经济区外的邻接区域内，这些国家应直接或通过

适当的分区域或区域组织，设法就必要措施达成协议，以便协调并确保这些种群的养护和发展。

3. 沿海国应有权制定和执行另外的规定，并与其他国家直接或通过适当国际组织进行合作，对若干特殊鱼种采取更为严格的禁止、限制或管制措施。具体情况包括：

（1）沿海国及其国民在区域内捕捞公约附件一所列的高度洄游鱼种的其他国家应直接或通过适当国际组织进行合作，以期确保在专属经济区内和以外的整个区域内的这种鱼种的养护和促进最适度利用这种鱼种的目标。

（2）沿海国或国际组织有权制定对于捕捉海洋哺乳动物执行更为严格的禁止、限制或管制。各国应进行合作，以期养护海洋哺乳动物；在有关鲸类动物方面，尤应通过国际组织，致力于这种动物的养护、管理和研究。

（3）溯河产卵种群的鱼源国，对于这种种群应有主要利益和责任。鱼源国应制定关于在其专属经济区外部界限向陆一面的一切水域中的捕捞的适当管理措施，以确保对这种种群的养护。鱼源国还应与捕捞这些种群的其他国家协商，确定此种种群的总可捕量。

（4）降河产卵鱼种在其水域内度过大部分生命周期的沿海国，应有责任管理这些鱼种，并应确保洄游鱼类的出入。捕捞降河产卵鱼种应只在专属经济区内的水域中进行。

（二）生物资源的利用

《海洋法公约》规定，沿海国应决定其捕捞专属经济区内生物资源的能力，沿海国在没有能力捕捞全部可捕量的情况下，应通过协定或其他安排，准许其他国家捕捞可捕量的剩余部分。在专属经济区内捕鱼的其他国家的国民应遵守沿海国法律和规章中所制定的养护措施以及其他条款和条件，包括颁发执照、交纳规费和其他形式的报酬，决定可捕鱼种，规定鱼汛和渔区以及渔具、渔船的种类、大小和数目，等等。沿海国应将养护和管理的法律、规章妥为通知。公约还规定应适当照顾内陆国和地理不利国家的利益，给予这类国家在公平的基础上参与开发同一分区域或区域的沿海国专属经济区的生物资源的适当剩余部分的权利。

二、人工岛屿、设施和结构的维护和利用

《海洋法公约》第60条规定，为了勘探、开发、养护和管理专属经济区的自然资源，沿海国在专属经济区内应有专属权利建造并授权和管理建造、操作和使用人工岛屿、设施和结构。“沿海国对这种人工岛屿、设施和结构应有专属管辖权，包括有关海关、财政、卫生、安全和移民法律和规章方面的管辖权。”已被放弃或不再使用的任何设施或结构，“应予以撤除，以确保航行安全”，并应“适当地考虑到捕鱼、海洋环境的保护和其他国家的权利和义务”；“沿海国可于必要时在这种人工岛屿、设施和结构的周围设置合理的安全地带”。但是这类安全地带不得设在对于使用国际航行必经的公认的海道可能有干扰的地方。一切船舶都必须尊重这些安全地带，并应遵守关于在人工岛屿、设施、结构和安全地带附近航行的一般接受的国际标准。

上述规定确立了人工岛屿、设施和结构的法律地位，保障了沿海国在专属经济区内建造和使用人工岛屿、设施和结构的专属管辖权，规定了沿海国对人工岛屿、设施和结构进行维护和利用时应遵守的原则和标准；同时，也照顾到其他国家的船舶在经济区内的航行的便利与要求。随着越来越多的国家勘探和开发其专属经济区和大陆架的矿物资源，在专属经济区建造的人工岛屿、设施和结构也日益增多，在这种情形下，严格执行《海洋法公约》所规定的原则和标准，对于专属经济区内的人工岛屿、设施和结构进行维护和利用，是非常必要的。

第六节　中国的专属经济区

一、自然状况和管辖状况

中国是一个濒临海洋的国家，邻近中国大陆和岛屿的海域非常辽阔，北至渤海北岸，南至南海南端，纵跨 44 个纬度，直线长约 4 500 千米；西从北部湾，东至东海东界，横穿二十余经度，直线宽度约 2 000 万千米；整个大陆海岸线长达 18 000 多千米。中国周边海域[①]面积为 472.7 万平方千米，具有非常丰富的专属经济区资源。

中国管辖的海域的确切面积，目前还没有确定。根据《海洋法公约》，各国有权在 200 海里范围内划定专属经济区，依此可归属中国管辖的海域面积近 300 万平方千米，但这种权利并非沿海国固有的，需要沿海国以国内法形式宣告来实现。[②] 结合中国各海区的历史和环境条件，中国海的大部分水域，包括渤海、黄海、东海、南海大部分水域及台湾东部的部分水域，应在中国海洋权益的范围之内。

我国对近海区域的管理由来已久，1955 年我国在渤海、黄海、东海建立了机轮拖网渔业禁渔区，从中朝边界一直向南延伸到浙江省。1980 年又划定了南海与福建省的沿海禁渔区，这些区域均扩展到 200 海里以外。此外，还通过签订双边或多边条约与周边国家建立了海洋科学研究、进行渔业养护的制度。

二、中国关于专属经济区的基本立场

我国一贯支持 200 海里专属经济区的主张：早在 1970 年我国就发表声明支持拉丁美洲国家维护 200 海里海洋权的正义斗争；1973 年 3 月 3 日我国在首次出席的海底委员会全体会议上重申：坚决支持拉丁美洲国家带头兴起的捍卫 200 海里海洋权、保卫本国海洋资源的正义斗争；1973 年 7 月 14 日我国向联合国海底委员会提交的“关于国家管辖范围内海域的工作文件”提出了建立专属经济区的主张：“沿海国可以根据本国的地理、地质条件、自然状况、民族经济发展的需要，在邻接其领海外，合理地划定一个专属经济区。其外部界限最大不得超过从领海基线量起 200 海里。经济区内一切自然资源，包括整个水域、海床及其地层的生物、非生物资源，均属该沿海国所有”；在第三次联合国海洋法会议上我国代表多次重申：完全支持发展中国家建立 200 海里专属经济区的主张，建立专属经济区是新海洋法中的一个重要问题，需要各国为此作出巨大的努力和贡献。

关于相邻或相向国家间专属经济区的划界，我国代表在第三次联合国海洋法会议上多次明确地阐述：相邻或相向国家间专属经济区的划界，应由各方根据公平原则，考虑到各种因素和情况，通过平等协商，加以确定。只有这样才能获得对各方都公平合理的结果。中间线或等距离线是划界的一种方法，只有在符合公平原则的条件下才能采用。公平原则是一项公认的国际法原则，它不仅为许多重要国际文件所确定，而且为不少重要国际判例所肯定。

我国在签署和批准《海洋法公约》时，再三强调了公约中关于 200 海里专属经济区的规

① 中国周边海域由渤海、黄海、东海和南海构成，总面积 472 万余平方千米，其中，渤海面积约 7.7 万平方千米，黄海面积约 38 万平方千米，东海面积约 77 万平方千米，南海面积约 350 万平方千米。

② 王铁崖主编．国际法：279.

定，发展了已有的国际海洋法律规定，建立了国际海洋新秩序，同时使我国既有权利得到了保证，应享受的权利也大于过去。

我国对于确立专属经济区制度、制定专属经济区立法一直持积极态度：我国于1985年成立了专属经济区和大陆架法起草小组，1986年完成初稿，经过起草小组扩大会议于1987年、1989年和1991年的反复讨论、修改，于1992年1月25日向国务院上报了“送审稿”①。1998年6月26日，我国通过了《专属经济区和大陆架法》，正式确立了我国的专属经济区制度。

三、中国的专属经济区制度

《专属经济区和大陆架法》对我国的专属经济区制度作出了如下规定：

1. 我国专属经济区的范围。我国的专属经济区，为我国领海以外并邻接领海的区域，从测算领海宽度的基线量起延至200海里。

2. 我国与周边国家专属经济区的划界原则。我国与海岸相邻或者相向国家关于专属经济区的主张重叠的，在国际法的基础上按照公平原则以协议划定界限。

3. 我国在专属经济区的权利。（1）我国在专属经济区勘查、开发、养护和管理海床上覆水域、海床及其底土的自然资源（包括生物资源和非生物资源），以及进行其他经济性开发和勘查，如利用海水、海流和风力生产能等活动，行使主权权利。（2）我国主管机关有权采取各种必要的养护和管理措施，确保专属经济区的生物资源不受过度开发的危害。（3）我国主管机关有权对专属经济区的跨界种群、高度洄游鱼种、海洋哺乳动物、源自我国河流的溯河产卵种群、在我国水域内度过大部分生命周期的降河产卵鱼种，进行养护和管理。我国对于源自本国河流的溯河产卵种群，享有主要利益。（4）我国对于专属经济区的人工岛屿、设施和结构的建造、使用和海洋科学研究、海洋环境的保护和保全，行使管辖权，包括有关海关、财政、卫生、安全和出境入境的法律和法规方面的管辖权。我国主管机关有权在专属经济区的人工岛屿、设施和结构周围设置安全地带，并可以在该地带采取适当措施，确保航行安全以及人工岛屿、设施和结构的安全。（5）我国在行使勘查、开发、养护和管理专属经济区的生物资源的主权权利时，为确保我国的法律、法规得到遵守，可以采取登临、检查、逮捕、扣留和进行司法程序等必要的措施。我国对于在专属经济区违反我国法律、法规的行为，有权采取必要措施，依法追究法律责任，并可以行使紧追权。（6）我国在专属经济区和大陆架享有的权利，该法未作规定的，根据国际法和我国其他有关法律、法规行使。（7）该法的规定不影响我国享有的历史性权利。

4. 其他国家在我国专属经济区的权利与义务。（1）任何国家在遵守国际法和我国的法律、法规的前提下，在我国的专属经济区享有航行、飞越的自由，在我国的专属经济区和大陆架享有铺设海底电缆和管道的自由，以及与上述自由有关的其他合法使用海洋的便利。铺设海底电缆和管道的路线，必须经我国主管机关同意。（2）任何国际组织、外国的组织或者个人进入我国的专属经济区从事渔业活动，必须经我国主管机关批准，并遵守我国的法律、法规及我国与有关国家签订的条约、协定。（3）任何国际组织、外国的组织或者个人对我国的专属经济区和大陆架的自然资源进行勘查、开发活动或者在我国的大陆架上为任何目的进行钻探，必须经我国主管机关批准，并遵守我国的法律、法规。（4）任何国际组织、外国的组织或者个人在我国

① 中国海洋法学会会员通讯．1996年9月第3期：6.

的专属经济区和大陆架进行海洋科学研究，必须经我国主管机关批准，并遵守我国的法律、法规。

总之，我国关于专属经济区制度的规定是符合《海洋法公约》规定的，其他国家在我国专属经济区享有的自由须遵守国际法和我国法律、法规的规定，换句话说，专属经济区中的自由与公海中的自由并不相同。近些年来发生在我国专属经济区海域及上空的一些事件，均涉及这一问题。如“美军侦察机撞毁中国军用飞机案”是滥用飞越自由的典型案例：2001 年 4 月 1 日上午，美一架军用侦察机抵达中国海南岛东南海域上空活动，中方两架军用飞机对其进行跟追踪监视。9 时 7 分，当中方飞机在海南岛东南 104 千米处正常飞行时，美机突然向中方飞机转向，其机头和左翼与中方一架飞机相碰，致使中方飞机坠毁和飞行员王伟罹难。美机未经中方允许，进入中国领空，并于 9 时 33 分降落在海南岛陵水机场。这次事件的发生地点在海南岛附近的专属经济区上空，美国的做法不符合国际法及我国法律规定，侵犯了我国的主权。[①] 再如 2002 年 9 月，美国“鲍迪奇号”间谍船闯入中国黄海“专属经济区海域”从事监听、侦察等“活动”[②]。2009 年 3 月 8 日，美军监测船“无瑕号”未经中方许可在南海中国专属经济区活动执行搜索、监听中国海军潜艇任务，在中方船只要求其离开中国海域时，还使用“水枪”向中国舰船喷水。[③]

此外，自《海洋法公约》生效以来，我国已与日本、韩国及越南签订了渔业合作协定。另外，2013 年 4 月，我国台湾地区和日本以民间交流协会的名义签订了“台日渔业协议”。

课后复习

1. 不定项选择题

(1) 甲国在其宣布的专属经济区水域某暗礁上修建了一座人工岛屿。乙国拟铺设一条通过甲国专属经济区的海底电缆。根据《海洋法公约》，下列哪一选项是正确的？(　　)

A. 甲国不能在该暗礁上修建人工岛屿

B. 甲国对建造和使用该人工岛屿拥有管辖权

C. 甲国对该人工岛屿拥有领土主权

D. 乙国不可在甲国专属经济区内铺设海底电缆

(2) 甲国注册的渔船“踏浪号”应乙国注册的渔船“风行号”之邀，在乙国专属经济区进行捕鱼作业时，乙国海上执法船赶来制止，随后将“踏浪号”带回乙国港口。甲、乙两国都是《海洋法公约》的缔约国，且两国之间没有其他相关的协议。据此，根据海洋法的有关规则，下列哪些选项是正确的？(　　)

A. 只要“踏浪号”向乙国有关部门提交适当保证书和担保，乙国必须迅速释放该船

B. 只要“踏浪号”向乙国有关部门提交适当保证书和担保，乙国必须迅速释放该船船员

C. 如果“踏浪号”未能向乙国有关部门及时提交适当担保，乙国有权对该船船长和船员处以 3 个月以下的监禁

D. 乙国有义务将该事项迅速通知甲国

---

① 2001 年中美撞机事件，http：//news. sohu. com/20080401/n256021117. shtml.

② 美国间谍船闯中国海域 偷窥我最新反舰导弹，http：//news. china. com/zh _ cn/domestic/945/20020928/11336836. html.

③ http：//zh. wikipedia. org/zh/%E6%97%A0%E7%91%95%E5%8F%B7.

2. 名词解释

(1) 专属经济区。

(2) 内陆国和地理不利国家。

3. 简答题

(1) 简述专属经济区与大陆架的关系。

(2) 简述沿海国对专属经济区的管辖权的内容以及行使方式。

(3)《海洋法公约》关于对专属经济区内生物资源的养护是如何规定的?

第十章
大陆架

提　要

在占海洋总面积76%的大陆架浅海海底区域，蕴藏着极为丰富的资源。沿海国对其大陆架上的全部自然资源享有主权权利。

重点问题

1. 地理上的大陆架概念和法律上的大陆架概念。
2. 大陆架制度的产生与发展历程。
3. 相邻或相向国家间大陆架划分的三种原则。
4. 大陆架的法律地位。
5. 中国大陆架的划界问题。

第一节　大陆架概述

大陆架所占面积相当于地球陆地总面积的18%，占海洋总面积的7.6%。大陆架作为地质概念早在海洋勘探中就为人们所知，而作为法律概念却是在人们掌握的技术条件能够在领海之外的大陆架区域开发碳氢化合物以及其他矿物资源之后。大陆架是自然资源的宝库、国防的前哨。大陆架不仅蕴藏着丰富的有价值的资源，其经济潜力相当可观，而且可以装置诸如雷达设备和声波定位仪之类的防御设施。大陆架还可以作为潜水艇的天然庇护所。随着世界能源危机的日益加剧和海洋技术的日新月异，大陆架在经济上、政治上、军事上的重要性越来越明显，因而大陆架问题也越来越受到人们的重视和关注。

一、大陆架的概念

（一）地理上的大陆架概念

大陆架的概念最初起源于地质学、地理学和海洋学。按照地质结构的分类，整个地球分为大陆地壳和大洋地壳两种，这两者之间有一个过渡带叫作大陆边（continental margin），它一般包括大陆架（continental shelf）、大陆坡（continental slope）和大陆基（continental rise）。这是一个由陆地沿岸缓慢向深海倾斜，逐渐延伸深入某一地点，然后其倾斜度陡然增大，最后延伸进海洋主体的部分。地质地理学上的大陆架是指邻接和围绕大陆领土、坡度比较平缓的浅海地带，它是陆地的自然延伸并被海水覆盖的部分。大陆架的平均坡度约为零度六分，其深度一般不超过 200 米，个别地区有大于 500 米或小于 130 米的，平均深度在 130 米左右，平均宽度约为 70 千米。世界大陆架的总面积共有 2 700 多万平方千米，占海洋总面积的 7.6%，相当于整个陆地面积的 18%，大约等于欧洲和南美洲面积之和。自然科学上开始使用“大陆架”这一名称是在 19 世纪后半叶。据记载，英国“探险者”探险船是最早使用“大陆架”名称者之一。而休·罗伯特·米尔（Hugh Robert Mill）于 1887 年第一次在地理意义上明白地将“大陆架”这个词应用于大陆边缘。

地壳表面从大陆架外缘再向外倾斜，坡度变得相当陡峭，坡面急剧直下，倾斜度从几度达到二十几度，延伸直至深达 3 000 米左右的地方，这一部分被称为大陆坡。大陆坡的标志是突然与大陆架分开，并以大得多的坡度向深海倾斜。大陆坡在各大海区的宽度不同，从几千米到几百千米不等，约占全部海洋面积的 15.3%。

地壳表面再从大陆坡向下延伸，又变得较为平坦，直到与深海底合为一体为止，其底部铺盖着大量砂质沉积物（主要成分为岩石碎屑和无色矿物），它的面积为 1 900 万平方千米，约占整个大洋底的 5%，这一部分被称作大陆基。

从地理学上说，大陆边是指一片与大陆板块相联结的土地，而构成这个大陆边的大陆架、大陆坡和大陆基，表示着一定范围的海底区域与陆地之间在地形上的联结或连续性。

（二）法律上的大陆架概念

国际法上的大陆架概念渊源来自于自然地理学上的大陆架概念，两者有联系，但其内容又有区别。地理学上的大陆架仅指邻接陆地、坡度比较平缓的浅海海底部分，而法律上的大陆架概念通常包括陆架、陆坡和陆基这三部分的海床和底土，其包含着一个范围更大的海底区域。

随着科学的发展和人们认识的深化与需要，大陆架的法律概念也经历了变化。大陆架作为法律概念最早出现在 1945 年美国总统杜鲁门的大陆架公告①中。国际法委员会曾经指出，“法律上的大陆架可超出地理上的大陆架的范围。” 1958 年第一次海洋法会议上通过的《大陆架公约》首次从国际法角度为大陆架作了定义：“沿海国为勘探和开采自然资源的目的，对大陆架行使主权权利”。“为了本公约各条款的目的，‘大陆架’一词是用以指：（1）邻接海岸但在领海范围以外、深度达 200 米或超过此限度而上覆水域的深度容许开发其自然资源的海底区域的海床和底土；（2）邻近岛屿海岸类似的海底区域的海床和底土。”② 该概念中使用的“200 米等深线”和“容许开发深度”等用语，是不确切、不固定和含糊不清的，曾引起各国法学家的广泛争议。最后，1982 年第三次联合国海洋法会议上通过的《海洋法公约》给出大陆架新的定义。③ 这是一个综合各方利益后的一个折中方案，比较科学，为世界上绝大多数国家所接受。

依据《海洋法公约》第 76 条的规定，“沿海国的大陆架包括其领海以外依其陆地领土的全部自然延伸，扩展到大陆边缘的海底区域的海床和底土，如果从测算领海宽度的基线量起到大陆边的外缘的距离不到 200 海里，则扩展到 200 海里的距离”。

同 1958 年《大陆架公约》相比，《海洋法公约》中的大陆架概念的外部界限有所变化，但是确定这一概念的基本原则和基本元素并没有改变。其基本原则和主要内容是：（1）自然延伸

① 参见 1945 年《杜鲁门公告》.

② 《大陆架公约》第 1 条.

③ 参见《海洋法公约》第 76 条.

原则。大陆架是沿海国陆地领土的全部自然延伸，这同《大陆架公约》所规定的“邻接”标准具有同一意义，都指明了“大陆架”一词的地质学渊源和它与沿岸国大陆领土的密切关系。(2) 距离原则。大陆架外部界限的距离可扩展到200海里。这是对自然延伸原则的一个补充，而与陆架、陆坡、陆基的实际宽度不同，目的是照顾大陆架外部界限不足200海里的窄大陆架国家，并与专属经济区的规定相衔接。(3) 大陆架的外部界限终止在大陆边外缘的海底区域的海床和底土，“大陆边包括沿海国陆块没入水中的延伸部分，由陆架、陆坡和陆基的海床和底土构成，它不包括深洋洋底及其洋脊，也不包括其底土”。(4) 由于地质构造的特点（地壳运动、海底扩张）的不同，大陆架在世界各个海区乃至各国的情况各异、参差不齐。亚洲东海岸、印度尼西亚北海岸、澳大利亚、英伦三岛、西伯利亚及白令海海岸的大陆架，可扩展到800海里之宽。因此，对于宽大陆架国家超过200海里的大陆架应以以下两种方式划分大陆架的外缘：第一，从大陆架坡脚起向外延伸的距离不超过60海里，或每一定点上沉积岩厚度至少为从该点至大陆坡脚最短距离的1%；第二，大陆架坡脚应定为大陆坡坡底坡度变动最大之点。按照上述方法划定的大陆架外部界限的各定点，不应超过从测算领海宽度的基线量起350海里，或不应超过连接2 500米深度各点的2 500米等深线100海里。沿海国的大陆架如从测算领海宽度的基线量起超过200海里，应连接以经纬度坐标表出的各定点划出长度不超过60海里的若干直线，划定其大陆架的外部界限。沿海国应将永久标明起大陆架外部界限的海图和有关情报，包括大地基准点，交存于联合国秘书长，秘书长应将这些情报妥为公布。

二、大陆架上的自然资源

在占海洋总面积7.6%的大陆架浅海海底区域，蕴藏着极为丰富的资源。依照《海洋法公约》的规定，大陆架上的自然资源，“包括海床和底土的矿物和其他非生物资源，以及属于定居种的生物，即在可捕捞阶段在海床上或海床下不能移动或其躯体须与海床或底土保持接触才能移动的生物”。

（一）油气资源

石油和天然气作为当今世界上战略资源之一，也是目前人类在大陆架可开发的最重要的资源。近海石油的开采最先是从波斯湾、委内瑞拉、加利福尼亚等有限的大陆架区域开始的。美国早在1894年即已从加利福尼亚沿岸浅滩提取石油，以后逐渐向海延伸。20世纪60年代以后，油气资源的开发进入地球上几乎所有的大陆架区域，包括伊朗、印度尼西亚、澳大利亚、墨西哥等二十多个国家。到了1982年，世界上约五分之一的石油总产量即6亿多吨是从75国沿海200海里以内的大陆架采集的。进入21世纪，从大陆架上开采出来的油气资源更是在全世界所开采的总量中占有很大比例。

（二）固体矿物资源

地质勘探表明，大陆架上的固体矿物多数是陆地矿藏的延伸，因此，对大陆架上的矿物资源的开发便会直接影响到对陆上同类资源的开采。大陆架上的固体矿物种类繁多，储量丰富，许多都具有开采价值，主要有煤、铁、金、银、钻石、锡、磷、钛、汞等。许多国家在20世纪初期就已经开始对某些海底矿藏进行开采，很多国家在大陆架上开采出来的矿物资源已经占到该国家开采的同类资源的相当大的比例。随着大陆架开发活动的加快，会有越来越多的固体矿物资源从这个浅海地区被开采出来。

（三）定居种生物资源和生物机体残骸堆积的资源

大陆架上的定居种生物资源种类也很多，其中经济价值较大的有鲍鱼、牡蛎、珍珠贝、马蹄螺等贝类，海带、紫菜、石花菜、鹧鸪菜等藻类。而在生物机体残骸堆积形成的资源里，经济价值较大的有贝壳床和珊瑚礁。贝壳和珊瑚可以用来制造石灰和水泥，美国南部海岸外有储量丰富的贝壳床，每年可开采百万吨牡蛎壳和蛤蜊壳，用以制造石灰和作为波特兰水泥的拼料。①

第二节　大陆架制度的产生和发展

一、1945 年以前

早在 19 世纪，一些国家基于历史和时效的理由，即已宣布就其领海外的定居贝类享有独占权或定着鱼类提出要求。1811 年，英国政府采取行动，把外国渔民排除到其殖民地锡兰（今斯里兰卡）领海界限以外的采珠场之外，而独占对该海域内珍珠的开采。19 世纪末，西方地理学家在绘制海图中，搜集了大量的资料，证明大陆架是大陆陆地的自然延伸。于是，一些学者基于这种大陆架与陆地相联结的事实，主张沿岸国可将大陆架的海床及其底土据为己有。阿根廷、西班牙、古巴等国就有人发表论著，主张按照大陆架的界限来扩大沿海国的管辖权。在国家实践方面，1916 年沙皇俄国提出对北极一些岛屿的要求，也是基于这些岛屿是以广阔的西伯利亚大陆架同大陆联结在一起的事实。

在 1945 年以前，也曾有若干国际仲裁案和双边国际条约涉及大陆架的性质或权利问题。1939 年，在一个石油公司对阿布扎比的仲裁案中，仲裁官就裁定，并没有任何有关沿海国应该对其领海以外被淹没土地享有权利和权力的国际法，但作为一般常识，沿海国应该对之有某些程度的控制和管辖。

总的说来，在 1945 年之前，大陆架虽然被提到，但并没有作为一个明确的法律概念来提出和确立，也并没有作为沿海国对其领海以外的区域下的海床和底土提出主权权利要求的法律依据。

二、杜鲁门总统的公告

1945 年《杜鲁门公告》是大陆架法律制度的逐步确立的开端和标志。美国政府宣布大陆架政策是同其近海捕鱼和近海石油的发现与开采的重大经济利益直接相关的，同时也是因为这一时期美国由于科学技术的发展已经具备开发近海资源的能力。

在捕鱼方面，美国逐渐感到，由于缺乏对 3 海里领海以外近海渔业资源的有效保护而无法防范外国渔民到美国近海捕鱼，3 海里的领海宽度已经不足以保护本国的渔业利益。日本渔船就曾在 1936 年到 1938 年期间蜂拥到阿拉斯加州布里斯托尔湾的大陆架浅海区大肆捕捞鲑鱼，致使美国沿海渔业呈现衰退趋势。在 20 世纪 30 年代后期，若干国会议员就向国会提出法案，要求扩大美国近海的管辖权，以限制外国渔船在美国近海的捕鱼活动。

而美国近海石油的发现和开采，也是导致《杜鲁门公告》发表的一个主要因素。早在 20 世纪 30 年代末期，美国总统罗斯福和美国政府有关部门就曾经研究扩大近海区域、开发海底石油资源的问题。第二次世界大战造成美国石油的巨大消耗，促使美国对于可能蕴藏着巨大石油和天然气资源的大陆架十分关切，迫切需要制定一项关于大陆架海底的新政策。作为对“二

① 林木．大陆架制度及其资源开发．中国海洋经济研究．北京：海洋出版社，1983.

战”前讨论和研究的继续，在经过国内以内政部为一方和以国务院为另一方的激烈争论之后，美国总统杜鲁门终于在1945年9月28日发布了大陆架底土和海床的自然资源政策的公告。

《杜鲁门公告》宣称：“处于公海下但毗连美国海岸的大陆架的底土和海床的自然资源属于美国，受美国的管辖和控制。”公告把大陆架海床的使用和上覆水域的使用截然分开，“大陆架上覆水域作为公海的性质以及公海自由和无阻碍航行的权利不受任何影响”。公告并没有规定大陆架的范围，但在发布公告同一天白宫发表的新闻公告中说明“毗连大陆并为不超过100㖊（600尺）的水域所覆盖的淹没土地被认为是大陆架”。

《杜鲁门公告》虽然是美国的国内法文件，但在国际法上具有重要意义。公告打破了当时国际法上认为领海以外的海床和底土不属于沿岸国的理论和实践，确认了这一海域的底土和海床的自然资源属于沿岸国所有，受沿岸国管辖和控制。但公告谨慎地避免提到主权，因此仅是对领海以外的资源的管辖权的主张，而不是领土性的主权主张。公告确认了大陆架的上覆水域构成公海的一部分，仍继续适用关于公海的制度和原则。公告还提出了相邻或相向国家大陆架的划分原则等。

《杜鲁门公告》虽然没有解决大陆架海床和底土的全部国际法问题，但是，公告以地质地理学上的“自然延伸”或“邻接原则”为科学依据提出了一个论断，即沿海国对大陆架海床和底土的自然资源行使管辖权是公平合理的。这一论断又反过来从法律上给予地理上的“自然延伸”或“邻接原则”以合法性，使沿岸国对其大陆架的权利要求得以建立在可靠的科学和合法的基础上。这一单方面行动促进了悬而未决的全世界沿海国家毗连大陆架资源的法律地位问题的解决，并最终导致了国际法上大陆架法律制度的建立。

三、各国对《杜鲁门公告》的反应

《杜鲁门公告》一宣布，在国际上立即引起了强烈反响。拉丁美洲的国家的反应尤为强烈。一系列国家都以不同方式宣布对领海以外的大陆架及其上覆水域的资源提出权利要求。综观各国国内立法，可以看出，各国对大陆架权利要求的性质和范围并不相同：有的国家仅涉及对大陆架上自然资源的权利要求，提出“管制和管辖权”；有的国家提出“有限制的权利”；有的国家提出“专属性权利”；有的国家提出“主权权利”；另有国家对大陆架本身提出了主权要求；此外，还有一些国家提出了对整个大陆架及其上覆水域和水域上空的完全主权要求。[①]

对《杜鲁门公告》最早作出反应的是1945年10月29日墨西哥关于大陆架的总统声明，宣布：墨西哥以连接200米等深线各点的线为划定大陆架的界限；墨西哥享有大陆架上一切已知和未知的自然资源的权利，并有权封闭渔业区，对其进行监督、利用和控制；但是，大陆架上覆水域的“公海性质”和各国的自由航行权利会得到尊重。在墨西哥的带动下，拉美各国纷纷公布法律、法令或发表宣言、声明。阿根廷于1946年10月11日发布总统法令，宣布大陆架和陆缘海受其国家主权的支配；此后又于1966年12月29日进一步宣布：“阿根廷国家主权应扩展到邻接其领土，从低潮标算起距离为200海里的海域。”智利、秘鲁、哥斯达黎加、萨尔瓦多、巴拿马、洪都拉斯等国相继都发表了类似的声明。在20世纪40年代至50年代期间宣布关于大陆架法令的28个国家中，拉丁美洲国家占大多数。

拉美各国关于大陆架的国内立法与《杜鲁门公告》的最主要区别就在于：美国主要是主张只对大陆架的自然资源行使管辖和控制权，而拉美国家主张不仅对大陆架的自然资源，而且对

---

① 魏敏主编．海洋法：149．

大陆架本身行使管辖权和主权权利。这种要求得到了其他沿海国尤其是发展中沿海国的响应和支持，却被美英等大国视为“极端的权利主张”而加以反对。

由于波斯湾的大陆架浅海区蕴藏着极其丰富的油气资源，波斯湾的沿岸国也相继发表了大陆架声明，纷纷宣布对大陆架的权利要求。沙特阿拉伯国王率先于 1949 年 5 月 28 日发表声明；冰岛于 1948 年 4 月 5 日颁布法律，宣布在大陆架范围内划定一个由它管辖和控制的资源养护区；英国在 1948 年也宣布英属牙买加和巴哈马的疆界包括大陆架。进入 20 世纪 50 年代，巴基斯坦、伊朗、缅甸、斯里兰卡、柬埔寨、西班牙、伊拉克、埃及等国家都先后对大陆架提出权利主张。

四、联合国国际法委员会的讨论

由于各国在对大陆架主张上出现分歧和混乱，联合国认为有必要责成国际法委员会着手研究和解决这一问题。1950 年 7 月，国际法委员会第二次会议开始审议大陆架问题。国际法委员会经过讨论确认大陆架应属沿海国的管辖范围，不过这并不意味着沿海国对其大陆架拥有主权，而是只限于控制和管理资源的权利。1951 年国际法委员会第三次会议提出了大陆架公约的预备草案，草案关于大陆架的定义是：“毗连海岸但在领海以外，其上覆水域的深度容许开发海床及底土资源的海底区域的海床和底土。”这里第一次出现和采用了“可开发条款”。

草案提出，沿海国为了勘探和开发大陆架自然资源的目的，对大陆架“行使管制和管辖权”。草案的这一提法在很大程度上与《杜鲁门公告》关于沿海国权利性质的提法相吻合。但是，在审议中出现不同的意见：拉美国家和亚洲国家要求国际法委员会将草案中的“管制和管辖权”改为“主权权利”；瑞典、挪威、丹麦认为“主权权利”这个概念是模棱两可的，它实际上意味着完全的主权；而意大利只主张提“有限制的权利”。

经过各国讨论，国际法委员会于 1953 年举行的第五次会议，以 7 票赞成、4 票反对和 2 票弃权通过关于大陆架的 8 条草案，将 1951 年草案关于大陆架的定义改为：“邻接海岸但在领海之外，深达 200 米的海底区域的海床和底土。”这一定义删改了 1951 年草案中的“可开发条款”，而采用了 200 米的固定深度标准。同年 4 月，国际法委员会召开第八次会议，通过了共 73 条的关于海洋法的条款草案，其中的第 67 条关于大陆架定义的条款，实际上是在特鲁希略城开会的拉美国家代表所坚持的 1953 年草案加进可开发性标准炮制而成的。国际法委员会将包括该条款的海洋法提案于 1956 年提交给联合国大会，大会决定召开一次由各国全权代表参加的海洋法会议，来审议这些草案，从而制定一项正式的国际海洋法公约。

五、联合国海洋法会议

（一）第一次联合国海洋法会议

1958 年举行的第一次联合国海洋法会议上，审定和制定大陆架制度的工作是由第四委员会负责进行的。由国际法委员会提起的草案中，涉及大陆架条款的主要是关于大陆架定义的第 67 条、关于沿海国对大陆架所享有的权利的性质的第 68 条和第 69 条。在审查大陆架的界限时，中心问题在于这种界限应是固定的还是灵活的。法国提出界限应固定在 200 米深度，但被否决。英国、荷兰、印度等提出可将外部界限扩大到 550 米，又被否决。有一部分国家主张灵活界限，有的国家支持可开发性标准，但也有国家反对可开发性标准。最后由 200 米深度加可开发性标准的方案获得通过。

关于国家对大陆架拥有的权利的性质的辩论焦点，主要集中在：国家享有的权利是主权还是专属性管辖权？国家对其大陆架的自然资源的权利限于矿物资源，还是应当包括生物资源在内？一派主张沿海国对大陆架拥有主权，至少是拥有主权权利，这主要是发展中国家的主张；另一派则以欧美等发达国家为主，坚决反对任何主权的提法或要求。最后通过了“主权权利”这一妥协方案。关于沿海国对大陆架自然资源的权利，有些国家主张应只限于矿物资源，有些国家主张还应适用于定着类生物及海底鱼类。会议最后进行表决时，以57票赞成、3票反对、8票弃权通过了《大陆架公约》，公约所称自然资源包括海床与底土的矿物与其他非生物资源，以及属于定着种的生物。

（二）第三次联合国海洋法会议

在第三次海洋法会议上，关于大陆架问题的争论，主要围绕大陆架的范围展开。在1974年第二期会议上，主要有4种不同主张：（1）宽大陆架国家，如拉美的阿根廷等国，亚洲的印度、缅甸、巴基斯坦等国以及加拿大、澳大利亚和美国等主张：根据自然延伸原则，大陆架可一直延伸至大陆边的外缘，包括大陆架、大陆坡和大陆基，也就是可延伸到200海里以外。如果大陆边的外缘不及200海里，可延伸到200海里。（2）内陆国和地理不利国家以及日本，主张：由于建立了200海里经济区制度，因而应取消大陆架概念或规定大陆架不应超过200海里。（3）苏联提出以500米水深，或200海里距离作为双重标准，由沿海国任意选择。（4）葡萄牙主张400米深度标准。

后来在1975年第三期会议上，第二委员会主席加林多·波尔曾提出了一个折中案文；在1977年第六期会议上，以爱尔兰为代表的宽大陆架国家，也提出了对宽大陆架国家有利的建议，虽得到宽大陆架国家的支持，但另外一些国家仍坚持200海里距离标准；到1979年第八期会议上，苏联又对这两个方案提出了补充方案。最后，协商组主席经过同各主要国家反复协商，在各种方案的基础上，又提出了一项关于大陆架问题的全面折中建议。该项建议得到了大多数国家的基本同意，被列入《海洋法公约草案》。

第三节 大陆架的划界问题

一、大陆架的外部界限

（一）《大陆架公约》的规定

1958年《大陆架公约》对大陆架的外部界限作了规定。公约第1条就确定了大陆架的范围或界限不是取决于它同海岸的距离，而是取决于其上覆水域的深度，这实际上包含了两个标准和两项限制。两个标准即：（1）200米深度标准，规定200米等深线为大陆架的外部界限；（2）技术上容许开发其自然资源的深度标准。两项限制是：（1）大陆架区域必须与其沿岸国相“邻接”；（2）该区域的自然资源必须可以开发。

虽然公约的规定是各国对大陆架界限或距离不同主张的一种妥协或限制性的产物，但是由于上述两项标准是可以随时变化和含糊的，所以大陆架的外部界限也是变动不定的。再者，开发标准和毗连原则也具有相反的作用，技术发展扩大了开发的范围，而地理的稳定性则巩固了毗连的限度。总之，变动不定的大陆架的外部界限只能有利于技术发达的海洋大国。《大陆架公约》所采取的大陆架外部界限双重标准，并没有从根本上解决各国不同主张的矛盾。

（二）《海洋法公约》的规定

经过第三次联合国海洋法会议的反复协商，《海洋法公约》放弃了已经过时的深度标准，而采取了综合距离、深度和地质地貌特点的大陆架界限标准，既满足了宽大大陆架国家的要求，又照顾了窄大陆架国家以及其他非沿海国的利益。该公约第76条对大陆架作了如下规定：

（1）沿海国的大陆架包括其领海以外依其陆地领土的全部自然延伸，扩展到大陆边外缘的海底区域的海床和底土，如果从测算领海宽度的基线量起到大陆边的外缘的距离不到200海里，则扩展到200海里的距离。

（2）大陆边包括沿海国陆地没入水中的延伸部分，由大陆架、大陆坡和大陆基的海床和底土构成。它不包括深洋洋底及其洋脊，也不包括其底土。

（3）在大陆边从测算领海宽度的基线量起超过200海里的情形下，沿海国应以下列两种方式之一，划定大陆边的外缘：以最外各定点为准划定界限，每一定点上沉积岩厚度至少为从该点至大陆坡脚最短距离的1%；以离大陆坡脚的距离不超过60海里的各定点为准划定界限；在没有相反证明的情形下，大陆坡脚应定为大陆坡坡底坡度变动最大之点。

（4）按照上述方法划定的大陆架在海床上的外部界限的各定点，不应超过从测算领海宽度的基线量起350海里，或不应超过连接2 500米深度各点的2 500米等深线100海里。

很明显，该公约中的大陆架概念是以地质学上大陆架概念为科学根据的。为了照顾大陆架较窄甚至全然没有大陆架的沿海国的利益，每一个沿海国的大陆架至少可以扩展到200海里；为了适当照顾宽大陆架国家的利益，该公约也规定了大陆边超过200海里的沿海国大陆架的延伸距离和划定方法。该公约第76条的规定并不妨害海岸相邻或相向国家间大陆架界限划定的问题。

二、相邻或相向国家间大陆架的划分

确定大陆架划分的原则和标准，是解决相邻或相向国家间大陆架划分问题的首要问题和根本基础。回顾整个大陆架法律制度的历史发展，特别是有关大陆架划界的不同主张，可以看到，有关大陆架划界原则的争论主要集中在自然延伸原则、中间线原则和公平原则在划界理论中居于何种地位的问题。

（一）自然延伸原则

自然延伸原则首先是在1945年《杜鲁门公告》中正式提出的；1958年《大陆架公约》在给大陆架下的定义里，也用“邻接海岸”的说法肯定了大陆架是沿海国陆地领土的自然延伸的自然和法律事实；1969年国际法院在“北海大陆架案”的判决中，以该原则为“与大陆架有关的所有法律规则中最基本的原则”加以引用；1982年《海洋法公约》关于大陆架的规定，虽然是折中的产物，但也首先肯定了自然延伸原则。

自然延伸原则是指根据地质学上“大陆架是国家陆地向海的自然延伸，海下陆架和大陆，在形态上和地理上构成一个单一体”的自然事实，从法律上确认“海底区域实际上可以被视为沿海国已经享有统治权的领土的一部分”，从而理应属于沿海国的管辖范围。从法律上讲，自然延伸原则是国家对大陆架主权权利的根据，从国家主权原则中引申出来，是国家领土主权的一种表现。依据这一原则，相邻或相向国家间的划界应该达到“每一当事国都尽可能地得到凡构成其陆地领土向海洋的自然延伸的一切部分，而不侵犯另一当事国陆地领土的自然延伸”。这是法律上自然延伸原则的实质。①

（二）中间线（或等距离线）原则

中间线是指两个或两个以上海岸相向国家进行大陆架划界时所作的一条其每一点均与测算

① 魏敏主编．海洋法：168.

各国领海宽度的基线的最近点距离相等的界线。等距离线则是指在两个相邻国家间进行大陆架划界时所作的一条其每一点均与测算领海宽度的基线的最近点距离相等的界线。从几何学上说，中间线也是一条等距离线。

1958 年在巴林和沙特阿拉伯之间缔结的海湾地区的第一个近海疆界协定中，就采用了中间线的划界方法，疆界线的全部走向基本上接近于中间线。《大陆架公约》第 6 条规定，“在无协定的情形下，除根据特殊情况另定疆界外”，疆界“是一条其每一点与测算各国领海宽度的基线的最近点距离相等的界线”。一些国家据此认为，此规定表明中间线原则已经成为大陆架划界的习惯国际法和一般国际法规则；而另一些国家认为，公约并没有赋予中间线以一般国际法原则的地位，它仅是一种划界方法，但并不是唯一的划界方法。在 1969 年“北海大陆架案”中，国际法院驳斥了中间线规则已成为一般国际法或习惯国际法规则的论点，认为中间线规则仅对《大陆架公约》缔约国有约束力，并非习惯国际法，“等距离的方法的使用不是强制性的，也不存在任何其使用在所有情况下都是强制性的其他唯一划界方法”。在第三次海洋法会议上，由 23 个共同提案国和三十多个支持国组成了“中间线”集团，继续主张中间线或等距离线是划界的唯一的合理原则。《海洋法公约》的相关规定就是在这种情形下所采取的折中。

（三）公平原则

公平原则，不仅指大陆架划界必须采用公平的方法，更重要的是要达到公平的结果，这并不意味着有关国家不顾一切情况的平分，而是要维护大陆架同陆地的延伸关系，把属于一国陆地领土的自然延伸的那部分划归给该国，从而使这种自然事实变成法律事实。

公平原则首次被公布在《杜鲁门公告》中，作为美国与其邻国划分大陆架疆界的一项原则。后来，一些国家都纷纷效仿美国，在立法中宣称将依照公平原则通过协议划分同邻国的大陆架疆界。1969 年国际法院关于“北海大陆架案”的判决书，将公平原则作为与自然延伸原则密切相连的大陆架划界的基本原则加以确认，并对其含义作了评议。在第三次海洋法会议上，由于“公平原则”集团的努力，虽然没有在条文中明确规定遵循“公平原则”，但是也强调要使划界问题“得到公平解决”。

关于如何在大陆架的划界过程中体现公平原则，国际法院的判决表述为“必须从具体情况出发，并以划界必须符合公平原则这一基本规范来衡量，来决定”。所谓“具体情况”，一是考虑大陆架是陆地的自然延伸这一基本事实；二是考虑相关的具体条件和因素，比如世界各地海域的不同情况、海岸构造和海岸线的比例、岛屿的地位、海底地质和地理构造以及自然资源等。

（四）《海洋法公约》的规定及中国的立场

《海洋法公约》第 83 条关于相邻或相向国家间大陆架界限的划定的主要内容如下：

(1) 海岸相向或相邻国家间大陆架的界限，应在《国际法院规约》第 38 条所指国际法的基础上以协议划定，以便得到公平解决。

(2) 有关国家如在合理期间内未能达成任何协议，应诉诸公约第十五部分所规定的程序，用它们选择的任何和平方法解决争端。

(3) 在达成协议以前，有关各国应基于谅解和合作的精神，尽一切努力作出实际性的临时安排，并在此过渡期间内，不危害或阻碍最后协议的达成。这种安排应不妨害最后界限的划定。

中国一贯主张，关于相邻或相向国家间海洋划界问题，应当由有关各方根据公平、合理原则，顾及一切有关情况通过协商共同确定，使海洋界限的划定能同时照顾到有关各方的合理利益，达到有关各方都满意的结果。

三、200海里外大陆架外部界限问题

（一）大陆架界限委员会与200海里外大陆架界限问题

按照《海洋法公约》第76条第8款的规定，从测算领海宽度的基线量起200海里以外大陆架界限的情报应由沿海国提交根据公约附件Ⅱ在公平地区代表制基础上成立的大陆架界限委员会。委员会应就有关划定大陆架外部界限的事项向沿海国提出建议，沿海国在这些建议的基础上划定的大陆架界限应有确定性和拘束力。

按照附件Ⅱ的规定，大陆架界限委员会应在《海洋法公约》生效后18个月内，也就是1996年5月16日前设立。1995年举行的第三次缔约国会议将大陆架界限委员会成立的选举日期推迟到1997年3月。1997年3月10日至14日举行的第六次缔约国会议选举由缔约国提名的21名成员组成的大陆架界限委员会。按照规定，当选的委员会委员任期5年，连选可连任。2007年6月14日和15日选举了第三期委员，我国的吕文正是其中的委员之一。

大陆架界限委员会成立后，通过了以下文件：《大陆架界限委员会议事规则》（1998年9月4日通过）、《大陆架界限委员会工作方式》（1997年9月12日通过）、《大陆架界限委员会科学和技术准则》（1999年5月13日通过）。

按照附件Ⅱ第4条的规定，拟按照《海洋法公约》第76条划定其200海里以外大陆架外部界限的沿海国，应将这种界限的详情连同支持这种界限的科学和技术资料，尽早提交委员会，而且无论如何应于本公约对该国生效后10年内提出。由于确定200海里以外大陆架界限技术要求极高，2001年5月举行的《海洋法公约》第十一次缔约国会议决定：在1999年5月13日之前加入《海洋法公约》的缔约国，其提交申请的期限可推迟到2009年5月13日，以大陆架界限委员会通过的《大陆架界限委员会科学与技术准则》之日起算为期10年。2008年《海洋法公约》缔约国会议又决定，缔约国只要在2009年5月13日前先提交一份有关外大陆架界限的“初步信息”，就被看作是满足了期限规定。

（二）各国递交的大陆架划界申请案情况

至2014年4月24日，大陆架界限委员会共收到73个划界申请案。第一个向大陆架界限委员会递交申请的是俄罗斯联邦（2001年12月20日）。日本于2008年11月12日、马来西亚和越南于2009年5月6日也递交了申请。按照《大陆架界限委员会议事规则》的规定，如果沿海国提出的200海里外大陆架提案是没有争议的，大陆架界限委员会的审议结果具有法律拘束力。如果沿海国提出的200海里外大陆架提案是有争议的，大陆架界限委员会将不进行审议。针对日本向联合国大陆架界限委员会申请的南太平洋大陆架延伸，中国以冲之鸟礁“是岩礁，无权设定大陆架”为由正式提出反对。[①] 中国常驻联合国代表团2009年5月7日就马来西亚和越南6日联合提交的200海里外大陆架“划界案”向联合国秘书长潘基文提交照会，阐明了中国政府的严正立场，郑重要求大陆架界限委员会按相关规定不审议上述“划界案”[②]。

2012年12月14日，中国常驻联合国代表团代表中国政府向联合国秘书处提交了东海部分海域200海里以外大陆架外部界限划界案。该划界案指出，地貌与地质特征表明东海大陆架是中国陆地领土的自然延伸，冲绳海槽是具有显著隔断特点的重要地理单元，是中国东海大陆架延伸的终止。中国东海大陆架宽度从测算中国领海宽度的基线量起超过200海里。划界案同时

① 外交部称日本无权在冲之鸟礁设定大陆架，http：//news.163.com/09/0828/03/5HP8AGVT0001124J.html.

② 中国抗议马来西亚越南联合提交外大陆架“划界案”，http：//news.163.com/09/0508/01/58OL0M6G000120GU.html.

明确，提交该划界案不影响中国政府以后在东海或其他海域提交其他200海里外大陆架划界案。

第四节　大陆架的法律地位

一、沿海国的权利和义务

（一）200海里以内沿海国的权利和义务

沿海国对其大陆架上的全部自然资源享有主权权利。根据《海洋法公约》的规定，自然资源包括“海床和底土的矿物和其他非生物资源，以及属于定居种的生物，即可在捕捞阶段在海床上或海床下不能移动或其躯体须与海床或底土保持接触才能移动的生物”①。据此，自然资源除了包括石油和天然气外，还包括贝类和鲍鱼等定居种生物。

沿海国有勘探和开发大陆架及其资源的主权权利。这些权利是专属性的，即未经沿海国的明示同意，其他国家均不得进行这种活动，或对大陆架提出权利主张，而且这种权利不决定于有效或象征性占领或任何明文公告。② 沿海国有权通过本国的立法和规定来确定从事这种勘探或开发的条件。在勘探和开发自然资源时，沿海国有权建造人工岛屿、必要的设施和装置，以及围绕这些设施建立500米的安全区，并对它们拥有专属管辖的权利。

另外，对于在大陆架区（包括在大陆架上）设施周围的安全地带内违犯沿海国法律的外国船舶，沿海国有紧追权。

不过，根据《海洋法公约》，沿海国在行使这些权利时，还应承担相应义务，即沿海国对大陆架权利的行使，不得对航行自由和公约规定的其他国家的其他权利有所侵害，或造成不当干扰。

（二）200海里以外沿海国的权利和义务

200海里以外大陆架，由于其上覆水域属于公海而不再是专属经济区，所以与200海里以内大陆架的权利稍有不同。

(1) 在生物资源方面，定居种类的确认问题成了关键。在这一区域内，定居生物的捕获仍是沿海国的专属权利，而对非定居种实施属于公海自由之一的捕鱼自由制度。因此，如果在这一区域内发现商业性可开发的鱼类或渔区，那么就和以往一样，某一特定的种类是否属于定居种便成了关键。

(2) 非生物资源的开发要受《海洋法公约》第82条及有关规定的限制。该公约规定：沿海国对从测算领海宽度的基线量起200海里以外的大陆架上的非生物资源的开发有专属权利，但沿海国应向国际海底管理局缴付费用或实物；第6年缴付费用或实物的比率应为矿址产值或产量的1%；此后该比率每年增加1%，至第12年为止，其后比率应保持为1%；某一发展中国家如果是其大陆架上所产生的矿物资源的纯输入者，则对这种矿物资源免缴这种费用或实物；国际海底管理局应根据公平分享的标准将费用或实物分配给公约各缔约国，同时考虑到发展中国家的利益和需要，特别是其中最不发达的国家和内陆国的利益和需要。③

---

① 《海洋法公约》第77条第4款.

② 参见《海洋法公约》第77条第2、3款.

③ 参见《海洋法公约》第82条.

二、其他国家的权利和自由

根据《海洋法公约》的规定，其他国家在大陆架主要享有以下的权利和自由：

（1）船舶和飞机在大陆架上覆水域和水域上空航行和飞越的权利和自由。沿海国对于其在大陆架上建筑的用于勘探和开发的设施的存在，必须安装永久性的警告信号，不得在可能干扰国际航行的地方修筑此种设施，亦不得由于对大陆架的勘探和开发而使别国的航行等自由受到不正当的干扰。

（2）在大陆架上铺设海底电缆和管道的权利。任何国家在别国的大陆架上铺设海底电缆和管道时，应注意下列事项：这种电缆和管道的路线之划定，须经沿海国同意；这种电缆和管道的铺设不得影响沿海国对于进入其领土或领海的电缆或管道订立条件的权利；这种电缆和管道的铺设也不应影响沿海国对于为勘探其大陆架或开发其资源或经营人工岛屿等而建造或使用的电缆和管道的管辖权；各国在铺设海底电缆和管道时，应适当顾及已经铺设的电缆和管道，特别是，修理现有电缆或管道的可能性不应受妨害。沿海国除为了勘探大陆架、开发其自然资源和防止、减少和控制管道造成的污染而有权采取合理措施外，对于铺设和维持这种海底电缆和管道不得加以阻碍。

三、大陆架上覆水域和上空的法律地位

在专属经济区制度建立以前，大陆架的上覆水域，如同1958年《大陆架公约》所规定的，具有“公海的法律地位”，适用有关公海的制度和规章，任何国家的船舶均可在大陆架的上覆水域自由航行，任何国家的飞行器均可在上覆水域的上空自由飞行。但是，专属经济区制度建立以后，大陆架的上覆水域及水域上空，如果在200海里范围以内，属于国家管辖水域的范围，但沿海国对于各国船舶或飞机在此区域内的航行或飞越自由不得有所侵害，或造成不当的干扰；而各国船舶或飞机在此区域内或区域上空分别航行或飞行时，也须受《海洋法公约》有关规定的限制，应适当顾及沿海国的权利和义务，并应遵守沿海国的法律和规章。如果外国船舶或飞机在200海里专属经济区以外的大陆架上覆水域航行或在其上覆水域上空飞行，则适用公海自由和公海制度。

《海洋法公约》第78条第1款规定：“沿海国对大陆架的权利不影响上覆水域或水域上空的法律地位。”虽然该公约没有具体指出此处的法律地位的内容，学者们对此也有一些不同的见解，但是，如上所述，将大陆架的上覆水域及上覆水域上空完全置于公海的法律地位显然是不适当的。①

第五节　我国的大陆架

一、我国大陆架概况

我国大陆周围分布着渤海、黄海、东海和南海四个海区。邻近中国大陆和岛屿的海域非常辽阔，整个海岸线长达18 000多千米。中国周边海域面积为472.7万平方千米，具有非常丰富

① 魏敏主编．海洋法：163－164.

的大陆架资源。其中的渤海属于中国的内海，面积为 7.7 万平方千米，平均深度仅为 18 米，全部为大陆架，完全处于中国主权的支配和管辖之下；黄海地形平坦，平均坡度 1′21″，平均水深约 44 米，最大水深 140 米，总面积 38 万平方千米，全属于大陆架；东海海域辽阔，总面积达 77 万平方千米，平均水深为 349 米，有约 2/3 的面积为大陆架。大陆架水深一般不超过 200 米，平均水深约 70 米。大陆架地形以 50 米至 60 米水深线分为东西两部分，邻接我国沿海的西部大陆架区，海底地形平缓，宽度大而坡度小（不到 0.1°），东部则岛屿林立，水下地形复杂；南海是世界第二大海，总面积达 350 万平方千米，平均深度为 1 140 米，大陆架约占海域面积的一半。黄海和东海是西太平洋边缘岛弧与亚洲大陆之间的边缘海，属于世界最大的大陆架浅海之一。

中国大陆架是“新生代”[①] 以来长期下沉的浅海盆地，堆积着很厚的含油地层，海底石油资源极为丰富。特别是东海海底的石油、天然气最为丰富，被描绘为“世界上石油前景最好而未经勘探的近海地区之一”。中国台湾地区及其附属岛屿的周围海域及与日本之间的大陆架“可望成为世界上油气储量最丰富的地区之一”。有人认为它们的储量可与中东媲美，有人甚至认为比中东的储量大几倍。

二、我国的大陆架制度

1998 年 6 月 26 日我国公布了《专属经济区和大陆架法》，正式确定了我国的大陆架制度。主要内容有：

1. 我国大陆架的范围。我国的大陆架，为我国领海以外依我国陆地领土的全部自然延伸，扩展到大陆边外缘的海底区域的海床和底土；如果从测算领海宽度的基线量起至大陆边外缘的距离不足二百海里，则扩展至二百海里。

2. 我国与周边国家大陆架划界问题。我国与海岸相邻或者相向国家关于大陆架的主张重叠的，在国际法的基础上按照公平原则以协议划定界限。

3. 我国在大陆架中的权利。（1）我国为勘查大陆架和开发大陆架的自然资源，对大陆架行使主权权利。大陆架的自然资源，包括海床和底土的矿物和其他非生物资源，以及属于定居种的生物，即在可捕捞阶段在海床上或者海床上不能移动或者其躯体须与海床或者底土保持接触才能移动的生物。（2）我国对于大陆架上的人工岛屿、设施和结构的建造、使用和海洋科学研究、海洋环境的保护和保全，行使管辖权。（3）我国拥有授权和管理为一切目的在大陆架上进行钻探的专属权利。（4）我国对于在大陆架上违反我国法律、法规的行为，有权采取必要措施，依法追究法律责任，并可以行使紧追权。

4. 其他国家在我国大陆架享有的权利。任何国家在遵守国际法和我国的法律、法规的前提下，在我国的大陆架享有铺设海底电缆和管道的自由，以及与上述自由有关的其他合法使用海洋的便利。铺设海底电缆和管道的路线，必须经我国主管机关同意。

三、我国大陆架的划界问题

（一）中国的中日东海大陆架的划界问题

东海大陆架位于中国、日本、朝鲜三国之间，东西宽 150 海里至 360 海里，南北长 630 海

① 现今所处的地质时代。地质时代可分为太古代、古生代、中生代和新生代，新生代的第四纪为从 100 万年前至今。

里。东海海底地形与中国大陆一致，由西北向东南逐渐倾斜，直至冲绳海槽（Okinawa Trough）。地貌上分为大陆架、大陆坡、冲绳海槽和琉球西侧岛坡。东海大陆架面积约 21 万平方海里，占东海总面积的 70%。冲绳海槽自南向北延伸，南深北浅，大部分深度超过 1 000 米，海槽地壳厚度为 18.5 千米到 22 千米（其西部中国一侧的大陆架地壳厚度达 30 千米以上），属于过渡型地壳。冲绳海槽的坡度很陡，可达 10°，分别构成西部大陆架和东部岛架的陆坡。海槽两侧的地质构造性质又截然不同：东侧在地质上称为琉球岛弧，地壳运动异常活跃，西侧则为一个稳定的大型沉降盆地。东海油气资源丰富，主要集中在东海大陆架凹陷带、钓鱼岛陆架边缘隆褶带以及冲绳海槽拗陷带，其中，冲绳海槽盆地约有 4.7 亿吨油储量。此外，东海还有 14 个渔场。

东海大陆架海底区域的地质地理情况特殊，加上我国东海岸与日本琉球西岸之间的距离又不足 400 海里，因此产生与日本以何种原则和方法进行大陆架划界的问题。东海大陆架划界面临着两个难题：一是钓鱼岛等岛屿的主权归属争端以及它们在划界中的效力问题，二是冲绳海槽在划界中的地位问题。

从地质上看，钓鱼岛等岛屿位于中国大陆架边缘，距离日本宫古岛西端 90 海里，距离中国台湾地区基隆市东北约 102 海里。据美国麻省理工学院海洋研究所估计，在台湾海盆约 20 万平方千米的大陆架上，至少蕴藏着 800 亿桶石油。① 尽管钓鱼岛等岛屿的总面积不过 6.32 平方千米，但如果获得全效力，就可以为主权者带来 11 700 平方海里的海域。钓鱼岛等岛屿是我国台湾地区的附属岛屿，和台湾一样，自古就是中国领土不可分割的组成部分。1971 年，美国政府擅自将钓鱼岛等岛屿作为琉球群岛的一部分交给日本控制，由此爆发中日两国关于钓鱼岛等岛屿的主权归属争端。虽然岛屿的主权争端和岛屿在划界中的效力是两个不同的法律问题，但是不解决岛屿的划界问题，解决领土的主权争议是很难进行的。如果要实现钓鱼岛等岛屿和琉球群岛的公平划界，唯一的办法似乎是在划界中忽略钓鱼岛等岛屿。② 鉴于中日两国之间复杂的历史纠葛、民族情绪以及不稳定的政治关系，近期解决钓鱼岛等岛屿的主权归属不太可能。

根据东海大陆架的具体情况，参照《海洋法公约》的有关条款，以及国际法院和仲裁组织的判例和各国的实践，在“自然延伸”的基础上按照公平原则协定划界以求得公平解决，应当作为东海大陆架划界应遵循的主要原则。依上述原则划界，冲绳海槽理应构成我国东海大陆架与琉球大陆架的自然分界线，我国东海大陆架可延伸到 250 海里到 370 海里。然而，日本方面主张，中间线或距离线原则是一项已为 1958 年《大陆架公约》和一些国家的划界实践所确认的大陆架划界原则；中国与日本琉球之间是“共大陆架”，冲绳海槽不构成日中东海大陆架的自然分界，不能成为划界的重要因素，因此可以不考虑中日相向大陆架间的具体情况而平分划界。日本主张的结果是，中日东海大陆架界限将在冲绳海槽以西，预测冲绳海槽以西最有石油储藏远景的海域大部分或相当部分将划归日本。日本于 1974 年 1 月 30 日同韩国签订《日韩共同开发大陆架协定》，单方面将其划定的中日假想中间线作为开发区朝向中国一侧的界限，只留给中国 140 海里到 180 海里宽的大陆架。③ 对此，中国多次表示强烈抗议，认为该协议侵害了中国对东海大陆架的权利，因而“完全是非法的、无效的”④。

---

① 高健军．中国与国际海洋法．北京：海洋出版社，2004：101.

② 参见上书：115.

③ 逯真林，赵新主编．中国海军与海洋法．北京：海军出版社，1990：54.

④ 中华人民共和国外交部 1974 年 2 月 4 日声明、1977 年 6 月 13 日声明、1978 年 6 月 26 日声明、1980 年 5 月 2 日声明。尽管韩国国会 1974 年 12 月就批准了该协定，但日本国会直到 1977 年 6 月才批准。双方 1978 年 6 月 22 日交换批准书并开始生效，有效期 50 年。1980 年 5 月两国开始进行钻探试采。

从2004年10月25日至2007年11月14日，中日之间就东海问题进行了11轮磋商。2008年6月18日，外交部宣布中日双方通过平等协商，就东海问题达成原则共识，并公布了《关于中日东海问题的原则共识》（以下简称《原则共识》）。《原则共识》主要内容有：

1. 关于中日在东海的合作。《原则共识》指出，为使中日之间尚未划界的东海成为和平、合作、友好之海，中日一致同意在实现划界前的过渡期间，在不损害双方法律立场的情况下进行合作。

2. 中日关于东海共同开发的谅解。《原则共识》指出，双方本着互惠原则，经过联合勘探，在指定区块中选择双方一致同意的地点进行共同开发。双方共同开发区块是由以下各坐标点顺序连线围成的区域：（1）北纬29°31′，东经125°53′30″；（2）北纬29°49′，东经125°53′30″；（3）北纬30°04′，东经126°03′45″；（4）北纬30°00′，东经126°10′23″；（5）北纬30°00′，东经126°20′00″；（6）北纬29°55′，东经126°26′00″；（7）北纬29°31′，东经126°26′00″。《原则共识》同时指出，双方同意，为尽早实现在东海其他海域的共同开发继续磋商。

3. 关于日本法人依照中国法律参加春晓油气田开发的谅解。《原则共识》规定，中国企业欢迎日本法人依照中国对外合作开采海洋石油资源的有关法律，参加对春晓现有油气田的开发。也就是说中日在春晓油气田是合作开发，不是共同开发。

（二）中朝、中韩黄海大陆架的划界问题

黄海位于中国大陆与朝鲜半岛之间，海区面积约为38万平方海里，平均水深44米，最大水深140米。黄海全部位于大陆架上，在横跨黄海东部2/3的海床底土中有一条明显的淤泥线，但并不影响整个黄海大陆架的单一性质。黄海共有6万平方海里的沉积盆地，分为南黄海盆地、北黄海中部盆地和韩国近海盆地，其中，南黄海盆地有着良好的油气资源前景。另外，黄海还有12个渔场，是世界上少有的一年四季都能捕鱼的海域。[①] 在黄海，中国面临着与朝鲜和韩国的海域划界，其间大致以白翎岛与成山头的连线为界。

朝鲜签署了1982年《海洋法公约》，但目前尚未批准。[②] 相对于其他海区而言，中国与朝鲜之间的海洋划界比较容易解决。中国和朝鲜在黄海的岛屿虽多，但大多是沿岸岛屿。只有距辽东半岛43海里的中国海洋岛的划界效力可能会引发争议。该岛是本海区的最外缘岛屿，距离韩国白翎岛仅90海里，面积18平方千米，居民约5 000人，因此划界时应具有一定的效力。如果采用中间线原则划界，则中朝所获海域面积之比约为1∶0.57。目前两国已经分别在中间线两侧进行勘探并都已经发现了石油。1997年至1998年两国进行了4轮非正式磋商，1998年后又进行了几次划界事务磋商。

韩国1996年1月29日批准了《海洋法公约》。韩国是东亚地区第一个、世界第26个单方面扩大海洋管辖权的国家。韩国政府于1952年1月以《关于毗连海域主权的总统声明》，宣布对宽度为20海里到200海里的整个朝鲜半岛周围的大陆架，提出主权要求。[③] 后来，韩国又与日本政府签订了《日韩共同开发大陆架协定》，开发石油和天然气。

1992年中国与韩国建立外交关系，1993年12月开始渔业协定谈判，并于2000年8月3日正式签署《中国政府与大韩民国政府渔业协定》，该协定已于2001年1月1日生效，是两国在完成正式划界之前的临时渔业安排。中韩在此海域最可能引发争议的岛屿主要包括位于朝鲜半岛西南约62海里的萨苏山岛（韩国）和距离上海70海里的东岛（中国）。基于黄海中部很好

---

① 杨金森，高之国编著．亚太地区的海洋政策，北京：海洋出版社，1990：31－34.

② 高健军．中国与国际海洋法：92.

③ 海洋国际问题研究会编．中国海洋邻国海洋法规和协定选编．北京：海洋出版社，1884：117.

的石油前景，如果采用等距离中间线原则划分两国大陆架，则最富石油前景的区域将位于韩国一侧。[①] 目前双方都已经在假想中间线的自己一侧开始钻探。中韩两国从1995年开始进行海洋法磋商，2008年12月12日，中韩第十四次海洋法磋商和外交部条法司长年度磋商在韩国釜山举行。段洁龙司长率中方代表团与会。双方就中韩海域划界、外大陆架申请、海洋科研合作、打击海盗国际合作等海洋法问题和其他一般国际法问题交换了意见。[②] 2014年7月，中华人民共和国主席习近平访问韩国期间，两国共同发表了《中华人民共和国和大韩民国联合声明》，其中一项内容就是中韩将于2015年启动海域划界谈判。[③]

（三）中国其他大陆架的划界问题

在南海，我国的划界问题主要涉及南海诸岛的归属和大陆架划界以及北部湾的海上分界问题。位于南海上的东沙、西沙、中沙和南沙群岛，是由中国人民最早发现并命名，最早开发经营，以及由中国政府最早行使管辖权的。中国对南海诸岛的主权就是在这一基础上逐渐形成和逐渐完善的。

国际法的原则是“陆地统治海洋”，即一国应先拥有陆地领土，然后才能对与其领土邻接的大陆架主张权利，因此，南海诸岛对于南海大陆架的划界具有非常重要的战略地位，再加上其附近海域丰富自然资源的诱惑，周边国家纷纷对南沙群岛提出主权要求。南越1957年2日对整个南沙岛礁主张主权，并自1973年7月开始派兵占领岛礁。菲律宾、马来西亚和文莱自20世纪70年代以后也先后对南沙群岛的部分岛礁提出主权要求。2009年2月，菲律宾国会通过“领海基线法案”，将我国黄岩岛和南沙群岛部分岛礁划为菲律宾领土。[④] 这些做法都侵犯了我国的主权。关于南海诸岛大陆架与其他国家的划界问题，我国坚持一贯主张，应由我国与有关国家依据《海洋法公约》，通过谈判、协商，公平、合理地加以划定。中越北部湾划界就是一例。

北部湾是中越两国陆地和中国海南岛环抱的一个半闭海，面积约12.8万平方千米，宽度在110海里至180海里之间。中越两国都是《海洋法公约》的缔约国。根据该公约的规定，两国在北部湾海域的专属经济区和大陆架全部重叠，必须通过划界加以解决。2000年12月25日，中国和越南在北京签署《中华人民共和国和越南社会主义共和国关于两国在北部湾领海、专属经济区和大陆架的划界协定》及《中华人民共和国政府和越南社会主义共和国政府北部湾渔业合作协定》，其主要内容有：

1. 总体面积比例问题。根据划界合作协定，中越北部湾的领海、专属经济区和大陆架的分界线共由21个坐标点相续连接而成，北自中越界河北仑河的入海口，南至北部湾的南口，全长约500千米。双方所得海域面积大体相当，实现了双方均满意的公平划界结果。

2. 渔业问题。根据渔业合作协定，双方划定了面积较大（3万多平方千米）的两国渔船都可进入的跨界共同渔区，时限为15年；另在共同渔区以北，又划出为期4年的跨界过渡性安排水域，允许两国渔船进入作业。同时，协定还明文规定，双方本着互利精神，在共同渔区内进行长期渔业合作。双方同意设立北部湾渔业联合委员会具体落实有关合作事宜。作出上述安排的考虑是尽可能少地影响我渔民在北部湾的传统捕鱼方式；同时，也在我国逐步按

---

① 赵理海．海洋法问题研究．北京：北京大学出版社，1996：78.

② 中韩第十四次海洋法磋商和外交部条法司长年度磋商举行，http：//www.fmprc.gov.cn/chn/pds/wjb/zzjg/bjhysws/xgxw/t556625.htm.

③ 中韩双方商定明年启动海域划界谈判，http：//news.xinhuanet.com/mil/2014-07/04/c_126708876.htm.［2014-08-20］.

④ 菲律宾正式通过吞中国九岛礁法案，http：//news.163.com/09/0219/08/52GK28HB0001121M.html.

新海洋法制度进行渔业管理的大背景下，为我国渔业产业的调整、渔民的转产转业争取较宽裕的时间。

3. 油气问题。双方同意尊重划归对方的领海、专属经济区和大陆架的有关权利，因此，双方均有权在各自的大陆架上自行勘探开采油气或矿产资源。但对于尚未探明的跨界单一油气地质构造或跨界矿藏，参照各国的划界条约和实践，双方约定应就此进行友好协商，达成合作开采的协议。

北部湾划界是中国海上边界划分的首次实践，为中国今后与其他邻国划分海上边界线积累了经验，并为我国国内探讨建立一套更为行之有效的海洋管理体制提供了契机。①

课后复习

1. 不定项选择题

(1) 甲国是一个地理上宽大陆架的沿海国，也是发达国家，其地理大陆架从领海基线到大陆边外缘的距离为 380 海里。根据《海洋法公约》和有关的国际法规则，下列哪一选项是正确的？(　　)

① 中越北部湾划界协定情况介绍，http：//www. mfa. gov. cn/chn/pds/ziliao/tytj/tyfg/t145558. htm.

A. 甲国大陆架的范围可以延伸到 380 海里处

B. 甲国的大陆架只能限定在 200 海里以内

C. 甲国的专属经济区不必限定在 200 海里以内

D. 甲国如果在 200 海里外的大陆架底土开采石油，应通过国际海底管理局并向其缴纳合理费用

（2）甲国为沿海用，但从未发表过任何关于大陆架的法律或声明，也从未在大陆架上进行过任何活动。现乙国在甲国不知晓的情况下，在甲毗连区海底进行科研钻探活动。对此，下列判断哪些是不正确的？（　　）

A. 乙国的行动非法，应立即停止并承担相应责任

B. 根据海洋科研自由原则，乙国行为合法

C. 乙国行为合法，因为甲国从来没有提出大陆架的主张

D. 乙国行为合法，因为甲国从未在大陆架上进行任何活动或有效占领

2. 名词解释

（1）杜鲁门公告。

（2）中间线原则。

3. 简答题

（1）国际法上的大陆架概念和地理学上大陆架概念的联系与区别。

（2）简述相邻或相向国家间大陆架划分的三种原则。

（3）沿海国对大陆架的权利和义务。

第十一章
公　海

提　要

公海是指各国内水、领海、群岛水域和专属经济区以外不受任何国家主权管辖和支配的海洋的所有部分。公海是全人类的共同继承财产，供所有国家和平与平等地使用。公海不属于任何国家的管辖范围，但这绝不意味着在公海上没有任何形式和内容的管辖权的行使。这种管辖当然不是对公海本身的管辖，而是对公海上的人和物的管辖。

重点问题

1. 公海自由原则的内容。
2. 公海上管辖权的种类、行使方式以及豁免。
3. 海盗行为的界定以及中国对海盗行为的应对。

第一节　公海概述

一、公海的概念

公海是指各国内水、领海、群岛水域和专属经济区以外不受任何国家主权管辖和支配的海洋的所有部分。按其结构和面积来说，公海是海洋的主体。①

公海的概念产生于16世纪，到19世纪获得普遍承认，但公海海域的范围一直在发生变化。最初，在领海概念出现之前，整个海洋被看作是“大家共有之物”，即所有海洋都是公海；领海的概念确定后，领海以外的海面都是公海；1958年《公海公约》规定，公海是指“不包括在一国领海或内水内的全部海域”②；后来，随着海洋技术的进步，人类对海洋资源开发的进展，沿海国对海洋的权利范围和管辖范围的扩大，产生了专属经济区、群岛水域、大陆架等新的概念和制度，则公海的范围大大缩小了。《海洋法公约》给公海一个新的概念：公海是指

---

① 魏敏主编．海洋法：185.

② 《公海公约》第1条．

“不包括在国家的专属经济区、领海或内水或群岛国的群岛水域内的全部海域”①。

《海洋法公约》中公海的概念与1958年《公海公约》所规定的公海传统定义相比，已经发生了重大的质的变化，表现在：

（1）200海里专属经济区的建立使公海的范围相应地缩小了40%左右。在领海和公海之间出现了一个新的水域，即国家管辖范围内的专属经济区。因此，20世纪60年代以后有人建议将海洋分为国家管辖的水域和国家管辖范围以外的水域两部分。公海被称为国家管辖范围以外的水域，或称“国际水域”。

（2）群岛水域制度的设立使群岛国的群岛水域内不再有公海海域。

（3）各国领海宽度被统一确定为不超过12海里，消除了长期以来各国对领海宽度的主张不一而造成的领海的界限和范围的不统一，从而保持了公海界限的确定性和稳定性。

（4）国际海底成为一个独立的部分，不再附属于公海，并实行一种与公海完全不同的新的海洋法制度。

上述新情况的出现和新制度的建立，不可避免地引起公海概念的重大变化。传统的公海概念是领海以外即为公海；现代新出现的大陆架、专属经济区和群岛水域等概念，动摇了传统公海的概念，形成了一个新的“第三水域”。这些变化是科学发展的必然结果，反映了国际海洋法发展的现实，也符合世界上多数国家的要求。

二、公海的历史发展

（一）西班牙、葡萄牙第一次分割海洋

15世纪上半叶，已经取得海洋优势地位的葡萄牙开始封锁海洋，规定任何国家的任何船只，未经葡萄牙许可，不准在西非海岸沿海航行。1455年，罗马教皇尼古拉五世颁布特权令，授予葡萄牙海上霸主地位。自此，葡萄牙以海洋的保护神自居。正当葡萄牙沉湎于“海洋霸主”的美梦时，西班牙向它发起了挑战。位于西非西北部的加那利群岛，当时是通向西非和美洲的中途站，尽管葡萄牙一再声明，它对加那利群岛拥有主权，但西班牙不予理睬。在长达一个多世纪的时间里，西班牙和葡萄牙在其势力范围内分别向外延伸到除澳洲大陆以外的世界其他四大洲，并因此引发了全球性的极为激烈的海洋争夺。1492年8月3日，哥伦布奉西班牙女王之命，带着87名水手，驾驶3艘帆船横渡大西洋。10月11日深夜，船队登上西印度群岛。1493年，哥伦布从美洲返航途中，风暴把他的船只吹到了葡萄牙海岸，哥伦布趾高气扬地告诉当地官员，他代表西班牙女王发现了新大陆。当这个消息传到里斯本后，葡萄牙人暴跳如雷。葡萄牙国王还特意召见哥伦布，并当面向他声明：根据1481年两国签订的《阿尔卡索瓦斯条约》，在大西洋西边发现的任何土地都不属于西班牙，而属于葡萄牙。面对两国对海洋归属的争议不下，1493年10月，教皇亚历山大六世颁布教谕，把全世界的海洋分给西班牙和葡萄牙两国管辖，并指定在大西洋上通过亚速尔群岛和佛得角群岛以西和以南100里格（1里格合5.92千米）的地方，划一条子午线作为西、葡之间行使权利的分界线，两国在各自的地区拥有控制权，别国的船只，非经控制国许可，不得在这些地区航行和通商。在教皇训谕的基础上，西、葡两国讨价还价，于1494年6月7日，签订了《托尔德西拉斯条约》。1523年，两国又在太平洋动起手来。西班牙政府请求和谈，两国于1592年订立《萨拉戈萨条约》，在太平洋中再划一条线，以马鲁古群岛以东17度线为界，划分两国在太平洋的势力范围，该线以西属

① 《海洋法公约》第86条.

葡萄牙，以东属西班牙。从此以后，西、葡两国占据了全世界的海洋范围，并以此为依托建立了强大的殖民帝国和海上力量。

（二）法国和英国第二次分割海洋

16世纪，法国和英国对原有的海洋格局发起了挑战。1524年，法王弗朗索瓦一世雇用一个名叫维地查诺的意大利人，去探寻一条通往东方的西北航路。1603年，法王亨利四世委任善普伦为皇家地理学家，远航北美，掠夺殖民地。继法国之后，英国成为另外一个反对西、葡海上权威的新兴海洋大国。1562年，英女王伊丽莎白一世时代的一位贵族对西班牙驻英大使说："教皇无权划分世界，也无权把国土随便送给他所喜欢的人。"1657年4月，"海盗式人物"德雷克率23艘舰船闯入西班牙加的斯港。1588年7月，西班牙人在梅迪纳西多尼亚公爵的指挥下，动用拥有130艘舰船的"无敌舰队"，对英国进行攻击。双方在格拉夫林进行大西洋海战。此战，英国人运用先进的远程火炮技术使还广泛依赖于船上陆军采用"跳帮"[①] 技术作战的西班牙人元气大伤。同年8月9日，"无敌舰队"企图返回西班牙，但遭遇强风暴，四十余艘船只沉没，至少有20艘战舰撞到苏格兰和爱尔兰沿海的礁石上。与此同时，法国人也不断派舰队、探险队进入西、葡的势力范围。1694年，英国人率先主张把全球的海洋划分为分属沿海国家主权范围的"领海"，以及不属于任何国家主权、各国均可自由航行的"公海"。领海、公海的概念提出以后，被国际社会普遍接受，但领海范围有多大却众说纷纭。1703年，英国海洋事务专家宾克舒克在《海上主权论》一书中，提出了一国的领海范围应以陆上武器力量终止之处为限即陆上权力终止之处为领海界线的理论。1782年，加利亚尼根据当时火炮射程大约3海里，提出所有国家的领海宽度均为3海里的主张。这就是当时划定各国领海的"大炮射程论"。此后，这一理论和主张很快为国际社会所接受。这样，海洋被重新分割，出现了国际社会公认的"领海"和"公海"。

（三）马汉理论引发第三次海洋分割

1890年5月，担任美国海军学院院长的马汉出版了《海权论》三部曲的第一部著作——《海权对历史的影响》，大胆提出了"海洋霸权优于大陆霸权"的新观点。他认为：任何一个国家要想成为强国，必须首先控制海洋，尤其要控制具有战略意义的海峡通道。为了夺取和保持制海权，必须拥有强大的海军舰队和商船队以及能控制战略要地的海军基地。《海权论》深刻地影响了美国。1901年西奥多·罗斯福总统上台后大力发展海军。在他执政期间，国会每年至少批准建造1艘战列舰，其中1903年批准建造了3艘。1907年，一支由美国海军16艘精锐战列舰构成的舰队举行了一次远洋航行。这次环球航行达到了美国海军发展史上的顶峰：航行14个月，航程4.6万海里，横穿两大洋。这使全世界都领略和承认了美国的力量，也极大地震慑了此前颇不服气的日本人。不久，日本政府同意在太平洋保持现状，并尊重美国的"门户开放"政策。1908年，美国海军建成了一支由29艘巨型战列舰组成的远洋舰队，其实力从19世纪80年代的世界第12位跃居为世界第2位，仅次于英国。

第一次世界大战使英国损失惨重、国力衰退，美国趁机在1921年11月12日召开的华盛顿会议上来削弱英国的海上霸权。经过激烈的争论，1922年2月6日，美、英、法、意、日签订了《关于限制海军军备条约》，美国海军取得与英国海军平起平坐的地位。1939年第二次世界大战爆发，英国海军在抵抗德国法西斯过程中耗费了精锐，海军力量一落千丈。美国海军却有了长足的发展，世界四大洋上到处都游弋着美国的舰队。同时，美国利用战胜国的地位开始改写新的海洋规则：1945年9月28日，以建立渔业保护区为名，美国总统杜鲁门连续发布了

① 即贴近敌舰，再让士兵跳到对方的舰上与对手实施近战的一种传统海战战术。

两项声明和两道命令，声称美国对其沿海及其领土附近公海下的“大陆架”自然资源拥有管辖权，这就是著名的“大陆架公告”。稍后，美国又提出其大陆架是指上覆水深 600 英尺（合 182.88 米）的水下海床和底土。这样一来，美国名正言顺地把大约 240 万平方千米海域中的海底资源控制在自己手中。在美国的“引导”下，墨西哥、哥斯达黎加等国家也先后发表了类似的公告和法令，纷纷提出了 200 海里管辖权主张。1958 年 4 月，联合国在日内瓦召开的海洋法会议，签订了《领海与毗连区公约》《公海公约》《公海捕鱼及养护生物资源公约》和《大陆架公约》等海洋法四公约。从此，沿海国家的海洋权益进一步扩大，沿海国家不但拥有领海，还有了毗连区和大陆架，从而使得公海自由范围进一步缩小。这是人类第三次对海洋的分割。

（四）第四次分割至今仍在继续

第二次世界大战结束后，伴随“冷战”而来的海上权益越来越引起世界各海洋国的高度重视。由于世界人口的增长、资源的缺乏，以及人类开发海洋、利用海洋资源能力的提高，世界上掀起了一场“蓝色圈地运动”，偌大的海洋变得更加混乱无序。20 世纪 70 年代，被西方称为“俄国的马汉”的苏联海军司令戈尔什科夫元帅在《国家的海上威力》一书中，对海洋权益进行了进一步概括。他认为，马汉时代的控制海洋主要控制的是海洋交通，如今，控制海洋更重要的是要控制和争夺海洋本身，即海洋中所拥有的资源。

为了整顿争夺海洋权益的混乱局面，从 1973 年至 1982 年，联合国连续召开了长达 9 年之久的第三次海洋法会议，被认为是人类对海洋进行第四次分割的起点，而这一次分割直到今天仍远远没有结束。第三次联合国海洋法会议围绕着领海、海峡、大陆架、专属经济区、群岛、岛屿制度等一系列问题展开了讨论。会议通过了《海洋法公约》，确认了“群岛国”概念，使一大片公海成为这些国家的内水；确认了“专属经济区”概念以及其宽度为 200 海里；重新定义了“大陆架”概念，并把大陆架扩展到最远可达 350 海里，不足 200 海里的沿海国也可以扩展到 200 海里。这样，地球上原有的 3.6 亿平方千米的公海，将有 1.3 亿平方千米被沿海国瓜分，约占原有公海总面积的 36%，而地球上的陆地面积也只有 1.5 亿平方千米。这片被瓜分的海域，恰好是对人类最具开发和利用价值的海域，其生物资源占海洋总储量的 94%，石油储量占 87%，并覆盖了几乎所有海上交通咽喉要道。

三、公海的法律地位

“公海对所有国家开放，不论其为沿海国或内陆国”①，“任何国家不得有效地声称将公海的任何部分置于其主权之下”②。《公海公约》和《海洋法公约》将公海法律地位的国际法规则规定在公约中，成为国际法上的重要规则。

公海是全人类的共同继承财产，供所有国家和平与平等地使用。公海不属于任何国家的领土的组成部分，不受任何国家的管辖与支配，这是公海法律地位的基础，也是公海不同于海洋其他水域的最本质的特征。在内水和领海中，国家行使着排他性的主权；在专属经济区和大陆架内，国家行使着不同程度和范围的主权权利和管辖权；而在公海内，国家没有这样的权利。这就是说，公海不具有国家所有或占有的性质，它不与任何国家建立或发生所属或管辖或支配关系，而具有国际的性质，是一种“国际水域”。所有国家在公海上所行使的权利和自由，本质上是由国际法所规定的，并受国际法一般原则和规章的调整和制约。由于公海不属于任何国家的管辖范围，所以它是全人类的共同财富，它在本质上应当为各国和各国人民的共同利益服

① 《公海公约》第 2 条.

② 《海洋法公约》第 89 条.

务，属于全世界人民共同拥有。

第二节　公海自由原则

一、公海自由的基本含义

公海自由原则是公海活动的基本原则，是公海制度的核心和基础，也是根据长期的惯例所形成的一项国际法原则。依据《公海公约》和《海洋法公约》的规定，公海自由的基本含义是：(1) 公海对所有国家开放，不论是沿海国或内陆国；(2) 所有国家均有平等行使各种公海自由的权利；(3) 侵犯公海自由原则被认为是违反国际法的行为；(4) 公海自由不是绝对和没有任何限制的，公海自由本身就是一种法律状态。

因此，必须保证公海有一定的法律秩序：公海自由必须在《海洋法公约》和其他国际法规则所规定的条件下行使；各国在行使公海自由时，须适当顾及其他国家的权利和利益；公海应只用于和平的目的，不应将公海变成进行军事活动、侵略和战争的场所。

二、公海自由的主要内容

从科学发展的角度来说，国际法上所规定的公海自由的内容，正是人类对海洋的认识和利用能力的体现。随着科学的发展、历史的变迁和人类认识、利用海洋能力的增强与深化，公海自由内容还将在现有国际公约规定的基础上不断变化与扩大。

在格劳秀斯时代前后一个相当长的时期内，公海自由的内容，就是对公海的使用内容，主要限于航行自由和捕鱼自由这两项。到了 19 世纪 70 年代以后，随着航空器的出现和使用，公海上空的飞行自由被提出。由于公海及其上空不属于任何国家的管辖领域，所以各国在公海上空的飞行自由是理所当然而没有异议的。19 世纪末，由于海底电缆的使用，又提出了在海底铺设电缆和管道自由的要求，1884 年缔结的《国际保护海底电缆公约》对此项自由作了规定。1927 国际法学会总结了公海自由的实践，并通过决议列举了公海自由原则的 4 项效果，即航行、捕鱼、铺设海底电缆和管道以及公海上空的飞行，这些自由常常也被称为“公海使用自由”。

1958 年《公海公约》第 2 条第一次以国际公约的形式将公海自由的内容列举为四项：(1) 航行自由；(2) 捕鱼自由；(3) 铺设海底电缆和管道的自由；(4) 公海上空飞行自由。当然，公约的起草者曾对此作了说明：公约所包括的公海自由并非限制性的规定，而是就其主要的 4 项特别加以列举。

《海洋法公约》第 87 条总结了 20 世纪 50 年代后期以来海洋科学的发展成果和人类开发、利用海洋的实践，将公海自由的内容从 4 项扩大到了 6 项，即：(1) 航行自由；(2) 飞越自由；(3) 铺设海底电缆和管道的自由；(4) 建设国际法所容许的人工岛屿和其他设施的自由；(5) 捕鱼自由；(6) 科学研究的自由。

从公海自由内容的发展上可以看出：19 世纪末前的千百年中，人类对公海的愿望和利用仅限于“航行自由”和“捕鱼自由”；从 19 世纪末到 20 世纪 50 年代的 50 年间，人类对公海的利用增加了“铺设海底电缆和管道的自由”和“公海上飞行的自由”两项；从 20 世纪 60 年代到 80 年代这短短的 20 年中，人类对公海的利用又增加了“建造国际法所容许的人工岛屿和其他设施的自由”和“科学研究的自由”两项。这表明，人类对公海的认识、开发和利用的能力正在以昔日不可比拟的速度，突飞猛进地向前发展。公海自由的内容在质和量两方面迅速更新、变化。

但是，公海自由的内容无论怎样变化，都不能违背各国人民的共同利益，不能违反国际法的基本原则，不能背离“公海应只用于和平目的”。

三、公海自由的内涵

（一）航行自由

公海航行自由，是公海自由中的首项自由，是公海自由中最主要、最基本的内容。公海航行自由是指：所有国家，无论是沿海国还是内陆国，其船舶（主要是商船，也包括军用船舶、政府船舶、公务船舶、潜水艇等各种航行器）都有在公海的任何部分自由航行的权利；在公海上航行的每个国家的船舶，都有权悬挂本国旗帜；在公海上航行的船舶，只服从国际法和船旗国的法律，而不受任何其他国家的民事和刑事管辖；船舶在公海上航行也不受任何海上强制性礼节的约束，无须缴纳任何通行税费。但是，任何船舶在公海上航行，都应遵守国际法和一般接受的国际航行规则、避碰规则，尊重其他国家航行自由权利的行使，并自觉履行保障航行安全、控制环境污染、实施海上人命救助等义务。

为了保障实现公海航行自由制度，《海洋法公约》总结多年来已形成的多项国际公约和海上航行惯例，确立了国家的公海航行权和公海航行的具体制度。

1. 船舶国籍制度

按照《海洋法公约》和《公海公约》的规定，在公海上航行的船舶的国籍，具有如下重要意义：(1) 任何在公海上航行的船舶都应该具有国籍，并悬挂其国籍国的国旗，不悬挂国旗的船舶是不能在公海上自由航行的；(2) 船舶在哪国登记注册就取得哪国国籍，并悬挂哪国的国旗，每一个船舶一般只能具有一国国籍，悬挂一国国旗；(3) 船舶的国籍是船舶的身份证明，是船舶保持与其国籍国法律上联系的证据，是国籍国实施保护和法律管制的法律依据；(4) 船舶在公海上的管辖权取决于船舶的国籍，其他任何国家无权对悬挂别国国旗的船舶实施管辖。

可见，船舶国籍制度是维持海上航行安全和公海航行秩序的重要保障。国家与悬挂其旗帜的船舶之间的联系是在船舶违反航行规则时进行确定国家责任的仲裁和一般行使船舶国家管辖权和控制权时所考虑的主要因素。国籍可以使船舶在国际法上享有权利，负有义务；船旗国以此对船舶行使管辖权；国籍可以表明国家对船舶应负的国际法上的责任以及实施外交保护。

国家一般通过船舶登记和批准船舶悬挂其国旗航行而使船舶具有国籍。《海洋法公约》要求所有在公海上航行的船舶有国籍，但没有具体规定给予船舶国籍的条件，只是要求各个国家在国内法中确定给予船舶国籍、船舶在其领土内登记及船舶悬挂该国旗帜的权利的条件，并向其给予悬挂该国国旗权利的船舶颁发给予该权利的文件。如此一来，船舶国籍的取得方式和条件主要取决于各国的登记制度。目前，各国的登记制度主要有三种：

(1) 严格登记制度。登记国严格要求，符合下列条件的船舶方可在本国登记：船舶所有权属于本国或本国国民，本国资本至少占50%以上；全体船员为本国国民或至少本国船员占50%以上；在本国一个特定的港口登记；船公司或主要办事处在本国。我国的《船舶登记条例》规定：下列船舶应当依照本条例规定进行登记：1) 在中华人民共和国境内有住所或者主要营业所的中国公民的船舶。2) 依据中华人民共和国法律设立的主要营业所在中华人民共和国境内的企业法人的船舶。但是，在该法人的注册资本中有外商出资的，中方投资人的出资额不得低于50%……船舶经依法登记，取得中华人民共和国国籍，方可悬挂中华人民共和国国旗航行；未经登记的，不得悬挂中华人民共和国国旗航行……中国籍船舶上的船员应当由中国公民担任；确需雇用外国籍船员的，应当报国务院交通主管部门批准。中国籍船舶上应持适任证书的船员，必须持有相应的中华人民共和国船员适任证书。[①]

(2) 半开放登记制度。介于严格登记与开放登记之间的一种登记制度，要求船舶要与登记国有某种联系。

(3) 开放登记制度。实行这种登记制度的国家不要求船舶所有权属于本国国民，也允许外国人实际所有并管理的船舶在本国登记，取得本国国籍，悬挂本国旗帜航行。船舶悬挂的这种旗帜称为"方便旗"，悬挂这种旗帜的船舶称为"方便旗船"，实施这种制度的国家被称为"方便旗国"。在方便旗国进行登记的主要原因是收费低、雇佣船员不受限制、对船舶适航性要求较低、可以避税等；而"方便旗国"多为发展中国家，实行开放登记可以增加本国收入，不必对船舶实施有效管理。目前著名的"方便旗国"有利比里亚、巴拿马、塞浦路斯和索马里等。[②]"方便旗"的问题已经引起国际社会的关注。这种船旗国与船舶所属国不一致的现象，使得"方便旗船"实际处于船旗国不管、船舶所属国也不管的状态，极易出现"方便旗船"上发生事件无人管辖的现象，给公海航行安全带来麻烦。为了解决这一问题，《海洋法公约》规定，"国家与船舶之间必须有真正的联系"，每个国家应对于悬挂该国旗帜的船舶有效地行使行政、技术及社会事项上的管辖权和控制。[③]

此外，在公海航行中，还有另外一种"方便旗"和"方便旗船"：它在公海上航行时不是固定悬挂一国旗帜，而是视方便换用不同国家的旗帜，以达到逃避其本国军舰检查或其他目的。这种"方便旗"和"方便旗船"给公海航行造成更大的危害。针对这种情况，《海洋法公约》规定："船舶航行应仅悬挂一国旗帜。除国际条约或本公约明确规定的例外情形外，在公海上应受该国的专属管辖。除所有权确实转移或变更登记的情形外，船舶在航行中或在停泊港内不得更换其旗帜。悬挂两国或两国以上旗帜航行并视方便而换用旗帜的船舶，对任何其他国家不得主张其中的任一国籍，并可视为无国籍的船舶"[④]，不受国际法的保护。

此外，第一次世界大战前，内陆国在公海上的航行权没有得到普遍承认，只能通过并悬挂某个沿海国的旗帜来行使。1921 年《巴塞罗那宣言》承认内陆国的船舶有权悬挂本国旗帜在公海上航行，并在本国领土内某一地方登记，该地方即为船舶的登记港。1958 年《公海公约》肯定了公海自由对于有海岸国和无海岸国一律适用的原则，并明文规定了无海岸国进入海洋的问题。[⑤]《海洋法公约》再次承认内陆国的航行权，规定：为行使本公约所规定的各项权利，包括行使公海自由和人类共同继承财产所有的权利的目的，内陆国应有权出入海洋。行使过境自由的条件和方式，应由内陆国和有关过境国通过双边、分区域或区域协定予以议定。过境国在对其领土行使完全主权时，应有权采取一切必要措施，以确保公约为内陆国所规定的各项权利和便利绝不侵犯其合法利益。这种过境权的特别协定不适用最惠国条款。[⑥]

2. 防止海上碰撞和进行海上救助的义务

为了保障海上航行自由和航行安全，预防和处理可能发生的海上事故，《公海公约》和《海洋法公约》以及一些专门的国际公约、区域性协定，如 1966 年《国际船舶载重线公约》、1972 年《国际海上避碰规则公约》、1972 年《国际集装箱安全公约》、1974 年《国际海上人命

① 参见《船舶登记条例》第 2、3、7 条.

② 周忠海等. 国际法述评：354.

③ 参见《海洋法公约》第 91 条.

④《海洋法公约》第 92 条.

⑤ 参见《公海公约》第 3、4 条.

⑥ 参见《海洋法公约》第十部分.

安全公约》、1979年《国际海上搜索与救助公约》以及1989年《国际救助公约》等，对海上航行的船舶作出防止海上碰撞和进行海上救助的义务规定。

1982年《海洋法公约》对于海上航行的船舶作出的防止海上碰撞和进行海上救助的义务是：

首先，为了保障海上航行安全，每一个国家应对于悬挂本国旗帜的船舶采取以下必要措施：A. 保障船舶的构造、装备和仪器等具有适航条件；B. 保障船长和船员的配备与船舶相当，并具有适当资格；C. 保证船舶信号的使用、通信设备的维持以及防止碰撞等方面有充分的安全保证。①

其次，在公海上航行的船舶负有救助的义务。每个国家应责成悬挂本国旗帜航行的船长在不严重危及其船舶、船员或乘客的情况下履行以下义务：A. 救助在海上遇到的任何有生命危险的人；B. 在得知有遇难者需要救助时，应尽速前往救助；C. 在和另一只船舶碰撞后，对该另一只船舶、其船员和乘客给予救助，并在可能的情况下，将自己船舶的名称、船籍港和将停泊的最近港口通知该另一船舶。② 此外，每个沿海国应促进有关公海及其上空安全的搜寻与救助服务点的建立、经营和维持，并应在情况需要时，为此目的通过相互的区域性安排与邻国合作。

此外，船旗国对于船舶在公海上碰撞或发生其他航行事故享有专属管辖权。如该碰撞或任何其他航行事故涉及船长或任何其他为船舶服务的人员的刑事或纪律时，对此种人员的任何刑事诉讼或纪律程序，仅可向船旗国或此种人员所属国的司法或行政当局提出。在纪律事项上，只有发给船长证书或者驾驶资格证书或执照的国家，才有权在经过适当的法律程序后宣告撤销该程序证书，即使证书持有人不是发给证书的国家的国民也不例外。船旗国当局以外的任何当局，即使作为一种调查措施，也不应命令逮捕或扣留船舶。

我国是一个航运大国，为了加强船舶管理，保障船舶海上航行安全，近几年我国相继批准并加入了一些国际公约，还颁布了一些配套航行法规，如《中华人民共和国对外国籍船舶管理规则》《中华人民共和国海上交通安全法》《中华人民共和国海上交通事故调查处理条例》等。但总体上，我国的专门立法不够完善。

（二）捕鱼自由

1. 捕鱼自由的含义

捕鱼自由是一项仅次于航行自由的传统公海自由。依据《海洋法公约》的规定，公海捕鱼自由是指在国际法的限制下，任何国家或其他国民都有权在公海上自由捕鱼，而不受其他国家的阻碍，公海渔业对一切国家开放。1958年《捕鱼与养护公海生物资源公约》第1条和1982年《海洋法公约》第116条都规定，所有国家均有令其国民在公海上捕鱼的权利。这里所说的“国民”，依上述1958年公约第14条的解释，“是指根据有关国家的法律属于该国的各种大小渔船，而不问其船员所属的国籍”。

2. 管理公海捕鱼自由的必要

捕鱼自由制度建立在海洋渔业资源取之不尽、用之不竭的理念基础上。随着人类捕鱼技术的迅速提高和捕获种类的增加，人们逐渐认识到鱼类不是捕之不尽的，而以下因素使管理公海捕鱼更显得必要：(1) 先进捕鱼技术与方法，如大型拖网船、深水拖网、电子仪器、红外摄像等设备在捕鱼中的运用，以及具有捕鱼、加工、冷冻、运输等完整设备的捕鱼船的运用，如果

① 参见《海洋法公约》第93条第3、4款.

② 参见《海洋法公约》第98条.

不对各海区和各鱼种的捕捞活动进行管理，将使渔业资源枯竭而无法维持持久的捕捞活动；（2）由于国家管辖下的海域扩大，公海范围明显缩小，一些海洋大国开始进行深海捕鱼，所以有必要加以管理；（3）一些海洋哺乳动物和鱼类，如鲸、海豹、金枪鱼、鲑鱼等，在大部分海域数量减少或濒临灭绝，如果人类不采取措施控制或限制捕捞，将会破坏生物资源和鱼类的生态平衡，后果不堪设想。

3. 管理公海捕鱼自由的国际公约

在科学的基础上建立合理的捕捞制度是各国的共同愿望。最初对捕鱼的管理是某些国家自订规则管理本国国民在公海上的捕鱼活动；后来，海洋国家之间开始签订限制捕捞和管理海洋渔业资源的国际条约与协定。1882 年，英国、比利时、丹麦、法国、德国和荷兰签订的《北海渔业公约》，是一个较早管理捕鱼的公约；1911 年，英国、美国、俄国和日本签订《北太平洋海豹保护办法公约》；一些国家于 1931 年、1937 年、1938 年和 1944 年，签订了几个关于管理捕鲸的国际协定，1946 年 12 月 2 日《国际捕鲸管制公约》合并和统一了以上各协定。此外，英国、法国、荷兰、挪威、丹麦等 12 国分别于 1946 年、1959 年、1969 年签订了《关于限制渔网网目规格和鱼类准捕体长度的公约》《大西洋东北部渔业公约》和《大西洋东南部渔业公约》。

1958 年第一次海洋法会议通过的《捕鱼与养护公海生物资源公约》是一个关于公海捕鱼的全面性国际公约；1982 年《海洋法公约》针对建立专属经济区后出现的新情况，对公海捕鱼自由的管理作出新的规定；1994 年 11 月 16 日《海洋法公约》生效后，国际上许多渔业委员会将第三次海洋法会议以后的渔业立法和公约的规定结合起来，加强其职能作用；联合国也提出加强渔业管理，对公海捕鱼自由增加了更多的限制，并根据公约制定了《负责任渔业行为守则》《促进公海渔船遵守国际养护与管理措施的协定》和《跨界鱼类种群和高度洄游鱼类种群养护与管理的协定》（以下简称《鱼类种群协定》）三个法律文件，使公约关于公海捕鱼自由的规定进一步细化。[①] 此外，1993 年 12 月 29 日正式生效的《生物多样性公约》虽然并不是针对海洋渔业生物资源制定的，但由于该公约将生物多样性界定为地球上生物圈中所有的生物——动物、植物、微生物以及它们所拥有的基因和生存环境，它包含三个层次——遗传多样性、物种多样性、生态系统多样性，所以该公约的规定同样适用于海洋渔业资源。以下对相关公约的有关规定进行说明。

（1）《海洋法公约》关于管理公海捕鱼自由的规定

依据《海洋法公约》的规定，捕鱼自由的管理方法主要包括：1）各国的公海捕鱼自由须受其参加的条约的义务限制；2）对于那些同时出现在别国专属经济区内和属于公海范围的专属经济区外的邻接区内种群的捕捞，应与专属经济区沿岸国和其他国家进行协商达成养护种群的协议，根据协议进行捕捞；3）在邻接区内捕捞高度洄游鱼种、逆河产卵种群以及降河产卵鱼种时，应当与邻接沿岸国直接或通过国际组织合作，以保证对这些鱼种的合理捕捞和养护；4）所有国家均有义务为该国国民采取或与其他国家合作采取养护公海生物资源的必要措施，确定某鱼种的总可捕量、捕捞方式等，不得滥捕，并应确保养护措施及其实施不在形式上及事实上对任何国家的渔民有所歧视；5）所有国家均有保护海上哺乳动物的义务，如鲸类、海豹、海牛等。

（2）《负责任渔业行为准则》关于管理公海捕鱼自由的规定

《负责任渔业行为准则》（以下简称《准则》）是不具有法律拘束力的文件。《准则》不仅涉

① 周忠海等．国际法述评：333.

及海域捕鱼作业，还包括捕鱼的各个方面。《准则》的范围是全球性的，针对粮农组织的成员和非成员、渔业实体，分区域、区域和全球性政府或非政府组织以及与保护渔业资源或渔业管理和发展有关的所有人员，如渔业人员以及从事鱼和渔产品加工及销售的人员，以及使用与渔业有关的水生环境的其他人员。《准则》在第 6 条规定了 19 个关于渔业行为的一般原则，涉及捕鱼的有："各国应当防止过度捕捞和捕鱼能力过剩，执行管理措施，以确保捕捞作业强度与渔业资源的繁殖能力及其可持续利用相一致。各国应当尽可能酌情采取措施来恢复资源"；"应当进一步切实可行地发展和应用具有选择性、无害环境的渔具和捕鱼方法，以便保持生物多样性，保护种群结构、水生生态系统和鱼的质量。在已经存在适宜的选择性和无害环境的渔具和捕鱼方法的地方，在制定渔业保护和管理措施时应予以承认和重视。各国和水生生态系统的使用者应当尽量减少浪费、非目标鱼类和非鱼类物种的捕获量以及对与之有联系或对其依赖的物种的影响"；"各国应当在各自的权限内并按照国际法，包括按照在分区域或区域渔业保护和管理组织或协定范围内的国际法，确保保护和管理措施得到遵循与实施，并为监测和控制渔船以及渔业辅助船只的活动酌情建立有效的机制"；"批准渔船和渔业辅助船只悬挂其国旗的国家应当对这些船只进行有效的控制，以确保本《准则》的适当实施。这些国家应当确保这些船只的活动不破坏按照国际法和在国家、分区域、区域或全球各级采取的保护和管理措施的有效作用。各国还应当确保悬挂其国旗的船只履行收集和提供关于捕捞活动资料的义务"；"各国应当在其各自权限范围内并按照国际法，在分区域、区域和全球各级通过渔业管理组织、其他国际协定或其他安排进行合作，促进保护和管理工作，确保在水生生物资源分布范围之内捕捞活动以负责任的方式进行，使这些资源得到有效的保持和保护，同时考虑到需要在国家管辖范围内外采取协调措施"。

(3)《促进公海渔船遵守国际养护与管理措施协定》关于管理公海捕鱼自由的规定

《促进公海渔船遵守国际养护与管理措施协定》在强调船旗国在公海中的专属管辖基础上，主要规定以下内容：1）每一缔约方均应采取必要的措施以确保有权悬挂其国旗的渔船不从事任何损害国际保护和管理措施效力的活动。为此目的，船旗国除非经过授权，并且除非确信有权悬挂其旗帜的渔船与其之间的现有关系使该缔约方能够对该渔船有效地履行本协定所规定的职责，否则，不应授权该渔船用于公海捕捞。2）缔约方均不应授权任何以前在另一缔约方领土内注册但曾损害国际保护和管理措施效力的渔船用于公海捕捞，除非该缔约方确信另一缔约方中止此种渔船用于公海捕捞的授权的期限已满或此种渔船在过去 3 年内未曾被另一缔约方撤销其用于公海捕捞的授权。3）缔约方均应确保，有权悬挂其旗帜的每一艘渔船向其提供有关本船作业情况的必要资料，其中特别要提供有关本船捕捞作业区域、渔获量和上岸量的情况，以便该缔约方按照本协定履行其义务。4）缔约方均应有权对于悬挂其旗帜、违反本协定条款的渔船采取强制措施，其中可酌情包括将违反此类条款的行为定作违反国内立法的行为的措施。对这类违反行为所适用的制裁必须严厉得足以有效地确保本协定的要求得到遵守并剥夺违反者非法活动所获利益。对于严重违反行为而言，此种制裁应包括拒绝授予、中止或撤销公海捕捞权。

(4)《鱼类种群协定》关于管理公海捕鱼自由的规定

《鱼类种群协定》的目标是通过有效执行《海洋法公约》有关规定来确保跨界鱼类种群和高度洄游鱼类种群的长期养护和可持续利用。该协定的主要内容有：1）跨界鱼类种群和高度洄游鱼类种群的养护和管理的一般规则，如沿海国和在公海捕鱼的国家应制定措施确保跨界鱼类种群和高度洄游鱼类种群的长期可持续能力并促进最适度利用的目的；必要时对于属于同一生态系统的物种或与目标种群相关或依附目标种群的物种制订养护和管理措施，以维持或恢复这些物种的数量，使其高于会严重威胁到物种繁殖的水平；采取措施，包括在切实可行的情况下，发展和使用有选择性的、对环境无害和成本效益高的渔具和捕鱼技术，以尽量减少污染、废弃物、遗弃渔具捞获物、非目标物种（包括鱼种和非鱼种）的捕获量及对相关或依附物种特别是濒于灭绝物种的影响；采取措施防止或消除渔捞过度和捕鱼能力过大的问题，并确保渔获努力量不高于与渔业资源的可持续利用相称的水平；进行有效的监测、管制和监督，以实施和执行养护、管理措施。2）各国对跨界鱼类种群和高度洄游鱼类种群的养护、管理和开发，应广泛适用预防性做法，以保护海洋生物资源和保全海洋环境。各国在资料不明确、不可靠或不充足时应更为慎重，不得以科学资料不足为由而推迟或不采取养护、管理措施。3）沿海国和在公海捕鱼的国家应直接地或通过适当的分区域或区域渔业管理组织或安排，就跨界鱼类种群和高度洄游鱼类种群进行合作，同时考虑到分区域或区域的具体特性，以确保这些种群的有效养护和管理。4）本国渔船在公海捕鱼的国家应采取可能必要的措施，确保悬挂本国国旗的船只遵守分区域和区域养护、管理措施，并确保这些船只不从事任何破坏这些措施的效力的活动。这些措施包括：根据在分区域、区域或全球各级议定的任何适用程序，采用渔捞许可证、批准书或执照等办法在公海上管制这些船只；规定按照收集数据的分区域、区域和全球标准，记录和及时报告船只位置、目标物种与非目标物种捕获量、渔获努力量及其他有关渔业数据；规定通过观察员方案、检查计划、卸货报告、转运监督、监测上岸渔获和市场统计等办法，核查目标物种和非目标物种的捕获量；管制公海上的转运活动，以确保养护和管理措施的效力不受破坏。

（三）飞越自由

公海上空飞越自由是指各国的航空器（包括军用和民用航空器）在公海上空均有飞行自由，除受国籍国管辖外，任何国家对这种自由不得加以限制或妨碍。[①] 关于公海上空飞行所适用的国际法规则，包括航空器的国籍、飞行安全的保护、海上救助等事项，有的适用国际航空法的有关国际公约，有的适用船舶在海上航行所适用的规则。

（四）铺设海底电缆和管道的自由

铺设海底电缆和管道的自由，是指所有国家均有权在大陆架以外的公海海底上铺设海底电缆和管道，这种铺设不影响国际海底的法律地位，也不构成对海底的占有和支配。各国在铺设海底电缆和管道时，应顾及已铺设的海底电缆和管道，不使其受到损坏或影响其维修。如果铺设或修理该项电缆或管道致使其他电缆或管道受到损失或损害，应负担修理费用。各国均应制定法律和规章规定悬挂该国旗帜的船舶或受其管辖的人故意或因重大疏忽而破坏或损害公海海底电缆和管道，致使电报或电话通信停顿或受阻的行为，均为应予处罚的行为。各国应制定必要的法律或规章确保船舶所有人在他证明因避免损害海底电缆或管道而牺牲锚、网或其他渔具时，应由电缆或管道所有人予以赔偿，但须船舶所有人事先曾采取一切合理的预防措施。

自 1866 年世界上第一条横越大西洋的海底电缆铺设以来，在公海上铺设海底电缆和管道，已被国际习惯和国际公约确认为公海自由的内容。1884 年《国际保护海底电缆公约》对于损害公海海底电缆的行为进行了规制。1958 年《公海公约》把“铺设海底电缆和管道自由”正式列为公海自由的一项内容，并对于各国在公海铺设海底电缆和管道的权利、保护措施、损害赔偿、处罚等作了规定，从而使在公海的这一自由和权利成为具有一般约束力的国际法规则。1982 年《海洋法公约》又在此基础上，并根据建立大陆架制度后出现的新情况，对公海的这一项自由作了更具体明确的规定：

---

① 王献枢主编．国际法．北京：中国政法大学出版社，1994：192.

（1）所有国家都有权在大陆架以外的公海底铺设海底电缆和管道。

（2）各国在公海铺设海底电缆和管道时，应适当顾及已经铺设的电缆和管道，特别应注意不应使修理现有电缆或管道的可能性受到妨害。

（3）各国应制定必要的法律和规章，规定悬挂该国旗帜的船舶或受其管辖的人故意或因重大疏忽而破坏或损害公海海底电缆，致使电报或电话通讯停顿或受阻的行为，以及类似的破坏或损害海底管道或高压电缆的行为，均为应予处罚的行为。但是，对于仅为了保全自己的生命或船舶的正当目的而行事的人，在采取避免破坏或损害的一切必要预防措施后，仍然发生的任何破坏或损害，此项规定不应适用。

（4）每个国家应制定必要的法律和规章，规定受其管辖的公海海底电缆或管道的所有人，如果在铺设或修理该项电缆或管道时使另一电缆或管道受到破坏或损害，应负担修理的费用。

（5）各国应制定必要的法律和规章，确保船舶所有人在其能证明因避免损害海底电缆或管道而牺牲锚、网或其他渔具时，应由电缆或管道所有人予以赔偿，但须以船舶所有人事先曾采取一切合理的预防措施为条件。

该项公海自由中的“海底电缆”，不仅包括电报、电话线电缆，也包括高压输电电缆；“管道”主要是指石油、天然气和煤气管道，但不限于这种用途的管道。

我国1989年颁布的《铺设海底电缆管道管理规定》，主要适用于在中国内海、领海及大陆架上铺设海底电缆、管道以及为了铺设而进行的路径调查、勘测以及其他有关活动。

（五）建造人工岛屿和其他设施的自由

这是《海洋法公约》新增设的一项公海自由。建造人工岛屿和其他设施的自由是指，所有国家为了科研、勘探和开发的目的，均享有在公海上建造国际法所容许的人工岛屿和其他设施的自由。

该项自由的产生，是海洋科学技术发展的结果。20世纪60年代以后，建立各个水域的海上人工岛屿和其他设施得到迅速发展。美国、日本、联邦德国等发达的海洋国家，已经或正在计划建造各种类型的人工岛屿和其他设施，应用于经济、工业、交通、通信、海洋地质、天气预报、太阳能电站等各种项目，甚至被用于军事方面，如海军行动和演习，试验核武器、火箭和导弹，布置常规和核潜艇。有的国家还计划在其沿海建立浮动的和固定的海上城市，以便对海洋进行综合的开发和利用。为了促进这一发展和适应该发展的需要，《海洋法公约》确认各国均享有在公海上建造人工岛屿和其他设施的自由，并将其列为公海六项自由中的一项，同时也规定了若干具体的原则和要求：

1. 此种人工岛屿和设施的建造必须是国际法所允许的。对于什么样的人工岛屿和设施才是国际法所允许的，该公约并没有从正面直接作出具体规定，但从该公约在专属经济区及大陆架部分作出的有关规定以及在国家实践中形成的国际惯例上，可以看出“国际法允许的”的人工岛屿和设施应当是：（1）其建造的目的应当是专为和平的，任何以破坏或扰乱世界和平，侵犯他国主权和领土完整为目的而建造的人工岛屿和设施都是不允许的，因为“公海应专为和平目的而使用”；（2）其建造的位置应当合理，不能建在公海的航道上，不得妨碍别国船舶公海航行自由权利的行使；（3）其建造应当符合主管国际组织所制定的为一般所接受的国际标准。

2. 公海上人工岛屿和设施的法律地位。一国在公海上建造的人工岛屿和设施在国际法上处于什么地位？它是否构成建造国的新领土？从《海洋法公约》的规定看，它不具有领土的性质：“人工岛屿、设施和结构不具有岛屿的地位。它们没有自己的领海，其存在也不影响领海、专属经济区或大陆架界限的划定。”[①] 按照国际法，属于国家领土组成部分的岛屿其周围是有自己的领海的，但《海洋法公约》明确规定人工岛屿和设施不具有岛屿的地位，道理很明显：如果人工岛屿和设施可以构成建造国的新领土并拥有领海，那么，各国都可以通过这种方式无限制地扩张自己的领土范围，形成对海洋的真正占领和分割。因此，《海洋法公约》确认建造国仅对这种人工岛屿和设施享有专属管辖权。

3. 人工岛屿和设施周围安全地带的设立。各国在公海上建造人工岛屿、设施和结构，虽然不能在其周围划分领海，但在必要时可以设置合理的安全地带，并可在该地带内采取适当措施以保证航行及人工岛屿的安全。所谓“合理”，首先是指安全地带的宽度应当合理，一般不得超过距离这种岛屿和设施500米；其次，这种地带的设立应确保其与人工岛屿、设施或结构的性质和功能有合理的关联。另外，依照《海洋法公约》的规定，为了国际航行安全，各国关于此种岛屿、设施或结构的建造应妥善地作出通知，并对其存在维持永久性警告。一切船舶应当尊重这些安全地带。已被废弃不用的设施和结构应予以拆除，以确保航行安全。尚未全部撤除的任何设施或结构的深度、位置和大小应妥为公布。

研究在海上建造稳定的平台作为海上城市已有近六十年的历史。第一个建造的人工岛屿是澳大利亚的伯力尔礁旅馆。[②] 近年来，海上人工岛屿的建造技术得到很大发展，人类利用海洋建造人工岛屿和平台的活动在迅速发展。这些岛屿或海上城市建成后，其管理、安全、卫生、财政等方面的社会需求将会带动海洋技术的发展和对海洋的利用。而因为环境、社会、文化、经济上的理由，利用环绕它的海洋空间，并且会大大超过500米安全带的距离，将给海洋法带来新的发展和问题。

(六) 海洋科学研究自由

根据《海洋法公约》第87条第1款第6项的规定，各国在公海上均享有科学研究的自由。但是，各国在行使这种自由时，应遵守公约第十三部分专门关于海洋科学研究的各项规定。如果是在别国大陆架上覆水域进行科学研究，则应尊重大陆架沿岸国的利益。海洋科学研究的内容越来越广泛，涉及许多国际法问题，在海洋法中已形成一个独立体系，因此本书第十四章将对此专门加以论述。

第三节 公海上的管辖权

一、公海上的管辖权的种类

公海不属于任何国家的管辖范围，但这绝不意味着在公海上没有任何形式和内容的管辖权的行使。这种管辖当然不是对公海本身的管辖，而是对公海上的人和物的管辖。按其管辖的种类划分，公海上的管辖权可以分为船旗国管辖权和普遍性管辖权两种。在行使船旗国管辖权的情况下，除遵循国际法一般规则外，主要适用船旗国的国内法；在行使普遍管辖权的情况下，适用国际公约、习惯国际法的一般规则和特别的国际协定。

(一) 船旗国管辖

船旗国就是船舶的国籍国，船旗国管辖是指各国对于在其领土内登记并取得该国国籍的船

① 《海洋法公约》第60条.

② 周忠海等. 国际法述评：388.

舶以及船舶上的一切物、人以及发生的事件所实行的管辖。《海洋法公约》第 92 条明确规定，船旗国对于其在公海上航行的船员具有专属的管辖权。第 94 条第 1 款又规定，“每个国家应对悬挂该国旗帜的船舶有效的行使行政、技术及社会事项上的管辖和控制。”

船旗国管辖是公海管辖的主要原则。但是在关于公海上发生碰撞而引起的管辖权的适用方面，在各国的实践中曾有不同的主张。历史上曾经发生一起有名的“荷花号”案，在刑事管辖权问题上引起了争端。该案发生于 1926 年 8 月 2 日深夜，法国邮船“荷花号”与一艘土耳其运煤船“波斯·克鲁特号”在西格里海相撞，土耳其船舶被撞断沉没，船内八名土耳其籍船员及乘客死亡。当法国船舶于 8 月 3 日驶抵君士坦丁堡时，土耳其警察扣留了法国船舶的船长和大副，土耳其刑事法院对两人进行审讯，并作了判决。土耳其的管辖和处置引起了法国政府的外交抗议。两国经交涉同意将该案引起的管辖权冲突问题提交常设国际法院进行裁决。国际法院于 1927 年 9 月 7 日作出判决：根据碰撞属于“共同管辖权”的事项，所有海洋国家的法院都可加以审理的理由，土耳其刑事法院对法国船舶两人的判处不发生与国际法原则相抵触的问题。判决作出后，遭到国际上广泛的批评，认为违背了船旗国的专属管辖权。

1952 年 5 月 10 日在布鲁塞尔签订的《统一船舶碰撞或其他航行事故中刑事管辖权方面若干规定的国际公约》(通称《布鲁塞尔条约》)，推翻了常设国际法院在“荷花号”案中坚持的“共同管辖权”原则，只承认碰撞船的负责人所在船舶的船旗国拥有这种管辖权。该公约规定，“在海运船舶发生碰撞或任何其他航行事故，而涉及船长或船上任何其他工作人员的刑事和法律责任时，刑事或纪律案件仅能向发生碰撞或其他航行事故时船舶所悬挂旗帜国家的司法或行政机关提出”；“除船舶所悬挂旗帜国家当局外，任何当局都不得下令扣留或扣押船舶，即使作为调查手段，也不例外”。

1958 年《公海公约》进一步确认和贯彻了上述船旗国专属管辖权原则，规定：“船舶航行应仅悬挂一国国旗，并除国际条约或本公约条款明文规定的例外情形外，在公海上应服从该国的专属管辖权。”联合国国际法委员会在解释它为第一次联合国海洋法会议所起草的《公海公约》为什么接受 1952 年《布鲁塞尔条约》的统一规则时指出，《布鲁塞尔公约》的目的是“保护船舶及其船员在公海上的碰撞事件中，免受外国法院刑事诉讼的危险，因为这种诉讼可能对国际航运构成不能忍受的干涉”。

1982 年《海洋法公约》关于碰撞事项或任何其他航运事故的刑事管辖权沿用了 1952 年《布鲁塞尔条约》和 1958 年《公海公约》所确立的原则。该公约第 97 条规定：“遇有船舶在公海上碰撞或任何其他航行事故涉及船长或任何其他为船舶服务的人员的刑事或纪律责任时，对此种人员的任何刑事诉讼或纪律程序，仅可向船旗国或此种人员所属国的司法或行政当局提出。”

船旗国对于其在公海上航行的船舶的管辖是多方面的，但主要是适用船旗国的法律，根据各国的法律和实践，一般是委托船长来行使的，船长有权维持船上纪律、保护船上人员和财产的安全以及将被控在船上犯罪的人加以监禁。

（二）公海上的普遍管辖

根据国际法，为了维护公海航行安全和公海的正常法律秩序，各国对于在公海上发生的违反人类利益的国际罪行以及某些违反国际法的行为行使管辖权，这种管辖被通称为普遍管辖。公海上的普遍管辖可以说是船旗国管辖的一种例外和补充，但两者是相辅相成的。随着构成反人类的国际罪行的犯罪活动的增多，公海上普遍管辖的范围也逐渐有所扩大，其重要性也日益加强。

根据《公海公约》和《海洋法公约》的规定，目前属于公海上普遍管辖的对象主要是：

1. 海盗行为（详见本章第四节）。

2. 贩卖奴隶行为。历史上奴隶被作为商品贩卖由来已久。据记载，大约从1450年到1870年这约四百多年间，约有一万名以上的黑奴被贩运到美洲。在海上长途航行中，成千上万的奴隶因饥饿或瘟疫而死亡。19世纪以后，一些国际会议开始宣布贩卖奴隶为非法，并决定对贩卖奴隶采取措施予以惩治。1926年，在国际联盟组织下签订了《废除奴隶制及奴隶贩卖的国际公约》，宣布各缔约国承担防止并制止奴隶贩卖、逐步并尽速完成废止一切形式的奴隶制的义务；1953年在联合国的组织下，重新缔结《关于修正废除奴隶制及奴隶贩卖之国际公约的议定书》；1956年在日内瓦签订的《废止奴隶制、奴隶贩卖及类似奴隶制之制度与习俗补充公约》郑重宣告："以任何运输方式将奴隶从一国运至他国之行为或企图，或为此等行为从犯之行为，应由本公约当事国法律规定为刑事罪；凡经判决之此等罪犯应受极严厉之刑罚。"1958年《公海公约》和1982年《海洋法公约》都规定，每一国家都应采取措施，防止和惩罚悬挂其旗帜的船舶贩运奴隶，并防止船舶为此目的而非法使用其旗帜；并规定，在任何船舶上避难的任何奴隶，不论该船舶悬挂何国旗帜，均当获得自由。

3. 贩运毒品行为。吸食毒品对人类健康的巨大威胁以及引发的社会问题，早已引起国际社会的关注，为此，有了1961年《麻醉品单一公约》和1972年《修改1961年麻醉品单一公约的议定书》。1982年《海洋法公约》第108条规定，所有国家应当合作，以制止船舶违反国际公约的规定在公海上从事贩运麻醉药品和精神调理物质；任何国家如果有合理依据认为一艘悬挂其旗帜的船舶从事非法贩运，可要求其他国家合作，制止这种贩运行为。

4. 公海上的非法广播。非法广播是指在公海上从事不按照国际公约统一分配的无线电波段进行非法广播的行为。由于无线电波段的有限性，国际上已经订有专门的公约使其得到公平的分配。但是，一些国家或团体从自己的利益出发，在公海上进行未经许可的广播，影响正常的无线电波段的使用，从而危及公海航行安全。《海洋法公约》109条规定，所有国家应进行合作，制止在公海上从事的未经许可的广播，但是因海上遇难，为了呼救而使用统一分配以外的波段发出无线电广播除外。

二、在公海上行使管辖权的方式

虽然基于公海自由和在公海上的船舶属于船旗国管辖的事实，在原则上不允许任何国家对外国船舶行使权力，但是为了所有国家的利益，也有例外的规定。

按照习惯国际法军舰和经授权的国家公务船舶，在公海上代表国家行使普遍管辖权。为此目的，它们在公海上享有旗帜的查明权、登临权和紧追权。

（一）旗帜的查明权

一切国家的军舰，为了消除海盗等国际犯罪行为，以维持公海上的安全，有权要求在公海上可疑的私有船舶展示它们的旗帜，这是一个被普遍承认的国际法的习惯规则。一只军舰在遇到一只不展示旗帜的可疑商船而要查明它的旗帜时，应升起自己的旗帜，并放空炮一响，这是要求对方船舶也升起它的旗帜的信号。如果该船不理会这个信号，军舰就发一实炮越过船首。如果可疑的船舶不顾这个警告，还不升起它的旗帜，那么，嫌疑就变得如此严重，以致军舰可以使用武力强迫它停航，以便临检，以查明它的国籍。此外，可疑的船舶即使展示旗帜也还可能是海盗船，所以军舰可以进一步令其停航和登临检查，以检查它的文书，从而查明它的旗帜。

每一个国家的军舰都可以拿捕未经授权而悬挂该国旗帜的任何外国船舶，并把它带到军舰所属的国家的港口，予以惩罚。这是国际法上普遍承认的规则。

但是，军舰所具有的这种权力是不应滥用的，必须有充分的怀疑理由。

（二）登临权

登临权是指靠近和登上被合理地认为犯有国际罪行或具有其他违反国际法行为嫌疑的商船进行检查的权利。军舰的这种登临权是各国公认的，也为国际公约所确认。《公海公约》第22条规定，军舰对于在公海上发现的、有合理根据认为有海盗行为和贩卖奴隶行为嫌疑的商船，以及虽悬挂外国国旗或拒不展示其国旗而事实上与该军舰属同一国籍的商船，可对于其悬挂其旗帜的权利进行查核。《海洋法公约》第110条也作了同样的规定，并将可登临检查的商船范围扩大到5种，即除《公海公约》规定的那三种外，还有无国籍的商船和进行非法广播的商船。

各国军舰在行使登临权时应遵守公认的国际法规则，遵守国际公约的有关规定：

(1) 被登临的船舶必须是商船，对于军舰和国家公务船舶不能登临检查。

(2) 被登临的商船必须是有合理的根据被认为有海盗行为以及其他几种行为嫌疑的船舶，“如果嫌疑经证明为无根据，而且被登临的船舶并未从事涉疑的任何行为，对该船舶可能遭受的任何损失或损害应予赔偿”①。

(3) 登临的方式一般为：军舰可以先派一艘由一名军官指挥的小艇到该嫌疑船舶上去检查该船舶的文件，或者命令该船船长将船舶文书带到军舰上受检查。

(4) 搜索是在登临之后的一种措施，即当在登临检查不能令人满意时，才进行搜索。搜索是由军舰的一名军官和若干水兵来进行；被搜索的船舶的船长和船员，除打开锁闭的橱柜等之外，不得被迫要求给予搜索任何协助。搜索必须有秩序地进行，并且不得损害船上货物。如果搜索的结果证明一切都是正常的，搜索者必须谨慎地把已经移动的东西放还原处，在航行日记簿上作搜索的记录，并允许被搜索的船舶继续它的航程。应注意的是，所有检查应尽量审慎进行，以免使船舶遭受不必要的损害。

(5) 在登临和搜索之后证明了一个船舶应予拿捕，或者在该船做了某种本身足以构成拿捕的充分理由的行为以后，就予以拿捕。拿捕是由拿捕的军舰舰长指派一名军官和一部分水兵接管被拿捕的船舶。这个军官担负该船和船上货物的责任；货物必须保持安全，不得有损。被拿捕的船舶应被带到根据拿捕的原因所应前往的海港；拿捕的军舰可以随同前往，但也可以不随同前往。

（三）紧追权

沿海国对于违反该国法律并从该国管辖范围内的水域驶向公海的外国商船进行追赶的权利，在国际法上称为紧追权。国家的这项权利系从国家主权引申出来的国家属地管辖权。各国享有这项权利，也是根据习惯国际法的规则。按照习惯国际法和国际公约的规定，各国在行使这项权利时应遵守下述规则：

(1) 紧追必须从国家管辖范围内的水域开始。《公海公约》第23条规定，“此项追逐须在外国船舶或其小艇之一在追逐国的内水、领海或毗连区内时开始”。随着新海洋法制度的建立，开始紧追的限制范围也有了变化。除了《公海公约》规定的内水、领海或毗连区以外，《海洋法公约》规定还包括专属经济区和大陆架。但是在毗连区和专属经济区或大陆架上，只有在该区域所保护的权利遭到侵犯或适用于该区域的法律和规章没有得到遵守的情况下，才可以进行紧追。

(2) 被紧追的外国船舶必须违反了沿海国的法律、规章。

---

① 《海洋法公约》第110条第3款.

（3）紧追必须在外国船舶视听范围内发出视觉或听觉停驶信号后才能开始。“视听范围内”在于确保停驶信号的有效传达，这就要求停驶信号必须在追逐船舶和被追逐船舶之间尽可能近的距离内发出。视听信号如鸣警笛、喊话等，但不包括无线电信号。[①]

（4）紧追必须连续不断地进行。公约规定，紧追必须是未曾中断的，才可以在领海或毗连区、专属经济区和大陆架以外继续紧追。如果进行紧追的船舶或飞机由于某种原因须退出紧追时，必须等接替者到达后才可以退出，否则，即构成紧追的中断。

（5）紧追在被追逐者进入其本国或第三国的领海时必须终止。根据国家主权原则，紧追不能在别国的领海内进行，一旦被追逐的船舶进入了其本国领海或任何第三国领海，紧追就应停止，否则，将构成对一国领土的侵犯。

（6）紧追只能由军舰、军用飞机或其他有清楚标志可以识别的为政府服务并经授权紧追的船舶或飞机进行。

（7）紧追权的行使应相当审慎。“在无正当理由行使紧追的情况下，在领海以外被命令停驶或被逮捕的船舶，对于可能因此遭受的任何损失或损害应获赔偿”，追逐国应承担赔偿责任。

“孤独号”案件是涉及紧追权的典型案件，该案大概案情如下：“孤独号”船是一艘英国船，该船是由美国人所有而以加拿大公司名义在加拿大登记，其船员除一名是法国人外都是英国人。1929 年，在美国实施禁酒法令期间，此船在离美国路易斯安那州海岸约 6.5 海里的海面从事贩酒活动。1929 年 3 月 20 日，该船被美国警察船“沃尔科特号”发现，“沃尔科特号”对“孤独号”发出讯号，但“孤独号”不理会，立即起锚离开，向公海方向驶走。“沃尔科特号”随即尾随紧追，命令“孤独号”停船和接受检查。但“孤独号”仍不理会，继续向公海走去。“沃尔科特号”一边紧追一边求援。3 月 22 日，一艘税务船“德斯特号”加入紧追。“德斯特号”几次发出警告，“孤独号”仍然拒绝停船。就在离岸约 200 海里之处，“德斯特号”向“孤独号”开炮，船上人员仅有一人生还。根据英美缔结的《英美专约》第 4 条的规定，双方采用仲裁的方式解决了争端。仲裁委员会裁定，击沉“孤独号”的行为不能被国际法的原则证明是合法的。鉴于“孤独号”船虽在加拿大注册，但实际上为美国公民控制和所有，委员会认为：对船舶及船货的损失，美国无须支付赔偿。但是，美国击沉“孤独号”的行为违反了国际法，美国政府应正式承认这次行为的不法性，向英国当局道歉，并支付 25 000 美元给加拿大。[②]

需要说明的是，《海洋法公约》对于紧追过程中能否使用武力问题没有进行规定，实践中发生的一些案例的争议点均与武力使用问题有关，如 2009 年俄罗斯边防军击沉的中国货船“新星号”事件就是典型说明。有学者认为，“必要且合理武力”应包括以下要素：（1）警告无效。这包括警告的严厉性依次递进的三个层次：被紧追船舶漠视视听停驶命令后对其予以空弹警告；没有效果后向船舶四周的水域或越过船首实弹警告；实弹警告仍无作用后才可对船舶本身使用武力。未事先实弹警告，不得向船体实弹射击。（2）无其他有效的拿捕手段可供选择，亦即使用武力是最后手段。（3）紧追船舶及其人员的安全受到威胁或被追逐船舶及其人员以暴力抗拒逮捕。（4）不得故意击沉船舶。（5）顾及人道原则，不得对被追逐船舶及其人员造成不必要的危险。（6）与当时情况成合理比例。[③]

---

① 转引自余民才．紧追权的实施与我国海上执法．中国海洋法评论，2005（1）．

② http：//baike. baidu. com/view/840839. htm.

③ 余民才．紧追权的实施与我国海上执法. 中国海洋法评论，2005（1）．

三、军舰和政府船舶管辖权的豁免

军舰是指“属于一国武装部队、具有辨别军舰国籍的外部标志、由该国政府正式委任并名列相应的现役名册或类似名册的军官指挥和配备有服从正规武装部队纪律的船员的船舶”[①]。按照上述规定，建造中、试航中、已退役或放弃及叛变的军舰不属于国际海洋法上的军舰。

军舰和专用于政府非商业性服务的船舶在国际交往中享有豁免权，不受外国的刑事和民事管辖，免除海关和边防检查，不得被登临搜查或拿捕。军舰和专用于政府非商业性服务的船舶在公海上只属本国管辖，是国际法公认的一项规则。《公海公约》和《海洋法公约》均明确规定，军舰及由一国所有或经营并专用于政府非商业性服务的船舶，在公海上有不受船旗国以外任何其他国家管辖的完全豁免权。“这类船舶之所以具有排他性的管辖权，是因为它们代表国家，国家的权利是平等的，不允许其他国家的干预。除受本国管辖权的支配外，任何其他国家不得在公海上对它们登临检查、追逐和扣押以及诉诸其他法律程序。”

第四节　海盗行为

一、关于海盗行为的定义及分歧

自从有船舶在海上航行的行为，就有海盗行为的存在。但长期以来，国际上对海盗行为并没有统一的定义。原始、严格和狭义上的海盗行为，是指一只私有船舶在公海上以劫夺的意图对另一只船舶所进行的任何未经授权的暴力行为。[②] 从媒体上看，社会公众对海盗行为的定义比较宽泛，凡是发生在海上的暴力行为都被认为是海盗行为；而从事海上保险业务的保险公司，随着其业务的发展变化对海盗行为的定义也发生变化；从法律上看，对海盗行为的定义无外乎从国际法和国内法两个角度出发：

1. 国际法对海盗行为的界定

1958年《公海公约》第一次从国际法的角度对海盗行为作出统一的定义；1982年《海洋法公约》对《公海公约》的定义未作修改，全文保留：海盗行为是指私人船舶或私人飞机的船员、机组成员或乘客为私人目的，在公海上或任何国家管辖范围以外的地方，对另一船舶、飞机、人员或财物所从事的任何非法的暴力和扣留行为或任何掠夺行为；明知是海盗行为而自愿参加，教唆或故意便利上述行为者，也视为海盗行为。[③] 由此可见，国际法上的海盗行为具有以下特点：

（1）海盗行为的主体是私人船舶或飞机的船员、机组人员或乘客。这里有三点需要注意：1）只有私人船舶或私人飞机才能成为海盗船舶或海盗飞机。在被承认的政府或交战团体的命令下的军舰或其他公有船舶，只要其继续在这种命令之下，就不是海盗；如果其实施无正当理由的暴力行为，则被害者必须向船旗国请求救济，其船旗国必须惩罚船长，并在必要时赔偿损失。但是，如果一个国家的军舰或其他公有船舶发生叛乱或被船上人员控制而从事海盗行为，则与私人船舶的海盗行为同样看待；如果船舶仍在官员及原驾驶人员的控制中，则不应看作是

---

① 《海洋法公约》第29条.

② 劳特派特主编．奥本海国际法．上卷·第1分册．北京：商务印书馆，1989：302.

③ 参见《公海公约》第14条，《海洋法公约》第100条.

海盗行为，而由船旗国负责。一只私掠船只要其暴力行为是针对敌船的，就不是海盗，因为其行为是其所服役的交战一方所授权的。即使私掠船原来是中立国的船舶，情形也是如此。但是，如果一只中立国的船舶从交战双方都拿到私掠船证书，则会被视为海盗。2）就叛乱船舶或飞机而言，未被承认的叛乱者的船舶和飞机在干涉第三国的船舶时，与私人船舶的海盗行为同样看待；并且，如果这种干涉表现有罪恶的残暴性而造成人命损失的结果，对叛乱船舶或飞机上的海盗必须按照国际法的规定实施严厉刑罚。此外，船舶虽然是依照一个已被承认的政府的命令而行事的，但如其行为严重地破坏国际法而且表现出罪恶的对人命的忽视，也适用上述原则。3）就叛变的船员和乘客来说，如果船员或乘客在公海上叛变并把船舶和船上货物供自己使用，则不论船舶是私有船舶还是公有船舶，都属于海盗行为。但是，船员或乘客的单纯的暴力行为并不构成海盗行为，至少在国际法上不被认为是海盗罪行。例如，如果船员因船长残暴而谋杀船长，然后继续航行，应是杀人犯而不是海盗。叛变行为不仅以船长为对象，而且以船舶为对象，以便把船舶和船上货物供自己使用的时候，构成对船舶安全航行的影响，才是海盗。①

（2）海盗行为的主观方面是故意，动机必须是基于私人目的。这种私人目的通常主要表现为意图抢劫、掠夺和扣留另一船只或飞机的财物、人员。海盗通常要劫夺财物，被攻击的船舶上的货物是其兴趣所在，因而有可能在夺取货物之后释放船舶和船员。但是不论其是否杀害船员而夺取船舶或把它击沉，都是海盗；另一些情形下，货物不一定是海盗暴力行为的客体，拦截船舶而从船上劫走富有的乘客，以便高价勒赎，同样是海盗行为；拦截船舶只是为了杀死船上某一个人，即使后来把船舶、船员或货物释放，其行为还是海盗行为。

（3）海盗行为是未经授权的暴力行为，不管这种暴力行为是直接使用武力还是威胁恐吓。船员或乘客为了侵占船舶或船上货物以供自己使用而以恐吓方式迫使船长改变航路，构成海盗行为，这与杀害船长后自己驾驶船舶的人没有差别；一条船舶以击沉相威胁强迫另一条船舶交出船上货物或船上某一个人，构成海盗行为，这与攻击另一条船舶，杀死船员，并用此方法劫走船上货物或船上某一个人，也是没有差别的。此外，暴力行为不一定是已遂的，图谋未遂，即攻击一条船舶或为了攻击目的而追逐一条船舶本身就构成海盗行为。

（4）海盗行为必须发生在公海或任何不属于国家管辖范围的地方。之所以作这样的规定，是因为从海域划分看，内水、领海、毗连区、专属经济区属于国家有全部或部分管辖权的海域，而公海是不属于任何国家管辖的海域，海盗行为的严重性决定了各国对其都有管辖权，都可对海盗船舶或飞机进行扣押，在公海等不属于任何国家管辖的海域行使这种管辖权才不会侵犯其他国家的主权。②

《海洋法公约》关于海盗的定义是目前较具普遍性的权威定义，但是该定义由于其狭义性，无法解决以下问题：

（1）海盗不限于私人行为、私人船舶和飞机。许多海盗抢劫案发生在夜里，海盗劫船时往往使用高速摩托艇，将其伪装成海上巡逻艇，海盗通常伪装成海上参与检查的警察。③ 这种以非私人船舶的身份行事的情况，就无法用《海洋法公约》的规定进行惩治。

（2）关于“私人目的”引发的问题。实践中的多起事件，很难简单地归结为“私人目的”，往往涉及武装叛乱团体、交战团体、政治避难、国家行为以及恐怖行为等。这些行为往往是为

① 参见《公海公约》第14-21条，《海洋法公约》第100条.

② 曲波．海洋法公约与海盗的惩治．大连海事大学学报，2009（4）．

③ 揭秘现代海盗袭击招数，http：//news. sol. com. cn/special _ news/20081126/76686. html.

了“政治目的”而不是“私人目的”，很难用《海洋法公约》的规定加以解决。近年来发生的一系列海上袭击事件表明，恐怖主义已经扩散到了海上，公海上的海盗活动逐渐成了恐怖主义团体的关键战术。许多海盗就是海上恐怖主义者，具有意识形态倾向和广泛的政治议程。2000年10月12日，恐怖组织对于当时停泊在也门亚丁港的美国“科尔号”导弹驱逐舰进行了攻击，这个震惊全球、导致美国遭受严重的物质和精神损失（17名船员死亡，42人受伤，舰艇损伤严重）的事件立刻引起了连锁反应。11天后，两艘斯里兰卡的船舶遭到泰米尔猛虎解放组织成员的袭击，一艘被击沉了，另一艘受到重创。随后的11月7日，巴勒斯坦哈马斯成员对以色列的军舰进行了攻击，只是由于炸弹过早爆炸军舰损失不算太大。2002年9月3日凌晨，孟加拉国两个海盗团伙在孟加拉湾的考克斯巴扎尔出海口发生火拼，一个海盗团伙武力抢劫了一艘货轮后，驾驶机帆船撤离作案现场，途中遭到另一伙海盗的伏击，双方随即展开激战。警方闻讯赶到后，两伙海盗又联手与警方交火，边打边撤，最后逃之夭夭。混战中至少有10人死于非命。海上恐怖行为的兴起与美国2001年“9·11”之后国际“反恐”形势的发展有着密切的关系。国际恐怖主义的第一次浪潮主要发生在班机上，在各国政府和航空公司采取相应的保护措施后，恐怖分子转入地面目标：机场、外交使团、大型商业活动和政治机构。随后各国加强了对这些目标的保护。随着陆地和空中“反恐”圈的缩小，恐怖分子们不得不寻找新的、防护措施较弱的攻击目标。一些外国观察家认为，在目前和不久的将来，国际恐怖主义活动将要集中于比较容易接近的海上目标——海洋运输和客船上。海上恐怖主义和海盗行为笼罩着越来越多的地区。根据西方统计资料显示，大约90%的海上恐怖活动发生在毗邻发展中国家的水域里，这些国家经费有限，有的还有比较严重的腐败行为。世界安全专家曾警告说，恐怖分子可能会试图将一艘装满炸药（甚至是某种大规模杀伤性武器）的船只撞向大港口或码头。此类袭击可能会使国际贸易陷于停顿，给世界经济造成数十亿美元的损失。海盗和恐怖分子对国际能源市场危害巨大，因为世界上的大部分石油和天然气是通过全球海盗最猖獗的水域进行运输的。这些油轮缺乏保护，在遭到袭击时无处躲藏，而地理因素迫使这些油轮必须通过一些战略咽喉要道，如阿拉伯海、南中国海的马六甲海峡以及西非沿岸海域等，而这些地方就是恐怖分子和海盗最为活跃的地方。

（3）海盗行为针对的是同一船舶或飞机或其上的人或物。对于海盗作案采取先派卧底在目标船上工作，目标船开航后，卧底采用某些方式与海盗组织进行联系，《海洋法公约》的现行规定就无法对这些人按照海盗罪进行惩治。

（4）由海盗犯罪的地理位置引发的问题。目前绝大多数海盗袭击事件发生在一国有管辖权的海域，这就不属于《海洋法公约》规定的海盗。

当然，《海洋法公约》关于海盗行为的定义存在不足，但该国际公约之所以采取严格狭义的定义，并不表示国际社会必须容忍定义以外的海上暴力行为，只是暂不便对其行使普遍管辖权而已，国际社会定会另行设法遏制，而非放任这些暴力行为。[①] 1988年3月1日至10日在意大利罗马召开的国际海事组织理事会外交会议所通过的《制止危及海上航行安全非法行为公约》，涉及海上恐怖行为和非法暴力问题。该公约虽未提及海盗，但却涉及海盗所涉及的实质问题，为海洋法中研究海盗并为海盗重新定义提供了国际法依据。该公约对于妨害海上航行安全的海盗行为的客观方面表述为：非法和故意从事1）使用武力或武力威胁或任何其他恐怖形式扣押或控制船舶的行为；2）对船上人员实施可能危及该船航行安全的暴力行为；3）损坏船舶或造成船舶或货物损失的行为；4）以任何方式放置或造成在船上放置可能毁坏该船舶或船

① 李文沛．国际海洋法之海盗问题研究．北京：法律出版社，2010：105.

上的货物的装置的行为；5）毁坏海上航行设备或严重干扰其运转，可能危及船舶的安全航行的行为；6）传递已知虚假情报危及船舶安全的行为；7）与上述犯罪行为有关，或企图从事上述犯罪行为而伤害或杀害任何人的行为；8）企图从事上述行为，以及教唆、强迫他人实施上述行为，均属于不法行为。①

由此可见，该公约对不法行为的定义有以下特点：（1）对不法行为的规定不问动机和目的，而是从对船舶造成的后果考虑。所有武力或武力威胁，对船上人员、设备、货物的损坏、爆炸等非法暴力行为，只要妨害船舶航行安全就构成非法。(2) 没有提及船舶的性质是私人船舶，而是对船舶构成威胁。（3）未规定不法行为实施人是本船人员，还是来自其他船上。②（4）公约规定适用于在领海之外一切水域发生的不法行为，"适用于航行和计划航行的船舶进入、通过和从国家领海的外部界限水域或相邻两国领海外缘交界处"③。

总之，该公约的定义，已经扩大了关于海盗行为的传统定义，该公约虽然不是专门规定海盗行为的公约，但是它的上述规定，使海盗的定义中有争议的一些问题在一定程度上实现了统一，填补了《海洋法公约》的空白，是海洋法上的新发展。

2. 国内法对海盗行为的界定

目前很多国家国内法都有关于海盗行为的规定，但各国国内法中对海盗行为的规定形式并不相同。有的是在刑法典中规定，有的是在特别法中规定；有的把海盗行为的范围划得很宽(如英国将海上资助敌方的行为、贩运奴隶的行为也规定为海盗行为)，有的则将海盗行为限制在较窄的范围；有的国家将国际法上的海盗行为和国内法上的海盗行为分开来规定（如加拿大刑法)，多数国家则是不加区别地规定。一般说来，凡属国际法上的海盗行为，各国国内法一般也将其视为犯罪。但国内法上的海盗行为通常在犯罪地点、犯罪动机方面与国际法上的海盗行为有所区别，如国内法中的海盗行为主要针对的是一国领海和内水上发生的海盗行为，而且并不仅限于私人目的。④

二、海盗行为的管辖权和惩罚

在近代意义的国际法产生之前，海盗已被视为法外之人，"海盗行为自古以来就是违反人类共同道德的犯罪行为，构成国际罪行，应受到普遍制裁"⑤。依照习惯国际法，海盗是真正的国际罪行，作为人类公敌，各国都有权按其国内法对它进行惩处，得而诛之。"海盗不是单独哪一国确定的犯罪，而是公敌。按照国际法，从管辖权方面说，对海盗的管辖是一种普遍管辖……海盗是违反国际法的一种犯罪行为。"⑥

《海洋法公约》规定：在公海上，或在任何国家管辖范围以外的任何其他地方，每个国家均可扣押海盗船舶或飞机或被海盗夺取并在海盗控制下的船舶或飞机，和逮捕船上或机上人员并扣押船上或机上财物。扣押国的法院可判定应处的刑罚，并可决定对船舶、飞机或财产所应采取的行动，但受善意第三者的权利的限制。可见，《海洋法公约》确立了对海盗行为的普遍管辖原则。普遍管辖原则是仅根据犯罪性质适用的刑事管辖原则，而无须考虑犯罪的实施地、被指控人或罪犯的国籍被害人的国籍或者与国家行使这种管辖权有其他任何联系的因素。海盗

①② 参见《关于制止妨害海上航行安全不法行为的公约》第 3 条.

③ 《关于制止妨害海上航行安全不法行为的公约》第 4 条.

④ 贾宇. 国际刑法学. 北京：中国政法大学出版社，2004：281.

⑤ 巴西友尼. 关于航空法学术讨论的概况. 戴保尔法律评论，1970. 第 337 期：236.

⑥ 哈佛大学关于海盗问题的公约草案：889 - 1013.

犯罪的凶残性、海盗犯罪对象的不分彼此、不分国籍性决定了对海盗罪行应实行普遍管辖。①

一个海盗和他的船舶由于实施海盗行为就当然丧失了船旗国的保护，任何国家都有权在公海上追逐和拿捕海盗，并且把他带回本国，由本国的法院审理和惩罚；这种惩罚可以是死刑，但是不一定处以死刑，各国国内法有权规定较轻的刑罚；但是，国际法并不认为各海洋国家有惩罚一切海盗的义务。

三、现代海盗活动的特点及打击对策

几个世纪以来，海盗一直在威胁海上航行安全。在17世纪到19世纪，在多数国家没有海军、没有控制海洋的技术和设备的时期，海盗就在无人居住的海岸、海岛或海港，拦截、掠夺商船。随着海洋技术的发展、通信和控制手段的现代化，以及国际政治、经济形势的变化，传统的海盗形式比较少见了，但是今日海盗行为的猖獗和残暴更令人担忧。以下结合东南亚海盗及索马里海盗进行说明。

（一）东南亚海盗活动的特点及打击对策

东南亚海域作为世界海洋运输最重要的交通枢纽之一，自古便是东西方贸易的海上要道。自新航路开辟时起，东南亚海域的海盗势力便随着海上贸易的兴起而萌生。西方殖民者入侵东南亚后，海盗活动不仅继续存在，而且由渔民偶尔的抢劫行为发展为专门的海盗团伙，在各殖民政府管不到的海域抢劫过往船只。最初，各殖民政府只关心自己殖民地周围海域及本国船只的安全，对海盗行为置若罔闻。直到19世纪末，各殖民政府意识到海盗活动已危及其殖民统治，才采取各种措施打击海盗。经过各国海军和水警的联合打击，海盗势力得到控制，此后海盗活动也只是偶尔发生。东南亚海域的宁静并未持续太长时间，20世纪80年代“冷战”结束后，东南亚海盗的活动又日渐猖獗，但2006年以来，东南亚海盗活动有所减少。多层次的合作机制在打击东南亚海盗方面发挥了重要作用。

打击东南亚海盗的合作机制从不同的层面分，可以包括以下几种：

1. 马六甲海峡沿岸三国的合作

马六甲海峡位于东南亚马来半岛与苏门答腊岛之间，是连接、沟通太平洋与印度洋的国际水道，也是亚洲与大洋洲的十字路口。海峡全长约1 080千米，东南部最窄处只有37千米，全球贸易中的1/3的货物运输和差不多一半的石油运输都要经过这里，年过往的商船超过6.3万艘。马六甲海峡的重要地理位置促使沿岸三国马来西亚、新加坡和印度尼西亚从20世纪50年代起就分别对海峡提出主权的要求。1971年，三国终于对海峡的航行权问题达成协议，具体内容如下：马六甲海峡的航行安全是三个沿海国的责任，需要三个国家的合作；为了达到最大限度的合作，相关国家应建立一个只包含三个沿海国家的协调主体；航行的安全和海峡的国际化是两个不同的问题。② 1992年年初，三国商定开展反海盗联合行动，以遏制马六甲海峡和新加坡西南面菲力浦通道上的海盗活动。三国的海军和警察部队开始汇编和分享有关情报，建立了交流网络，组织联合巡逻，扫荡海盗据点，并且在吉隆坡建立了反海盗中心，向航行在该地区的船只及军警通报海盗活动情况。三国还协商建立了一个联合监视系统，以加强该地区海上航行的安全。③ 2001年2月，新加坡和印度尼西亚达成协议，允许对方在己方海域内追捕海盗，新加坡还允许印度尼西亚海员到在新加坡注册的船舶上工作，以减少印度尼西亚海员迫于

---

① 胡城军．评海盗罪的确立对普遍管辖制度的作用．湖南社会科学，2007（2）．

② Yaacov v. 1982，the Malacca/Singapore Straits，22 Asian Survey 7：610.

③ 陆建人．东盟国家的安全合作及几点看法．战略与管理，1999（4）．

贫困而从事海盗活动的可能性。自2004年7月起，三国海军共出动17艘巡逻舰在马六甲海峡相关海域举行代号为“MASINDO”联合巡逻；2005年，印度尼西亚和马来西亚共同推出一项代号为“古利塔2005”的海上巡逻计划，增加两国在海峡地区的海军和空军巡逻。[①] 可以说，马六甲海峡沿岸三国的合作，既包括信息交换，也包括海上巡逻，尤其是联合巡逻对马六甲海峡海盗的惩治是有重要作用的。如2004年的联合巡逻，当年内在该海域只发生1起海盗案就是最好的说明。

2. 东盟成员间的合作

东盟成员一直重视本地区的安全，“冷战”后，东盟成员将安全合作的目标就开始转向地区的集体安全。早在1992年的第25届东盟外长会议，就将地区安全问题正式列入议程，后来，有关开展东盟成员之间的多边安全合作以及建立东盟成员多边防务协定等建议先后被提了出来。[②] 就海盗这一非传统安全问题来说，2003年6月，东盟地区论坛发表了《关于反海盗合作及其他海上安全协议的声明》，指出与会国家和组织认识到海盗行为的恐怖袭击威胁着亚太地区和全球商业的稳定性，与会各方同意采取一系列措施解决海盗问题，包括促进双边和多边海事合作，共同抵制海盗，包括：为有需要的国家提供技术支持和基础设施建设，分享国内外相关信息；着手区域合作和培训人员来遏制海盗以确保安全；为区域合作建立一个法律构架以抗击海盗和武装抢劫船只。[③] 2003年10月的东盟首脑会议上，印度尼西亚又进一步提出建立东盟安全共同体，并通过了安全共同体计划。2004年3月东盟第二届内部会议上，《还击恐怖主义和运输犯罪》的总结报告中回顾了与会国在国际范围内所曾经采取的各种反海盗及“反恐”措施，如建立海事安全方面的协调机构、加强海上通信系统和港口设施以及指导高度专业的培训计划。一些国家在关键领域开始初步有了协议，如海关合作和指挥边境巡逻。[④] 2005年8月，马六甲海峡沿岸三国分别在吉隆坡和印度尼西亚廖内省举行了两次高官会议，专门讨论海峡安全保卫问题。海峡沿岸三国在吉隆坡初步决定，与泰国共同成立海空委员会，采取预防性措施，保障海峡安全。该委员会下设一个海事委员会，负责海上安保，另有一个代号“空中之眼”的委员会，负责空中侦察。此外，新、马、印、泰四国还可按照各自需要成立自己的指挥部，负责自身海域的巡逻。[⑤] 事实证明，这些合作对于打击海盗有重要作用。

3. 亚洲的区域合作

东南亚海盗的特点及东盟成员各自的军事实力决定了开展更大范围的合作打击海盗极其必要，相对来说，区域合作成为一种首选的方式，即在亚洲范围内开展合作治理东南亚海盗。在亚洲国家中，中国、日本与马六甲海峡利害关系最大，如从1990年至2002年间，中国85%的进口原油和日本90%的进口原油都通过这里。[⑥] 但与中国相比，日本明显表现出对马六甲海峡海盗问题的关注：1999年东盟—日本首脑会晤时，小渊惠三首次提出合作打击海盗的建议。

---

① ICC International Maritime Bureau，Piracy and Armed Robbery against Ships，Annual Report 2005，31.

② 陆建人．东盟国家的安全合作及几点看法．战略与管理，1999（4）．

③ ASEAN 2003，ARF Statement on Cooperation against Piracy and Other Threats to Malacca Strait，*Financial Times*，London（UK）：July 1，2005，7.

④ ASEAN 2004，Co-Chairs' Summary Report of the Second ASEAN Regional Forum Inter-Sessional Meeting on Counter-Terrorism and Transnational Crime，at http：//www. aseansec. org/16101. htm.

⑤ 马六甲海峡沿岸三国邀请泰国参与海峡安保，拒绝美、日、印派兵企图，http：//ido. thethirdmedia. com/article/frame. aspx? turl＝http％3a//ido. 3mt. com. cn/pc/200508/20050819135977. shtm&rurl＝ &title＝％u9A6C％u516D.

⑥ 夏林．马六甲海盗作案数占全球40％中国保卫还是协防?，http：//news. cn. yahoo. com/050817/990/2eg8i. html.

2000年4月，日本在东京主办了亚洲地区打击海盗和武装抢劫船只的地区合作大会，来自东南亚的16个国家的地区代表（包括中国香港）都参加了这次会议。而后，日本派外交官员继续接触联络相关政府，目的是在亚洲建立打击海盗的合作机制。2001年10月，日本首相小泉纯一郎正式倡议缔结《亚洲打击海盗及武装抢劫船只区域合作协议》（以下简称《亚洲合作协议》）；2004年11月4日，来自东盟10国和中国、日本、韩国、印度、斯里兰卡和孟加拉国的代表在东京缔结了该协议。按照协议规定，16个缔约国中的10个国家批准并签署协议后的3个月协议正式生效。《亚洲合作协议》已于2006年9月4日正式生效。目前有19个国家批准了协议，这些国家包括柬埔寨、日本、老挝、新加坡、泰国、菲律宾、缅甸、韩国、越南、印度及斯里兰卡、中国、文莱及孟加拉国、澳大利亚、丹麦、荷兰、挪威、英国。可见批准该协议的国家已不仅仅限于亚洲国家。《亚洲合作协议》对海盗行为及武装抢劫船只行为进行了界定，指出：海盗行为是指以下行为中的任一行为：（1）任何私人船舶或私人飞机的船员、机组成员或乘客为私人目的，对下列对象所进行的任何非法暴力行为或扣押行为，或任何掠夺行为：1）在公海上对另一船舶或对船舶上的人或财物；2）在任何国家管辖范围以外的地方对另一船舶或船舶上的人或财物。（2）在明知其为海盗船舶或飞机的情况下，而自愿参加其活动的任何行为。（3）教唆或故意便利上述两项行为的任何行为。武装抢劫船只是指下面的任一行为：（1）在缔约国对这些违法行为拥有管辖权的地方，为私人目的针对船舶或者船舶上的人员或财产所进行的任何非法的暴力行为或扣押行为，或任何掠夺行为；（2）在明知其为武装抢劫船只的情况下，自愿参与其活动的任何行为；（3）教唆或故意便利上述两项行为的任何行为。由此可见，武装抢劫船只犯罪的主体十分宽泛，犯罪地点是国家有管辖权的海域。

此外，该协议确立合作打击海盗的机制：

第一，在新加坡建立了常设性区域国际组织信息共享中心（以下简称中心）。中心由管理委员会和秘书处组成。管理委员会由每个缔约国派一名代表组成。委员会每年至少在新加坡开一次会议，秘书处由秘书长和工作人员组成。秘书长由管理委员会选举产生，负责中心的行政、日常及财务事务，执行管理委员会制定的政策及本协议的规定和管理委员会决定的其他事务。中心作为一个国际组织，其成员为《亚洲合作协议》的缔约国，中心、秘书长及秘书处的全体工作人员在驻在国享有为履行其职责所需享有的法律能力、特权和豁免。中心的职责是：管理和保持缔约国间有关海盗行为信息的迅速有效的流动；收集、整理、分析缔约国传递的有关海盗的信息，包括有关个人及跨国有组织犯罪集团的海盗罪行的有关信息，在收集、分析这些数据的基础上，准备统计数字和制作报告并将其发布给各缔约国；任何可能的情况下，如果有合理根据相信海盗威胁迫在眉睫，中心应要求各缔约国提高警惕；传播缔约国间合作的请求及相关信息等。这种组织的建立改变了《海洋法公约》的不足。至今中国、日本、菲律宾和印度的人员已走马上任。在中心里，日本与菲律宾的人员的任务是吸取各国对抗海盗的经验，以制订计划去协助提高成员国的海上抗盗能力。中国和印度的人员已投入收集、整理及分析有关海事安全信息的工作。①

第二，规定了缔约国的合作义务。这些义务可以总结为以下几方面：

其一，总的合作义务的规定。每一缔约国应根据其国内法律、规章和该国适用的国际法规则，竭尽全力采取措施履行以下义务：防止和打击海盗行为的义务，这种义务主要是要求各缔约国根据相关的国际标准和做法，特别是国际海事组织所采用的推荐做法，鼓励船舶、船主或

---

① 亚洲联手打击海盗 各国派专员参加情报分享中心，http：//www.chinanews.com.cn/gj/yt/news/2007/06-06/952193.shtml.

船舶驾驶人员，适时采取保护措施，应对海盗；逮捕海盗；抓获用于进行海盗行为的船舶或飞机；抓捕海盗人员所占据和控制的船舶，缴获船上财产；救援被劫船舶和人员。缔约国在其领土内的其他措施，不受上述这些义务条款的约束。

其二，通过中心进行的合作。每一缔约国应建立专门性机构与中心及其他缔约国合作，如应中心的请求，每一缔约国应对传递的信息进行保密，应确保其专门机构与其他权威的国内当局包括营救合作中心及有关非政府组织间稳定、高效地交流；缔约国一旦发现有海盗或者可能发生海盗，要及时通知中心和该海域的船只；应中心或其他缔约国的请求，需要给予援助时，缔约国应竭尽全力采取有效和务实的措施，落实该请求。

其三，引渡的义务。任一缔约国应根据其国内法律和法规，尽力将在其境内的海盗引渡到对这些人员具有管辖权且提出了请求的缔约国。

其四，法律协助。按照《亚洲合作协议》的规定，缔约国应根据其国内法律和法规，尽力在刑事方面进行相互间的协作，包括应另一缔约国的请求，向其提供有关海盗事件的证据。

其五，能力建设方面的协作及联合行动等方面的合作。前者包括技术协作、如教育和培训计划，共同分享经验，就后者而言，既涉及信息获取后的具体行动，也涉及一些防范措施。

其六，协商解决争端。

（二）索马里海盗活动的特点及打击对策

2007 年以来，索马里海盗成为国际社会关注的焦点。如 2007 年索马里沿岸共有 37 起海盗劫持事件，而 2008 年将近 125 起，这造成 45 艘船只被劫持。全世界 2008 年给索马里海盗赎金共 1.2 亿美金，而由此产生的间接损失是海运保险费增加和航线的变更。[①] 2009 年，在全球海盗发动的 406 次袭击事件中，有一半是索马里海盗所为，这一年，被索马里海盗扣为人质的海员有 867 名。[②] 目前索马里海盗活动出现新的特点，如明显的变化是袭击时间和区域向全时域发展。从目前掌握的情况看，海盗不仅在早晚组织出击，只要有机可乘，也在深夜和白天发动袭击；海盗的袭船手段更狡诈、诡异，由“单打独斗”向集群团伙扩展，有时海盗还采用诱骗战术，以多艘快艇佯动迷惑施救军舰，掩护其他同伙登船行动；以往海盗劫船只为求财，只要对方不采取武力反劫持和营救人质行动，一般不射杀人质，但目前海盗劫船杀人是一个值得关注的动向；此外，索马里海盗似乎已经不满足于“单纯”的海上劫掠活动，开始向“陆地大盗”转型。他们的新目标不单单是过路货轮，而且是联合国向当地运输粮食等救援物资的大卡车；海盗不仅劫持商船，也袭击军舰。[③]

鉴于索马里海盗的严重性，为了保障国际航运、海上贸易和人员安全，联合国安理会根据《联合国宪章》第七章的规定，自 2008 年 6 月通过第一份打击索马里海盗的第 1816 号决议后，又通过了第 1838（2008）号决议、第 1846（2008）号决议、第 1851（2008）号决议、第 1897（2009）号决议、第 1950（2010）号决议、第 1976（2011）号决议、第 2020（2011）号决议、第 2077（2012）号决议、第 2125（2013）号决议。安理会的这些决议的内容主要有：（1）加强合作。从合作的主体看，包括国家之间、国家与国际海事组织等国际组织之间、国家与索马里过渡联邦政府之间、国家与航运业及保险公司之间；从合作的内容看，包括情报分享、对受

---

① 俄媒．索马里海盗 2008 年共获 1.2 亿美元赎金，http：//news. xinhuanet. com/mil/2009 - 01/01/content _ 10588265. htm.

② 国际海事局称 2009 年索马里海盗发动 217 次袭击，http：//www. china. com. cn/military/txt/2010 -01/15/content _ 19240034. htm.

③ 索马里海盗出现射杀人质动向 正向陆地大盗转型，http：//www. chinadaily. com. cn/hqjs/gjfw/2010 - 03 - 24/71271. html.

到海盗或武装劫匪威胁或攻击的船只提供支援、对索马里提供技术援助。(2) 进入索马里管辖领域打击海盗及武装抢劫行为。第1816（2008）号决议决定自2008年6月2日起为期6个月内，在过渡联邦政府事先知会联合国秘书长的情况下同过渡联邦政府合作打击索马里沿海海盗和武装抢劫行为的国家，可进入索马里领海打击海盗。第1851（2008）号决议决定从第1846（2008）号决议通过之日起12个月内，上述国家和组织，应过渡联邦政府的请求，可以在索马里境内采取一切必要的适当措施，镇压海盗行为和海上武装抢劫行为。[①] (3) 惩治海盗。包括对海盗订立刑事罪名，确立管辖权，并接收被移交的以武力或武力威胁或任何其他形式的胁迫手段扣押或控制船只的责任人或嫌疑人，并在适当案件中积极考虑按照适用的国际法，起诉海盗嫌疑人。目前，美国、北约、欧盟、中国、韩国、印度、日本等国家及组织已派军舰赴亚丁湾、索马里海域。(4) 设立索马里特别法庭，包括在索马里境外设立一个反海盗特别法庭，以审判索马里和该区域的海盗嫌犯。根据安理会决议，美国、北约、欧盟、中国、韩国、印度、日本等国家及组织派遣了军舰赴亚丁湾、索马里海域。

此外，2009年1月26日，在国际海事组织的召集下，来自西印度洋，亚丁湾及红海地区的17个国家在吉布提召开会议，最后通过了《关于打击西印度洋及亚丁湾地区海盗和海上武装抢劫行为的守则》(简称《吉布提行为守则》)。《吉布提行为守则》要求签署国依据国际法进行全面合作，通过国家联络点和信息中心系统分享和报告相关信息；确保逮捕并起诉实际进行或打算进行海盗或海上武装抢劫行为的人员。守则还规定了共同行动的责任。[②]

课后复习

1. 不定项选择题

(1) 根据《海洋法公约》规定，各国军舰在公海上如果发现外国船舶有从事《海洋法公约》规定的某些国际性犯罪行为时有权登临床检查。下列哪些船舶可以成为登监的对象？(　　)

A. 外国渔船　　B. 外国军舰　　C. 外国商船　　D. 未挂任何船旗的船舶

(2) 甲国军舰“克罗将军号”在公海中航行时，发现远处一艘名为“斯芬克司号”的商船，悬挂甲国船旗。当“克罗将军号”驶近该船时，发现其已换挂乙国船旗。根据国际法的有关规则，下列哪些选项是错误的？(　　)

A. “斯芬克司号”被视为悬挂甲国船旗的船舶

B. “斯芬克司号”被视为具有双重船旗的船舶

C. “斯芬克司号”被视为无船旗船舶

D. “斯芬克司号”被视为悬挂“方便旗”的船舶

(3) 由于甲国海盗严重危及国际海运要道的运输安全，在甲国请求下，联合国安理会通过

① 联合国安理会通过的每个关于打击索马里海盗的决议都有特定的时间限制，如第1816（2008）号决议决定自2008年6月2日起为期6个月内，在过渡联邦政府事先知会联合国秘书长的情况下同过渡联邦政府合作打击索马里沿海海盗和武装抢劫行为的国家可进入索马里领海打击海盗。在每一个决议规定的时间到期后，新的决议会进一步延长授权时间，如第2125（2013）号决议规定：经第1897（2009）号决议第7段、第1950（2010）号决议第7段、第2020（2011）号决议第9段和第2077（2012）号决议第12段延长的授权再延长12个月，索马里当局已为此事先知会联合国秘书长。

② IMO在吉布提通过关于打击海盗及武装抢劫行为守则，中国海洋法学评论，2009（2）：154.

决议，授权他国军舰在经甲国同意的情况下，在规定期限可以进入甲国领海打击海盗。据此决议，乙国军舰进入甲国领海解救被海盗追赶的丙国商船。对此，下列哪一选项是正确的？（　　）

A. 安理会无权作出授权外国军舰进入甲国领海打击海盗的决议

B. 外国军舰可以根据安理会决议进入任何国家的领海打击海盗

C. 安理会的决议不能使军舰进入领海打击海盗成为习惯国际法

D. 乙国军舰为解救丙国商船而进入甲国领海属于保护性管辖

2. 名词解释

(1) 公海。

(2) 公海自由原则。

(3) 海盗行为。

3. 简答题

(1) 简述《海洋法公约》规定的公海自由的具体内容。

(2) 简述公海上管辖权的种类以及具体内容。

(3) 我国应如何应对海盗行为以及海上恐怖活动？

第十二章
国际海底区域

提 要

国际海底区域，即为公海海底区域，包括各国大陆架以外的海床、洋底及其底土。国际海底区域及其资源是人类的共同继承财产。

国际海底区域法律制度，从 1970 年联合国大会通过的《关于各国管辖范围以外海床洋底及其底土原则宣言》开始，经 1982 年《海洋法公约》通过，已经具备了一个基本的体系。其基本内容主要包括：支配国际海底区域的原则、国际海底区域的开发制度和国际海底区域的管理机构。

1970 年以后在海底委员会和第三次海洋法会议上，围绕着谁有权勘探开发国际海底区域内的资源，广大发展中国家主张“单一开发制”，而美国、苏联等发达国家主张国际注册制和执照制。经过激烈争论，最终达成协议，采取平行开发制度。

与国际海底勘探开发制度具有同等重要性质的是国际海底机构——国际海底管理局。国际海底管理局对于深海底开矿活动拥有专属的权力，其基本原则是“以所有成员国主权平等的原则为基础”。管理局设大会、理事会和秘书处为主要机关。

1994 年 11 月 16 日《海洋法公约》正式生效。在此之前的 7 月 28 日，联合国大会通过了《关于执行〈海洋法公约〉第十一部分的协定》，实质上对《海洋法公约》所确立的国际海底区域法律制度进行了修改。时至今日，国际海底区域资源探矿和勘探等相关制度取得了新的进展。

国际海底区域资源开发机遇与挑战并存，海底资源开发对周围环境造成了一些影响，因此必须实行海底开发与海洋环境保护并重的制度，在进行海底资源开发时应始终坚持海洋环境保护原则。

重点问题

1. 国际海底区域的法律地位及人类共同财产原则的含义。
2. 国际海底区域法律制度的基本内容。
3. 国际海底资源的平行开发制度。
4. 国际海底区域管理机构的组成及职能。
5. 《海洋法公约》第十一部分的修改内容和意义。
6. 国际海底区域资源开发与海洋环境保护的关系。

第一节　国际海底区域制度的产生

一、国际海底区域制度产生的背景

世界海洋总面积约 3.61 亿平方千米，占地球表面的 71%。假定所有沿海国家都依据《海洋法公约》的有关规定，主张 200 海里专属经济区，则国家管辖的海域面积约为 1.09 亿平方千米，国家管辖范围以外的国际海底区域面积约为 2.52 亿平方千米，占地球表面的 49%。这一广阔区域内蕴藏的丰富战略金属、能源和生物资源是全人类的共同继承财产，是 21 世纪重要的陆地可接替资源。目前国际上预测以下几种深海资源在 21 世纪具有商业开发前景：多金属结核，广泛分布于水深 4 000 米～6 000 米海底，资源总量达 3 万亿吨；富钴结壳，产出在水深 1 000 米～3 000 米的海山上，最大厚度二十多厘米，富含钴、铂等战略矿产；海底热液硫化物，分布于水深数十米至 3 500 米，主要出现在两千多米水深的大洋中脊和断裂活动带，是具有远景意义的海底多金属矿产资源；气体水合物，世界各大洋中天然气水合物的总量大约相当于全世界煤、石油和天然气等总储量的两倍；生物基因资源，深海生物广泛分布于国际海底，其体内的各种活性物质在食品加工、医药等领域具有广泛的应用前景。

早就有海洋学者预言："谁控制了海洋，谁就控制了一切。"地球上的陆地部分，除南极洲之外已成为各国的国土。海洋则不同，海洋的大部分仍为世界公有，只有沿海部分被沿海国家以领海、专属经济区、大陆架等形式划定为管辖区域，因此，海洋既是沿海国家的"国土"，又是世界各国的"公土"。国土主要是领海和内水，在一定意义上还包括专属经济区和大陆架。公土包括公海和国际海底区域。公海海底区域，包括各国大陆架以外的海床、洋底及其底土，被称为国际海底区域。占世界海底总面积 60%以上的、幅员辽阔的深海海底，多少世纪以来并未引起国际间的特别重视。在 20 世纪初，人们已经开始注意有关公海的海底及其底土的法律地位，并在第二次世界大战结束后，对此问题进行了讨论。例如，联合国国际法委员会于 1951 年进行过研究，但就当时的科学技术发展水平，具有开发和利用实际价值的公海海床及其下底土，基本上处于现今的大陆架的范围以内；1958 年第一次联合国海洋法会议制定的《公海公约》，并没有明确指出其适用于深海海床、洋底及其底土。我国的王铁崖教授指出："1958 年第一次海洋法会议在讨论和通过公海公约时，始终没有对深海海底的开发问题展开讨论，甚至在讨论公约关于公海自由的第 2 条时也没有提到这个问题。"①

20 世纪 60 年代以后，情况发生了巨大的变化。由于意识到大陆架以外的深海海底要进行商业开发，各国间开始了对海洋资源权利的竞争。一些海洋大国和超级大国利用其掌握的技术和资金优势，抢先开发工业需要的深海海底资源，并且极力主张在深海海底应实行"海洋自由"的原则；而独立后的广大第三世界国家，在强烈要求政治上与其他国家处于平等地位的同时，渴望在经济上获得真正的独立，希望建立公正的国际经济新秩序。第三世界国家清醒地意识到，如果深海海底的资源被少数技术先进的富国所占有，将使穷国与富国之间更加贫富悬殊，将使海底矿物的陆产国的利益受到损害。因此，第三世界国家认为深海海底的勘探和开发应造福于全人类，并进行国际管制；并积极主张在深海海底确立一项新的海洋国际法律制度。

---

① 王铁崖．论人类的共同继承财产的概念．中国国际法年刊．北京：中国对外翻译出版公司，1984：38.

深海海底的法律制度被郑重地提上了国际议程。

二、国际海底区域制度形成的历史过程

1967 年 11 月 1 日，马耳他常驻联合国代表帕多大使在联合国大会第一委员会上正式提出：深海海底蕴藏着非常丰富的资源，随着技术革命的迅速发展，其勘探和开发已成为可能，而这种资源不属于任何国家所有。他强烈反对经济技术和军事上的强国对深海海底资源的霸占，并建议联合国宣布国家管辖范围以外的海床洋底及其资源是人类的共同继承财产；这一区域的开发和利用只限于和平目的并造福于全人类，应置于国际机构的管制下。帕多的建议直接推动了国际组织开始修订海洋法的活动，而“人类共同继承财产”这一概念从此与帕多的名字连在一起。

1967 年 12 月 18 日第二十二届联合国大会（以下简称“联大”）通过决议[①]，“确认全人类在构成地球主要部分的海底方面有共同利益”，利用海底要符合《联合国宪章》，符合维护世界和平与安全及全人类的利益，要保护海底，防止可能损害人类共同利益的行动及开发；并设立了由 35 国代表组成的海底特设委员会。海底特设委员会于 1968 年召开了 3 期会议，但没有取得实质性成果。

1968 年 12 月 21 日，第二十三届联大通过决议[②]，成立由 42 个成员方组成的“和平利用国家管辖范围以外海床洋底委员会”（简称“海底委员会”），以替代海底特设委员会。海底委员会于 1969 年 2 月正式成立后，建立了法律小组委员会和经济与技术小组委员会，依据联大决议审议国际海底用于和平和人类福利问题，研究国家管辖范围以外海床洋底及其底土的资源的法律地位、适用的国际法原则和规范，以及国际海底区域开发引起的污染等问题。海底委员会在 1969 年召开了 3 期会议，向第二十四届联大提交了一份工作报告。

1969 年第二十四届联大根据海底委员会的报告，通过了关于国际海底的第 2574 号决议。该决议包括 4 项内容：（1）关于调查成员国召开海洋法会议的意见的决议；（2）关于海底委员会继续工作的决议；（3）关于研究国际机构问题的决议；（4）暂停深海洋底资源开发的决议。第四项决议，即著名的“暂停”决议，在维护国际海底区域及其资源是人类共同继承财产这一重要原则上具有重大意义。该决议宣布，在开采深海资源的国际制度建立之前：（1）所有国家和个人，不论其为自然人或法人，均不得对国家管辖范围以外海床洋底及其底土的资源进行任何开发活动；（2）对该区域任何部分或其资源的权利主张概不承认。该项决议的草案由一些拉美国家以及斯里兰卡、科威特、喀麦隆等亚洲和非洲 12 个发展中国家提出，目的是在建立一项深海底国际制度之前，冻结开发活动以及冻结对深海底的权利主张，对于以后国际海底制度的形成具有重大意义。

1970 年海底委员会召开了两期会议。在此期间，亚、非、拉 15 个发展中国家提出了一项《关于各国管辖范围以外海床洋底及其底土原则宣言》的决议草案（即巴尔托提案）；美国提出了《联合国国际海底区域公约草案》和《国际制度的工作文件》；法国提出了《建议草案》。上述建议案对于国际海底法律制度的基本原则、勘探开发管理制度和国际机构等问题都提出了一些建议。

① 即联大第 2340 号决议．

② 即联大第 2467A 号决议．

三、“人类的共同继承财产”原则的确立

“从理论上说，很早就有人想把人类的遗产的概念应用到海洋来。”[①]

尽管对国际海底制度的形成仍有许多争议，但是经过努力，1970 年 12 月 17 日第二十五届联大终于通过了著名的 2749 号决议——《关于各国管辖范围以外海床洋底及其底土原则宣言》(以下简称《原则宣言》)。《原则宣言》对于国际海底区域及其资源的性质和法律地位、国际海底区域的管制、各国的相应权利与责任、科学研究和环境保护的国际合作，都作出了明确的规定。它是现代国际海洋法的一个重要的文件，为行将建立的国际海底制度奠定了法律基础。

《原则宣言》首先在序言中称：国家管辖范围以外的海床洋底区域的确切界限尚待确定，现有公海法律制度中并无管制上述区域及其资源的勘探和开发的实体规则，因而必须建立一项适用于上述区域的国际制度，包括适当的国际机构。

《原则宣言》郑重宣告：

(1) 国家管辖范围以外海床洋底及其底土以及该地域的资源为全人类共同继承之财产。

(2) 任何国家和个人，不论是自然人还是法人，均不得以任何方式将该地域据为己有，任何国家不得对该地域之任何部分主张或行使主权或主权权利。

(3) 任何国家和个人，不论自然人或法人，均不得对该地域或其资源主张、行使或采取与行将建立之国际制度基本宣言各项原则相抵触的权利。

(4) 所有关于探测及开发该地域资源的活动以及其他有关活动，均应受行将建立的国际制度管制。

(5) 各国在该地域的行动，应遵照适用的国际法原则及规则，包括《联合国宪章》及 1970 年 10 月 24 日大会所通过的“关于各国依联合国宪章建立友好关系及合作制”的国际法原则，以期维持国际和平与安全，并增进国家合作与相互了解。

(6) 该地域应保留专供和平用途，但不妨碍国际裁军谈判已经或可能协议采取并可能对更广泛范围适用之任何措施。应尽速缔结一项或多项国际协定，以期有效实施本原则。同时作为一个步骤不使海床洋底及其下层地土壤发生军备竞赛。

(7) 依据本宣言的各项原则，应以一项普遍协议的世界性国际条约建立适用于该地域及其资源的国际制度，包括负责实施其各项规定的适当国际机构。此项制度除其他事项外，应规定该地域及其资源的循序安全发展与合理管理及扩大其使用机会，并确保各国公允分享由此而来的各种利益，同时应特别顾及发展中国家的利益与需要，不论为内陆国或沿海国。[②]

《原则宣言》是一项有着重大历史意义的决议，它首次以联大决议的形式，宣告了国家管辖范围以外的海床洋底及其底土以及该区域的资源，为“人类共同继承财产”；《原则宣言》确立的国际海底区域及其资源为人类共同继承财产的原则，开始成为国际上的一项法律原则，这在嗣后的一些国际文件中得到了反映。“七十七国集团”第二次部长级会议于 1971 年 8 月 8 日通过的关于海洋资源的决议中，就重申了“国家管辖范围以外的海床及其底土的区域以及该区域的资源是人类的共同遗产”。尤其是 1974 年 12 月 12 日第二十九届联大通过的《各国经济权利和义务宪章》中明确规定：“国家管辖范围外的海床洋底及其底土，以及该海域的资源，是人类共同继承的财产。”更为重要的是，《原则宣言》对于《海洋法公约》最终确认和发展国际海底区域及其资源的法律原则和地位具有重大意义。自《原则宣言》通过后，“人类的共同继

① 中国国际法年刊：44.

② 海洋法资料汇编．北京：人民出版社，1974：116－117.

承财产”的提法不再是海底委员会和第三次海洋法会议争论的焦点，关于国际海底区域制度的争论集中在国际海底的基本制度、国际机构和具体开发制度。

第二节　国际海底区域的法律地位

1982年《海洋法公约》规定：国际海底区域及其资源“是人类的共同继承财产”；“任何国家不应对‘区域’的任何部分或其资源主张或行使主权权利，任何国家或自然人或法人，也不应将‘区域’的任何部分据为己有”；“对区域与其资源的一切权利属于全人类”，由国际海底管理局“代表人类行事”①。

《海洋法公约》的上述规定，明确了国际海底区域的法律地位，即国际海底区域不同于地球上任何其他种类的海域（领海、专属经济区、大陆架或公海），不得由任何国家据为己有或由任何国家自由开发，而是人类的共同继承财产；在国际海底区域内的开发活动应为全人类的福利而进行，不论各国的地理位置如何，也不论沿海国或内陆国，并特别考虑发展中国家和未取得完全独立或其他自治地位的人民利益的需要；国际海底管理局代表全人类管理国际海底区域，该管理局在不歧视的基础上，公平分配从“区域”内活动取得的财政及其他经济利益。②

一、国际海底区域是人类的共同继承财产

（一）“人类的共同继承财产”是一个法律概念

“人类的共同继承财产”最早由帕多提出，“所以帕多被称为当代海洋法的创始人是不无道理的”③。而第二十五届联大通过的《原则宣言》宣布，各国管辖范围以外的海床洋底及其底土以及该区域的资源为人类的共同继承财产，才正式产生了一个新的国际法概念——“人类的共同继承财产”。这一概念在1982年《海洋法公约》中，再次得到重申。不仅如此，这一概念除了应用于国际海洋法领域之外，已开始应用于外层空间法等国际法的其他领域④，并且多次载入国际文件之中。《海洋法公约》在宣布国际海底区域及其资源是人类的共同继承财产之后，列举了一系列更为具体的原则，表明“人类的共同继承财产”这一概念，包含特定的法律原则。总之，“人类的共同继承财产”的出现，不仅给国际海洋法领域增添了一个新的概念，而且对国际法律关系和国际经济秩序日益产生影响。对于它的重大作用，一些学者包括西方学者在内，在一开始就已预感到。法国的杜比伊就曾经说过：人类的共同继承财产的能力是远不可忽视的，它是富有成果的神话，一个别开生面的现实的先兆。人们清楚地看到，它之所以能有如此的力量，就在于它是顺乎历史潮流的产物。

（二）“人类的共同继承财产”的含义

1970年《原则宣言》、1974年《各国经济权利和义务宪章》以及1982年的《海洋法公约》，都没有给“人类的共同继承财产”直接下一个明确的定义，因此，一些学者按照自己的

① 《海洋法公约》第136、137条.

② 参见《海洋法公约》第138、140、141条.

③ 王铁崖．人类共同继承财产原则：26.

④ 1963年联大通过的《各国探索和利用外层空间的法律原则宣言》和1967年的《关于各国探索和利用外层空间活动的原则条约》中，虽未明确提出人类共同继承财产的概念，但其中提出的一些原则，如为全人类谋福利、禁止国家据为己有等，与该概念有关。

理解对它作出解释。例如，日本鹫见一夫等认为，“人类的共同继承财产”的概念由下列五个要素组成：(1) 不得占有、不可分割、不可转让；(2) 只能用于和平目的；(3) 交付给下一代；(4) 为全人类的利益进行分配；(5) 国际管理（由国际机构进行管理）。印度的R. P. 阿南德将“人类的共同继承财产”所包括的内容归纳为：(1) 国家管辖范围以外的海底的不可据为己有性和不可分割性；(2) 对共同财产的勘探和开发活动的国际管制；(3) 各国公平分享收益而不论其地理位置如何；(4) 通过、使用和航行自由；(5) 海底只用于和平目的；(6) 国际合作。苏联的P. B. 杰卡诺佐夫认为，“人类的共同继承财产”由空间和资源两个部分构成，从空间的角度来看，可概括为不得据为己有、不得让渡、一切权利属于全人类、勘探和开发应为全人类的利益而进行。

中国代表于1972年7月27日在海底委员会第一个小组委员会上曾谈道：“在‘原则宣言’中曾包括一些过去国际上没有规定过的新概念，例如，关于人类共同遗产，对这个概念，我们听到了各种各样的解释。我们认为，国际海底区域及其资源既然在各国管辖范围以外，原则上应为世界各国人民所共有，也就是说，不能允许海洋霸权主义国家任意霸占各国管辖范围以外的区域和掠夺这个区域的资源。”

“人类的共同继承财产”这一概念中，“人类”是指作为整体的人类，它既包括当代的人们，也包括后世的子孙。这就要求，当代的人们可以利用“共同继承财产”这一从自然界所得的财富并使之造福于全体人类，同时还要保护它，不得滥用它，以便后世子孙们能够继续利用它并得到应有的利益。

由于一系列国际文件，特别是《海洋法公约》的制定，“人类的共同继承财产”概念的一些重要法律特征即不得据为己有、实行国际管理、各国公平分享其收益、为全人类利益和和平目的而利用等得到了具体体现。在国际海洋法领域中，“人类的共同继承财产”概念的确立，使得那些想要在国际海底区域实行“公海自由”原则，想将国际海底资源作为“无主物”（对无主物可谁占谁得）或“共有物”（对共有物共有人谁都可任意使用和享受）的一厢情愿的希望，必将成为泡影，它给国际海底及其资源今后得以造福于整个人类，开辟了途径。

二、国际海底区域的法律制度

国际海底区域的法律制度，从1970年《原则宣言》开始，到1982年《海洋法公约》通过为止，已具备了初步的基本体系。随着国际海底开发实践的不断发展，它也和其他国际法律制度一样，会有变化和发展。

《海洋法公约》的第十一部分（关于国际海底区域的部分），首先将国际海底区域及其资源是人类的共同继承财产这一原则确定下来，同时根据这一原则，制定了一系列在国际海底区域内应遵循的行为规则，构成国际海底区域法律制度的基本内容。从这一部分的体系来看，它主要包括三个方面：支配国际海底区域的原则、国际海底区域的开发制度和国际海底区域的管理机构。

（一）不得据为己有原则

从国际海洋法角度来说，国际海底及其资源的所有权属于全人类，属于整体的国际社会，而不能归任何国家、自然人和法人所有。《海洋法公约》第136条规定，“‘区域’及其资源是人类的共同继承财产”；第137条规定，“任何国家或自然人或法人，除按照本部分外，不应对‘区域’矿物主张、取得或行使权利，否则，对于任何这种权利的主张、取得或行使，应不予承认”。人类的共同继承财产都不同于一般的所有权，国际海底及其资源所有者是单一的主体——整体的人类，而不是为世界上各个国家共有或者按份额共有。因此，这是一种新的所有权形式。

“区域”内的“资源”是指“区域”内在海床及其下原来位置的一切固体、液体或气体资源，其中包括多金属结核。[①] 由于“区域”内的资源是不得据为己有之物，它“不得让渡”，不能成为让渡的对象。对“区域”内资源的一切权利属于全人类，而这种权利由国际海底管理局来代表全人类行使。从“区域”内回收的矿物，只可按照本部分和管理局的规则、规章和程序予以让渡。对上述矿物主张取得和行使权利，也必须符合《海洋法公约》的规定，否则，对于任何这种权利的主张、取得或行使，应不予承认。对上述矿物的让渡，要严格限制在《海洋法公约》和管理局的规则、规章和程序的范围之内。国际海底区域是任何国家或自然人或法人不得据为己有的地方，在这里发现的考古和历史文物，虽不属于“资源”之内，但也不同于一般的“无主物”而由先占者据为己有。《海洋法公约》认为，在区域内发现的一切考古和历史文物，应为全人类的利益予以保存或处置，但应特别顾及来源国或文化上的发源国或历史和考古上的来源国的优先权利。

（二）实行国际管理

对国际海底区域及其资源实行国际管理，由其作为全人类的共同继承财产的法律性质所决定。而这种管理，由为管理国际海底区域而专门设置的特定国际机构——国际海底管理局来承担。对“区域”内资源的一切权利属于全人类，由管理局代表全人类行使。管理局由各缔约国所组成，国际海底区域资源的一切勘探和开发活动，都应由管理局予以安排、进行和控制。[②]

（三）为全人类的利益而利用

国际海底区域法律制度的一个突出特点是在为全人类的利益而利用。但是，考虑到发展中国家在经济和技术方面的落后状况及财力和物力的不利地位，对发展中国家特别予以照顾。这一点在一定程度上贯穿在各方面的规定之中。《海洋法公约》第 141 条规定，国际海底区域应开放给所有国家，不论是沿海国或内陆国，不加歧视，所有国家都享有按照该公约进行勘探和开发国际海底的权利。为扩大发展中国家按照该公约参加国际海底区域资源的勘探和开发活动的机会，该公约还规定管理局应采取措施促进和鼓励向发展中国家转让这种技术和科学知识，使所有缔约国都从中得到利益。同时，为促进发展中国家有效参加区域内活动，并适当估计其特殊利益和需要，尤其是其中的内陆国和地理不利国在克服不利位置，包括距离区域遥远和出入区域困难而产生的障碍方面的特殊需要。该公约的上述规定不仅使发展中国从法律上享有与发达国家同样利用国际海底的权利，而且为它们在事实上具有勘探和开发上述区域内资源的可能，创造了一定条件。

国际海底区域的勘探和开发活动要造福于全人类，顾及各国的利益，更不能损害各国的利益。《海洋法公约》第 140 条指出，勘探和开发国际海底区域内资源的活动，应“为全人类的利益而进行，不论各国的地理位置如何，也不论是沿海国或内陆国，并特别考虑发展中国家和尚未取得完全独立或其他自治地位的人民的利益和需要”。此外，国际海底区域资源的勘探和开发活动要考虑到海洋环境保护，应采取必要措施，以确保切实保护海洋环境，使其不受这种活动可能产生的有害影响。具体来说，就是要防止、减少和控制对包括海岸在内的海洋环境的污染和其他危害，并防止干扰海洋环境的生态平衡；保护和养护海底的自然资源并防止对海洋中动植物造成损害。

① 参见《海洋法公约》第 113、137 条.

② 参见《海洋法公约》第 137 条.

（四）为和平的目的

《海洋法公约》第 141 条规定，各国对国际海底区域的利用应该是专为和平目的，将国际海底区域用于军事目的，是不符合各国普遍接受的国际海底制度的。《海洋法公约》要求各国对区域的一般行为，应按照本部分的规定、《联合国宪章》所载原则以及其他国际法规则，以利于维护和平与安全，促进国际合作和相互了解。《海洋法公约》还特别对国际海底区域的海洋科学研究作出规定，以防止借科学研究之名进行军事活动。

第三节　国际海底区域的开发制度

国际海底区域的开发制度，是整个国际海底区域制度的核心问题，是体现“人类的共同继承财产”原则的关键所在。1970 年以后在海底委员会和第三次海洋法会议上，围绕着国际海底问题的主要争论点是谁有权勘探开发国际海底区域内的资源。以“七十七国集团”为代表的广大发展中国家同以美国、苏联为代表的发达国家各自提出了对立的主张。经过 6 年的争论，直到 1976 年以后双方才基本上达成妥协，同意采取平行开发制。

一、关于国际海底区域开发制度的争论

1970 年《原则宣言》中确立了国际海底区域及其资源的开发制度的总的出发点：国家海底区域及其资源的开发，应以全人类的福利为前提，不论国家的地理位置为内陆国家或沿海国，同时应特别顾及发展中国家的利益与需要。为实现上述要求，制定一项什么样的开发制度，特别是围绕谁有权勘探开发国际海底资源，是第三次联合国海洋法会议协商讨论的重要问题，也是在国际海底区域制度上第一个发生争论的问题。

（一）单一开发制

广大发展中国家根据国际海底及其资源是全人类的共同继承财产的原则，主张国际海底资源的开发应在严格的国际控制之下进行，应由代表全人类的国际海底机构统一进行开发。这就是单一开发制。1974 年“七十七国集团”“关于勘探和开发国际海底资源的基本条件”的提案，明确提出国际海底及其资源的所有权属于行将成立的国际海底管理局，只有管理局作为人类的代表才有资格对国际海底资源行使一切权利。这种国际机构应该拥有广泛的权力，以全人类的名义对国际海底资源的勘探、开发、加工和销售等一切活动进行控制。任何国家及其公、私营企业都无权勘探开发国际海底资源。

单一开发制是“人类的共同继承财产”原则适用于国际海底及其资源的真正体现，它能阻止少数海洋大国利用其经济和技术力量的优势对巨大的深海底资源进行掠夺，使在国际机构管辖下的开发和利用国际海底活动遵循国际法原则，真正为全人类谋福利和用于和平目的。但是，当时只有少数发达国家拥有海底开矿技术、设备和资金，大多数国家还不具备这种能力，由各国组成的国际机构也缺乏独自开发国际海底的条件，因此，实行单一开发制还有困难。

（二）国际注册制和执照制

这两种主张代表了美国、苏联等一些海洋工业发达国家的立场。

1. 国际注册制 。这种主张认为各国都有权自行勘探和开发国际海底资源。各国把该国公、私营企业已经开发或预定开发的国际海底区域及活动通知国际机构，国际机构只行使登记注册职能，在履行了登记注册手续后，该国勘探和开发某一块国际海底区域的权利即得到承认。按

照这一主张，国际机构的权力非常弱小，只能行使消极的职能，如规定申请区域最大面积、申请书的有效期限、登记注册金额、环境保护和安全规则，以及行使一些仲裁职能。

美国很早就提出了注册制。1969 年美国给海底委员会的提案就主张只要符合一定的国际标准和程序，国际机构应对各国开发深海底的申请予以注册。注册制的实质是将公海自由制度运用到了国际海底，对于从事海底开矿的国家极为有利。该制度无视世界上其他所有国家的利益，明显违背了“人类共同的继承财产”原则，支持者寥寥。因此，美国以后就转而主张执照制。因此，在第三次海洋法会议第一委员会上，主要是单一开发制和执照制之争。

2. 执照制。这种主张承认国际机构对国际海底资源的勘探开发有专门的管辖权，但是各缔约国在同国际机构签订协定后可以有勘探和开发国际海底的权利。国际机构必须严格按照事先制定的详细的国际规则颁发执照，不得任意作出决定。缔约国、自然人和法人提出申请后，只要符合了一定条件，国际机构就应该颁发执照；申请开矿者须向国际机构缴纳申请费，在商业性生产开始后缴纳生产费；执照有一定的有效期限，到了期限未能开始商业生产，执照要被撤销。执照制的主张表面上看似乎比注册制强调国际机构对勘探和开发国际海底资源的管辖权，并规定了海底开矿企业更多的财政义务，但在实质上同注册制并无本质差别，它同样是要削弱国际机构的权力，支持各国自由开采国际海底矿产。

二、平行开发制度的产生

从 1970 年 8 月到 1971 年 10 月，各国共在海底委员会提出了 11 项关于国际海底矿产资源开发制度的提案。这 11 项提案中发达国家提出了 7 项（美国、英国、法国、苏联、波兰、加拿大和日本的提案），发展中国家提出了 3 项（坦桑尼亚、马耳他以及智利等拉美国家的提案），包括发展中国家和发达国家在内的 7 个内陆国和架锁国联合提出的一项议案。①

在关于“谁可以开发国际海底区域”的问题上，11 项提案基本上可分为三类：一是主张国际机构拥有开发权（单一开发制），二是主张建立权力微弱的国际机构（国际注册制和执照制），三是两种主张的调和。

第一类主张以智利等 13 国提案为代表。提案坚决主张建立一个强有力的拥有广泛权力的国际管理局。国际海底区域的一切开发活动都应该由管理局管辖。国际管理局设立企业部，企业部被授权“进行一切有关勘探国际区域和开发其资源的技术、工艺和商业活动”。管理局负责规定共同遗产收益的办法，如有必要，有权中止海底生产，或者规定产品的价格。

第二类主张以美国为代表。美国提案主张国际海底区域应该开放，供所有国家不受歧视地使用，在该区域所有勘探和开发活动要经海底资源管理局颁发执照；加拿大提案基本上赞同建立微弱的颁发执照的国际机构，国际机构具有较大的监督和管辖权，并且在将来可能具有开采权。提案强调国际机构的权限要小，鼓励私人和国家开采投资，以便从人类共同的继承财产中提取最大的收益。

在 1975 年第三次海洋法会议第三期会议上，尽管主张上述两类提案的广大发展中国家与发达国家之间在开发制度上仍存在重大分歧，但双方都作出一些让步，会议通过的《非正式单一协商案文》反映了这个情况。案文第 22 条第 1 款规定海底区域的一切勘探开发活动由国际海底管理局进行，但同条第 2 款又规定管理局被授权通过国家企业和国家有效控制的自然人和法人等其他实体进行上述活动。这表明发展中国家已经赞成除了管理局企业部外，其他的实体

① 魏敏主编．海洋法：239.

在得到管理局允许之下也可以从事对国际海底的开发。

在这期会议上，美国提出了“保留制度”，即申请者须向国际管理局提供两个矿址，管理局指定其中一个矿址由他单独开发或与某企业联合开发，联合开发企业中的财政条件和技术转让将通过谈判决定，不能由管理局强制规定；另一块矿址，由管理局向申请者颁发执照，由申请者开发，只要申请者符合一定的条件就有权获得执照。国际机构无权控制海底矿产的价格和生产率。发展中国家认为“保留制度”将损害“人类共同的继承财产”原则，拒绝了美国的建议。

1976年4月6日，美国国务卿基辛格在第三次海洋法第五期会议上发表演说，表明美国愿意为了及早地开发国际海底资源，在开发制度上作出一些“让步”。基辛格提出一项“平行开发制度”，管理局企业部和缔约国公、私营企业都可在国际海底采矿。如果各国接受这种制度，美国将资助企业部并促使私人公司把技术转让给想要开发海底矿产的发展中国家并培训其人员。基辛格的建议在发展中国家产生了一定的影响。

在1977年第三次海洋法第六期会议上，发展中国家从海洋法协商的全局出发，并为了使企业部实际上有可能进行开发活动，同意接受平行开发制度。第六期会议产生的《非正式综合协商案文》第151条规定了平行开发制，经修正后被吸收进《海洋法公约》第153条。

三、《海洋法公约》关于开发制度的规定

《海洋法公约》采取了平行开发制作为过渡时期开发国际海底矿物资源的制度。《海洋法公约》第153条和附件三第3条、第8条没有采用“平行开发制”的名称，但规定了其主要内容：

(1) 国际海底区域内的活动应由国际海底管理局代表全人类，根据公约予以安排、进行和控制。此条款规定了管理局的性质和在平行开发制中的地位。

(2) 可以从事开发活动的有企业部、缔约国或国家实体、在缔约国担保下具有缔约国国籍或由这类国家或其国民有效控制的自然人或法人。

(3) 开矿申请者须向管理局同时提出两块商业价值相等的矿址，并提交关于这两个矿址的制图、试验、锰结核丰度及金属含量的资料。管理局在45天之内应指定其中一个矿址作为保留区，留给企业部自己开发，或者同发展中国家联合开发；另一个矿址则为合同区，由申请者在同管理局签订合同后自己进行开发。

平行开发制同“人类共同的继承财产”原则不完全相符，它是少数发达国家拥有开发技术和资金而大多数国家还不具备开发能力的产物，是发展中国家和发达国家相互妥协的结果。采取这种制度的好处是：能使国际海底管理局（通过企业部）从发达国家那里得到必要的技术和经费以便实际进行开发活动；另一方面也能争取多数发达国家接受公约，在公约体制内从事国际海底矿物资源的开发。

四、国际海底资源开发制度及其政策和开发条件

（一）平行开发制度

《海洋法公约》中关于国际海底法律制度的规定包括在第十一部分“国际海底区域”以及附件三“探矿、勘探和开发的基本条件”和附件四“企业部章程”中。该公约规定：“区域”内的活动，应由管理局代表全人类予以组织、进行和控制；“区域”内的活动，应(a)由企业部进行，和(b)由缔约国或国营企业，或在缔约国担保下的具有缔约国国籍或

由这类国家或其国民有效控制的自然人或法人，或符合公约有关规定的上述各方的任何组合，与管理局以协作方式（采取合同形式）进行；而管理局应对“区域”内的活动实施必要的控制。

平行开发制度的实行是过渡性的、有条件的，其中一个重要条件就是建立对该制度的审查制度。根据该公约第 154 条和第 155 条的规定，审查的形式分为两种：一是定期审查，即从该公约生效时起，大会每 5 年应对本公约设立的“区域”的“国际制度的实际实施情况，进行一次全面和系统的审查”，大会可采取措施“以导致对制度实施情况的改进”；另一种是审查会议，即从国际海底最早的商业生产年的 1 月 1 日起 15 年后，大会应召开一次审查会议。关于审查内容，定期审查和审查会议大体是一致的，但其侧重点不同。定期审查时是对现行的用于国际海底的国际制度进行全面和系统的审查，是经常性的；审查会议审查时是对从最早的国际海底商业生产开始后 15 年期间开发制度的实施情况进行审查，包括“（a）本部分和有关附件支配勘探和开发区域资源制度的各项规定，是否已达成各方面目标，包括是否已使全人类得到利益；（b）在 15 年期间，同非保留区域相比，保留区域是否已以有效而平衡的方式开发；（c）开发和适用区域及其资源的方式，是否有助于促进世界经济的健全发展和国际贸易均衡增长；（d）是否防止了对区域内活动的垄断；（e）是否第 150 条和第 151 条所载各项经济政策得到公平的分享，特别是考虑到发展中国家的利益和需要”。

（二）国际海底资源开发的基本条件

《海洋法公约》附件三的内容实际上是规定了作为“平行开发制”一方的缔约国与管理局以外的“实体”——国营企业、私营企业与管理局签订合同，进入“区域”活动，从事国际海底勘探开发的基本条件。[①] 申请者的资格、申请程序、承包者（获准合同的申请者）转让技术和合同的财政条款是所有国家都很重视的事项，经过长期协商达成了解决方法，载入该公约之中。

该公约规定，“探矿只有在管理局收到其一项令人满意的书面承诺以后才可进行”。申请探矿者，应承诺遵守该公约和管理局关于保护海洋环境的有关规则和规章，在对企业部和发展中国家技术人员训练方案方面进行合作，“并接受管理局对于其是否遵守承诺进行查核”。申请探矿者在提出承诺的同时，应将准备进行探矿的一个或多个区域的大约范围通知管理局，“探矿应该没有时间限制”。至于勘探和开发，该公约规定，企业部和管理局外部“实体”可向管理局申请核准其在“区域”内进行勘探开发的工作计划。除企业部所提议的工作计划外，每一工作计划由管理局核准后，应采取由管理局与申请者签订合同的形式。

1. 申请者资格

根据该公约第 153 条的规定，勘探和开发国际海底资源的主体只能是：（1）国际海底管理局的企业部；（2）公约缔约国；（3）在缔约国担保下的具有缔约国国籍或由这类国家或其国民有效控制的自然人或法人。

企业部是管理局开发国际海底资源的业务机关，因此，其地位要高于开发国际海底资源的其他实体。企业部可直接进行国际海底资源的勘探和开发以及从事该区域内获取的矿物的运输、加工和销售活动，并可对国际海底的任何部分提出开发申请。

企业部申请和获准勘探开发国际海底资源的条件是：（1）勘探和开发国际海底资源的正式书面工作计划须经管理局及其法律和技术委员会核准；（2）遵守公约和管理局的规则、规章和程序；（3）提出的工作计划应随附证明其财产及技术能力的证据，即必须具备勘探和开发的资

① 刘楠来等．国际海洋法：322.

金和技术。

缔约国、自然人和法人参与国际海底资源开发活动有两种形式：一是在非保留区以与管理局签订合同的形式开采；二是在企业部表示愿意同其他实体联合开发的保留区与企业部采用联合企业或分享产品等联合安排的形式进行开采。

该公约规定，参与国际海底资源开发活动的缔约国、自然人和法人必须具备下列的资格：(1) 作为自然人和法人的申请者必须有其国籍所属的缔约国担保。如果申请者是几个国家的公司组成的跨国公司和国际财团，所有涉及的缔约国都应担保申请；如果申请者是受另一缔约国或其国民有效控制，申请者国籍所属的缔约国和控制该申请者的另一缔约国都应提出担保。担保国应确保其担保的开发合同的承包者依据合同条款和公约规定的义务进行勘探开发活动。如果承包者作出不法行为造成损害，担保国和承包者要负赔偿责任。但如果该担保国已制定合理的法律和规章并采取行政措施，则对于其所担保的承包者因不履行义务而造成的损害不负赔偿责任。(2) 申请者必须具备勘探开发国际海底资源的财政和技术能力。(3) 履行公约第十一部分的规定，管理局的规则、规章和程序，管理局各机关的决定和同管理局订立的合同。(4) 接受管理局对国际海底区域内活动的管辖和控制。(5) 遵守公约及其附件三关于技术转让的规定。

2. 申请程序

首先由企业部、申请开发的缔约国或合格的自然人或法人向管理局申请核准其在国际海底勘探和开发的工作计划，然后由管理局法律和技术委员会进行审查。委员会就工作计划中的资料充实与否以及申请区域是否符合规定等问题发表评论。如果委员会向管理局提出建议核准，管理局接到法律和技术委员会建议报告后 60 天之内必须作出核准与否的决定。如果委员会建议核准一项工作计划，在 14 天内理事会中没有任何成员向主席提出书面反对意见，则该工作计划应该被认为获得理事会核准。如果有反对意见，理事会主席应于 3 天内成立一个人数不超过 9 人的调解委员会，调解委员会应在 14 天之内向理事会提出意见。如经调解后，理事会中仍有反对意见，理事会不予核准的决定必须由申请国或担保国以外的成员国以协商一致的方式作出，否则，该工作计划就被认为已获理事会核准。

从上述决定核准的程序看，法律和技术委员会也有相当大的作用。在第三次海洋法会议协商过程中，发展中国家主张理事会对于核准工作计划拥有决定权，但发达国家担心理事会中多数意见对其不利，强调由 15 个成员方组成的法律和技术委员会的作用。这两种意见长期争执不下，最后双方达成了这种折中方案。

申请者在其勘探和开发工作计划核准后即可执行该计划。如果申请者要进行商业生产，除工作计划外，还须向管理局申请生产一定量矿物的许可，即生产许可。

3. 核准工作计划和生产许可的标准和原则

在该公约生效后 6 个月，管理局对于申请的工作计划和生产许可进行审核，以后每逢第四个月对新的申请进行审核。管理局核准的标准和原则可以归纳为下列几点：

(1) 申请者必须具备申请资格和遵循申请程序。公约附件三第 6 条第 2 款规定："管理局在审查请求核准合同形式的工作计划的申请时，应首先查明：a. 申请者是否遵守按照本附件第 4 条的申请程序……b. 申请者是否具备本附件第 4 条所规定的必要资格。"

(2) 工作计划和生产许可的申请必须要符合公约有关规定以及管理局各项规则、规章和程序。工作计划要符合公约及其附件关于作业条件、贸易贡献和有关技术转让承诺的规则、规章和程序；生产许可申请要符合公约第 152 条规定的生产限制以及管理局参加商品协定和安排。

（3）在审核生产许可申请时，管理局对于执行以前核准的工作计划有成绩、预料能较早向管理局提供财政利益、在探矿和勘探方面已尽最大努力、具备财政和技术资格的申请者给予优先考虑。

（4）对发展中国家的申请者给予照顾。公约附件三第9条第2款规定，当企业部在保留区考虑同其他实体联合开发时，“应提供发展中国家缔约国及其国民有效参加的机会”。

（5）保证企业部较多地参加开发活动。公约附件三第7条第6款规定：“当开发的保留区域少于非保留区域时，对保留区域生产许可的申请应有优先。”这样，企业部单独或者同发展中国家联合开发的区域至少可以同非保留区开发的区域相当。

（6）防止缔约国或公、私营企业对国际海底资源开发和生产的垄断。公约附件三第7条第5款规定：“申请者的选择应考虑到有必要使所有缔约国，不论其社会经济制度或地理位置如何，都有更多机会参加区域内活动，以避免对任何国家或制度有所歧视，并防止垄断这种活动。”该附件第6、7条还作了具体的反垄断的规定：第一，避免使一缔约国在国际海底矿区中40万平方千米圆形区域里拥有其30%的开发面积；第二，一缔约国各开发区域的面积之和不得超过国际海底区域中未保留和不准开发区域总面积的2%；第三，对于尚未取得任何开发合同和生产许可的缔约国给予优先照顾。

4. 承包者转让技术的义务和合同的财政条件

承包者转让技术的义务和合同的财政条件是最有争议的两个问题。鉴于深海勘探和开发技术以及开发资金只有少数国家拥有，发展中国家认为，作为一种妥协而接受平行开发制，是要保证代表全人类的管理局企业部在国际海底区域内的勘探开发活动实际可行，并且能与进入“区域”勘探开发的国家和私营企业同时开始作业，这就要求平行开发制的另一方——国家和私营企业必须提供开发技术和资金；而发达国家认为技术竞争的主要手段掌握在技术所有人手中，因而不愿承诺转让技术的义务。

经过多次协商，最后载入《海洋法公约》的技术转让条件是：（1）每一申请者在提出工作计划时，应向管理局提交关于进行“区域”内活动所使用的装备和方法的一般性说明。（2）管理局所签订的进行“区域”内活动的每一项合同，均应载明承包者的下列承诺：1）如管理局一旦提出要求，即以公平、合理的商业条款和条件向企业部提供它根据合同进行“区域”内活动时所使用并在法律上有权转让的技术；2）对于承包者根据合同进行“区域”内活动所使用而为1）项所不包括，并且通常不能在公开市场上获得的任何技术，从技术所有人取得书面保证，如管理局一旦提出要求，技术所有人将以特许方式或其他适当安排，并以公平、合理的商业条款和条件按照向承包者提供这种技术的同样情形向企业部提供这种技术；3）如企业部一旦提出要求，而承包者又不致因此承担巨大费用时，对于它根据合同进行“区域”内活动所使用而在法律上无权转让，并且通常不能在公开市场上获得的任何技术，取得按照1）项转让给企业不得在法律上有拘束力而又可予执行的权利；4）在企业部决定同技术所有人直接谈判并要求提供便利时，便利企业部以特许方式或其他适当安排，并以公平、合理的商业条款和条件取得2）项所包括的任何技术；5）为了发展中国家或发展中国家集团的利益，采取1）、2）、3）、4）项所规定的相同措施，但此措施应以对承包者所提出的管理局保留区域的开发为限。（3）管理局与承包者有关合同承诺的争端，应适用公约国际海底部分的强制解决争端程序。关于承包者所作提议是否在公平、合理的商业条款和条件的范围内的争端，可由任何一方按照联合国国际贸易法委员会的仲裁规则，或管理局的规则、规章和程序可能有所规定的其他仲裁规则，提交有拘束力的商业仲裁机构仲裁。（4）如果企业部未能以公平、合理的商业条款和条件取得适当的技术，以使其及时回收和加工“区域”的矿物，理事会或大会可召集由从事“区域”内活动的缔约国、担保从事“区域”内活动的缔约国以及取得这种技术的缔约国组成的一个集团，共同协商，并应采取有效措施，以保证以公平合理的商业条款和条件向企业部提供这种技术。

关于合同的财政条款，《海洋法公约》规定：(1) 申请费。为支付处理勘探和开发合同申请的行政开支，管理局征收申请规费，并规定每份申请的规费是 50 万美元。(2) 固定年费。承包者自合同生效之日起至开始其商业生产时止，缴纳固定年费 100 万美元。如果因为按照公约第 151 条（生产政策）分配生产许可时有所误延而推迟经核准的商业生产的开始，则这段推迟期间应免缴固定年费。(3) 财政贡献或固定年费。从商业生产开始之日起，承包者应缴付财政贡献或固定年费，以较大数额为准。财政贡献：a. 只缴付生产费；或 b. 同时交付生产费和一份收益净额。(4) 如果承包商选定只缴付生产费作为对管理局的财政贡献，则生产费应为采自合同区域的矿石生产的加工金属的市价的一个百分数，该数额为：a. 商业生产的第 1 年至第 10 年期间每年的生产费为 5%；b. 商业生产第 10 年以后至商业生产结束时期的每年生产费为 12%。

第四节　国际海底区域的管理机构

与国际海底资源勘探开发制度具有同等重要性质的是国际海底机构——国际海底管理局。国际海底管理局是缔约国按照《海洋法公约》的规定，组织和控制国际海底区域内活动，管理“区域”资源的组织。《海洋法公约》的所有缔约国都是管理局的当然成员。

关于管理局的性质和职权，公约规定：(1) 管理局对深海底开矿活动拥有专属的权力。“管理局是缔约国……组织和控制区域内活动，特别是管理区域资源的组织”，代表全人类行使对区域内资源的一切权利。① (2) 管理局对国际海底范围以外的一部分海域以及对国际海底开矿活动以外的事项，如国际海底的海洋科学研究和环境保护，享有一定的管辖权。② (3) 管理局由所有缔约国组成，已经签署公约并曾以观察员身份参加第三次联合国海洋法会议的政治实体③和政府之间的国际组织可作为管理局的联系员。

管理局的基本原则是“以所有成员国主权平等的原则为基础”。此项规定一方面表明管理局实行所有成员国主权平等原则，另一方面说明管理局虽然是代表全人类的，但是它尊重各国主权，而不是凌驾于各国之上。

管理局设大会、理事会和秘书处作为管理局主要机关。企业部不是主要机关，它是管理局从事国际海底开矿业务的机关。

一、大会

（一）大会组成和议事程序

大会由管理局的全体成员组成，《海洋法公约》的缔约国是大会的当然成员，每一成员国有 1 名代表。大会是管理局的最高机关，其他各主要机关均按照《海洋法公约》的具体规定向大会负责。

---

① 参见《海洋法公约》第 157 条.

② 参见《海洋法公约》第 143、145 条.

③ 《海洋法公约》称之为“自治联系国”和尚未取得完全独立的领土。

大会每年召开一届常会。经大会决定，或由秘书长应理事会的要求或大会过半数成员的要求，可召开特别会议。除非大会另有决定，各届会议应在管理局的所在地举行，管理局所在地为牙买加。

每一成员国有1票表决权。大会关于程序性问题的表决，包括召开大会特别会议的决定等，应由出席并参加表决的成员国过半数作出；关于实质性问题的表决，应由出席并参加表决的成员国2/3多数作出，但这种多数应包括参加该会议的过半数成员。

（二）大会职权

大会是管理局的最高机关，其他各主要机关应向大会负责。大会有权就管理局权限范围内的任何问题或事项制定一般性政策，并制定自己的议事规则。

大会选举理事会成员，从理事会提出的候选人中选举秘书长，根据理事会的推荐，选举企业部董事会董事和企业部总干事。大会认为必要可设立大会附属机关。

在管理局未获得足够收入之前，大会按联合国会费分摊比额表，决定各成员国对管理局的行政预算应缴的经费。根据理事会建议，审议和核准关于公平分配“区域”内活动取得的财政及其他经济利益和沿海国就200海里外大陆架上收益上交的费用和实物的规则、规章和程序，并决定其分配。

审议和核准理事会、企业部的定期报告，以及理事会提出的管理局的年度预算。

审议关于“区域”内活动的一般性问题，特别是对发展中国家的问题；审议关于“区域”内活动的某些国家（包括内陆国和地理不利国），因其地理位置而造成的某些问题；建立因“区域”内活动对发展中国家造成严重不良影响的补偿制度。

讨论管理局权限范围内的任何问题或事项，并决定由哪一机关来处理《海洋法公约》有关“区域”部分规定的国家的管理局成员资格；并就有关“区域”活动的国际合作和有关国际法的逐渐发展与编纂，发动研究和提出建议。

二、理事会

理事会为管理局的执行机关，有权依照《海洋法公约》的规定和大会所制定的一般政策，制定管理局对于其权限范围内的任何问题或事项所应遵循的具体政策。理事会在管理局的实际工作中掌握实际权力，行使相当重要的职权，因此，各缔约国对其组成和表决制度都极为关心。

理事会由管理局的36个成员组成，其成员由大会选举产生。理事会的成员包括两个部分：一部分代表特殊利益国家，这主要是发达国家的要求；另一部分是按照公平地区分配原则选出，这主要是发展中国家的要求。按照《海洋法公约》第161条第1款，理事会由大会按照下列次序选出36个成员组成：

（1）4个成员是来自在有统计资料的最近5年中，对于可从区域取得各类矿物所产的商品，其消费量超过世界总消费量2%，或其净进口量超过世界总进口量2%的那些缔约国，其中至少应有一个国家属于东欧区域，和最大的消费国；

（2）4个成员是来自直接地或通过其国民对“区域”内活动的准备和进行作出了最大投资的8个缔约国，其中至少应有一个国家属于东欧区域；

（3）4个成员是来自缔约国中从“区域”取得的各类矿物的主要净出口国，其中至少应有两个是出口这种矿物对其经济有重大关系的发展中国家；

（4）6个成员是来自发展中国家的缔约国，代表着不同的特别利益，包括人口众多的国家、内陆国或地理不利国、从“区域”取得的各类矿物的主要进口国、这些矿物的潜在生产国以及最不发达的国家；

(5) 18 个成员按照确保理事会的席位作为一个整体按地区公平分配的原则选出，但每一地理区域至少应有根据本项规定选出的一名成员。为此目的，地理区域应为非洲、亚洲、东欧(社会主义国家)、拉丁美洲和西欧及其他国家。

此外，大会还应确保内陆国和地理不利国有和其在大会内代表权成比例的代表，发展中沿海国有和其在大会内代表权成比例的代表和每一个缔约国集团的代表。

理事会是一个权力机关，所以每一个成员名额的分配都会成为保护各个不同利益集团的象征。在理事会表决制度上，发展中国家意识到表决制度直接关系到人类共同的继承财产的管理，影响到海底采矿制度的贯彻执行，因此，要求理事会对实质问题作决议应以 2/3 多数通过；而发达国家极力主张实质问题要加上一个少数否决制度。争论的结果是《海洋法公约》关于实质问题的表决规定了一种新颖的“三级表决制度”，即关于实质问题，按问题的重要程度分三个层次用三种不同的表决程序：

第一类 8 项实质问题，应以出席并参加表决的成员的 2/3 多数作出，但这种多数应包括理事会的过半数成员。这 8 项问题是：(1) 同联合国或其他国际组织缔结协定；(2) 审查企业部报告；(3) 向大会提出年度报告和大会要求的特别报告；(4) 向企业部发出指示；(5) 根据经济规划委员会的建议，向大会提出给予因国际海底矿物生产遭受不良影响的发展中国家补偿或其他经济调整援助措施的建议；(6) 收集由管理局付出或付给管理局的一切款项工作；(7) 向大会提出根据海底争端分庭裁判应该采取适当措施的建议；(8) 向海底争端分庭征求咨询意见。

第二类 19 项实质问题，应以出席并参加表决的成员的 3/4 多数作出，但这种多数应包括理事会的过半数成员。这 19 项问题是：(1) 制定具体政策；(2) 监督和协调公约关于国际海底部分规定的实施；(3) 向大会提出秘书长候选人名单；(4) 向大会推荐企业部董事会董事和企业部总干事候选人名单；(5) 设立附属机关；(6) 制定理事会议事规则，包括选举其主席的方法；(7) 对“区域”内活动行使控制；(8) 选择生产许可的申请者；(9) 向大会提交年度预算；(10) 向大会提出建议；(11) 向大会建议暂停成员的权利和特权；(12) 代表管理局对于不遵守公约规定的承包者向海底争端分庭起诉；(13) 为保护海洋环境发布停止或调整作业的命令；(14) 为保护海洋环境不准承包者或企业部开发某些区域；(15) 设立附属机关起草有关财政规则、章程和程序；(16) 设立指导和监督视察员的适当机构；(17) 选举经济规划委员会和法律委员会成员，并决定是否增加其人员；(18) 行使管理局借款权；(19) 核准企业部借款，审核其财政。

第三类 3 项实质性问题，应以协商一致的方式作出。这 3 项问题是：(1) 根据经济规划委员会建议，制定必要和适当措施，保护发展中国家不致因为海底生产遭受不良影响；(2) 向大会建议关于公平分配“区域”活动的收益和沿海国从 200 海里以外大陆架上收益中上交费用和实物的规则、章程和程序及其任何修正案；(3) 对公约第十一部分修正案的通过。

“协商一致”是《海洋法公约》所规定的一种新的国际会议议事程序，它要求一项决定的作出没有任何正式的反对意见，如果有反对意见，应通过协商和调解的方式加以修正、克服和消除，努力达成一致，而不是简单地依靠表决行事。“协商一致程序”的积极意义是尊重少数者意见，充分进行民主协商，但其后果可能会是因过分强调尊重个别国家的意见，而忽略多数国家的利益。因此，从《海洋法公约》的规定上看，有两点需要指出：第一，绝大多数敏感问题的表决不采用协商一致的方法，仅以 3/4 多数作出。“协商一致”似乎仅限于可望达成一致意见的一般原则性问题，而不是去决定具体事项，如发放许可证等。第二，如果所有问题都规定以 3/4 多数作出决议，那么任何 10 个成员的集团都可以用此来组织理事会的行动，“七十七国集团”就有这种可能。

三、秘书处

秘书处由秘书长和若干工作人员组成。秘书长是管理局的行政首长，由大会从理事会提名的候选人中选举，任期 4 年，可连选连任。

秘书长执行行政首长职务以及大会、理事会及任何附属机关交付给他的其他行政职务。

秘书长及工作人员在执行职务时不应寻求或接受任何政府的指示或管理局以外来源的指示。秘书长应就管理局的工作向大会提出年度报告。

四、企业部

企业部的设立是发展中国家在海洋法会议上的一个重大胜利。发展中国家一直主张国际海底的国际机构不仅对该区域内的活动行使管辖权，而且本身能直接从事其资源的开发。企业部是直接进行国际海底区域内活动以及从事运输、加工和销售“区域”回收的矿物的管理局机关。企业部在管理局的国际人格范围内有附件四所载规章规定的法律能力，按照《海洋法公约》和管理局的规则、规章和程序及大会制定的一般政策行事，并应受理事会的指示和控制。

企业部接受大会和理事会领导，但具有相对的独立性。企业部在开发“区域”资源时应在《海洋法公约》的限制下，按照健全的商业原则经营业务。企业部在进行业务时应享有自主权。管理局和企业部互不对对方的行为或义务负任何责任。

企业部设董事会、总干事以及工作人员。董事会成员 15 名，由大会根据理事会推荐选出，任期 4 年，可连选连任。董事会的职责是：负责拟定和向理事会提出工作计划和生产许可的申请；订立联合企业或其他形式联合安排的条款和条件，并核准联合企业的建立；核准企业部的年度核算，向理事会提出年度报告；参与司法程序，签订任何协定，进行任何交易和采取任何其他行动。总干事由大会根据理事会推荐和董事会提名选出，任期不应超过 5 年，可连选连任。总干事是企业部的法定代表和行政首长，向董事会负责。总干事负责工作人员的组织、管理、任命和解职。

企业部有借入资金并提供其所决定的附属担保品或其他担保的权力。理事会根据董事会建议核准借款的总额。企业部最初进行勘探开发、运输、加工和销售海底矿产的投资和行政费用须由所有缔约国提供，其中一半数额由各缔约国以长期无息贷款方式提供。企业部在偿还贷款时，应优先偿还有息贷款。

五、管理局和企业部的法律地位、特权和豁免

管理局具有国际法律人格以及为执行其职务和实现其宗旨所必要的法律行为能力。为使其能够执行职务，管理局应在每一缔约国的领土内享有《海洋法公约》中规定的特权和豁免权。管理局及其财产和资产，不论位于何方和为何人持有，应免受搜查、征用、没收、公用征用或者以行政或立法行动进行的任何其他形式的扣押。另外，管理局的档案应属不可侵犯，专有资料、工业秘密或类似的情报和人事卷宗不应置于可供公众查阅的档案中。其公务通信应不低于给予其他国际组织的待遇。

企业部为能够执行其职务，应在缔约国的领土内被给予企业部所规定的地位、特权和豁免。企业部具有为执行其职务和实现其宗旨所必要的法律行为能力，如订立合同，联合安排，

取得、租借、拥有和处置不动产和动产及成为法律程序的一方；只有在企业部在该国领土内设有办事处或为接受传票或诉讼通知派有代理人、订立有关货物和服务的合同、从事任何商业活动等，方可在缔约国法院对企业部提起诉讼。企业部的财产和资产应免受征用、没收、公用征用或者以行政或立法行动进行的任何其他形式的扣押；企业部的财产和资产应免受任何性质的歧视限制、管制和暂时冻结；企业部应遵守所在国的法律，但在缔约国内享有最惠国待遇。对于上述特权和豁免，企业部得随时明示放弃。

第五节　国际海底区域制度的修改和发展

《海洋法公约》在1982年通过后，即进入开放式签字阶段。1994年11月16日，该公约已经正式生效。但是，早在该公约生效前的1994年7月，在美国、英国、德国、法国等西方发达国家的参与下，联大通过了《关于执行〈联合国海洋法公约〉第十一部分的协定》，实质上对《海洋法公约》第十一部分进行了根本性的修改，使《海洋法公约》确立的一些制度不再适用。

一、对尚未生效的《海洋法公约》修改的原因

以美国为代表的西方工业化国家对《海洋法公约》第十一部分的规定一直持强烈的保留态度。因此，《海洋法公约》通过后虽然有159个国家签字，并有60个国家递交了批准书，但是批准公约的大多数国家是发展中国家，美国、英国、德国、法国等发达国家均未签字。[①] 因此，即将生效的《海洋法公约》，面临着以下几个主要问题：

（1）《海洋法公约》的普遍性问题。主要发达国家和一些海洋大国不批准加入公约，使公约所确立的各项国际海洋法律制度不能得到普遍确认。《海洋法公约》是经过多年谈判才缔结的一个文件，并且已经对海洋国际法秩序作出了显著贡献。因此，《海洋法公约》能被普遍接受非常重要。

（2）资金问题。随着《海洋法公约》正式生效，管理局和国际海洋法庭（其海底争端分庭对“区域”及其资源开发争端具有管辖权）均将设立。庞大的机构须大量经费，仅靠发展中国家而没有发达国家参加，资金难以解决。

（3）对市场估计错误。1982年以来十几年“区域”活动实践和市场需求表明：深海开发耗资巨大，而商业价值为零；从锰结核矿中提取的金属，除锰以外，其余市场上均供大于求；开采技术尚不过关。因此，大规模的商业开采和生产目前还仅是设想，深海海底矿物的商业开采前景已经推延到21世纪。

基于上述种种原因，修改《海洋法公约》第十一部分的内容势在必行。

从1990年7月开始，联合国秘书长哈维尔·佩雷斯·德奎利亚尔先生就主动召开非正式协商，到1994年一共召开了15次会议，为第四十八届联大最终讨论和通过修改《海洋法公约》第十一部分奠定了基础。1994年7月28日，第四十八届联大通过了两个海洋法文件：《关于执行〈联合国海洋法公约〉第十一部分的协定》（以下简称《协定》）和《关于执行〈联合国海洋法公约〉第十一部分的协定的决议》。[②]

---

① 魏国君．国际海底区域法律制度的新发展．世界海运，1997（3）．

② 联合国海洋法公约关于执行第11部分的协定．北京：海洋出版社，1994．

二、《协定》对《海洋法公约》修改及补充

《协定》共10条、1个附件。《协定》的主要内容除了程序方面的规定外，主要规定缔约国应依照本协定执行《海洋法公约》第十一部分；此外，《海洋法公约》中未解决的9个问题作为附件载于《协定》之后，附件为《协定》的组成部分，与《协定》一样具有法律约束力，这9个问题是：缔约国的费用和体制安排；企业部；决策；审查会议；技术转让；生产政策；经济援助；合同的财政条款和财务委员会。

（一）缔约国的费用和体制安排

国际海底管理局是依照《海洋法公约》第十一部分和《协定》管理国际海底区域内资源的组织。管理局应具有公约明示授予的权力和职务。管理局应有为行使关于区域内活动的权力和职务所包含的和必要的符合公约的各项附带权力。管理局各机关和附属机构的设立和运作应采取渐进的方式，以便能在"区域"内活动的各个发展阶段有效地履行各自的职责。管理局在公约生效后初期的职务应由大会、理事会、秘书处、法律和技术委员会及财务委员会执行。

管理局应有自己的预算。到《协定》生效之年以后那一年的年底为止，管理局的行政开支应由联合国预算支付。其后，管理局的行政开支应根据公约第171条（a）和第173条及《协定》的规定，由其成员包括任何临时成员交付的分摊会费支付，直到管理局从其他来源得到足够的资金来支付这些开支为止。管理局应不行使公约第174条第1款所述权力来借款充作行政预算经费。为尽量减少各缔约国的费用，根据公约和《协定》所设立的所有机关和附属机构都应具有成本效益。这个原则也应适用于会议的次数、会期长短和时间安排。

（二）企业部

管理局秘书处应履行企业部的职务，直至其开始独立于秘书处而运作为止。管理局秘书长应从管理局中任命一名临时总干事来监督秘书处履行这些职务。这些职务共8项，主要包括：监测和审查深海底采矿活动方面的趋势和发展，定期分析世界金属市场情况和金属价格、趋势和前景；评估区域内科研结果、环境影响；评估勘探和探矿数据，保全环境有关技术；推广联合企业经营的各种做法及受过训练的人力资源与管理政策等。

企业部初步的采矿业务应以联合企业的方式进行。如果同企业部合办的联合企业经营符合健全的商业原则，理事会应允许其进行独立运作。《海洋法公约》所规定的缔约国向企业部一个矿址提供资金的义务应不予适用。缔约国无任何义务向企业部或在其联合企业安排下的任何矿址的任何业务提供资金。适用于承包者的义务应适用于企业部。《海洋法公约》及其附件中有关企业部的规定应根据《协定》附件第二节加以解释。

（三）决策

管理局的一般政策应由大会会同理事会制定。作为一般规则，管理局各机关的决策应采取协商一致方式。如大会表决，关于程序问题的决定应以出席并参加表决的成员过半数作出，关于实质问题的决定应以出席并参加表决的成员2/3多数作出。对于属于理事会主管范围的任何事项，或对于任何行政、预算或财政事项，大会应根据理事会的建议作出决定。理事会表决程序与大会相同。法律和技术委员会表决作出决定时，应以出席并参加表决的成员过半数作出。《海洋法公约》第161条第1款应不适用。第十一部分第四节B和C分节应据此解释和适用。

（四）审查会议

大会根据理事会的建议，随时审查《海洋法公约》第155条第1款所述事项。第155条第1、3、4款有关审查会议的规定应不适用。

（五）技术转让

为第十一部分的目的而进行的技术转让应遵照下列原则：

（1）企业部和希望获得深海底采矿技术的发展中国家应设法按公平、合理的商业条件，从公开市场或通过联合企业安排获取这种技术。

（2）管理局可以请所有或任何承包者及其中一个或多个担保国提供合作，按照公平、合理的商业条件，在与知识产权的有效保护相符的情况下，便利企业部或联合企业或发展中国家取得这种技术。

（3）缔约国应促进有关各方在“区域”内活动上进行国际技术和科学合作。

《海洋法公约》附件三第5条应不适用。

（六）生产政策

生产政策应以下列原则为根据：（1）“区域”的资源应按照健全的商业原则进行开发；(2)《关税和贸易总协定》、其有关守则和后续协定或替代协定的规定，应对“区域”内的活动适用；(3)“区域”内的活动不应获得补贴；（4）从“区域”取得的矿物，不应有区别待遇，特别是不应运用关税或非关税壁垒，缔约国不应对本国所生产的此种矿物和商品给予市场优惠；(5)工作计划应包括每年生产的矿物最高产量；（6）有关争端应按《关税和贸易总协定》或《协定》规定的争端解决程序解决；(7)对于因补贴造成另一国的利益损害，缔约国可请求理事会采取适当措施。

（七）经济援助

对于因某一受影响矿物的价格或出口量降低而遭受不良影响的（以“区域”内活动造成为限）发展中国家提供经济援助，管理局应从其经费中超出管理局行政开支所需的部分中拨款设立一个经济援助基金。管理局从基金中给予援助时应斟酌情况，考虑受影响国所面临的问题的性质和严重程度。

（八）合同的财政条款

制定有关合同财政条款的规则、规章和程序应以下列原则为根据：（1）应公平对待承包者和管理局双方；(2)缴费率应不超过相同或类似矿物的陆上采矿缴费的一般范围，以避免给予深海底采矿者人为的竞争优势或使其处于竞争劣势；(3)不应复杂，不应使管理局或承包者承担庞大的行政费用，应该考虑采用特许权使用费制度或结合特许权使用费与盈利分享制度；(4)自商业生产开始之日起应缴付固定年费；(5)缴费制度可视情况变化定期加以修订，任何修改应不歧视地适用；(6)争端按《海洋法公约》规定的争端解决程序解决。

《海洋法公约》附件三第13条第3～10款的规定应不适用。

（九）财务委员会

财务委员会应由在财务方面具有适当资格的15名委员组成。财务委员会应无任何两名委员为同一缔约国的国民。委员应由大会选举，选举时应适当顾及公平地域分配和特殊利益得到代表的需要。委员的任期应为5年，连选可连任一次。委员不应在与委员会有职责作出建议的事项有关的任何活动中有财务上的利益。各委员不应泄露因其在管理局任职而得悉的任何秘密资料，职务中止后，亦然。

财务委员会关于程序问题的决定应以出席并参加表决的成员过半数作出，关于实质问题的决定应以协商一致方式作出。①

① 周忠海等．国际法学述评：374－376．

综合上述内容可以看出，《协定》对《海洋法公约》第十一部分的修改主要表现为：

1. 为了减少缔约国巨大的费用承担，《协定》规定以渐进方式设立管理局各机关，企业部暂不设立，由秘书处代行其职责；紧缩开会次数、会期，减少费用；缔约国无须向企业部提供开发矿址的资金。

2. 《协定》对《海洋法公约》的一个根本性修改是完全取消海上生产的数额限制，《海洋法公约》原有条款不再适用。

3. 《协定》取消开发者生产费缴纳的规定，保留“生产年费”（原“固定年费”）的概念，但缴纳多少由理事会决定；对陆产国损失的补偿，改为以经济援助基金的方式。这也是对《海洋法公约》的重大修改。

4. 《协定》取消了强制性转让技术的规定，企业部应以市场方式和举办联合企业的方式取得技术。

5. 《协定》修改了极其复杂、烦琐的“三级表决制”。关于程序问题或实质问题的决定，分别由出席并参加表决的过半数或2/3多数作出。

6. 对于监督“平行开发制”实行情况的专门审查会议，《协定》予以取消，将其纳入修正、改进程序的其他条款中。[①]

三、国际海底区域制度的发展

《海洋法公约》及1994年《协定》共同确立了国际海底区域的基本制度。在国际海底管理局的推动下，国际海底区域资源探矿和勘探等相关制度取得了新的进展。

1. 国际海底区域资源探矿和勘探制度

多金属结核是最早引起国际社会关注和研究程度较高的区域矿产资源。2000年7月13日，管理局通过了第一部深海采矿法典——《“区域”内多金属结核探矿和勘探规章》。2010年5月7日，管理局大会一致通过了《“区域”内多金属硫化物探矿和勘探规章》。该规章由10个部分和4个附件组成，详细规定了探矿者的权利和义务、勘探申请、勘探合同的形式和内容。

2. 担保国的责任和赔偿责任

根据《海洋法公约》第153条的规定，“区域”内资源的勘探和开发，既可以由国际海底管理局通过其企业部进行，也可由各缔约国担保下的具有缔约国国籍或由这类国家或其国民有效控制的自然人或法人与管理局以协作方式进行。缔约国提供担保是自然人和法人从事“区域”内活动的重要条件。在“区域”活动中，担保国应承担何种义务以及在多大范围内承担责任等问题，成为各主体参与“区域”内活动所面临的现实问题。

2010年3月，国际海洋法法庭海底争端分庭就国家在担保个人或实体进行“区域”内活动的责任和义务问题，发表了咨询意见。咨询意见指出，担保国应承担两类义务：一是“确保遵守”的义务，即确保所担保的承包者在从事“区域”内活动时遵守相关规则，包括承包者与国际海底管理局订立的合同，国际海底管理局制定的规则、规章和程序以及《海洋法公约》的相关规定。这种义务是一种“适当尽职”(due diligence) 义务，该义务强调的是行为本身，而非结果。二是“直接义务”，指由担保国直接负担并必须独立履行的义务，包括协助国际海底管理局控制“区域”内活动、采取预防性措施和最佳环境做法以有效保护海洋环境等义务，通常旨在确保所担保的承包者从事特定行为。履行直接义务可视为满足担保国“适当尽职”义务的

---

① 魏国君．国际海底区域法律制度的新发展．世界海运，1997 (3)．

相关因素。担保国为履行其义务，应制定法律和规章并采取行政措施；仅与承包者签订担保合同，不能认为履行了《海洋法公约》规定的义务。咨询意见指出，

担保国的赔偿责任是源于其自身未履行《海洋法公约》规定的义务，承包者未履行义务不能自动导致担保国承担赔偿责任。关于担保国赔偿责任的程度和范围，排除了严格责任，赔偿数额应与实际损害的数额相当、赔偿责任的形式取决于实际损害和恢复原状在技术上的可行性。担保国与承包者在赔偿责任上不存在连带关系。对同一承包者提供担保的所有缔约国间承担连带赔偿责任，除非管理局另有规定。①

第六节　国际海底区域资源开发与海洋环境保护

近年来，人类寄希望于海洋。因为辽阔的海洋是全人类的共同财富，特别是深海海底资源开发有着诱人的美好前景。国际海底区域法律制度建立的依据，是技术上的预见，即锰结核矿是海底区域的主要资源。先驱投资者在分配海底矿址方面已经取得相当突出的成绩。② 然而，近海区域污染向人类敲响了警钟，近海污染已经危害人类和其他生物的生存与发展。

一、深海底资源开发机遇与挑战

（一）各国竞相参与海洋开发

1. 加强海洋资源管理的力度。《海洋法公约》生效后，美国的航母舰队到处游弋，为争夺海洋资源和霸权主义服务。我国周边的沿海国家，也竞相加大海空实力。如日本建立强大的海上自卫队，其实力雄厚，远远超过“自卫”范畴。印度、泰国也都有自己的航母舰队。1995年菲律宾国会通过其海军现代化方案。韩国、马来西亚、新加坡、文莱等国都积极购置军备，改革海洋机构。

2. 海洋领域内高科技竞争。新一轮的海洋竞争是科技和经济的竞争。20世纪80年代以来，美、英、法、日、德等西方国家相继制订海洋发展规划，提出优先发展海洋高新技术的战略。美国于1986年制订《全球海洋科学规划》之后，又发表《90年代海洋科技发展报告》，并明确提出发展海洋科学技术来满足对海洋不断增长的需要，以便继续保持在海洋科技的领先地位。日本政府也制订《海洋开发推进计划》，提出以科技加速海洋开发和提高国际竞争能力的战略。

目前，我国把研究重点放在开发及推广海洋农牧化技术、海洋生物资源深加工技术、海洋药物开发提取技术和海水化学资源技术、培养海洋科技企业，力图使科技进步在海洋产业产值增长中的资源率从30%提高到50%。

（二）我国积极参与“采矿法典”的制定

国际海底管理局第六届一次会议于2000年3月16日至30日在牙买加首都金斯敦举行。包括我国在内的共55个成员方、7个国家观察员、5个国际组织的代表出席了此次会议。会议主要就“采矿法典”进行了深入的讨论，并就各国共同关心的理事会成员改选事宜进行了磋商。会议按惯例进行了一年一度的大会和理事会选举，荷兰和斐济分别当选为大会和理事会主

① 国家海洋局海洋发展战略研究所课题组．中国海洋发展报告（2012）．北京：海洋出版社，2012：56－57.

② 周忠海等．国际法学述评：389.

席。大会还按照《海洋法公约》的有关规定举行了秘书长4年一度的改选，时任秘书长南丹再次当选。此外，本次会议通过了管理局的财务条例。由于目前海底多金属结核所包含金属的市场前景并不乐观，而多金属软泥、钴结壳、海底热液矿床、多金属硫化物、气水化合物、深海生物基因等海底多金属结核以外资源的开发前景普遍被看好，因此，尽快结束针对多金属结核的"采矿法典"的制定，尽早着手制定有关多金属结核以外资源的管理规定已迫在眉睫。正是在这种背景下，此次会议以快马加鞭的形式对"采矿法典"中的关键的、争议较大的问题，如环保、资料保密以及年度报告等，进行了集中讨论，以求有所突破，并在此基础上争取最终通过"采矿法典"。经过各利益集团的激烈辩论和相互妥协，此次会议就"采矿法典"的谈判取得了一定进展，包括：(1) 在资料保密问题上，通过对机密资料的进一步界定，使哪些是机密资料、哪些不是机密资料得到了进一步的澄清。同时，对于秘书处、法律和技术委员会以及其他被授权接触机密资料的人员泄密的法律责任，包括惩罚等问题作了新的有利于采矿者的规定。(2) 在环境保护问题上，出现了一些积极的变化。特别是经过我国代表团的艰苦努力，我国最为关心的几个问题得到了解决。如原"采矿法典"中要求采矿者采取"预防措施"(precautionary measures)，这意味着包括我国在内的采矿者在没有任何证据证明采矿活动已造成污染损害的情况下就要花费大量金钱来购置不必要的环保设备。荷兰等主张"环保至上"的国家还提出将"预防原则"(precautionary principle) 写进"采矿法典"，以期为日后强化环保规定奠定理论基础。通过我国代表团和其他代表团的据理力争，草案中最后以"预防态度"(precautionary approach) 这样的中性词代替了"预防原则"和"预防措施"，减轻了采矿者在环保问题上的压力。又如原"采矿法典"草案中要求采矿者在环保中要使用世界上"最佳可用技术"，这可能对我国造成沉重的财政负担，经过我国代表团的不懈努力，"最佳可用技术"被改为"采矿者所拥有的最佳可用技术"，解除了对包括我国在内的采矿者不利的一大隐患。(3) 年度报告是包括我国在内的采矿者共同关心的问题。原草案要求所有采矿者每年向管理局提供年度报告，内容包括所有有关勘探的详情，如矿区储量、品位、采矿设备设计和实验等机密资料，以及海洋环境变化的参数和监测数据。这无形中给采矿者造成了极大的经济负担和投资风险。在俄罗斯、中国和其他采矿国的共同努力下，年度报告内容被加以简化，每年一度需要单独提供海洋环境要素变化的要求得以与海洋监测合并。尽管还有机密资料范围的限制问题、采矿者加入商业化环境保险以外还要提交环境担保金问题，以及采取预防行动是国家的责任还是采矿者的责任等问题的讨论还没有完成，但一般估计，如不出现有些国家（如智利）故意捣乱的情况，管理局第六届二次会议期间通过"采矿法典"的可能性很大。

（三）深海底资源开发对周围环境的影响

深海底资源勘探开发必须采取有效措施，防止海洋环境污染。海洋环境污染是指人类将有害物质排入大海，其量超出海洋自净能力时所造成的海洋水体及底质污染的现象。勘探和开发过程中会对周围环境产生影响：(1) 对该海底区域的海水质量产生影响。勘探开发过程中会使海水浑浊度增加；扩展后影响邻近海域的清洁度；同时会将开采的各种海底矿物带入海水中，增加海水中各种矿物含量，特别是放射性物质的扩散。(2) 对该海底区域及周围海域生物有影响。开采过程伴随放射性矿物质的海水会使生物死亡或衰退；开采区域内珊瑚礁及微生物被毁，使部分海底生物失去繁衍和栖息的场所。(3) 对周围海域及海洋国家的影响。勘探和开发过程中伴随着机械、化学、电解、激光等，会把各类污染物带入海域，导致周围沿海国家污染。(4) 许多矿物含有放射性元素或较高或重金属（砷、镉、铅等），开采或碎裂后，有毒有害物质大量扩散，造成对周围海域环境的破坏。

此外，矿物在加工过程中也会对周围环境产生影响：(1) 开采后运往陆地加工过程中对海洋环境的影响。从事运输业的船舶在往返运输过程中，船舶生成的废油、废气及固体废弃物等未经净化处理而排入海中，会给海洋环境造成污染；被开采的矿物在海底精选、冶炼、装船的过程中，会把许多废弃物丢弃在海洋中。(2) 开采后就地加工各种矿物对海洋环境的影响。海底加工矿物，一般要比陆地加工困难，来自加工机械的油污、废物、噪音污染将完全排入水体；海底矿物加工过程中，洗矿水一般有不同的化学物质，引起各种化学反应中的污染物，如氢氧物、氢氧化合物等；被开采出来的矿物被堆放在海底，其在水中分解，也会污染水体，并伴有大量的重金属污染水体。同时，生活垃圾将使清洁的海洋产生“富营养”现象，给海洋生物带来极大的危害。

二、深海底资源开发与海洋环境保护

《海洋法公约》强调，要“建立一种法律秩序，以便利用国际交通和促进海洋的和平用途，海洋资源的公平而有效的利用，海洋生物资源的养护以及研究、保护和保全海洋环境”。

(一) 必须实行海底开发与海洋环境并重的制度

1. 建立健全海洋环境保护和保全制度。深海底资源开发的两个基本原则，即公平使用原则和防止水污染原则，是建立在“公平分享自然资源”基础上的。公平使用原则是按每一开采过程的具体情况、具体需要和水文地质条件及其会对周围环境产生的影响而言。环境保全包括环境的保护、保存、改善、再构成等含义。防止水污染，首先要对使用水资源制定环境标准，环境标准应根据各国水环境保护的立法和国际海底区域的实际情况加以规定。海洋资源开发，包括深海底资源开发，必须建立在无污染和可持续发展基础上，坚持国家享有按照其环境政策开发本国资源的主权，以及保证其管理或控制范围内的活动，不得对其他国家的环境以及国家管辖范围之外的地区造成损害的义务。

2. 实行海洋建设项目管理制度和环境影响评价制度。深海底区域矿物资源的开发，必须实行海洋建设项目管理制度和环境影响评价制度。深海底区域矿物资源的开采，在勘探海底矿物资源时，应对海底区域的矿址作详尽的环境影响评价与研究，科学测定水系统的走向，开采区周围的海洋动植物的分布和生长、生命周期与活动循环、繁殖和新陈代谢情况；评价开采区域会给生物造成的不利影响，以及可能利用的污染水的净化和管理，特别要评价矿区开始工作会带来的对水系统的质量的变化和由此引起水的浊度，化学物质和有毒有害物质会在水中遗留的时间、破坏力和危害。

沿海各国应建立健全相应的法律法规，以防止、减少和控制来自其管辖的海底活动或与此有关的活动对海洋环境的污染以及来自其管辖的人工岛屿、设施和机械对海洋环境的污染。在深海底从事资源开发过程中，要将生态环境建设摆在第一位。必须坚持先评估后开采的原则。只有实行严格的建设项目管理制度和环境影响评价制度，才能规范深海底资源开发行为。

3. 健全海洋环境责任制度。海洋环境责任主要是针对海洋开发者的行为。开发者的责任可分为过失责任和故意责任。海洋环境污染有两方面的问题必须解决：一是海底区域污染标准问题。国际法对海底区域水质污染损害应在多大程度上加以限制，规定什么程度的损害才引起有关国家的国家责任。这种标准应该在联合国环发大会通过，并确定为国际海底区域的控制污染标准。《海洋法公约》缔约国和非缔约国均应严格遵守有关海底采矿规则、生产政策，履行有关义务。二是环境保护与合理开发并重原则问题。环境保护与合理开发并重原则是符合可持续发展要求的，必须坚持深海底环境保护第一、合理开发深海底资源第二的原则。

4. 深海底资源开发前的培训制度。经批准的先驱投资者必须遵守国际规定，严格进行开发前的培训。主要培训计划应按照国际海底委员会文件规定的要求，即在 5 种工程专业（化学、冶金、电气、电子、机械）以及海洋地质学、海洋地球物理学和海洋生态学等优先培训课程的范围内。在专业技术上保证深海底资源开发的可行性技术优势。未经培训或草率培训，或虽经培训但仍在勘探和开发中造成严重海洋环境污染的，各国可按本国法律严格追究其行政责任、民事责任和刑事责任；若给周围国家环境造成损害，则同时承担本国和受害国处罚的法律责任；若对国际海域造成严重污染，应同时承担对国际海底委员会、受害国和本国的损失的法律责任。

（二）深海底资源开发应坚持国际海洋环境保护原则

1. 人类是自然的一部分，不是自然的主宰者。我们应当汲取人类在陆地上造成污染的沉痛教训。当我们要进入海底区域作业和提取人类所需要的物质时，必须要衡量自己的能力能否达到上述要求，绝不能再把污染带到海区。

2. 深海底资源开发必须坚持可持续发展战略。深海底资源开发，必须坚持可持续发展战略，维护人类的整体利益和长远利益。如果在开采中各国自行其是，一旦造成严重海洋环境污染，必将危害整个生物圈的安全。因此，深海底资源开发必须坚持环境保护和可持续发展相统一的规则、规章和国际监督制度。

3. 海洋环境保护必须依靠高新技术。开发深海底区域，关键是要有高新技术，即具有充足的保全海洋环境的有关技术。因此要集中各种保全海洋质量、保全海洋生物环境的科学技术，随时监测深海底区域环境变化状况，有效地防止污染可能出现或一旦出现时有可采取的防范措施。以高科技实现“区域”开发和以高科技防止海洋环境污染，是两项同等重要的原则。

课后复习

1. 选择题

甲国是1982年《海洋法公约》的缔约国。甲国的船舶在各国管辖以外的某海底进行矿产开采作业时，其活动应遵守国际法的哪一种制度？（　　）

A. 公海海底的开发制度　　B. 甲国有关海洋采矿的国内法

C. 国际海底区域的开发制度　　D. 公海自由制度

2. 名词解释

（1）国际海底区域。

（2）单一开发制。

（3）平行开发制度。

（4）国际海底管理局。

3. 简答题

（1）简述国际海底区域的法律地位及含义。

（2）简答支配国际海底区域的基本原则。

（3）简述依据平行开发制度进行国际海底资源开发的基本条件。

（4）简述国际海底管理局理事会的组成和表决制度。

（5）如何实现深海底资源开发与海洋环境保护并重？

第三编

海洋环境保护与海洋管理

第十三章
海洋环境保护

提 要

海洋环境保护问题是海洋法与国际环境法中相当重要的问题。本章从介绍海洋环境污染的概念以及污染来源入手厘清海洋环境保护法律制度的基本构成。通过梳理海洋环境保护法律制度的历史发展进程，系统阐释海洋环境保护的国际法律框架，其中重点论证了条约法部分。最后立足于本国，探讨了中国面临的主要海洋环境问题、中国海洋环境保护法律制度的构建立场以及海洋环境保护法律法规体系。

重点问题

1. 海洋环境污染的来源与分类。
2.《海洋法公约》有关海洋环境保护制度的主要内容。
3. 针对特定类型的海洋环境污染问题的全球性公约及其主要内容。
4. 联合国环境规划署区域海洋环境保护项目及其区域海洋环境保护公约。
5. 中国海洋环境保护法律法规体系的构成。

第一节 概述

海洋占地球表面积的71%，是地球生命支持系统的一个重要组成部分。“海洋制造了地球氧气总量的70%～80%，并庇护了近80%的动植物种。”① 数百年来，海运一直都是最为广泛采用的货物运输方式，“全球贸易运输量的90%通过海运完成”②。在陆地资源日渐衰竭的形势下，海洋的空间和资源，仍具有较大的开发潜力。因此，自21世纪起，人类进入了全面开发和利用海洋的时代，海洋环境状况却不容乐观。研究结果表明，目前全球96%的海域受到人

① Yvonne L. Tharpes. “International Environmental Law: Turning the Tide on Marine Pollution”. *Miami Inter-Am. L. Rev* 20 (1989), p. 579.

② P. Lamy. “Doha Could Deliver Double-win for Environment and Trade”. available at http://www.wto.org/english/news-e/sppl-e/spp183-e.html.

类活动的影响，其中41%的海域受到人类多种活动的强烈影响，4%的海域未受到人类活动破坏，只有极地的广大地区受人类活动影响较小，但也面临着冰原融化的威胁。[①] 所有这些，要求我们必须对海洋环境加以保护。

一、海洋环境污染的定义

海洋环境污染首先是一个海洋生态学上的概念。按照通常的表述，海洋环境污染就是由于海洋被玷污、混进有害物质，其水质遭到破坏，从而导致海洋生态系统遭到破坏，即海洋生态平衡被破坏。海洋生态系统由海底、咸水和生物组成，三者之间相互依存。生物有机体以错综复杂的方式相互作用，食物链就是这种微妙的、复杂的相互作用的主要方式，物质和能量从微小植物到较大的动物连续不断地循环转换。海洋动物吃了受污染的微生物而中毒，而且污染物减少了海洋动物生活所必需的氧气，破坏了海洋食物链，从而破坏了海洋生态平衡。这就是海洋生态学上的海洋环境污染的概念。[②]

海洋生态学上的海洋环境污染的概念是最基本的概念。我们探求何谓“海洋环境污染”，目的是防治污染损害，保护和改善海洋环境，保护海洋资源，维护生态平衡，保障人体健康。显然，法律机制是实现这一目的的最优路径。所以，我们也应该澄清何谓法律意义上的海洋环境污染，其与海洋生态学上的海洋环境污染概念既有联系又有区别。

《海洋法公约》第1条第1款第4项确定了海洋环境污染的定义：人类直接或间接把物质或能量引入海洋环境，其中包括河口湾，以致造成或可能造成损害生物资源和海洋生物，危害人类健康，妨碍包括捕鱼和海洋的其他正当用途在内的各种海洋活动，损坏海水使用质量和减损环境优美等有害影响。这一定义是由联合国教科文组织、国际海事组织、联合国粮农组织、世界气象组织、世界卫生组织、国际原子能机构、联合国环境规划署和联合国8个国际组织联合设立的海洋污染科学问题联合国专家组最初提出的，获得学界广泛接受，并被20世纪80年代以来的有关环境保护的国际条约、双边协定大量实践。虽然这一定义是公约用语，但显然已经成为国际社会普遍接受的关于海洋污染的定义。我国2000年实施的《海洋环境保护法》（2016年修正）第95条第1项规定，海洋环境污染损害，是指直接或者间接地把物质或者能量引入海洋环境，产生损害海洋生物资源、危害人体健康、妨害渔业和海上其他合法活动、损害海水使用素质和减损环境质量等有害影响。可见，我国立法与国际社会通行的做法一致。

通过上述定义，我们可以归纳出海洋环境污染的几个特征：第一，海洋环境污染是人的行为造成的，不是自然产生的；第二，海洋环境污染是因为有海洋之外的物质或能量进入海洋环境，这些物质和能量不是海洋自身所固有的；第三，污染给海洋环境造成或可能造成了损害。

扩大公约的调整范围是更好地保护海洋环境的有效途径之一。《海洋法公约》对“海洋环境污染”的界定方式扩大了公约的调整范围，从而有利于保护和保全海洋环境：首先，

---

① Benjamin S. Halpern, et al.. “A Global Map of Human Impact on Marine Ecosystems”. *Science* 319 (2008), pp. 948-952. 转引自海洋发展战略研究所课题组. 中国海洋发展报告（2009）. 北京：海洋出版社，2009：3-4.

② 魏敏主编. 海洋法. 北京：法律出版社，1987：272-273.

《海洋法公约》采取了开放式的定义方式来界定何为"海洋环境污染"，包括了各种来源（已知的污染来源和新的污染来源）造成的海洋污染；其次，公约把人类行为"可能造成"的损害也包含在内，从而把人类行为对海洋环境的潜在不利影响也纳入公约的调整范围之内；最后，通过使用"生物资源和海洋生物"这种表述，定义明确了保护海洋环境包含了保护海洋物种。

二、海洋环境污染的来源

通常来说，海洋环境的污染来源主要包括4种：陆地源污染、船舶源污染、海洋倾倒源污染以及海底开发活动造成的污染。

（一）陆地源污染

陆地源污染是海洋环境污染物质的第一大来源。陆地来源的污染物质主要通过河流直接或间接注入海洋，而沿海陆地上的污染一般直入海洋。"百川入海"的自然现象往往使人们忽视归入大海的河流是否携带有毒有害物质，再加上海洋本身具有自净能力，使得某些有毒有害物质通过化学和生物降解过程减缓了对海洋环境的污染，所以，在比较长的时期内，陆地源污染所造成的严重后果并未引起人们的足够重视。这种状况一直持续到20世纪50年代以后，发达国家发生了污染公害，大量有毒有害物质随河流入海，海洋环境遭到严重破坏时，人们方才意识到陆地源污染的严重后果。

陆地源污染的主要特征包括：污染物质种类繁多；造成污染的行为发生地在国家领土范围内，控制陆地来源的污染直接关系到沿海国家的切身利益。①

在全球一级，沿海及海洋环境的退化不仅仍在继续，而且有所加剧。陆上污染源造成了大约80%的海洋污染，影响到海洋环境中海产最丰富的区域。总量来看，污水仍然是最大的污染源，因为沿海污水的排放在过去30年中大幅度增加；尤其是，发展中国家的基本环卫以及城市下水道系统和污水处理的提供，未跟上许多发达国家的城市化或服务改善的速度。对海洋的其他严重陆上威胁包括持久性有机污染物，其中许多污染物是通过大气层、不能生物降解的垃圾以及河流中自然沉降物含量的变化，在全球传播的。这对于人类健康、消除贫困、粮食安全以及受影响行业造成了全球范围的不良影响。②

（二）船舶源污染

船舶源污染是指在海上航行的船舶蓄意或由于疏忽而向海洋排放油类或其他有害物质造成的污染，以及船舶在海上航行过程中发生事故而对海洋环境造成的污染。船舶源污染被看作是海洋环境污染的第二大污染源。通过定义可以推知，船舶源污染主要包括两种类型：船舶在营运过程中造成的污染以及航行事故所造成的污染。③

船舶在营运过程中造成的污染主要来自以下几个方面：第一，来自船舶生活污水的污染；第二，产生于船舶通常的营运期间不断或定期予以处理的各种食品、日常用品和工作用品的废弃物；第三，来自散装有毒液体物质和来自海运包装或集装箱等装有有害物质的污染，这是船舶源油类污染物质之外其他有害物质的主要来源；第四，来自油轮压舱水和洗舱水的污染，这

---

① 魏敏主编．海洋法：275-276.

② A/59/62/Add.1, p.27, para.97.

③ P. Birnie, A. Boyle, and C. Redgwell. *International Law and the Environment*. 3rd ed.. Oxford: Oxford University Press, 2009, p.399.

是主要的船舶污染源，目前这个问题已经通过“顶装法”（load on top）和“原油洗舱法”（crude oil washing）得到了很好的解决。[①] 船舶在营运过程中造成的污染与陆地源污染不同：来自船舶的污染物质无须借助媒介，直接污染海洋；污染物质主要是石油；可能引发复杂的国家管辖权冲突。[②]

海上航行事故主要指油轮搁浅、触礁、船舶碰撞等，污染源主要是石油。1967 年 3 月 18 日“托里峡谷号”（Torrey Canyon）油轮在英吉利海峡触礁，从破裂的油轮向海洋倾泻出约 11 万吨原油，造成英吉利海峡大片水域极为严重的污染，被称为海洋污染历史上“第一次黑潮”。经过 10 天的国内和国际辩论，决定炸毁这一巨型油轮。事故发生时，还有 13 艘类似的巨型油轮在海上营运。虽然海上航行事故污染与船舶营运过程中造成的污染相比不算大，但这种事故对局部海域造成重大污染，并且事故发生地点多位于沿海国的沿岸或接近沿海国海域，引发沿海国的极大关注。同时，这一事件的灾难性后果也使国际社会更加关注事故引起的海洋石油污染。

另外，有学者将外来物种入侵问题作为船舶源污染的一种表现形式，并引发国际社会的广泛关注。[③] 例如，船舶在一个受污染的海域抽取压舱水，而在另外一个地点排放，则极有可能把细菌或病毒引入沿海国；外来物种也可能经由船舶的外部构造物，如船壳、船舶内部管道等入侵沿海国。船舶产生的噪音会给海洋生物造成不利影响也被视为船舶源污染的表现形式之一。

（三）海洋倾倒源污染

海洋倾倒被视为第二种类型的“海洋源污染”[④]，严重威胁海洋环境。包括 1982 年《海洋法公约》在内，至少有 5 个全球性或区域性国际条约对海洋倾倒进行了内容几乎一致的界定，其中最为重要的是《海洋法公约》与 1972 年《防止倾倒废物及其他物质污染海洋的公约》（the 1972 International Convention on the Prevention of Marine Pollution by Dumping of Wastes and Other Matter，简称《伦敦倾倒公约》）。《海洋法公约》第 1 条第 1 款第 5 项（a）规定，倾倒是指从船只、飞机、平台或其他人造海上结构故意处置废物或其他物质的行为，以及故意处置船只、飞机、平台或其他人造海上结构的行为。同时第 1 条第 1 款第 5 项（b）规定，“倾倒”不包括船只、飞机、平台或其他人造海上结构及其装备的正常操作所附带发生或产生的废物或其他物质的处置，但为了处置这种物质而操作的船只、飞机、平台或其他人造海上结构所运载或向其输送的废物或其他物质，或在这种船只、飞机、平台或结构上处理这种废物或其他物质所产生的废物或其他物质均除外，以及并非为了单纯处置物质而放置物质，但以这种放置不违反该公约的目的为限。《伦敦倾倒公约》比《海洋法公约》多规定了一种例外情况，即，“倾倒”还不包括由于海底矿物资源的勘探、开发，与勘探和开发有关的海上加工所直接产生的或有关的废物及其他物质的处置。

---

① 根据“顶装法”，用高压热水清洗油轮机器，把清洗下来的水油混合物泵入一个特制污油罐。因为油比水轻，清洗下来的油水混合物中的油类物质就逐渐漂浮到了表面上。最后，只有分离出来的水被排入海洋，而原油留在了污油罐中。“原油洗舱法”是指用原油清洗油轮货仓，例如，用油轮中作为货物的原油清洗。通过向货仓壁上附着的沉积物喷洒原油，使这些油类沉积物重新转化为可用的原油，与剩余的货物原油一起被泵出。根据《1973 年国际防止船舶造成污染公约》及其《1973 年国际防止船舶造成污染公约的 1978 年议定书》附件一的规定，“原油洗舱法”成为对 20 000 吨以上新油轮的强制性要求。详见 www5. imo. org/SharePoint/mainframe. asp? topic _ id=306.

② 魏敏主编．海洋法：283 - 284.

③ Yoshifumi Tanaka. *The International Law of the Sea*, New York: Cambridge University Press, 2012, pp. 257 - 258.

④ “海洋源污染”（ocean-based pollution）的第一种类型是指“船舶源污染”（vessel-source marine pollution）.

根据上述定义，海洋倾倒的主要特征是故意地将污染物质从有选择的运载工具上置于海洋之中。正是“故意”这个主观要件，将海洋倾倒源污染与其他来源的污染相区别。

在20世纪五六十年代，海洋倾倒是处置产生于陆地活动的废弃物的惯常方式。产生于陆地活动的废弃物主要包括放射性物质、军用物质（废弃的武器及爆炸物）、疏浚废弃物、下水污泥以及工业废弃物，其中，疏浚废弃物约占海洋倾倒源污染的80%～90%。[①] 这种没有限制的倾倒行为，超过了海洋的自净能力，使海洋环境遭到污染，由此产生了一系列规制海洋倾倒行为的国际条约。

（四）海底开发活动造成的污染

2010年4月，英国石油钻井平台爆炸所造成的严重油污污染成为海底开发活动造成海洋污染的一个典型示例，引发各界关切与讨论。

海底开发活动造成的污染包括两种情况：国家管辖范围内的海底活动造成的污染，以及国家管辖范围之外的“区域”内活动造成的污染。《海洋法公约》第194条规定，各国有义务防止来自用于勘探或开发海底和底土的自然资源的设施和装置的污染，以及来自海洋环境内操作的其他设施和装置的污染。第208条针对国家管辖范围内的海底活动造成的污染规定：沿海国应制定法律和规章，以防止、减少和控制由于或有关受其管辖的海底活动以及在其管辖下的人工岛屿、设施和结构所造成的海洋环境污染；这种法律、规章和措施的效力应不低于国际规则、标准和建议的办法及程序。第209条针对“区域”内活动造成的污染规定：为了防止、减少和控制“区域”内活动对海洋环境的污染，应按照第十一部分制定国际规则、规章和程序。这种规则、规章和程序应根据需要随时重新审查。又规定，各国应制定法律和规章，以防止、减少和控制由悬挂其旗帜或在其国内登记或在其权力下经营的船只、设施、结构和其他装置所进行的“区域”内活动造成对海洋环境的污染。这种法律和规章的要求的效力应不低于第1款所指的国际规则、规章和程序。

（五）气候变化对海洋环境的影响

当前引起国际社会普遍关注的问题有两个：一是海洋安全，一是气候变化。近几十年来，气候变化已对所有大陆和海洋的自然和人类系统产生了影响。对于海洋系统而言，气候变化影响的证据是最强大和最全面的，比如气温上升导致海平面和海水温度随之升高，而海洋对二氧化碳的过度吸收则引发了海水酸化。作为对正在发生的气候变化的响应，许多海洋物种已改变了其分布范围、季节性活动、迁徙模式、丰度以及物种间的相互作用。[②]因此，气候变化已成为海洋环境保护所面临的新挑战，而且其形势会愈加严峻。

气候变化给海洋环境带来的影响有三个方面：第一，海平面上升使海岸系统和低洼地区越来越多地遭受不利影响；第二，海水温度升高给海洋生态系统带来巨大压力；第三，海洋酸化对海洋生态系统构成严重威胁。

目前，国际社会对气候变化给海洋环境造成的影响是否属于海洋环境污染、二氧化碳是否是一种污染源等问题，存在分歧。但无法否认的是，气候变化对海洋环境的影响与其他污染源对海洋环境造成的影响相比要显著得多。所以，这一客观事实及其所造成的严重后果应当引起我们足够的重视。

---

① R. R. Churchill and A. V. Lowe. *The Law of the Sea*. 3rd ed.. Manchester: Manchester University Press, 1999: p. 329.

② 政府间气候变化专门委员会. 气候变化2014：影响、适应和脆弱性（决策者摘要）. https://ipcc-wg2.gov/AR5/images/uploads/WGIIAR5_SPM_Chinese.pdf. [2016-10-02].

三、保护海洋环境需要国际合作

（一）海洋环境保护是一项国际法上的义务

海洋环境是人类环境的重要组成部分，是最为重要的地球生态系统，是人类生存和经济发展的前提与基础。“忽视海洋就是忽视我们三分之二的地球，毁灭海洋就是毁灭我们的地球。一个死亡的地球无助于任何国家。”① 因此，为了人类自身的生存与发展，各国有义务保护海洋环境。但是由于经济发展与环境保护之间可能会出现冲突，各国在落实环境保护义务时通常会有所保留，而这种保留也使得各国更愿意以一种政治宣言的形式来表达其对海洋环境的保护意愿，由此，也就造成了现下国际海洋环境保护问题上，政治宣言的“软法”与具有强制力的“硬法”并存的现象，而且，“软法”还有逐步繁荣的趋势。②

海洋活动的一个显著特点是它的国际性，因而要解决海洋环境污染问题仅靠个别国家单方面的措施是远远不够的，还需要各国的共同努力。为此，具有海洋法领域宪章地位的《海洋法公约》对于各国保护海洋环境的权利和义务作出了一般的明确规定。《海洋法公约》第 192～194 条明确规定：各国有依据其环境政策和按照其保护、保全海洋环境的职责开发其自然资源的主权权利，同时各国有保护和保全海洋环境的义务。各国应采取一切必要措施，确保在其管辖或控制下的活动的进行不致使其他国家及其环境遭受污染的损害，并确保在其管辖或控制范围内的事件或活动所造成的污染不致扩大到其按本公约行使主权权利的区域之外。除了作为一部综合性、全球性海洋环境保护国际公约的《海洋法公约》以外，还有几部有影响的、重要的、专门防止不同来源污染的国际公约③，它们都明确规定了缔约国有保护海洋环境的义务，在防止、减少和控制海洋环境污染以及保护海洋环境方面发挥着重要作用。

（二）国家间合作是履行海洋环境保护义务的方式

国际海洋环境保护法律之所以能在数十年内获得迅速发展，其根本原因在于环境是关乎各国生存与安全的基本利益。为履行海洋环境保护义务，各国应进行合作。

《斯德哥尔摩宣言》是国际环境法发展史上的重要里程碑，其原则 7 明确指出应采取合作行动来制止海洋污染：“种类越来越多的环境问题，因为它们在范围上是地区性或全球性的，或者因为它们影响着共同的国际领域，将要求国与国之间广泛合作和国际组织采取行动以谋求共同的利益。”《人类环境行动计划》第六领域“行动计划的国际机构”提出了一条具有深远意义的建议：“在联合国体系内设立一个专门的国际机构，以更好地保护环境、包括海洋环境。”④ 虽然《斯德哥尔摩宣言》是一份不具有法律拘束力的政治宣言，但是它所确立的多项原则，既是各国共识的结晶，又极具合理性，因此，国际社会公认它所确立的这些原则都无可

① 联合国新闻部．联合国海洋法公约评价．北京：海洋出版社，1986：41.

② R. J. Deputy. “Soft Law and the International Law of the Environment”. 12 *Michigan Journal of International Law* (1991), p. 420; G. Handl. “Environmental Security and Global Change: the Challenge to International Law”. 1 *Yearbook of International Environmental Law* 3 (1990), p. 3.

③ 这些公约主要包括：1954 年《国际防止海洋石油污染公约》（从 1983 年 10 月起，在缔约国之间它已经被 1973《年国际防止船舶造成污染公约》及其 1978 年议定书取代）、1969 年《国际油污损害民事责任公约》及 1971 年《设立国际油污损害赔偿基金国际公约》1972 年《防止倾倒废物及其他物质污染海洋公约》及《防止倾倒废物和其他物质污染海洋的公约 1996 年议定书》、1990 年《国际油污防备、应急和合作公约》1996 年《国际海上运输有毒有害物质损害责任和赔偿公约》和 2001 年《国际船用燃料油污损害民事责任公约》等。

④ 后来在海洋环境保护中发挥着举足轻重作用的联合国环境规划署（United Nations Environmental Programme，简称为 UNEP），即据此设立。

争议地成为国际环境保护规则的渊源。① 可以说，《斯德哥尔摩宣言》从意识上奠定了国际合作保护海洋环境的基础，《人类环境行动计划》则从组织上奠定了国际合作保护海洋环境的基础。②

《海洋法公约》第197条要求各国应在为保护和保全海洋环境而拟订、制定符合本公约的国际规则、标准和建议的办法及程序时，应在全球性的基础上或区域性的基础上直接或通过主管国际组织进行合作，同时考虑到区域的特点。同时，在第202条中规定，各国应直接或通过主管国际组织促进对发展中国家的科学和技术援助，以保护和保全海洋环境，并防止、减少和控制海洋污染。除此之外，一些重要的、专门防止不同来源污染的国际公约，也都明确规定了缔约国在保护海洋环境问题上有进行合作的义务。

第二节 海洋环境保护法律制度的历史发展

海洋环境保护法律制度是国际环境法中发展最快、最完备的一个分支，它的历史就是国际社会海洋环保意识兴起以及制度构建的过程。国际社会尝试通过创立规则来保护海洋环境的努力可以追溯到20世纪初。1926年，根据美国的要求，包括美国在内的14个国家的代表在华盛顿召开了一次专家会议，讨论防止船舶在航行水道造成石油污染的技术措施，并试图达成相关国际协议。虽然由于各国分歧很大，会议未能达成任何实质性协议，但却开始了人类对海洋环境问题的相关制度性研究以及进行国际合作的尝试。由于战争等种种原因，在20世纪50年代以前，这些努力都未获得成功。国际上第一个防止海洋环境污染的公约是1954年《国际防止海洋石油污染公约》，它的签订标志着国际海洋环境法律制度开始形成。从1954年至今，国际海洋环境法律制度的发展历程主要可以分为四个阶段。

一、萌芽阶段

一般认为，从1954年签订《防止海洋石油污染国际公约》到1972年斯德哥尔摩“人类环境会议”之前的这一时期为国际海洋环境保护法律制度的萌芽阶段。③

第二次世界大战以后，随着海运业的高速发展，船舶石油污染日益严重，引起了国际社会的普遍重视。1954年4月26日至5月12日，在伦敦召开了有关海洋石油污染的国际会议，制定了《防止海洋石油污染国际公约》，标志着“国际社会在防止全球海洋环境污染方面迈出了具有决定性意义的第一步”④。在这一阶段，国际社会开始关注海洋环境问题，开始尝试通过国际立法的方式保护海洋环境，并在一些普遍关注的问题上，例如防止海洋石油污染问题，达成了共识。这时国际海洋环境保护立法活动还处于萌芽时期，这一阶段签署的国际公约数目不多，除了1954年《国际防止海洋石油污染公约》之外，主要有1958年《大陆架公约》和《公海公约》、1959年《南极条约》、1969年《国际油污损害民事责任公约》以及1971年《设立国际油污损害赔偿基金国际公约》。

---

① Myron H. Nordquist, et al.. The Stockholm Declaration and Law of the Marine Environment. Leiden / Boston: Martinus Nijhoff Publishers, 2003, pp. 55, 67, 155.

② 张相君. 区域海洋污染应急合作制度的利益层次化分析. 厦门：厦门大学，2007：20.

③ 欧阳鑫，窦玉珍. 国际海洋环境保护法. 北京：海洋出版社，1994：8.

④ 张海文主编.《联合国海洋法公约》释义集. 北京：海洋出版社，2006：394.

这一阶段的特点是：以上各公约关注的重点主要是在防止海洋石油污染方面，国际社会尚未对于全面保护海洋环境的重要性给予普遍重视，还未考虑从更多方面来保护海洋环境；而且，从时间上看，一些公约的规定往往是针对重大溢油事故的处理与对策，基本上是“被动反应式”① 的。

二、形成阶段

1972 年联合国在瑞典首都斯德哥尔摩召开“人类环境会议”到 1982 年《海洋法公约》的产生是国际海洋环境保护法律制度的形成阶段。

1972 年斯德哥尔摩“人类环境会议”通过了《人类环境宣言》和《人类环境行动计划》，这是国际环境保护发展史上的重大事件，标志着保护海洋环境的国际立法进入了全面保护海洋环境的新阶段。《人类环境宣言》为国际社会和各国国内环境立法及制定环境政策提供了方针及原则，为海洋环境制度的建立奠定了最初的基础；《人类环境行动计划》明确规定各国应采取一切措施，以防止那些危害人类健康、损害生物资源和海洋生物、破坏环境舒适或干扰海洋的其他合法利用的物质对海洋造成污染，从而为国际社会环境保护应采取的具体行动提供了行动指南，并推动各国在环境保护领域进行广泛的合作。这两者虽然只具有“软法”的性质，却被认为是国际环境保护法发展的一个重要里程碑。这一阶段的国际条约数量显著增加，比较有代表性的主要有 1972 年《防止倾倒废物及其他物质污染海洋的公约》、1973 年《防止船舶造成污染国际公约》《干预公海非油类物质污染的议定书》以及大量的区域性的双边和多边条约。

在这一阶段，条约调整的对象不再只局限于单一类别的防止石油污染，还涉及海洋其他各种污染（特别是海洋倾倒污染）等，可以说这一阶段的主要特点是，“以控制倾废为中心，对各种来源的海洋污染进行全面控制”②。这些条约制定的一些原则已开始超越传统国际法的范畴，新原则正在形成中。条约通常包括一些较为严格、具体的执行条款，具有更强的约束力。根据“人类环境会议”，联合国环境规划署于 1973 年 1 月 1 日成立。环境规划署成立后制定了 10 个区域海洋环境保护计划，为促进海洋环境保护的立法和开展全球、区域间的海洋环境保护的国际合作方面发挥了积极的作用，并且为第三次联合国海洋法会议讨论和解决海洋环境保护问题打下了坚实的基础。

三、发展阶段

国际海洋环境保护法律制度的发展、完善阶段是从 1982 年《海洋法公约》的签署至 1992 年联合国在巴西首都里约热内卢召开环境与发展大会。

1982 年 4 月 30 日，第三次联合国海洋法会议通过了《海洋法公约》。《海洋法公约》被称作“海洋宪法”，海洋环境保护在其中占据了非常重要的地位。《海洋法公约》一共 17 部分、9 个附件，主体条文共计 320 条。除了在第十二部分集中对海洋环境污染的种类，防止、减少和控制海洋环境污染的措施以及国际规则和国内立法、全球和区域合作、技术援助、环境监测和评价、国家责任和赔偿等进行了全面、系统的规定之外，公约第一部分序言中规定的五个专业用语，全部与海洋环境和资源相关。另外，公约的各个实体部分几乎都涉及环境保护的问题。公约的通过标志着海洋环境保护的国际法律制度进入了一个全面发展阶段：从公约通过到

① 宿涛，刘兰．海洋环境保护：国际法趋势与国内法发展．海洋环保，2002（2）．

② 张海文主编．《联合国海洋法公约》释义集：394.

1992年联合国环境与发展大会召开之间的10年，新的国际公约不断产生，旧的国际公约纷纷被修改和完善，各沿海国家的国内立法异常活跃，全球和区域性海洋环境合作蓬勃发展。

《海洋法公约》是在总结、借鉴1982年以前国际和区域的各种保护海洋环境的协定的基础上，建立起全球海洋环境保护的法律体系框架。这一阶段的特点是：海洋环境保护法律制度从单项的事后处理向综合的预防、防治过渡，同时将对陆源污染的控制和治理也逐步纳入议事日程；各国从双边、多边合作扩展到区域、分区域乃至全球整体合作；国际海洋环境保护法律制度的调整范围也从近岸向大洋发展。

四、成熟阶段

海洋环境保护法律制度建设和国际合作的成熟阶段是从1992年联合国在巴西首都里约热内卢召开环境与发展大会至今。

1992年联合国环境与发展大会通过了《环境与发展宣言》《21世纪议程》以及其他重要文件。由于海洋环境占据全球环境的75%，所以《环境与发展宣言》的27个操作原则中大部分显然而且必然包括了海洋。《21世纪议程》作为促进社会、经济可持续发展和保护环境的全球性行动纲领，为世界各国提供了一个从现在起到21世纪全球持续发展的各个领域的蓝图，因此尤为重要。《21世纪议程》有一章专门针对海洋环境问题，即第十七章，“海域包括封闭和半封闭海域以及沿海地区的保护、海洋生物资源的保护、合理利用和开发”，专门论述了海洋环境保护和海洋资源可持续利用问题。这一章在《海洋法公约》和联合国环境与发展大会之间起桥梁作用：一方面，第十七章依赖于《海洋法公约》的法律框架；另一方面，它又是《21世纪议程》包括全球经济/环境的整体系统的一部分，而且它已经开始影响到联合国系统的改革。① 这一时期有代表性的国际条约主要有：1992年《联合国气候变化框架公约》、1992年《生物多样性公约》、1995年《跨界鱼类种群和高度洄游鱼类种群的养护与管理协定》《控制危险废物越境转移及其处置巴塞尔公约1995年修正案》《防止倾倒废物及其他物质污染海洋公约的1996年议定书》以及1997年《京都议定书》，等等。

《环境与发展宣言》及《21世纪议程》虽然是没有法律约束力的“软法”，但它给《海洋法公约》提供了更宏观的视角，促进了《海洋法公约》向海—陆边界和海—气边界的必要延伸；同时，强化了《海洋法公约》的作用，并确保公约的创新概念被纳入联合国系统的改革进程。可以说，《环境与发展宣言》及《21世纪议程》是国际环境法发展历史上的新的里程碑。

第三节　海洋环境保护的国际法律框架

海洋环境保护的国际法律框架主要由习惯国际法与条约构成。此外，普遍性国际组织的与环境问题有关的法律文件在海洋环境保护领域发挥着重要的“软法”作用。

一、习惯国际法

有关环境保护的国际法是国际法领域的一个新兴分支，加上习惯国际法的形成需要各国反复一致的实践以形成通例并被各国接受为法律，因此，国际环境法中习惯国际法规范并不多。

① E. M. 鲍基斯．海洋管理与联合国．孙清等译．北京：海洋出版社，1997：25－56.

一直以来，国际社会主要关注如何开发、利用海洋，对于如何保护海洋关注不多。由于国家实践的相对缺失，习惯国际法关于海洋环境保护只有几个一般性的基本原则。在过去的四十多年里，在国际条约、国际组织有约束力的行为、国家实践以及“软法”规范中出现了一些对国际社会所有成员具有普遍约束力的一般性原则，这些原则被视为有关海洋环境保护的习惯国际法规范。这些习惯国际法规范主要包括：1972 年《人类人权宣言》原则 21 与 1992 年《环境与发展宣言》原则 2 中所列原则，即：国家资源开发主权权利和不损害国外环境责任原则；预防损害原则；国际合作原则；可持续发展原则；风险防范原则；污染者付费原则；共同但有区别责任原则。[①]

在这些一般性原则中，对于海洋环境保护而言最为重要的原则要数国家资源开发主权权利和不损害国外环境责任原则。[②]《海洋法公约》通过第 194 条第 2 款明确确认了这一原则，并将其扩大适用到保护国家管辖范围之外的区域如公海和国际海底区域。

有关这一原则的阐述最早出现在“特雷尔冶炼工厂案”（1938 年～1941 年）中。仲裁庭在裁决中指出：“根据国际法以及美国法律的原则，任何国家都没有权利这样利用或允许利用其领土，以致让烟雾在他国领土或对他国领土上的财产或生命造成损害，如果已经产生严重后果并且已为确凿的证据所证实。”[③]

随后，这一原则在《人类环境宣言》中得到明确阐释，并在《环境与发展宣言》中得到进一步完善。根据《人类环境宣言》原则 21 及《环境与发展宣言》原则 2，各国拥有按照本国的环境与发展政策开发本国自然资源的主权权利，但是在开发、利用其本国环境资源的同时，要确保在其管辖范围内或在其控制下的活动不致损害其他国家或在各国管辖范围以外地区的环境的责任。

当然，作为一项习惯国际法规则，这一原则不仅在《人类环境宣言》及《环境与发展宣言》中得到宣示，而且在很多其他的重要国际法文件和司法判例中得到确认。例如，《联合国气候变化框架公约》在序言中阐明，各国“拥有主权权利按自己的环境和发展政策开发自己的资源，也有责任确保在其管辖或控制范围内的活动不对其他国家的环境或国家管辖范围以外地区的环境造成损害”。又如 1974 年《各国经济权利和义务宪章》第 2 条第 1 款规定，每个国家对其全部财富、自然资源和经济活动享有充分的永久主权，包括拥有权、使用权和处置权在内，并得自由行使此项主权。第 30 条又强调：为了今代和后世而保护、维护和改善环境，是所有国家的责任。所有国家都应根据此项责任制定它们自己的环境和发展政策。所有国家的环境政策应对发展中国家当前的和未来的发展有所增进，而不发生不利影响。所有国家有责任保证，在其管辖和控制范围内的任何活动不对别国的环境或本国管辖范围以外地区的环境造成损害。所有国家应进行合作，拟订环境领域的国际准则和规章。

在这一原则形成、确定过程中的两个关键案例当数 1949 年科孚海峡案以及 1996 年使用和威胁使用核武器合法性咨询案。在科孚海峡案中，国际法院明确指出，每一个国家都有义务不在明知的情况下允许其领土被用于损害他国权利的行为。[④] 使用和威胁使用核武器合法性咨询案使这一原则的习惯国际法效力得以确定。在该咨询意见中国际法院指出：环境并不是一个抽象的概念，而是代表了包括未出生的人在内的人类的生活空间、生活质量以及健康。国家总体

① Philippe Sands. *Principles of International Environmental Law*. 2nd ed.. New York: Cambridge University Press, 2003, p. 231.

② Yoshifumi Tanaka. *The International Law of the Sea*, pp. 260 - 261.

③ 朱文奇主编．国际法学原理与案例教程．北京：中国人民大学出版社，2006：424 - 426.

④ The Corfu Channel Case (U. K. v. Albania), 1949 *I. C. J.* 22 (April 9).

上负有保证在其管辖和控制的范围之内尊重他国环境或超出本国控制之外的环境的义务，这一点已经成为与环境相关的国际法规范的一部分。[①] 这一咨询意见对“环境”的宽泛界定，使得国家资源开发主权权利和不损害国外环境责任原则这一习惯国际法规范适用于海洋环境保护领域。

有关海洋环境保护的习惯国际法规则很难确立一个客观的标准去判断国家的行为性质及其责任，因此应该在条约层面制定国家海洋环境保护的法律制度。[②] 但也有国家（如美国）出于国家安全的考虑，坚持习惯国际法在适用上的优先地位。[③]

二、条约法

20 世纪 50 年代以来，国际社会逐步关注海洋环境保护，积极开展国际合作，缔结了一系列有关保护海洋环境的全球性与区域性国际条约。

（一）有关海洋环境保护的全球性条约

1. 1982 年《海洋法公约》

在全球层面，保护海洋环境的综合性法律框架是通过《海洋法公约》建立的。根据 1970 年联大决议，海底委员会从 1971 年起把海洋环境保护问题作为第三小组委员会审议的项目之一，对海洋环境保护条款进行实质性讨论和起草条约案文。第三小组委员会于 1971 年开始工作，1972 年第三小组委员会决定建立一个“海洋污染工作组”，所有国家可以参与讨论，但是由各区域集团指定的代表国家组成。“海洋污染工作组”的任务主要包括两项：其一，如何保护海洋环境；其二，如何减轻和防止海洋环境污染，并起草相关案文。

在陆地资源日渐衰竭的情况下，海洋的空间和资源具有较大的可开发能力，因此各国围绕海洋权益的争夺日趋复杂。发展中国家和部分第二世界国家的观点认为，沿海国对于其管辖范围内的海域有权进行管制，有权制定标准和管理措施，有权设立防污染控制区；至于国际海洋区域的防污染标准，应由各国与国际机构合作制定。而美、苏等海洋大国意在限制沿海国的管辖权，主张各国必须采用防止海洋环境污染的国际标准，并强调船旗国的管辖权。第三次海洋法会议第二期会议进入海洋法实质性审议，在一般性辩论中争议的焦点实质上仍然是沿海国对于其管辖范围内的海洋区域的海洋环境污染有无管辖权的问题。经过与会各国代表的反复协商，终于在第七次会议上达成了为多数国家所接受的方案。从第七次会议之后有关海洋环境的保护和保全，除少数条款经过协商作出修改外，绝大部分条款未作更多的改动，一直到 1982 年《海洋法公约》获得通过。[④]

《海洋法公约》第十二部分“海洋环境的保护和保全”共 11 节、44 条，包括：一般规定、全球性和区域性合作、技术援助、监测和环境评价，防止、减少和控制海洋环境污染的国际规则和国内立法，执行、保障方法、冰封区域、责任和赔偿义务、主权豁免、关于保护和保全海洋环境的其他公约所规定的义务。《海洋法公约》的第十二部分是“现有唯一的、有约束力的、可实施的全球综合性环境法。它涉及来自所有污染源的污染，无论是海洋的、陆源的还是大气

---

① The Legality of Threat or Use of Nuclear Weapons, Advisory Opinion, 1996 *I. C. J.* 19 - 20 (July 8) .

② Yoshifumi Tanaka. *The International Law of the Sea*, p. 261.

③ J. Ashley Roach and Robert W. Smith. *Excessive Maritime Claims*, 3rd ed.. Leiden / Boston: Martinus Nijhoff Publishers, 2012, p. 534.

④ 陈德恭．现代国际海洋法．北京：海洋出版社，2009：460 - 464.

的”[1]。除此之外，《海洋法公约》的各个实体部分几乎都涉及环境保护问题，因此，在领海、海峡、专属经济区、国际海底区域等部分中也含有一些有关的条款。

（1）一般规定

可以说，《海洋法公约》建立了一个一般性的、综合的海洋环境保护的法律框架。《海洋法公约》通过第193条明确规定各国有根据本国的环境政策开发自然资源的主权权利，同时又在第192条规定国家的基本义务是“保护和保全海洋环境”。《海洋法公约》的这两个条款充分体现了权利与义务的平衡，也通过这样的设计顺序表明，各国在行使按照本国环境政策开发海洋资源的主权权利时，首先要考虑到在保护和保全全球海洋环境方面所承担的责任和义务。[2]《海洋法公约》继而在第194条和第195条中详细规定了各国履行这一基本义务的具体要求：第一，各国应在适当情形下个别或联合地采取一切符合本公约的必要措施，防止、减少和控制任何来源的海洋环境污染，为此目的，按照其能力使用其所掌握的最切实可行方法，并应在这方面尽力协调它们的政策。第二，各国应采取一切必要措施，确保在其管辖或控制下的活动的进行不致使其他国家及其环境遭受污染的损害，并确保在其管辖或控制范围内的事件或活动所造成的污染不致扩大到其按照本公约行使主权权利的区域之外。第三，依据第十二部分采取的措施，应针对海洋环境的一切污染来源，包括陆地源污染、船舶源污染、海洋倾倒源污染以及海底开发活动造成的污染。第四，各国采取措施防止、减少或控制海洋环境污染时，不应对其他国家依照本公约行使其权利并履行其义务所进行的活动有不当的干扰。第五，按照第十二部分采取的措施，应包括为保护和保全稀有或脆弱的生态系统，以及衰竭、受威胁或有灭绝危险的物种和其他形式的海洋生物的生存环境，确保在其管辖或控制下的活动或事件不致使其他国家及其环境遭受污染损害，或不致使其所造成的污染扩大到本国管辖区域之外。第六，各国在采取措施防止、减少和控制海洋环境污染时采取的行动不应直接或间接将损害或危险从一个区域转移到另一个区域，或将一种污染转变成另一种污染。

《海洋法公约》第197条要求各国在为保护和保全海洋环境而拟定和制定符合该公约的国际规则、标准和建议的方法及程序时，应在全球性的基础上或在区域性的基础上，直接或通过主管国际组织进行合作，同时考虑到区域的特点。

《海洋法公约》第202条规定，各国应直接或通过主管国际组织促进对发展中国家的科学和技术援助，以保护和保全海洋环境，并防止、减少和控制海洋污染。第203条则要求各国际组织对于发展中国家在技术援助的分配和专门服务的利用方面得到优惠待遇。

《海洋法公约》第204条要求各国应在符合其他国家权利的情况下，在实际可行的范围内，尽力直接或通过各主管国际组织，用公认的方法观察、测算、估计和分析海洋环境污染的威胁或影响；特别应不断监视其所准许或从事的任何活动的影响，以便确定这些活动是否可能污染海洋环境。

（2）陆地源污染

虽然陆地源污染是海洋环境污染最主要的来源，但是否应该通过《海洋法公约》来规制这种污染源，在联合国海洋法会议上存在很大的争议。经过长时间磋商，最终有关规制陆地源污染的条款被纳入公约。

《海洋法公约》第194条规定：各国应在适当情形下个别或联合地采取一切符合本公约的必要措施，防止、减少和控制任何来源的海洋环境污染，为此目的，按照其能力使用其所掌握

① E. M. 鲍基斯．海洋管理与联合国：24.

② 张海文主编．《联合国海洋法公约》释义集：396.

的最切实可行的方法，并应在这方面尽力协调它们的政策。依据本部分采取的措施，应针对海洋环境的一切污染来源。这些措施，除其他外，应包括旨在在最大可能范围内尽量减少下列污染的措施：从陆上来源、从大气层或通过大气层或由于倾倒而放出的有毒、有害或有碍健康的物质，特别是持久不变的物质。这是公约为缔约国设定的防止、减少和控制陆地源污染的一般性义务。

除此之外，《海洋法公约》还在第 207 条对于缔约国履行防止、减少和控制陆地源污染义务提出了具体要求：第一，各国应制定法律和规章，以防止、减少和控制陆地来源，包括河流、河口湾、管道和排水口结构对海洋环境的污染，同时考虑到国际上议定的规则、标准和建议的办法及程序。第二，各国应采取其他可能必要的措施，以防止、减少和控制这种污染。第三，各国应尽力在适当的区域一级协调其在这方面的政策。第四，各国特别应通过主管国际组织或外交会议采取行动，尽力制定全球性和区域性规则、标准和建议的办法及程序，以防止、减少和控制这种污染，同时考虑到区域的特点、发展中国家的经济能力及其经济发展的需要。这种规则、标准和建议的办法及程序应根据需要随时重新审查。第五，第一、第二和第四所提及的法律、规章、措施、规则、标准和建议的办法及程序，应包括旨在在最大可能范围内尽量减少有毒、有害或有碍健康的物质，特别是持久不变的物质，排放在海洋环境的各种规定。

最后，《海洋法公约》还在第 213 条规定了陆地源污染的执行，即，各国应执行其按照第 207 条制定的法律和规章，并应制定法律和规章及采取其他必要措施，以实施通过主管国际组织或外交会议为防止、减少和控制陆地来源对海洋环境的污染而制定的可适用的国际规则和标准。

(3) 船舶源污染

船舶源污染虽然是对海洋环境的第二大污染源，但却是《海洋法公约》在保护海洋环境部分关注的重要问题。对此，《海洋法公约》从三个方面进行了规制。

《海洋法公约》第 194 条要求各国应采取一切必要措施，旨在在最大可能范围内尽量减少来自船舶的污染，特别是为了防止意外事件和处理紧急情况，保证海上操作安全、防止故意和无意地排放，以及规定船舶的设计、建造、装备、操作和人员配置的措施。

《海洋法公约》第 211 条第 1～3 款要求各国应通过主管国际组织或一般外交会议采取行动，制定国际规则和标准，以防止、减少和控制船只对海洋环境的污染，并于适当情形下以同样方式促进对划定制度的采用，以期尽量减少可能对海洋环境，包括对海岸造成污染和对沿海国的有关利益可能造成污染损害的意外事件的威胁。这种规则和标准应根据需要随时以同样方式重新审查。同时，各国应制定法律和规章，以防止、减少和控制悬挂其旗帜或在其国内登记的船只对海洋环境的污染。这种法律和规章至少应具有与通过主管国际组织或一般外交会议制定的一般接受的国际规则和标准相同的效力。各国如制定关于防止、减少和控制海洋环境污染的特别规定作为外国船只进入其港口或内水或在其岸外设施停靠的条件，应将这种规定妥为公布，并通知主管国际组织。如两个或两个以上的沿海国制定相同的规定以求协调政策，在通知时应说明哪些国家参加这种合作安排。每个国家应规定悬挂其旗帜或在其国内登记的船只的船长在参加这种合作安排的国家的领海内航行时，经该国要求应向其通知是否正驶往参加这种合作安排的同一区域的国家，如系驶往这种国家，应说明是否遵守该国关于进入港口的规定。本条不妨害船只继续行使其无害通过权，也不妨害第 25 条第 2 款的适用。

《海洋法公约》第 211 条第 6、7 款分别对于沿海国在其领海、专属经济区和专属经济区的特定区域制定法律、规章，适用国际规则和标准作了规定：

首先，关于领海区域。沿海国在其领海内行使主权，可制定法律和规章，以防止、减少和控制外国船舶，包括行使无害通过权的船舶，对海洋环境的污染。按照第二部分第三节“领海无害通过”的规定，这种法律和规章不应阻碍外国船舶的无害通过。

其次，关于专属经济区。沿海国可对其专属经济区制定法律和规章，以防止、减少和控制来自船只的污染。这种法律和规章应符合通过主管国际组织或一般外交会议制定的一般接受的国际规则和标准，并使其有效。

最后，根据一些国家的要求，公约规定了沿海国对其专属经济区的某一明确划定的特定区域制定防止船舶污染的法律和规章的权利。如果国际规则和标准不足以适应特殊情况，又如果沿海国有合理根据认为其专属经济区某一明确划定的特定区域，因与其海洋学和生态条件有关的公认技术理由，以及该区域的利用或其资源的保护及在航运上的特殊性质，要求采取防止来自船只的污染的特别强制性措施，该沿海国通过主管国际组织与任何其他有关国家进行适当协商后，可就该区域向该组织送发通知，提出所依据的科学和技术证据，以及关于必要的回收设施的情报。该组织收到这种通知后，应在 12 个月内确定该区域的情况与上述要求是否相符。如果该组织确定是符合的，该沿海国即可对该区域制定防止、减少和控制来自船只的污染的法律和规章，实施通过主管国际组织使其适用于各特别区域的国际规则和标准或航行办法。在向该组织送发通知满 15 个月后，这些法律和规章才可适用于外国船只。同时，沿海国应公布任何这种明确划定的特定区域的界限。如果沿海国有意为同一区域制定其他法律和规章，以防止、减少和控制来自船只的污染，它们应于提出上述通知时，同时将这一意向通知该组织。这种增订的法律和规章可涉及排放和航行办法，但不应要求外国船只遵守一般接受的国际规则和标准以外的设计、建造、人员配备或装备标准。这种法律和规章应在向该组织送发通知 15 个月后适用于外国船只，但须在送发通知后 12 个月内该组织表示同意。

（4）海洋倾倒源污染

《海洋法公约》要求各国应采取措施，在最大可能范围内尽量减少由于倾倒而放出的有毒、有害或有碍健康的物质，特别是持久不变的物质。

《海洋法公约》第 210 条关于防止、减少和控制倾倒对海洋环境污染的国际规则、标准和国内立法方面的规定主要有：第一，各国应制定法律和规章，以防止、减少和控制倾倒对海洋环境的污染；第二，各国应采取其他可能必要的措施，以防止、减少和控制这种污染；第三，这种法律、规章和措施应确保非经各国主管当局准许，不得进行倾倒；第四，各国应特别通过主管国际组织和外交会议采取行动，尽力制定全球性和区域性规则、标准和建议的办法和程序，以防止、减少和控制这种污染；第五，非经沿海国事先明示核准，不应在领海、专属经济区内或大陆架上进行倾倒；第六，国内法律、规章和措施在防止、减少和控制这种污染方面的效力应不低于全球性规则和标准。

（5）海底开发活动造成的污染

《海洋法公约》在第 194 条中规定，各国有义务防止来自用于勘探或开发海床和底土的自然资源的设施和装置的污染，以及来自海洋环境内操作的其他设施和装置的污染。海底开发活动造成的污染包括两种情况：国家管辖范围内的海底活动造成的污染，以及国家管辖范围之外的“区域”内活动造成的污染。《海洋法公约》对这两种情况分别进行了规定。

首先，针对国家管辖范围内的海底活动造成的污染，《海洋法公约》第 208 条规定，沿海国应制定法律和规章，以防止、减少和控制来自受其管辖的海底活动或与此种活动有关的对海洋环境的污染以及来自依据第 60 和第 80 条在其管辖下的人工岛屿、设施和结构对海洋环境的污染。《海洋法公约》在第 214 条又作出进一步规定：各国为防止、减少和控制来自受其管辖的海底活动或与此种活动有关的对海洋环境的污染以及在其管辖下的人工岛屿、设施和结构对海洋环境的污染，应执行其按照第 208 条制定的法律和规章，并应制定必要的法律和规章，采取其他必要措施，以实施通过主管国际组织或外交会议制定的可适用的国际规则和标准。

其次，针对来自“区域”内活动造成的污染，《海洋法公约》第 209 条规定：为了防止、减少和控制“区域”内活动对海洋环境的污染，应按照第十一部分制定国际规则、规章和程序。对于这种规则、规章和程序应根据需要随时重新审查。同时，各国应制定法律和规章，以防止、减少和控制由悬挂其旗帜或在其国内登记或在其权力下经营的船只、设施、结构和其他装置所进行的“区域”内活动造成对海洋环境的污染。这种法律和规章的要求的效力应不低于第 1 款所指的国际规则、规章和程序。

（6）来自大气层或通过大气层的污染

把有害物质传入海洋的另一个途径是通过大气层，而有害物质通常来自于陆地，所以它一般被视为陆地源污染的一种。而《海洋法公约》通过单列条款对其进行规制。

《海洋法公约》第 212 条规定：各国为防止、减少和控制来自大气层或通过大气层的海洋环境污染，应制定适用于在其主权下的上空和悬挂其旗帜的船只或在其国内登记的船只或飞机的法律和规章，同时考虑到国际上议定的规则、标准和建议的办法及程序，以及航空的安全。同时，各国应采取其他可能必要的措施，以防止、减少和控制这种污染。最后，各国特别应通过主管国际组织或外交会议采取行动，尽力制定全球性和区域性规则、标准和建议的办法及程序，以防止、减少和控制这种污染。

（7）海洋环境污染的管辖与执行

海洋环境污染管辖权问题包括对海洋环境可能造成有害影响的各种污染源的管辖。陆地源污染由于可以确定地点，一般由所属国家管辖，而对于海上流动污染源——船舶来说，存在困难。传统上，对于涉及船舶污染的管辖一直实行传统的船旗国管辖原则。这种管辖制度，由于 20 世纪 60 年代以来海洋环境污染加剧和海洋环境保护事业的发展，而逐步发生了变化，转折点就是 1973 年制定《防止船舶造成污染国际公约》。由于船舶污染不仅涉及船旗国、沿海国，而且与港口国有关，所以在 1973 年制定《防止船舶造成污染国际公约》及其 1978 年议定书时对船旗国管辖制度作进一步修订。这意味着过去单一的船旗国管辖权扩大到了沿海国管辖权。

为了维护本国的海洋权益和保护海洋环境，越来越多的国家（主要是发展中国家）要求扩大沿海国关于海洋环境保护的立法权和管辖权，由此，对船舶污染的治理管辖权问题成为第三次海洋法会议最具争议性的问题之一。发展中国家普遍认为，为防止外国船舶在其领海或专属经济区违反其法律和规章污染海洋，当然要由沿海国行使管辖权。而发达国家一般认为应由船旗国管辖。经过反复磋商，《海洋法公约》案文最终走向折中，达成了“一揽子”解决办法：采取了船旗国、港口国和沿海国相结合的管辖原则。

首先，《海洋法公约》第 217 条对“船旗国执行”作出了详细的规定：第一，船旗国应按照本公约和可适用的国际规则和标准，制定相应的法律和规章，保证悬挂其旗帜或在其国内登记的船只遵守上述规则、标准、法律和规定，否则，船旗国应禁止其航行。第二，船旗国应该确保船舶持有国际规则和标准规定的各种有效证书，并定期进行检查。第三，船旗国应对其船只违法行为提起司法程序。不论其违法行为在何处发生、污染何处，都应给予严厉的处罚，其严厉程度应足以防止违法行为在任何地方发生。

其次，《海洋法公约》第 218 条对“港口国执行”作出了详细的规定：第一，当船只自愿停泊于一国港口或岸外设施时，该国可对于该船在公海上的违法排放进行调查，并在有充分证据的情形下提起司法诉讼；第二，如果违法排放发生在第三国管辖海域内，该第三国、船旗国或受到污染或污染威胁的国家，都可以对其请求提起司法程序；第三，港口国合法进行的有关船只违法行为的调查记录，如经请求，应转交给船旗国或沿海国。

最后，《海洋法公约》第220条对“沿海国执行”作出了详细的规定：第一，当船只自愿位于一国港口或岸外设施时，该国对于在其领海或专属经济区内发生的任何违反关于防止、减少和控制船只造成的污染的该国按照本公约制定的法律和规章或可适用的国际规则和标准的行为，提起司法程序；第二，如有明显根据认为在一国领海内航行的船只，在通过领海时，违反关于防止、减少和控制来自船只的污染的该国按照本公约制定的法律和规章或可适用的国际规则和标准，该国可就违反行为对该船进行实际检查，并可在有充分证据时，按照该国法律提起司法程序，包括对该船的拘留；第三，如有明显根据认为在一国专属经济区或领海内航行的船只，在专属经济区内违反关于防止、减少和控制来自船只的污染的可适用的国际规则和标准或符合这种国际规则和标准并使其有效的该国的法律和规章，该国可要求该船提供关于该船的识别标志、登记港口、上次停泊和下次停泊的港口，以及其他必要的有关情报，以确定是否已有违反行为发生；第四，各国应制定关于防止、减少和控制船只造成污染的法律制度和规章，并明确违法排放船只提供有关情报的要求，使船只有所遵循。

根据以上规定，船旗国的管辖权在某种程度上优先于沿海国和港口国的管辖权。《海洋法公约》第228条规定，船旗国如果在其他国家对其船只的违反行为提起司法程序最初6个月内，就同样控告提出加以处罚的司法程序，其他国家应立即暂停进行司法程序。可见，《海洋法公约》虽然改变了传统船旗国管辖一家独大的境况，但仍未使船旗国、沿海国的管辖权达到平衡，从而为日后的争议埋下隐患。

2. 针对特定类型的海洋污染问题的全球性公约

除了有“海洋宪章”之称的《海洋法公约》，国际社会还有一些针对特定类型的海洋污染问题的全球性公约。

（1）关于控制海洋倾倒的条约和议定书

第三次联合国海洋法会议开始后，规制倾倒源污染的法律规范开始从“允许倾倒”转向“禁止倾倒”。在全球层面，这种转向体现在1972年《伦敦倾倒公约》及其1996年议定书中，《伦敦倾倒公约》是第一个，也是到目前为止唯一的一个专门以控制海洋倾倒源污染为目的的全球性国际公约。

《伦敦倾倒公约》一共22条、3个附件，适用于除各国内水以外的一切海域。公约通过3个附件列举了3类受管制的“废物及其他物质”：附件一为黑名单，即完全禁止倾倒的物质；附件二为灰名单，即经过有关当局颁发“特别许可证”的形式，并经过登记备案方可倾倒的物质；如果没有列入名单，即为第三类物质，只需要取得当局的一般许可即可倾倒的物质。

1996年议定书[①]对《伦敦倾倒公约》进行了全面修订，比公约更加严格。根据《伦敦倾倒公约》，只要不是公约所禁止的物质，就是可以倾倒的物质。作为对比，1996年议定书提出了所谓“反向名单”（reverse listing），倾倒一切废物原则上被禁止，除非议定书允许，即议定书在附件中列举了可以考虑倾倒的物质，这类物质得到许可后方可倾倒，而禁止倾倒的名单中没有任何物质。1996年议定书的最大贡献在于，它带来了举证责任倒置的法律后果。

（2）关于控制陆地源污染的国际法律框架

《海洋法公约》是唯一一个在全球层面上控制陆地源污染海洋环境的条约，具体内容，如

① 包括中国在内的80个国家签署了议定书，该议定书已经于2006年3月24日生效。截止到2017年1月1日，该议定书共有48个缔约国。见 http：//www.imo.org/OurWork/Environment/LCLP/Pages/default.aspx.［2017－01－01］.

前文所述。然而，《海洋法公约》关于控制陆地源污染的规定太过原则性，在实践中的适用效果并不尽如人意，因此，需要制定更为具体的规则，最起码需要认定哪些物质为污染物。不同于海底活动造成的污染、倾倒造成的污染以及船舶造成的污染，《海洋法公约》要求相关国家制定法律和规章，以防止、减少和控制以上污染，并规定这种法律、规章和措施的效力应不低于国际规则、标准和建议的办法及程序，或至少应具有与通过主管国际组织或一般外交会议制定的一般接受的国际规则和标准相同的效力。① 公约仅要求各国应制定法律和规章，以防止、减少和控制陆地来源，包括河流、河口湾、管道和排水口结构对海洋环境的污染，同时考虑到国际上议定的规则、标准和建议的办法及程序。② 也就是说，缔约国仅需要"考虑"国际规则，既可以采取效力高于国际规则的国内法措施，也可以选择效力低于国际规则的国内法措施，这赋予了缔约国更大的选择余地。但是，这也意味着，《海洋法公约》在规制陆地源污染方面的作用受到了限制。

为了弥补《海洋法公约》的不足，国际社会一直尝试达成一个全球层面上的控制陆地源污染的公约，其中以联合国环境规划署的工作最富有成效。在这个过程中，最为重要的成果就是1985年联合国环境规划署制定的《保护海洋环境免受陆地源污染的蒙特利尔准则》（the Montreal Guidelines for the Protection of the Marine Environment against Pollution from Land-Based Sources，下文简称《蒙特利尔准则》）。然而《蒙特利尔准则》不具有强制性，其中规定的各种具体化的规则以各国自愿采纳为限。

（3）关于控制船舶源污染的条约

认识到船舶源污染对海洋环境造成的巨大损害后，国际社会采取行动制定了一系列公约来加以规制，这一努力始于1954年《防止海上石油污染国际公约》。从1983年10月起，在缔约国之间它已经被1973年《防止船舶造成污染国际公约》（以下简称为《1973年防污公约》）和《关于1973年防止船舶造成污染国际公约的1978年议定书》（以下简称为《1978年议定书》）③ 取代，并将适用范围扩大到了对任何有害物质的排放和实质上所有船舶和石油平台的排污。《73/78防污公约》的缔约国几乎包括了所有航海国，适用于世界上绝大多数的商船④，涵盖了世界上99%的商船吨位⑤，极大地限制了废物的海上排放，是国际社会为了防止船舶造成污染迄今所签订的一个内容丰富、结构复杂、要求严格的国际公约。所以《73/78防污公约》成为《海洋法公约》之外防止船舶源污染的最为重要的国际公约。

《1973年防污公约》适用于有权悬挂一缔约国国旗的船舶和在一缔约国的管辖下进行营运的船舶，不适用于军舰或政府公务船舶，但缔约国应采取适当措施，保证上述公约不适用的船舶在合理可行的范围内按公约的规定行事。⑥《1973年防污公约》及其5个附件分别对于来自船舶的生活污水、船舶的垃圾、散装有毒液体物体、油轮压舱水和洗舱水等船舶源污染作出了具体规定。《1978年议定书》共9个条款，对《1973年防污公约》的附件Ⅰ和附录Ⅱ国际防止油污证书格式进行了修订和补充。

---

① 参见《海洋法公约》第208条第3款、第210条第6款及第211条第2款.

② 参见《海洋法公约》第207条第1款.

③ 作为一个整体，《1973年防污染公约》和《1978年议定书》被简称为《73/78防污公约》.

④ 唐娜·克里斯蒂，理查德·希尔德雷斯．海岸与海洋管理法精要．3版．潘迎春，柯昶译．北京：法律出版社，2007：177.

⑤ 该公约的相关内容持续进行修订。http：//www.imo.org/en/OurWork/Environment/PollutionPrevention/Pages/Default.aspx.［2017-01-01］.

⑥ 参见《1973年防污公约》第3条.

(4) 关于海洋事故源污染的条约

通常，海洋事故源污染属于广义的船舶源污染的一种形式。虽然海洋事故源污染在船舶源污染中所占比例并不大，但由于这种污染事故通常造成海洋生态系统的灾难性后果，所以国际社会专门针对海洋事故源污染达成了一系列相关国际公约，其中最为重要的是1969年11月在布鲁塞尔签订的《干预公海油污事件的国际公约》(以下简称《干预公约》)。

《干预公约》规定，在发生海上事故以后，如果缔约国能够有根据地预计到会造成很大的有害后果，它就可以在公海上采取必要措施，以防止、减缓或消除对其沿岸或有关利益产生的油污危害或威胁，但是此种措施只能针对商船，不可针对军舰和从事非商业服务的国营船舶。另外，公约要求在采取措施之前，必须同受到同一海上事故影响的其他国家，特别是船旗国，进行协商，并立即将所采取的措施通知一切可能受到其影响的任何自然人或法人。在情况特别紧急时，可以先采取措施，然后再尽快将所采取的措施通知各有关方面。[①] 该公约主要规制的是污染事故发生后，沿海国如何采取措施以防止、减缓、消除由于该事故所造成的污染损害。

1973年《干预公海非油类物质污染议定书》(以下简称《干预议定书》)对《干预公约》进行了必要的补充。《干预议定书》允许缔约国对于国际海事组织指定的适当机构所制定的名单中的物质以及其他易于危害人类健康、伤害生物资源和海洋生物、损害休憩环境或妨害对海洋的其他合法利用的物质，采取与《干预公约》允许的措施类似的干预措施。[②]

(5) 关于控制温室气体排放的公约

联合国于1992年6月4日在巴西里约热内卢召开环境与发展会议，并通过了世界上第一个为全面控制二氧化碳等温室气体排放的国际公约——《联合国气候变化框架公约》(简称UNFCCC)，旨在“将大气中的温室气体的浓度稳定在防止气候系统受到人为干扰的危险水平上”，同时也构筑了国际社会在应对气候变化问题上进行合作的法律框架。1997年通过的《联合国气候变化框架公约京都议定书》(简称《京都议定书》)确定了附件一国家在2008—2012年间的量化排放指标，被认为是应对气候变化行动的基石。2015年12月通过的《巴黎协定》说明了各缔约方在2020年后所必须履行的新承诺。《巴黎协定》第20条指出，本协定将从2016年4月22日至2017年4月21日开放UNFCCC缔约国签署及批准程序，截至2016年10月5日，已有197个UNFCCC缔约国中的125个批准了《巴黎协定》,《巴黎协定》的生效条件已经满足，该协定已于2016年11月4日生效。[③]《巴黎协定》以缔约国“国家自主贡献”的减缓碳排加总量，可以达到限制全球升温1.5度或2度的目标，来确立2020年后人类应对气候变化的路径。《巴黎协定》是人类应对气候变化、减缓气候变化对海洋环境造成的影响的崭新的开端。

(二) 有关海洋环境保护的区域性条约

海洋问题关乎人类的生存利益，各国均有保护海洋环境的义务，同时为更好地履行保护环境的义务，各国还负有进行国际合作的义务。合作包含三个层面：全球合作、区域合作和双边合作。与全球性地或双边性处理某一问题的方式相比，区域性的优势极其明显。

双边层面的合作由于其具有针对性强、易于达成一致的特点，成为海洋环境保护合作最直接、有效的一种方式。但是环境保护问题具有跨界性，导致双边协定的适用范围有限以及双边

① 1969年《干预公约》第1条、第3条。国家环境保护总局政策法规司编．中国缔结和签署的国际环境条约集．北京：学苑出版社，1999：187-188.

② 参见上书，192页．

③ http://unfccc.int/paris_agreement/items/9485.php. [2017-01-10].

协定之间的协调难问题变得日益突出。全球层面的海洋环境保护合作在《海洋法公约》的基础上已经全面展开，但是由于一些海洋大国，如美国，长期游离于公约之外以及缔约国对公约在理解上的分歧，导致在全球层面的合作举步维艰。另外，全球性的环境保护合作条约往往出于扩大适用范围的考虑而存在规定笼统、缺乏制裁机制等弊端，因而无法充分发挥其效力。而相关的环境“宣言”“行动计划”等因不具有条约法上的效力而无法对参加国产生法律上的约束力。

相较于全球性安排的共性做法以及双边安排的个案解决方式而言，区域性安排可以承载更多的个性内容。区域性安排更有利于体现区域内各国的特殊要求和利益，也更能引起区域内国家的兴趣，促使其签署公约并善意履行合作义务。因此，在区域层面上进行制度安排并实施合作，也就更能适应本区域的要求，更能弥补全球化安排下的疏漏以及双边安排下的局限。世界上许多地区从区域合作的建立和发展中得益。

在国际海洋环境保护方面，区域法律制度最为先进。联合国环境规划署区域海洋项目作为一项典型的、通过区域活动来实施的全球项目曾多次受到联合国环境规划署理事会的肯定。区域海洋项目是一项面向行动的项目，它不仅关注环境退化的结果，同时也注重其原因，并且围绕一个综合途径通过对沿海区域和海洋区域的全面管理来解决环境问题。区域海洋项目目前由14个海区构成，按照地理区域分为：地中海、西非和中非、东部非洲、东亚海、南亚海、西北太平洋、波斯湾和阿拉伯湾、红海和亚丁湾、南太平洋、东南太平洋、泛加勒比海、黑海、东北大西洋、波罗的海。已有一百四十多个沿海国家和地区参加了该项目。[①] 在众多的区域海洋合作项目中，以地中海区域、北海—东北大西洋区域、波罗的海区域最具代表性。通过区域合作以防止海洋污染涉及石油排放、放射性污染、倾废以及生产管制方面。

1. 地中海区域

地中海区域的海洋环境保护，涉及发达国家和发展中国家共同参与的问题，因此该区域选择了分立与综合相结合的模式。并且，地中海区域最终还借助于联合国环境规划署的力量，将该模式扩大到了其他由联合国环境规划署负责的区域海洋项目，并成为了联合国环境规划署所管理的区域海洋项目通用的模式。

地中海沿岸国于1976年2月16日缔结了《保护地中海海洋环境的巴塞罗那公约》。鉴于地中海沿岸各国的发展水平参差不齐，该公约确立了一个分为两个层次的法律制度，也即，“公约—附加议定书”这种“综合—分立”的模式。在此模式下，各方通常要先达成一个框架公约，该公约一般包括决策程序、机构设置、信息共享制度，以及一系列沿岸国必须履行的基本义务。概括地说，基本义务主要包括两项：一是各方须采取一切适当措施处理污染，二是各方应当合作。国家要成为公约的缔约国就必须签署框架公约。同时，为了使有关国家尽快加入公约，巴塞罗那框架公约规定的条款的鼓励性超过强制性。该公约在1995年6月10日被修改，引入了可持续发展原则、预防原则、污染者负担原则等新内容。待框架公约达成后，通过议定书的形式引入更为严苛的义务规范。议定书规定的是针对具体污染形式的技术条款或者关于海洋环境保护的特殊规则，国家可以在签署框架公约的同时签署议定书，也可以以后再签署议定书。如果缔约国认为议定书对其发展水平而言太过苛刻，它可以推迟对议定书的签署。但议定书为所有缔约国确定了根据其经济能力尽快实现的目标，而且，它还可以作为以后谈判的参考。同时，联合国环境规划署可以资助发展中国家采取必要的措施最终参加议定书。巴塞罗

① http：//www.unep.org/regionalseas/programmes/.［2017-01-01］.

那框架公约共有 6 个议定书，每个议定书都明确规定了目标、方法手段和缔约国的义务。①

2. 北海—东北大西洋区域

在北海—东北大西洋区域，周边各国均为成熟、发达的工业化国家，而且，这些国家之间的政治和文化价值都极为相似。② 这一区域的海洋环境合作选择了一种分立模式，即针对具体不同的海洋环境保护问题，构建各自独立的法律制度予以解决。相似的国情和发展进程，既使得它们能够在海洋环境保护的总体认识上达成一致，又使得各方能够在分立的合作模式下，就各个方面的海洋环境保护问题达成一致，并单独缔结相应的协议，从而形成了一种“小步快走，多种单独性协议并存”的局面。③

区域海洋环境保护公约的主要目标是从根本上减少或消除污染，使环境不再恶化。但不管国家采取了何种预防措施，事故都会发生。正是基于这样的原因，1969 年 6 月 6 日北海沿岸国家在波恩签署了《北海油污合作协定》，其目标是使受威胁国家具备单独或共同反应能力。相互通报情况和制订干预方案使这些国家可以作出迅速适当而且成本较小的反应④，但是忽略了对海洋环境的整体保护。但是，在其后的海洋环境保护合作制度构建中，这种针对海洋环境保护的不同方面单独予以处理的做法，却一直保留了下来。⑤

沿着这样一种思路，北海—东北大西洋区域形成了各自独立的海洋环境保护法律规范，具体表现为：（1）针对 1967 年的溢油事故，北海区域各国缔结了专门应对油污的协议——《北海油污合作协议》；（2）1971 年贸易船“Stella Maris 号”在北海北部的海洋倾倒事件，促成了 1972 年《奥斯陆倾倒公约》的通过；（3）1974 年 6 月 4 日，西欧 12 国连同欧洲经济共同体，缔结了《防止陆地来源造成的海洋污染公约》（简称《巴黎公约》）。

在其他海洋区域通过订立综合性公约解决海洋环境保护问题模式的影响下，各缔约国在对《奥斯陆倾倒公约》和《巴黎公约》进行整合的基础上，于 1992 年 9 月 22 日，在奥斯陆委员会和巴黎委员会的部长级联合会议上，通过了保护东北大西洋海洋环境的综合性公约——《奥斯陆—巴黎公约》。但是，这一综合性公约并没有包括船舶源污染的问题。⑥ 1983 年《应对北海石油以及其他有害物质污染合作协议》获得通过，该协议将适用对象扩大到了包括危险和有害物质的各类污染源，又将适用范围扩展至东北大西洋区域，但是一直独立于该区域的综合性海洋环境保护公约体系之外。

3. 波罗的海区域

在海洋环境保护方面，波罗的海区域是一个有着强烈“东西方”因素的合作实例。但海洋

---

① 这 6 个议定书包括：1976 年《关于废物倾倒的议定书》、1976 年《关于紧急情况下进行合作的议定书》、1980 年《关于陆源污染的议定书》、1982 年《关于特别保护区的议定书》、1995 年《关于地中海特别保护区和生物多样性的议定书》（该议定书取代了 1982 年《关于特别保护区的议定书》）、1994 年《关于开发大陆架、海床或底土的议定书》以及 1996 年《关于危险废物（包括放射性废物）越境运输的议定书》。［法］亚历山大・基斯．国际环境法．张若思编译．北京：法律出版社，2000：177－182.

② Steinar Andresen. “The North Sea and Beyond: Lessons Learned”. in Mark J. Valencia ed.. *Maritime Regime Building*, the Hague: Kluwer Law International, 2001, p. 68.

③ 张相君．区域海洋污染应急合作制度的利益层次化分析．厦门：厦门大学，2007：105.

④ 亚历山大・基斯．国际环境法：183.

⑤ Rainer Lagoni. “Regional Protection of the Marine Environment in the Northeast Atlantic Under the OSPAR Convention of 1992”. in Myron H. Nordquist, et al.. *The Stockholm Declaration and Law of the Marine Environment*, Leiden / Boston: Martinus Nijhoff Publishers, 2003, p. 183.

⑥ Rainer Lagoni. “Regional Protection of the Marine Environment in the Northeast Atlantic Under the OSPAR Convention of 1992”. in Myron H. Nordquist, et al.. *The Stockholm Declaration and Law of the Marine Environment*, p. 187.

环境保护合作以保障人类生存利益为目标，使得波罗的海区域国家得以突破意识形态的分歧，选择一种对所有海洋环境问题一并立法的综合模式。

面对波罗的海海洋环境的恶化，在1972年《斯德哥尔摩宣言》的影响下，1974年3月22日，波罗的海6个沿海国通过了《保护波罗的海海洋环境的赫尔辛基公约》，该公约立足于保护海洋环境的整体，旨在减少、防止和消除各种形式的污染，并设立一个实施公约的机构——波罗的海委员会，之后再通过附件的形式对海洋环境保护所涉及的具体问题进行规制。该公约在1992年经过修改，强调恢复区域生态系统，并引入了预防原则和污染者负担原则。该公约的7个附件一起对于缔约国在防治各种污染源方面的义务作出了明确的规定，涉及：禁止排放的物质、陆地源污染、垃圾焚烧和倾倒、来自船舶的污染、海底勘探活动、事故、缔约国之间和在委员会中通报与合作的义务。在违反公约规定的情况下，缔约国应合作进行调查，但提供的帮助限于检查船舶文件和抽取样品。①

三、国际海洋环境保护领域中的“软法”

以国际环境公约为主要渊源的国际环境法在运行的过程中，以《斯德哥尔摩宣言》《环境和发展宣言》等为代表的、大量存在的国际环境“软法”发挥了重要作用。国际“软法”是在超越一国辖区的地理范围上订立的、在形式和效力尚未完全法律化的规范。② 称其为“软”法，主要是从其本身的表达方式和效果上界定的。国际环境“软法”大多没有严格的形式要求，通常采用模糊的表达方式和建议性的措辞，通常获得广泛的尊重，但往往没有严格的法律约束力。

在环境保护领域，“软法”起到了非常重要的作用。虽然不具有明确的法律约束力，但环境“软法”中所包含的国际环境法原则、规则和制度通常获得各国一致认可或大多数国家的认可。因此，这类“软法”规范形成之后，给参与国家施加了道德上的约束力量，促使相关国家把“软法”规范内化为自身行动。通过相关国家反复一致的行动，可能在此基础之上形成习惯国际法规范或缔结国际条约，从而把不具有明确约束力的道德义务转变为法律上的义务，从而有利于海洋环境保护。

第四节　中国与海洋环境保护

一、中国面临日益严峻的海洋环境问题

海洋环境污染具有污染源广、持续性强、扩散范围大和难以控制四大特点。③ 人类活动极易影响到海洋环境，而海洋除了通过自净功能进行污染调节外，不能通过其他方式将污染转移或者解决，因此导致了海洋环境污染情况的不断加剧、海洋环境的不断恶化。目前，海洋环境问题呈现出如下特点：第一，人为因素成为海洋和海洋生态系统问题的首要原因。第二，环境问题具有多重性。海洋环境承受着人类多种活动或行为的多重影响，这些人为影响在时间和空间上相互叠加，使环境经受更大的考验。第三，气候变化和过度捕捞成为破坏海洋生态环境的

① 亚历山大·基斯．国际环境法：177.

② 何志鹏，孙璐．国际软法何以可能：一个以环境为视角的展开．当代法学，2012（1）．

③ 高福德，申家鹏．试论我国海洋污染刑事立法．黑龙江省政法管理干部学院学报，2004（4）．

主要因素。①

中国沿海社会经济的快速发展给中国的海洋环境造成越来越大的压力。从 20 世纪 70 年代末开始，中国海洋环境总体质量持续恶化，污染损害事件频繁发生。总的趋势是：排海污水和污染物数量持续增加，海水、海洋沉积物和海洋生物质量持续恶化，海洋生物多样性保护面临严重威胁。② 据《2013 年中国海洋环境状况公报》显示，2013 年，我国海洋环境状况总体较好，符合第一类海水水质标准的海域面积约占我国管辖海域面积的 95%，沉积物质量状况总体良好。部分近岸海域污染依然严重，未达到第一类海水水质的海域面积为 14.4 万平方千米，呈富营养化状态海域面积约 6.5 万平方千米。海水水质为劣四类的近岸海域面积约 4.4 万平方千米，严重污染区域主要分布在黄海北部、辽东湾、渤海湾、莱州湾、江苏盐城、长江口、杭州湾、珠江口等近岸海域，主要污染要素是无机氮、活性磷酸盐和石油类。近岸海域面积在 100 平方千米以上的大中型海湾中，有 16 个海湾全部或部分区域海水水质为劣于第四类海水水质标准，其中，杭州湾海域水质均为劣四类，影响海湾水质的主要污染要素为无机氮、活性磷酸盐、石油类和化学需氧量。陆地源排污压力依然巨大，近岸局部海域污染严重，海洋环境退化、环境灾害多发等问题依然突出。③

二、中国海洋环境保护法律制度的构建历程

（一）起步阶段

可以这样说，保护环境的法律概念进入中国的时间相比西方国家而言比较晚，因此，中国的海洋环境保护立法工作起步较晚。1972 年联合国人类环境大会以来，特别是中国共产党的十一届三中全会以来，我国开始了自己的海洋环境保护法律制度的构建历程。

1972 年联合国在瑞典首都斯德哥尔摩召开的“人类环境会议”标志着环境问题开始融入各国发展进程中。中国积极参与了“人类环境会议”，并由此开始了自己的海洋环境法律保护制度的构建历程。为顺应国际海洋环境保护法律制度发展的趋势，1973 年 8 月，国务院召开了第一次全国环境保护会议，并于 1974 年颁布了《中华人民共和国防止沿海水域污染暂行规定》。但是，中国法律体系的重建和环境保护系统性立法真正开始是在中国启动对外开放政策和进行经济改革的 1978 年。中国吸取了过去的教训，并开始意识到环境保护工作对国家发展的根本重要意义。这部分是因为过去所经历的环境灾难，部分是由于环境保护意识已经在中国兴起，中国开始制定一系列有关海洋环境保护的法律和法规。④ 1979 年颁布了《中华人民共和国环境保护法》，1982 年 8 月 23 日第五届全国人民代表大会常务委员会第二十四次会议通过了《中华人民共和国海洋环境保护法》，至此我国第一部海洋环境保护综合性法律诞生了。它的诞生标志着我国海洋环境保护工作开始步入法制轨道，并带动了海洋环境保护立法的全面开展。

（二）形成阶段

1982 年至 1992 年，被认为是中国海洋环境保护法律制度的形成阶段。1982 年《海洋环境

---

① 海洋发展战略研究所课题组．中国海洋发展报告（2009）：4.

② 参见上书：284.

③ 参见国家海洋局：《2013 年中国海洋环境状况公报，http：//www.soa.gov.cn/zwgk/hygb/zghyhjzlgb/hyhjzlgbml/2013nzghyhjzkgb_2484/201403/t20140321_31051.html. ［2014－05－24］.

④ Zou Keyuan. China's Marine Legal System and the Law of the Sea. Leiden / Boston：Martinus Nijhoff Publishers，2005，p. 200.

保护法》明确了在海洋环境保护方面的管理体制，对于防止海岸工程、海洋石油勘探开发、陆源污染物、船舶倾废等对海洋的污染损害作出了规定。为了使《海洋环境保护法》更好地贯彻施行，国务院在这一时期相继颁布了多个相关行政法规，中国海洋环境保护制度得以迅速建立和形成。

这一时期的立法反映了中国海洋环境保护理念的转变：中国海洋环境保护制度从强调具体活动（如防止海岸工程、海洋石油勘探开发、陆源污染物、船舶和倾倒废弃物）对海洋环境的污染损害，转变为更为宏观的海洋环境监督管理和海洋生态环境的保护。[①] 为贯彻实施《海洋环境保护法》，中国先后颁布了 6 个配套法规，分别为 1983 年《防止船舶污染海域管理条例》、1983 年《海洋石油勘探开发环境保护管理条例》、1985 年《海洋倾废管理条例》、1988 年《防止拆船污染环境管理条例》、1990 年《防治陆源污染物污染损害海洋环境管理条例》以及 1990 年《防治海岸工程建设项目污染损害海洋环境管理条例》。同时也出台了一系列相关标准，这些标准至少包括："海水水质标准""渔业水质标准""海洋生物质量国家标准""海洋沉积物质量国家标准""船舶污染物排放标准""海洋石油开发工业含油污水排放标准""污水综合排放标准"和"污水海洋处置工程综合排放标准"等，同时，制定了《海洋功能区划》《近岸海域环境功能区划》等规范性文件。所以，一般认为从 1982 年至 1992 年为我国海洋环境保护立法的形成阶段。

（三）发展、完善阶段

1992 年至今被认为是中国海洋环境保护法律制度的发展、完善阶段。1992 年联合国在巴西的里约热内卢召开环境与发展大会，共 183 个国家的元首或政府首脑参加了会议。会议通过和签署了《环境与发展宣言》《 21 世纪议程》等多个重要成果，将全球海洋环境保护工作推进到了一个新的发展阶段。1994 年《海洋法公约》生效，其中第十二部分使得《21 世纪议程》中有关海洋环境保护的相关内容具有法律上的约束力。在国际海洋环境保护法律制度取得了显著进步的大环境下，我国海洋环境保护立法工作也迎来了一个新的发展阶段。

1996 年 5 月 15 日，我国批准《海洋法公约》，极大地推动了我国海洋环境保护的立法工作。1996 年第八届全国人民代表大会常务委员会通过了《中华人民共和国水污染防治法》修改草案，并于 1996 年 5 月 15 日开始施行。1999 年 12 月 25 日第九届全国人民代表大会常务委员会第十三次会议通过了《中华人民共和国海洋环境保护法》的修订稿，并于 2000 年 4 月 1 日开始施行，2013 年 12 月 28 日，该法部分条款进行了修改，2016 年 11 月 7 日，该法再次进行了修改。2002 年 10 月 28 日第九届全国人民代表大会常务委员会第三十次会议通过了《中华人民共和国环境影响评价法》，并于 2003 年 9 月 1 日开始施行（2016 年修改）。2006 年 8 月 30 日国务院通过了《防治海洋工程建设项目污染损害海洋环境管理条例》，并于 2006 年 11 月 1 日起施行。2007 年国务院对《中华人民共和国防治海岸工程建设项目污染损害海洋环境管理条例》进行了修改，修订后的条例自 2008 年 1 月 1 日起施行。2008 年 2 月 28 日，第十届全国人民代表大会常务委员会通过了《中华人民共和国水污染防治法》的修订稿，并于 2008 年 6 月 1 日起施行（2017 年再次修订）。2014 年 4 月 24 日第十二届全国人民代表大会常务委员会第八次会议通过了《中华人民共和国环境保护法》修订案，并于 2015 年 1 月 1 日施行。修订后的《中华人民共和国环境保护法》第 3 条规定，该法适用于中华人民共和国领域和中华人民共和国管辖的其他海域。除此之外，该法加大了对污染环境行为的惩治力度[②]，被专家称为"史上最严的环保法"。

---

① 海洋发展战略研究所课题组．中国海洋发展报告（2009）：83.

② 参见《环境保护法》第 59 - 69 条．

三、中国海洋环境保护法律法规体系

中国海洋环境保护立法是中国海洋环境保护法律制度中最为完备的组成部分，其法律法规体系是以《中华人民共和国宪法》关于环境保护的原则规定为基础，以《中华人民共和国环境保护法》为主干，由全国人大及其常委会制定的海洋环境保护法律，国务院根据宪法和法律制定的海洋环境保护行政法规，海洋环境保护部门规章，省、自治区、直辖市和较大城市的人大及其常委会制定的地方性海洋环境保护法规，海洋环境保护地方政府规章以及根据我国宪法有关规定、经全国人大常委会或国务院批准缔结或参加的国际条约、公约和议定书六部分内容构成。①

《中华人民共和国宪法》作为国家的根本大法，是制定一切法律、行政法规和地方性法规的根据。《中华人民共和国宪法》有关环境保护的规定是我国环境保护相关立法的依据，其第26条规定："国家保护和改善生活环境和生态环境，防治污染和其他公害。"把环境保护作为一项基本国策在宪法中予以确认，为更有效地进行海洋环境保护提供了坚实的基础。

2014年4月24日最新通过的、修订后的《环境保护法》是我国环境保护的基本法。《环境保护法》修订历时3年多，它是在1989年12月26日通过的《环境保护法》的基础上，总结了该法实施25年来我国环境保护工作的经验和教训，并参考了国外的环境立法方面的优点而制定的②，体现了"民主立法、科学立法、开门立法"在环境保护领域的有效实践。③《环境保护法》是除《宪法》之外，最为重要的基本法，它是制定海洋环境保护法律法规以及其他环境法律法规的基础，对环境保护的重要问题作了全面规定。该法共7章、70条，比照修订前的6章、47条，内容有了较大丰富。该法适用于中华人民共和国领域和中华人民共和国管辖的其他海域，并在第4条明确规定，保护环境是国家的基本国策。

从其结构、内容来看，借鉴了国外环境法的最新发展趋势，平衡了各方面的利益，体现了中国环境问题的实际。总体来看，具有以下六个亮点④：第一，创新立法理念。此次《环境保护法》修订，不仅提出生态文明的理念，而且规定了相关的法律制度、机制和责任，以保障生态文明理念的具体实施。第二，加强基础手段。环境保护必须加强基础工作，此项基础工作既包括教育与科技，也包括经济投入与社会支持。此次《环境保护法》修订，特别注重教育手段的加强，亦十分注重通过以科学研究与技术创新为手段来解决环境问题。第三，转变监管模式。法律必须解决现实的问题，而当下的环境问题和1989年《环境保护法》制定时候的情况可谓大相径庭。和以前相比，现在的环境问题既是点上的问题，也是面上和线上的问题。在此次修订的《环境保护法》中，设置了专门条款来规范流域水污染和区域大气污染的防治问题，实现了由点源的控制向区域的协调和联动防治转型，体现了解决环境问题的针对性。同时，在环境监管中引入了"许可管理"和"信用管理"的模式，有利于发挥公民和企业守法的自觉性，使强制守法变为自觉守法。第四，加强监管手段。此次《环境保护法》修订，授予了环境保护和其他负有环境保护监督管理职责的部门对违法排污设备的查封、扣押权，这对于及时解决环境污染和生态破坏的违法问题意义重大。第五，民主化监督参与方式。首先，此次修订的《环境保护法》中专门设立了"信息公开和公众参与"一章，体现了环境保护的民主性；其次，

① 范晓莉．海洋环境保护的法律制度与国际合作．北京：中国政法大学，2003：94－95.

② 例如，此次《环境保护法》的修订科学地借鉴了国际通行的公民诉讼制度，建立起环境公益诉讼制度，放宽了环境公益诉讼主体的资格条件，强调发挥社会监督政府与企业的作用。参见《环境保护法》第58条.

③④ 常纪文．解读《环境保护法》修订的亮点、难点和遗憾．中国环境报［2014－04－29］.

为了监督各级人民政府依法履责、保护环境，此次《环境保护法》的修订中除了规定环境保护地方政府负责制以外，还规定各级政府应向同级人大常委会报告环境保护工作和及时通报重大环境事件的制度，使政府的环境保护工作接受人大的监督，从而通过人大的监督有效地解决地方政府消极履职问题；最后，《环境保护法》的修订科学借鉴了国际通行的公民诉讼制度，建立起环境公益诉讼制度。第六，严格法律责任。此次修订对 4 种情况规定了行政拘留措施，并针对发生重大环境违法事件的地方政府分管领导及环境监管机关的主要负责人，设立了引咎辞职制度，同时对企业规定了按日计罚的措施。

1982 年颁布的《海洋环境保护法》是中国第一部保护海洋环境的综合性法律，也是保护海洋环境的法律体系的主干。该法确立了保护和改善海洋环境、保护海洋资源、防治污染损害、维护生态平衡、保障人体健康、促进经济和社会的可持续发展的基本方针政策。为满足海洋环境保护的新需要与新发展，1999 年在总结了我国海洋环境保护工作的经验和教训的基础上，对该法进行了修订（2013 年、2016 年分别进行了局部修改）。修订后的《海洋环境保护法》共 10 章、98 条，增加了“海洋环境监督管理”和“海洋生态保护”两章，将原法第三章“防止海洋石油勘探开发对海洋环境的污染损害”改为第六章“防治海洋工程建设项目对海洋环境的污染损害”。这些新措施的实施对于促进海洋环境保护工作全面发展起到重要作用。

为更为有效地实施《海洋环境保护法》，国务院先后出台了一系列行政法规与之配套，分别对于来自陆地、船舶、海洋开发活动的海洋环境污染防治作出了专门的规定，明确了相关行政机关的职责范围，如《防止船舶污染海域管理条例》《海洋石油勘探开发环境保护管理条例》《海洋倾废管理条例》《防止拆船污染环境管理条例》《防治陆源污染物污染损害海洋环境管理条例》等。

除此之外，一些与海洋环境保护密切相关的法律、法规相继出台，如《海域使用管理法》《水污染防治法》《大气污染防治法》《渔业法》《固体废物污染环境防治法》《环境影响评价法》《自然保护区管理条例》《无居民海岛保护与利用管理规定》等，也对海洋环境保护起到了不可或缺的重要作用。

全国沿海省、自治区、直辖市和较大城市有立法权的人大及其常委会和沿海地方人民政府，《海洋环境保护法》，结合本地区的具体情况和现实需要，可以制定适用于本地区的海洋环境保护的地方性法规和规章。前者如《深圳经济特区海域污染防治条例》《江苏省海岸带管理条例》等，后者如《天津市海域环境保护管理办法》《大连市防止拆船污染环境的规定》《厦门市海域环境管理办法》《湛江港防止港口水域污染暂行办法》《防止汕头港水域污染暂行条例》《威海市海洋环境保护暂行规定》等。

此外，我国参加的海洋环境保护的国际公约是我国海洋环境保护法律法规体系的重要组成部分。海洋环境保护法律法规与我国签署的海洋环境保护公约的关系，实际上是国内法与国际法的关系问题。《海洋环境保护法》第 97 条规定：“中华人民共和国缔结或者参加的与海洋环境保护有关的国际条约与本法有不同规定的，适用国际条约的规定；但是，中华人民共和国声明保留的条款除外。”这一原则实际上是中国国内法关于国际条约适用问题的一项基本原则，它较好地解决了国内法与国际法如何相互协调、国家如何履行自己在国际社会的义务的问题。根据这一基本原则，中国参加的国际公约，如《海洋法公约》《国际油污损害民事责任公约》《伦敦倾倒公约》及其 1996 年议定书《73/78 防污公约》《国际捕鲸管制公约》《南极条约》《生物多样性公约》《气候变化框架公约》以及《巴黎协定》等，也对我国海洋环境保护工作发挥了重要作用。

课后复习

不定项选择题：

(1) 体现出国家负有“确保其管辖范围内或在其控制下的活动不致损害其他国家或在国家管辖范围以外地区的环境的责任”原则的司法判例有：（　　）。

A. 1941 年“特雷尔冶炼厂案”　　B. 1974 年“核试验案”

C. 1949 年“科孚海峡案”　　D. 1957 年“拉努湖仲裁案”

(2) 国际环境会议通过的文件尚未成为具有拘束力的法律，其中所载的原则实际上已为大多数国家所接受，这些原则和规则常被认为是：（　　）。

A. 习惯法规则　　B. 条约法规则　　C. 自然法规则　　D. “软法”规则

(3) 下列污染源属于《海洋法公约》调整范围的有：（　　）。

A. 陆地污水进入海洋造成的污染

B. 船舶排放洗舱水造成的海洋污染

C. 来自大气层或通过大气层对海洋的污染

D. 海上事故造成的海洋污染

第十四章

海洋科学研究与技术转让

提 要

海洋科学研究促进并加快了人类文明的进程，成为影响国家综合实力的重要因素。《海洋法公约》中并没有对海洋科学研究的概念进行界定，但按照通常的含义，海洋科学研究可以被界定为以增加人类对海洋环境的知识为目标的任何形式的科学研究。以第二次世界大战和第三次海洋法会议为时间节点，海洋科学研究法律制度可以分为三个发展阶段。现今的海洋科学研究法律制度主要以《海洋法公约》为载体，公约第十三、十四部分分别规定了海洋科学研究和海洋技术转让问题。最后立足于本国，介绍中国海洋科学研究制度的发展历程以及法律法规体系。

重点问题

1. 海洋科学研究应遵循的基本原则。
2. 沿岸国对专属经济区内和大陆架上的海洋科研的全面而有条件的同意制。
3. 进行研究国在他国专属经济区内和大陆架上进行科学研究应遵守的义务。
4. 海洋技术发展和转让的促进以及合法利益的保护措施。
5. 海洋技术发展和转让的基本目标以及实现的措施
6. 中国海洋科学研究法律法规体系。

第一节 概述

人类正处于科学技术迅猛发展的时代，其中，海洋科学技术的发展为人类社会的可持续发展扩展了新的领域与空间，海洋科学技术的创新成为全球科学技术创新的重要组成部分。海洋科学研究与海洋技术之间的联系日益密切，共同构成了现今人类认识海洋，开发、利用海洋不可或缺的重要工具。

海洋科学研究促进并加快了人类文明的进程。地球表面超过70%的区域被海洋覆盖，那么在这个区域内有数量巨大的科学研究工作需要进行就是一件十分自然和不可避免的事情。海洋科学研究不仅仅与海洋本身有关，它还有助于为产生于陆地上的问题找到解决途径[1]，例如，消除贫困、保障食品安全、维持人类经济活动等[2]，以及为人类自身的发展积累科学知识。

一、海洋科学研究的概念

作为讨论问题的起点，我们首先应该明确海洋科学研究的概念。然而，研究海洋问题的最为重要的法律文件——《海洋法公约》并没有对海洋科学研究的概念进行界定。在第三次联合国海洋法会议中，各种有关海洋科学研究的定义被提交会议讨论，一些提案主张海洋科学研究应被严格界定为纯科学性研究，而另一些提案主张海洋科学研究应该涵盖一切有关海洋的科学研究，包括与开发自然资源有关的科学研究。[3] 鉴于《海洋法公约》第十三部分的具体条款已经足够涵盖海洋科学研究概念的所有方面，最终的公约案文没有包括海洋科学研究的概念。[4]

按照通常的含义，海洋科学研究可以被界定为以增加人类对海洋环境的知识为目标的任何形式的科学研究，包括基础性研究和应用性研究。[5] 它的研究对象是海洋，包括海水、溶解和悬浮于海水中的物质、生活于海洋中的生物、海底沉积和海底岩石圈，以及海面上的大气边界层和河口海岸带。[6] 海洋科学研究是自然科学研究的重要组成部分。人类在航行和运输，捕捞，开发油气等矿物资源，铺设海底电缆和管道，建造和设置人工岛屿与设施，利用海水、海流生产电能，进行军事活动之前，都要以海洋科学研究和调查为先导和准备。可以说，为满足人类利用海洋的多种需求，海洋科学研究的内容包罗万象，主要有[7]：第一，海洋水文气象研究。海洋水文研究主要包括海洋水质特征（海水的温度、盐度和密度）的研究以及海洋潮汐和海流的研究。海洋气象研究主要包括台风、台风预报方法的研究和海雾的研究等。第二，海洋地质学研究，主要包括海岸及海底地形和地貌的研究、海洋地质构造研究和海洋沉积研究。第三，海洋生物研究。按海洋生物的不同类别，海洋生物研究可分为海洋藻类研究、海洋鱼类研究、海洋无脊椎动物研究等。从海洋生态学角度看，海洋生物研究还包括海洋生物群体生态学研究[8]、个体生态学研究[9]和附着生物生态学研究等。此外，海洋生物研究还包括海洋实验生物研究，如海洋微生物、海洋生物药用学以及海洋环境生物学研究等。第四，海洋化学和海洋

---

① Satya N. Nandan. "Introduction". in United Nations Office for Ocean Affairs and the Law of the Sea. *The Law of the Sea: Marine Scientific Research: A Guide to the Implementation of the Relevant Provisions of the United Nations Convention on the Law of the Sea*. New York: United Nations, 1991, p. vii.

② United Nation. *Report of the Secretary-General, Oceans and the Law of the Sea Addendum*. A/66/70/add. 1, 11 April 2011, pp. 49 - 50, para. 208.

③ Shabtai Rosenne and Alexander Yankov (eds.). *United Nations Convention on the Law of the Sea 1982: A Commentary*. vol. 4. Dordrecht / Boston / London: Martinus Nijhoff Publishers, 2002, pp. 444 - 449.

④ A. H. A. Soons. "Marine Scientific Research Provisions in the Convention on the Law of the Sea: Issues of Interpretation". in E. D. Brown and R. R. Churchill (eds.), *The UN Convention on the Law of the Sea: Impact and Implementation, Proceedings of the Law of the Sea Institute Nineteenth Annual Conference*. Honolulu: University of Hawaii, 1987, pp. 365, 366.

⑤ Donald R. Rothwell and Tim Stephens. *The International Law of the Sea*. Oxford / Portland, Oregon: Hart Publishing, 2010, p. 321.

⑥ 薛桂芳、胡增祥编著．海洋法理论与实践：182.

⑦ 魏敏主编．海洋法：314 - 315.

⑧ 包括某海区浮游生物和底栖生物的分布与数量变化规律以及群体生物的区系特点及与其海区水系的关系等。

⑨ 如对某种鱼的生活习性、生殖习性及洄游规律方面的研究。

物理学研究。海洋化学主要包括海洋水文化学[①]、海洋资源化学、海洋地球化学与物理化学、海洋环境化学。[②] 海洋物理学研究主要包括海洋声学、光学、电学和磁学研究。

本章以《海洋法公约》中海洋科学研究条款为主要分析对象，因此，本章关于海洋科学研究的界定也限于《海洋法公约》第十三部分的具体条款所涵盖的海洋科学研究的范围。所以，海洋科学研究应该区别于不以增加人类对海洋环境的知识为目标的研究，例如大气观测与天文观测。另外，海洋科学研究也不应该包括在水面、水体、海床、底土以外的地方所进行的以增加海洋环境知识为目标的科学研究。尽管目前非原位研究技术被广泛应用于海洋科学研究中，例如，卫星遥感技术在获取海洋环境有关数据方面逐步取代了以海洋调研船为主要方式的原位研究技术，其仍不属于《海洋法公约》第十三部分所探讨的海洋科学研究。[③]

二、海洋科学研究需要国际合作

由于海洋科学研究对于提升国家综合竞争力、推动国家发展具有重要意义，所以国家间在海洋科学研究领域的竞争相当激烈。但是，海洋活动的一个显著特点是它的国际性，加之海洋观测和科学研究耗资大、风险大，以及《海洋法公约》等条件的制约，任何一个国家都不可能独揽海洋科学研究。因此，海洋科学研究需要国际合作。

《海洋法公约》的 320 个条款中，大约有 100 个或者说是 1/3 的条款是涉及海洋科学研究的。作为一份现代化、有远见的文献，《海洋法公约》在反映科学对政治决策的重要性方面是很成功的。《海洋法公约》所设计的海洋科学研究的新制度有着特别的意义：它引入的关键概念之一是“合作”，这种合作不仅仅是由国家的良好愿望决定的任意性的合作，而是国家必须遵从的“合作义务”[④]。

《海洋法公约》第 242 条第 1 款规定，各国和各主管国际组织应按照尊重主权和管辖权的原则，并在互利的基础上，促进为和平目的进行海洋科学研究的国际合作。其第 2 款更为详细地规定，在不影响本公约所规定的权利和义务的情形下，一国在适用本部分时，在适当情形下，应向其他国家提供合理的机会，使其从该国取得或在该国合作下取得为防止和控制对人身健康和安全以及对海洋环境的损害所必要的情报。《海洋法公约》另一关于国际合作义务的比较具体的规定体现在第 243 条中，提倡通过订立双边或多边协定创造有利条件来进行国际合作。该条规定，各国和各主管国际组织应进行合作，通过双边和多边协定的缔结，创造有利条件，以进行海洋环境中的海洋科学研究，并将科学工作者在研究海洋环境中发生的各种现象和变化过程的本质以及两者之间的相互关系方面的努力结合起来。为切实履行国际合作义务，《海洋法公约》第 244 条给国家和主管国际组织施加了公布和传播关于海洋科学研究的信息和由科学研究得到的知识的义务。第 244 条第 1 款规定了一般性的义务，即，各国和各主管国际组织应按照本公约，通过适当途径以公布和传播的方式，提供关于拟议的主要方案及其目标的情报以及海洋科学研究所得的知识。第 244 条第 2 款提出了更为具体的要求，即，各国应个别地并与其他国家和各主管国际组织合作，积极促进科学资料和情报的流通以及海洋科学研究所得知识的转让，特别是向发展中国家的流通和转让，并通过除其他外对发展中国家技术和科学

① 海洋水文化学主要研究海水中各种化学要素的含量、分布、变化以及海洋化学要素与海洋生物地质、环境的关系等。

② 海洋环境化学主要研究海洋环境中化学污染物的含量、分布和迁移规律，海洋环境污染物的化学降解过程等。

③ Donald R. Rothwell and Tim Stephens. *The International Law of the Sea*, p. 321.

④ E. M. 鲍基斯．海洋管理与联合国：26.

人员提供适当教育和训练方案，加强发展中国家自主进行海洋科学研究的能力。

在实践层面，这种合作还得到了公共机构的支持。由主管国际机构批准的研究项目都被给予优先安排，这种国际机构包括联合国教科文组织的政府间海洋学委员会或国际海底管理局。例如，在全球海洋研究中，出现了海洋研究科学委员会、政府间海洋学委员会等组织倡导的多国参加的海洋科学国际合作研究计划，如全球变化研究计划中的全球海洋通量联合研究、海岸带海陆相互作用研究、全球海洋真光层研究、海洋环流实验、热带海洋与全球大气、全球海洋生态系动力学研究、海洋科学与生物资源、全球海洋观测系统等，形成了广泛的国际合作局面。[①] 对于研究项目，如果某个沿海国家是批准研究项目的国际机构成员，而且在批准时没有反对，那么这个研究项目不需要经过该沿海国的明确许可，虽然该项目的研究必须在该国的管辖范围内进行。这项规定有利于增强研究的国际化。人们可能预计主管国际机构会发展成保证项目顺利完成的技术交流场所，研究项目不需要各个沿海国的明确一致同意，以简化流程。这种有发展中国家作为平等伙伴参加的真正的海洋科学研究国际化显然有利于发展中国家。[②]

三、海洋科学研究的意义及未来发展方向

（一）海洋科学研究的重要意义

有史以来，海洋始终是人们考察研究的对象，并且已经成为许多现代科学发现的重要场所，有极大的科学研究价值。当代人类面临的地球变暖、气候变化、生命起源等重大科学问题的解决，都有依赖于海洋科学研究。没有海洋地质和地球物理调查研究，就无法进行海洋矿物资源的勘探和开发；没有海洋物理、化学、生物学研究，就无法对海洋生物资源进行养护、管理和利用；没有海洋水文、气象研究，就无法进行正常的航行和飞行；没有海洋环境的调查研究，就无法制定海洋环境保护措施。此外，海洋中的军事活动，从武器系统和监视系统的设置、战略威慑力量的保持，到海上各种作战行动的进行，无不需要海洋学各部门的调查研究。[③] 更为重要的是，海洋科学研究本身现在已经成为海洋的重要用途之一，这一用途对于认识海洋环境、发展海洋学，以及对于发展地球科学的重要性，已经十分明显。

从理论上讲，关于海洋环境知识的自由探索和传播对全人类都是有益的。这些科学信息将扩展全世界对海洋的认识，对于一个沿海国家了解海洋资源、管理海洋资源和保护海洋资源都是无价之宝。但是同样，这些信息对其他国家来说也具有军事和资源开发目的上的战略意义。[④] 海洋历来是战略争夺的重要领域，海洋领域的竞争落到现实中主要反映的就是海洋科技特别是海洋开发的高技术手段的竞争。所以，自第二次世界大战后的半个多世纪以来所发生的变化是：几乎在制定所有的政治决策时，科学信息都已成为一个基本的和必不可少的要素。[⑤]

（二）海洋科学研究的未来发展方向[⑥]

首先，重大综合海洋科学研究活动活跃。重大综合研究包括海洋环境在全球或区域气候变化中的重要作用，海洋生态系统动力学过程与食物网系统，海洋生物地球化学与生态系统，海洋有害藻类与环境修复，深海和地壳内微生物，海底构造动力学与成矿机制，海洋与地球多层

① 海洋发展战略研究所课题组．中国海洋发展报告（2009）：147 页．

② E. M. 鲍基斯．海洋管理与联合国：26－27.

③ 杰勒德·曼贡．美国海洋政策．张继先译．北京：海洋出版社，1982.

④ 唐娜·克里斯蒂，理查德·希尔德雷斯．海岸与海洋管理法精要．3 版：244.

⑤ E. M. 鲍基斯．海洋管理与联合国：121.

⑥ 海洋发展战略研究所课题组．中国海洋发展报告（2009）：174－175.

圈相互作用等。

其次，采取“寓军于民”的体制发展海洋科技，军民兼用的业务化海洋环境保障体系逐步形成。海洋环境复杂多变，而海洋环境又是众多其他海洋学科的基础，因此，像其他海洋活动一样，海洋军事活动的成功依赖于对海洋环境变化规律的掌握和对信息的获取。因此，发达国家十分重视海洋环境信息的获取及军事应用研究，并采取“寓军于民”的海洋环境科技研究体制，发展海洋科学技术，共建国家海洋观测系统，共享数据和信息资源。

再次，海洋生物技术竞争激烈。海洋生物资源是人类的主要食物和蛋白质来源，为维持海洋生物资源的可持续开发利用，生物技术、信息技术、监管技术以及渔业设施技术等，成为目前世界各国竞相发展的海洋高技术领域。

又次，深海技术发展迅速。正在迅速发展的深海技术包括深水技术、深海生物基因资源开发技术、天然气水合物资源勘探技术、海洋环境探测技术等。

最后，建设集成的海洋观测系统。联合国教科文组织策划了全球海洋观测系统，近年又推出了以沿海生态环境观测为主体的全球海洋观测系统近海部分和全球气候变化的海洋二氧化碳观测计划。现代海洋观测已经进入从空间、海岸、海面、水下、海床对海洋现象进行立体、多平台、长时序观测的时代。观测系统建设需要现代科学技术的支持，也推动了科学技术自身的发展。

第二节　海洋科学研究法律制度的历史发展

一、海洋科学研究的早期发展

海洋科学研究在古代就已经存在了。古希腊历史学家希罗多德在公元前450年曾撰写过有关海洋地理学的相关问题，例如他解释了红海潮汐带来的淤泥淤积形成了尼罗河三角洲。此外，亚里士多德在气象学上的成就极大地推动了海洋生物学与海洋地貌学的发展。然而，一直到17、18世纪，伴随着地理大发现，海洋科学研究才开始真正获得系统的和专业的理论基础。1831自然学家达尔文乘坐英国海军“小猎犬号”舰（HMS Beagle）开始了环绕世界的科学考察航行。他收集了大量的标本来探究珊瑚的形成过程以及对海洋生物体进行分类，进一步推动了海洋科学研究的发展。[①] 40年以后，英国海军巡航舰“挑战者”号（HMS Challenger）对大西洋、印度洋和太平洋进行了历时三年半的科学考察，共收集了超过1.3万种植物标本，1400多个水样和数百个海底沉积物样本，并出版了大量的研究报告。在这些报告中第一次确认了深海海床上多金属结核的存在[②]，被认为是近代意义上的海洋科学研究的开端。

20世纪开始，人类开始了对海洋更大规模的探索。1924年成立的史贵普斯海洋研究所（Scripp's Institution of Oceanography）极大地推动了国内与国际海洋事务政策与立法的发展，特别是在海洋渔业管理领域。[③]

---

① Donald R. Rothwell and Tim Stephens. The International Law of the Sea，pp. 321－322.

② Challenger Office. *Report on the Scientific Results of the Voyage of HMS Challenger 1873－76*，London：HMSO，1880－95，vols. 1－40.

③ See Donald R. Rothwell and Tim Stephens. *The International Law of the Sea*，p. 322.

二、第二次世界大战以后海洋科学研究制度的发展

真正的当代海洋科学研究是从第二次世界大战以后才开始的。第二次世界大战后，特别是20世纪60年代以来，海洋科学研究活动迅速增加，海洋新技术不断发展。除了出于科学研究的目的，更重要的是为了管理渔业资源、定位油气资源以及保护海洋环境，海洋科学研究的深度和广度也增大，几乎遍及自然科学的各个分支，并不断开辟新的领域。多国合作进行全球性和大区域的海洋科学研究计划方兴未艾。

随着海洋利用范围的扩大和频度的增强，特别是随着海洋科学研究与技术的发展，海洋科学研究的国际法规则和制度也应运而生并不断发展。早在18世纪，为了更好地利用海洋，海洋被分为在国家控制内和在国家控制外的两部分，而这一划分到了19世纪演变成了国际法上的领海和公海制度。

在很长的时期中，适用于领海的海洋科学研究规则是由领海的法律地位而来的一项习惯法规则，即，沿海国对领海的主权赋予该国在这一海域内进行海洋科学研究的专属性权利，其他国家如果要在领海内进行科学研究，必须征得沿海国的许可。不过这项规则实际上也并不总是得到严格的执行①，而1958年的《领海及毗连区公约》对领海内的科学研究也并未提及，因此，这个时期有关领海内的海洋科学研究一直受习惯国际法规则调整。

在第三次海洋法会议以前，关于公海上进行海洋科学研究，无论在理论上还是实践中都没有争议，即，各国均享有在公海上进行科学研究的自由。虽然1958年《公海公约》第2条并未明确列举这项自由②，但该条使用了“国际法一般原则所承认的其他自由”这一表述，事实上涵盖了国家在公海上进行科学研究的自由。

随着大陆架法律制度的逐步确立，国际社会开始探讨在大陆架底土及其上覆水域进行科学研究是否施行自由制度。经过激烈的讨论，有关在大陆架进行海洋科学研究的内容最终被规定在1958年《大陆架公约》中，该公约也成为1958年日内瓦四公约中唯一直接提到海洋科学研究问题的公约，也是海洋法历史上第一次在一项公约中明文规定海洋科学研究制度。

《大陆架公约》第5条第1款规定，探测大陆架及开发其天然资源不得使航行、捕鱼或海洋中生物资源之养护受任何不当的妨害，或使以公开发表为目的的基础海洋学或其他科学研究受到任何干涉。该条第8款又规定：任何有关大陆架并且在大陆架上进行的研究，应取得沿海国的同意。但如果请求是由合格的机构提出，是为了对大陆架的物理学或生物学特征进行纯科学性的研究，则通常沿岸国不应不予同意，但沿岸国如果有意，应有权参加或有代表参与此项研究，而且研究成果在任何情况下都应予以公布。

《大陆架公约》对于在大陆架进行的海洋科学研究进行了分类：对大陆架的物理学或生物学特征的纯科学性研究和此种纯科学性研究以外的研究。当一国提出进行前一种研究时，沿岸国通常不得拒绝同意，而对于后一类研究，沿岸国可以拒绝同意。但是该条措辞含混不清，使得公约在解释和实施方面存在不少问题。例如，“有关大陆架并且在大陆架上进行的研究”应如何理解？是解释为只有在有关大陆架的研究同时也是在大陆架上，即在与海床有直接接触的情况下进行，才要求取得沿岸国的同意，还是可理解为这两个规定是相互独立的，只要符合其中任何一种情况，就需要取得沿岸国的同意？随着专属经济区概念的提出，在海床之上覆水域

① 张海文主编．《联合国海洋法公约》释义集：413.

② 1958年《公海公约》明确规定对公海所有国家开放。公海自由对沿海国和非沿海国包括4项内容：（1）航行自由；（2）捕鱼自由；（3）铺设海底电缆和管道的自由；（4）公海上空的飞行自由。

进行科学研究的管辖权问题必然被提出来。第三次海洋法会议为专属经济区与大陆架规定了统一的海洋科学研究制度，从而使上述争论失去了实际意义。但还有其他含混不清之处未被澄清，例如，如何理解“合格机构”，怎样解释“通常”，纯科学性研究与非纯科学性研究区分的依据是什么，等等。①

三、第三次海洋法会议上的争论

由于海洋科学技术突飞猛进的发展，在联合国海底委员会会议和第三次海洋法会议上，海洋科学研究制度成为会议的中心议题之一。海底委员会在 1972 年通过的《海洋法项目和问题清单》中，将海洋科学研究问题列入其中第 13 项。从 1971 年到 1973 年的海底委员会会议上，各国有关海洋科学研究的专门提案有 9 项，此外还有一些涉及海洋科学研究的提案。② 提案的焦点集中在专属经济区内与大陆架上进行海洋科学研究是否需要事先征得沿海国的同意。围绕这一焦点问题，出现了两种对立的观点。

一是以“七十七国集团”为代表的广大发展中国家和多数第二世界国家主张海洋科学研究应当受到管制，特别是在沿海国家管辖范围内所进行的海洋科学研究，应当受到沿海国的专属管辖。因此，在专属经济区内与大陆架上进行任何科学研究都必须事先征得沿海国的明示同意。发展中国家提出的有关海洋科学研究的草案很多，但有关争议焦点问题的立场基本一致。比较有代表性的是哥伦比亚代表“七十七国集团”在第三次海洋法会议第二期会议上提出的共同提案《关于海洋科学研究的条款草案》。该草案规定：在沿海国国家主权和管辖区域内，沿海国有专属权利进行和管理科学研究，并且按规定授权和管理科学研究。在沿海国主权和管辖区域内的海洋科学研究在未得到该国明示同意下不得进行。沿海国有权参加和监督这种科学研究，并分享其资料和成果。国际区域的海洋科学研究应直接由国际管理局进行，在适当时由自然人或法人通过与管理局签订工作合同或协议，或者由管理局决定的其他方式进行，但应保证在这种研究的整个时期由管理局直接有效地控制。

二是由美国、苏联以及少数海洋大国所主张的海洋科学研究自由原则，即，反对发展中国家及多数第二世界国家提出的海洋科学研究应受到沿海国事先同意制度的限制，认为为全人类谋福利的科学研究应自由进行。苏联与一些东欧国家在第三次海洋法会议第三期会议上提出的提案最具代表性，该提案提出：在专属经济区内和大陆架上进行与勘探和开发该区域内的生物资源、非生物资源有关的海洋科学研究，必须征得沿海国的同意，征得同意的请求必须预先提出，对请求的答复不得有不适当的拖延。沿海国有权决定进行这种研究的条件、参加或有代表参加这种研究……在专属经济区内和大陆架上进行与勘探和开发区域内的生物或非生物资源无关的海洋科学研究，只需将进行研究的计划预先通知沿海国便可进行；通知必须向沿海国说明研究的详细计划，包括研究目标、工具和方法，进行研究的位置和期限等；沿海国应有直接或间接地参加研究的机会，可使用所有研究数据和样品，如经要求，在不损害研究价值的情况下向沿海国提供可复制的或可分开的数据和样品等。③ 这一提案将海洋科学研究分为与生物和非生物资源的勘探、开发有关的和无关的两类，进行前一类科学研究须经沿海国事先同意，而进行后一类科学研究只需事先将研究计划通知沿海国即可。但问题的实质是：这种区分是不现实

① 奥康奈尔．国际海洋法（英文本）．第 2 卷：1030～1033. 转引自张海文主编．《联合国海洋法公约》释义集：414.

② See A / AC. 18 / SC. III / L. 17.

③ See A / CONF. 62 / C. 3 / L. 26.

的。正如中国代表团曾指出："海洋科学研究，总是直接地或间接地与沿海国的安全、经济利益、海洋资源有关的。"[①] 这种划分无非是粉饰海洋科技大国所推崇的科研自由而已。

除此之外，第三委员会还讨论了海洋技术转让问题，这个问题对发展中国家而言至关重要。在旧的国际政治经济秩序中，科学技术的发展与转让具有固有的缺陷，广大发展中国家面临各种不平等待遇，因此，技术转让问题的制度演进是与发展中国家为建立公平合理的国际政治经济新秩序的斗争相伴而行的。在 1958 年第一次海洋法会议时，各国对技术转让问题的关注还不够，因此，有关海洋技术转让的条款并未出现在 1958 年四公约中。但是从 20 世纪 70 年代以后，发展中国家认识到开发和利用海洋取决于先进的海洋技术，海洋技术发展与转让问题因而引发了发展中国家的广泛关注。广大发展中国家为促使在新的海洋法公约中确立有利于自身利益的海洋技术发展和转让条款，作出了不懈努力。

1975 年伊拉克代表"七十七国集团"在第三次海洋法会议第三期会议上提出一项关于海洋技术转让修订条款的草案。该草案规定，关于勘探、开发、保存和管理海洋资源，保护海洋环境以及公平、合理地使用海域，各国应直接或通过适当国际组织积极地促进发展中国家，包括内陆国和地理不利国，同它们的经济和需要相适应的海洋科学和技术能力的发展，以加强其社会和经济发展。[②] 该草案还规定了技术转让的方法和措施。伊拉克代表进一步强调：海床资源的利用在很大程度上要靠发展中国家特别需要的海洋技术。把技术转让给这些国家应在合理的条件下来进行，适当地考虑到领受国的情况、它们的不同发展水平以及它们吸收技术的能力。发达国家应在平等和公正的基础上把海洋技术转让给发展中国家，不使这种转让受到任何限制。[③]

关于技术转让问题，中国代表团代表指出："各国在尊重国家主权的基础上，在海洋环境保护和科学研究方面开展技术交流，对于发展海洋科学技术是有利和必要的……应积极地对发展中国家进行技术转让，这种技术转让应严格尊重受援国的主权，不附带任何条件，不要求任何特权，所转让的技术必须实用、有效、廉价、方便。"[④]

伊拉克代表"七十七国集团"提出的条款草案，获得了广大发展中国家的支持，该草案也成为形成中的海洋法公约有关海洋技术转让条款的讨论基础。海洋技术转让法律制度最终以独立章节的形式呈现于《海洋法公约》中。第三次海洋法会议通过的《海洋法公约》第十三、十四部分分别规定了海洋科学研究和海洋技术转让问题。

第三节　《海洋法公约》有关科学研究的主要规定

《海洋法公约》第十三部分专门规定了海洋科学研究问题，分为 6 节，共 32 条。

一、海洋科学研究的一般原则

《海洋法公约》第 238 条规定，所有国家，不论其地理位置如何，以及各主管国际组织，

---

① 中国代表团出席联合国有关会议文件集（1975 年 1～6 月）：74。转引自张海文主编．《联合国海洋法公约》释义集：430.

② 赵理海．海洋法的新发展．北京：北京大学出版社，1984：186.

③ 张海文主编．《联合国海洋法公约》释义集：469.

④ 中国代表团代表罗钰如 1974 年 7 月 19 日在第三次联合国海洋法会议第三委员会关于海洋科学研究问题的发言．转引自赵理海．海洋法的新发展：188.

在本公约所规定的其他国家的权利和义务的限制下，均有权进行海洋科学研究。这一条款是整个海洋科学研究制度的基础，但这种权利并非绝对的，还需要遵循一套原则和具体规则。

《海洋法公约》第 240 条规定，进行海洋科学研究时应适用下列原则：(1) 海洋科学研究应专为和平目的而进行；(2) 海洋科学研究应以符合本公约的适当科学方法和工具进行；(3) 海洋科学研究不应对于符合本公约的海洋其他正当用途有不当干扰，而这种研究在上述用途过程中应适当地受到尊重；(4) 海洋科学研究的进行应遵守依照本公约制定的一切有关规章，包括关于保护和保全海洋环境的规章。

进行海洋科学研究的国家除应遵守上述一般原则之外，还应遵守另一项重要规则，即，海洋科学研究活动不应构成对海洋环境任何部分或其资源的任何权利主张的法律根据（第 241 条）。另外，各国和各主管国际组织应按照尊重主权和管辖权的原则，并在互利的基础上，促进为和平目的进行海洋科学研究的国际合作，即，国家还需履行国际合作义务。因此，在不影响该公约所规定的权利和义务的情形下，一国在适用《海洋法公约》第十三部分时，在适当情形下，应向其他国家提供合理的机会，使其从该国取得或在该国合作下取得为防止和控制对人身健康与安全以及对海洋环境的损害所必要的情报（第 242 条）。

二、沿海国管辖海域内的科学研究

（一）领海内的海洋科学研究

领海作为国家领土的组成部分，沿海国对其行使主权。因此，沿海国对其领海内的海洋科学研究享有专属性的权利。这已经发展成为习惯国际法规则。《海洋法公约》对这一习惯国际法进行了编纂，并在第 245 条作出相应规定：沿海国在行使其主权时，有规定、准许和进行其领海内的海洋科学研究的专属权利。领海内的海洋科学研究，应经沿海国明示同意并在沿海国规定的条件下，才可进行。这一条规定完全符合领海的法律地位，明确肯定了沿海国对其领海内的海洋科学研究的专属权利。

（二）专属经济区内和大陆架上的科学研究

第三次海洋法会议有关海洋科学研究的提案的争议焦点集中于在专属经济区内与大陆架上进行海洋科学研究是否需要事先征得沿海国的同意问题，所以，有关专属经济区内和大陆架上的海洋科学研究方面的规定在《海洋法公约》第十三部分占据十分重要的位置，至少有 8 个条款对这个问题进行了专门的规定。

专属经济区与大陆架是两个既有联系又相互区别的各自独立的制度，《海洋法公约》第五部分和第六部分分别规定了专属经济区制度和大陆架制度。对于宣布建立专属经济区的国家而言，专属经济区内的海床和底土就是大陆架或其一部分，沿岸国关于海床和底土的权利的行使，适用大陆架法律制度。对于没有宣布专属经济区的沿海国，其大陆架的上覆水域仍旧属于公海，受公海自由原则调整。虽然专属经济区和大陆架是两种不同的法律制度，但是《海洋法公约》为这两个区域规定了统一的海洋科学研究制度。

1. 同意和拒绝同意

《海洋法公约》第 246 条第 1、2 款规定，沿海国在行使其管辖权时，有权按照本公约的有关条款，规定、准许和进行在其专属经济区内或大陆架上的海洋科学研究。在专属经济区内和大陆架上进行海洋科学研究，应经沿海国同意。在专属经济区内和大陆架上进行的任何海洋科学研究都应该征得沿海国的同意，有利于维护沿海国的经济和安全利益。

各国和各主管国际组织有意在一个沿海国的专属经济区内或大陆架上进行海洋科学研

究，应在海洋科学研究计划预定开始日期至少 6 个月前，向该国提供关于下列各项的详细说明：（1）计划的性质和目标；（2）使用的方法和工具，包括船只的船名、吨位、类型和级别，以及科学装备的说明；（3）进行计划的精确地理区域；（4）研究船最初到达和最后离开的预定日期，或装备的部署和拆除的预定日期，视情况而定；（5）主持机构的名称，其主持人和计划负责人的姓名；（6）认为沿海国应能参加或有代表参与计划的程度（《海洋法公约》第 248 条）。

当然，这种同意可以是明示的，也可以是默示的。各国或各主管国际组织可依据《海洋法公约》第 248 条的规定向沿海国发出有关含有必要的情报的通知，如果该沿海国在收到含有此项情报的通知后 4 个月内没有通知进行研究的国家或组织，明确表示：该国已根据《海洋法公约》第 246 条的规定拒绝同意；该国或主管国际组织提出的关于计划的性质和目标的情报与明显事实不符；该国要求有关《海洋法公约》第 248 条和第 249 条规定的条件和情报的补充情报；关于该国或该组织以前进行的海洋科学研究计划，在第 249 条规定的条件方面，还有尚未履行的义务，即构成默示同意。该国或该组织即可在发出通知之日起 6 个月后，开始进行海洋科学研究计划（《海洋法公约》第 252 条）。

《海洋法公约》在第 246 条第 5 款具体列举了 4 项研究计划，沿海国有斟酌决定权，拒不同意。这一规定的内容是：沿海国可斟酌决定，拒不同意另一国家或主管国际组织在该沿海国专属经济区内或大陆架上进行海洋科学研究计划，如果该计划：（1）与生物或非生物自然资源的勘探和开发有直接关系；（2）涉及大陆架的钻探、炸药的使用或将有害物质引入海洋环境；（3）涉及第 60 条和第 80 条所指的人工岛屿、设施和结构的建造、操作或使用；（4）含有依据第 28 条提出的关于该计划的性质和目标的不正确情报，或如进行研究的国家或主管国际组织由于先前进行研究计划而对沿海国负有尚未履行的义务。

如果沿海国已在任何时候公开指定从测算领海宽度的基线量起 200 海里以外的某些特定区域为已在进行或将在合理期间内进行开发或勘探作业的重点区域，则沿海国对于在这些特定区域之外的大陆架上按照《海洋法公约》第十三部分规定进行的海洋科学研究计划，不得行使规定的斟酌决定权而拒不同意。但是公约又规定，沿海国对这类区域的指定及其任何更改，应提出合理的通知，但无须提供其中作业的详情（《海洋法公约》第 246 条第 6 款）。也就是说，在 200 海里外大陆架部分，沿海国可以（但并不是必须）指定这样的重点区域，但在这些重点区域以外，沿海国可以行使斟酌决定权的范围有所缩小，即不得根据《海洋法公约》第 246 条第 5 款（a）项行使斟酌决定权而不予同意。在这些被指定的重点区域以外的大陆架部分进行符合《海洋法公约》第 246 条第 3 款规定的海洋科学研究计划[①]，在正常情况下沿岸国一般应给予同意。同时，按照这项折中规定，沿岸国如果愿意，仍可通过继续指定特定地区而保持行使原有的斟酌决定权的可能。同时还规定，以上规定不影响经《海洋法公约》第 77 条所规定的沿海国对大陆架的权利（《海洋法公约》第 246 条第 7 款）。这一补充，对于沿海国维护其大陆架权利具有重要意义。

除此之外，专属经济区内和大陆架上的海洋科学研究活动，不应对沿海国行使《海洋法公约》所规定的主权权利和管辖权而进行的活动有不当的干扰（《海洋法公约》第 246 条第 8 款）。

---

① 《海洋法公约》第 246 条第 3 款规定，在正常情形下，沿海国应对于其他国家或各主管国际组织按照本公约专为和平目的和为了增进关于海洋环境的科学知识以谋全人类利益，而在其专属经济区内或大陆架上进行的海洋科学研究计划，给予同意。为此目的，沿海国应制定规则和程序，确保不致不合理地推迟或拒绝给予同意。

2. 进行研究国应遵守某些条件的义务

各国和各主管国际组织在促进海洋科学研究方面进行国际合作，除了应遵守尊重主权、管辖权的原则外，还应建立在互利的基础上（《海洋法公约》第 242 条第 1 款）。

《海洋法公约》第 249 条明确规定了进行研究国遵守某些条件的义务，即，各国和各主管国际组织在沿海国的专属经济区内或大陆架上进行海洋科学研究时，应遵守下列条件：（1）如沿海国愿意，确保其有权参加或有代表参与海洋科学研究计划，特别是于实际可行时在研究船和其他船只上或在科学研究设施上进行，但对沿海国的科学工作者无须支付任何报酬，沿海国亦无分担计划费用的义务；（2）经沿海国要求，在实际可行范围内尽快向沿海国提供初步报告，并于研究完成后提供所得的最后成果和结论；（3）经沿海国要求，负责提供其利用海洋科学研究计划所取得的一切资料和样品，并同样向其提供可以复制的资料和可以分开而不致有损其科学价值的样品；（4）如经要求，向沿海国提供对此种资料、样品及研究成果的评价，或协助沿海国加以评价或解释；（5）确保在第 2 款限制下，于实际可行的情况下，尽快通过适当的国内或国际途径，使研究成果在国际上可以取得；（6）将研究方案的任何重大改变立即通知沿海国；（7）除非另有协议，研究完成后立即拆除科学研究设施或装备。

此外，《海洋法公约》还规定，在这两个海区进行海洋科学研究活动，不应对沿海国行使《海洋法公约》所规定的主权权利和管辖权而进行的活动有不当的干扰（《海洋法公约》第 246 条第 8 款）。

3. 沿海国有暂停和停止研究活动的权利

这是一项涉及进行研究国与沿海国重大利益的问题，为此，《海洋法公约》第 253 条第 1 款规定了沿海国在下列两种情形下应有权要求暂停在其专属经济区内或大陆架上正在进行的任何海洋科学研究活动：（1）研究活动的进行不按照根据《海洋法公约》第 248 条的规定提出的，且经沿海国作为同意的基础的情报；（2）进行研究活动的国家或主管国际组织未遵守《海洋法公约》第 249 条关于沿海国对该海洋科学研究计划的权利的规定。

沿海国可以在下列两种情况下决定停止一项研究：（1）任何不遵守《海洋法公约》第 248 条规定的情形，如果等于将研究计划或研究活动作重大改动，沿海国应有权要求停止任何海洋科学研究活动；（2）如果根据以上规定暂停一项科学研究，在合理期间内仍未得到纠正，沿海国也可要求停止海洋科学研究活动（《海洋法公约》第 253 条第 2、3 款）。

4. 在水文学调查、军事科研管辖权方面国家实践中的冲突

《海洋法公约》确定了海洋科学研究由沿海国同意的制度，但本身未对重要术语如“海洋科学研究”下定义，也未对海洋科学研究与水文学调查、军事科研等术语的关系作规定。这些活动是否应归入“海洋科学研究”而由同意制度来调整？抑或应属于“与航行相关的活动”进而纳入“其他合法利用海洋的活动”？对以上问题的回答，国家实践存在很大差异。

以美国为代表的一派观点认为：作为水文学调查的主要方式，《海洋法公约》总共只有两处提及“水文测量”（《海洋法公约》第 21 条和第 40 条），并且将水文测量和“海洋科学研究”分别列举，因此水文测量不属于“海洋科学研究”，而是“对海洋的国际合法用途，诸如同船舶和飞机的操作及海底电缆和管道的使用有关的并符合本公约其他规定的那些用途”，因此可以在沿海国专属经济区自由进行。[①] 而军事调查类似于水文测量，只不过得出的资料数据用途不同而已，也应属《海洋法公约》第 87 条所指的航行和飞越的自由，铺设海底电缆和管道的

---

① A. H. A. Soons. *Marine Scientific Research and the Law of the Sea*. The Hague，T. M. C. Asser Institute/Deventer：Kluwer Law and Taxation Publishers，1982：p. 125.

自由，以及与这些自由有关的海洋其他国际合法用途。虽然在专属经济区进行海洋科学研究应征得沿海国同意，但沿海国不能在领海之外制定规则限制水文测量或军事测量行为，也不能要求开展这类行为需向沿海国报告。

发展中沿海国则主张：水文监测和军事调查等活动收集的数据可被用于科学研究，任何海洋研究均具有或政治、或经济、或安全等目的，纯粹意义上的基础性海洋科学研究是不存在的。因此应将水文测量、军事测量等活动也归入“海洋科学研究”范畴中[①]，应属沿海国专属管辖，进行这些活动必须征得沿海国的同意，并接受其现场监管。

事实上，“海洋科学研究”是对在海洋进行的对海洋环境研究活动的统称，其中包括水文测量。而实际上，“军事测量”就是用于军事用途的海洋水文测量，它的特别之处在于出于军事安全因素考虑，具有军事利用价值的信息和数据将不会用于普通海洋科学，而主要应用于潜艇操作和反潜、布置水雷和排除水雷等军事活动。因此，虽然将水文测量得出的数据资料作军事用途，海洋强国所谓的“军事测量”则显得较为特殊，但实质上仍然属于《海洋法公约》规定的“海洋科学研究”[②]。

《海洋法公约》中明确规定了沿海国享有对领海和专属经济区内“海洋科学研究”活动的管辖权。因此，沿海国有权制定法律和规章来管辖其领海内的“海洋科学研究”和“水文测量”活动（第 21 条）；非沿海国船舶在过境通行时，非经沿海国事前准许，不得进行任何研究或测量活动（第 40 条）。在专属经济区内和大陆架上进行“海洋科学研究”，应经沿海国同意。因此，沿海国对其专属经济区的“水文测量”和“军事测量”活动享有管辖权，这意味着沿海国有权拒绝他国在其专属经济区内进行包括“水文测量”和“军事测量”在内的任何测量活动；即使沿海国同意非沿海国进行上述测量活动，并且该活动正在进行，但是如果其违反了应当遵守的义务，沿海国也有权要求这些活动停止。

体现水文学调查、军事科研管辖权方面国家实践中的冲突的最著名例子是“鲍迪奇”号测量船事件。美国海军海洋测量船“鲍迪奇”号多次闯入中国黄海水域进行“勘探工作”。2001 年 3 月 24 日，“鲍迪奇”号在黄海搜集数据时，被中国护卫舰强行制止并驱逐出中国的专属经济区。中国政府向美国国务院提出外交照会，抗议美国海洋测量船“鲍迪奇”号侵入中国黄海专属经济区海域，从事监听、侦查等活动。而美国国防部认为，军事情报搜集活动与海洋科学研究活动是截然不同的，因此不应当受到《海洋法公约》的限制。同月，印度政府也对“鲍迪奇”号在距离印度尼科巴岛 30 海里海域进行军事测量活动表示抗议，认为其侵害了印度的合法权益。[③] 与美英不同，有些海洋强国，诸如澳大利亚和加拿大，在进行测量活动时都会首先征得沿海国的同意。

三、公海和“区域”内的海洋科学研究

（一）公海上的海洋科学研究

依据《海洋法公约》，公海是指“不包括在国家的专属经济区、领海或内水或群岛国的群岛水域内的全部海域”（第 86 条），公海不包括国家管辖以外的海床和洋底，即国际海底区域，是一个单独的区域，有其自己的海洋科学研究制度。《海洋法公约》第 87 条规定公海对所有国

① 金永明．专属经济区内军事活动问题与国家实践．法学，2008（3）．

② 万彬华．论专属经济区“海洋科学研究”和“军事测量”的法律问题．西安政治学院学报，2007（5）．

③ Sam Bateman. “Hydrographic Surveying in the EEZ: Differences and Overlaps with Marine Scientific Research”. 29 *Marine Policy* (2005): p. 163.

家开放，不论其为沿海国或内陆国；并通过列举的方式，明确规定了所有国家都有科学研究的自由，但这种自由并不是绝对的。公海自由是在《海洋法公约》和其他国际法规则所规定的条件下行使的（《海约法公约》第 87 条第 1 款）。《海洋法公约》还规定，行使科学研究的自由应受到第六部分和第十三部分的限制［第 87 条第 1 款（f）项］。"应受第六部分的限制"是指不应损害公约关于大陆架的规定，特别考虑到大陆架上覆水域的法律地位不受沿岸国对大陆架的权利的影响。此外，《海洋法公约》第 257 条明文规定，所有国家，不论其地理位置如何，和各主管国际组织均有权依本公约在专属经济区范围以外的水体内进行海洋科学研究。这里所说的"应受第十三部分的限制"，主要是指该部分关于一般原则和国际合作的规定。

（二）"区域"内的海洋科学研究

关于在"区域"内的海洋科学研究，《海洋法公约》第 256 条规定，所有国家，不论其地理位置如何，和各主管国际组织，均有权依第十一部分的规定在"区域"内进行海洋科学研究。

更为详细的规定是在《海洋法公约》第 143 条，该条规定：

首先，"区域"内的海洋科学研究，应按照第十三部分专为和平目的并为谋全人类的利益进行。

其次，管理局可进行有关"区域"及其资源的海洋科学研究，并可为此目的订立合同。管理局应促进和鼓励在"区域"内进行海洋科学研究，并应协调和传播所得到的这种研究和分析的结果。

最后，各缔约国可在"区域"内进行海洋学研究。各缔约国应以下列方式促进"区域"内海洋科学研究方面的国际合作：A. 参加国际方案，并鼓励不同国家的人员和管理局人员合作进行海洋科学研究。B. 确保在适当情形下通过管理局或其他国际组织，为了发展中国家和技术较不发达国家的利益发展各种方案，以期：a. 加强它们的研究能力；b. 在研究的技术和应用方面训练它们的人员和管理局的人员；c. 促进聘用它们的合格人员，从事"区域"内的研究；C. 通过管理局，或适当时通过其他国际途径，切实传播所得到的研究和分析结果。

四、海洋环境中的科学研究设施或装备

《海洋法公约》首先规定海洋环境中的科学研究设施或装备的部署与使用问题：在海洋环境的任何区域内部署和使用任何种类的科学研究设施或装备，应遵守本公约为在任何这种区域内进行海洋科学研究所规定的同样条件（第 258 条）。

关于海洋环境中的科学研究设施或装备的法律地位，《海洋法公约》第 259 条规定，海洋环境中的设施或装备不具有岛屿的地位。这些设施或装备没有自己的领海，其存在也不影响领海、专属经济区或大陆架的界限的划定。但是，其周围可按照《海洋法公约》有关规定设立不超过 500 公尺的合理宽度的安全地带。所有国家应确保其本国船只尊重这些安全地带（《海洋法公约》第 260 条）。

为了保证部署或使用海洋环境中的科学研究设施或装备的权利不被滥用，《海洋法公约》对于部署或使用该科学研究设施或装备的国家或国际组织施加如下义务：首先，任何种类的科学研究设施或装备的部署和使用不应对已确定的国际航路构成障碍（第 261 条）；其次，这些科学研究设施或装备应具有表明其登记的国家或所属的国际组织的识别标志，并应具有国际上议定的适当警告信号，以确保海上安全和空中航行安全，同时考虑到主管国际组织所制定的规则和标准（第 262 条）。

五、责任、争端解决与临时措施

（一）责任

《海洋法公约》第263条的规定是国际法上由于没有履行条约义务而产生的国际责任制度在海洋科学研究领域的具体化。该条对于海洋科学研究以及其他方面可能引起的责任问题作出了具体规定：（1）各国和各主管国际组织应负责确保其自己从事或为其从事的海洋科学研究均按照本公约进行。（2）各国和各主管国际组织对于其他国家、其自然人或法人或主管国际组织进行的海洋科学研究所采取的措施如果违反本公约，应承担责任，并对这种措施所造成的损害提供补偿。（3）各国和各主管国际组织对于其自己从事或为其从事的海洋科学研究产生海洋环境污染所造成的损害，应依据第235条承担责任。其中第（1）、（3）项是针对进行研究国而言的义务，而第（2）项是针对进行研究国以外的国家的赔偿义务。因此，为了贯彻《海洋法公约》关于因海洋科学研究而引起的责任的规定，国家有必要采取必要的立法和行政措施。

（二）争端解决与临时措施

《海洋法公约》关于海洋科学研究的规定在解释或适用上的争端，应按照第十五部分第二、三节解决（第264条）。第十五部分第二节规定了导致有拘束力裁判的强制程序，其第286条规定，有关本公约的解释或适用的任何争端，如已诉诸第一节（谈判、调解等自行选择的争端解决方法）而仍未得到解决，经争端任何一方请求，应提交根据本节具有管辖权的法院或法庭。但是强制程序受制于第十五部分第三节规定的限制，第三节规定了适用导致有拘束力裁判的强制程序的限制和例外。

《海洋法公约》第297条第1款规定了哪些争端在何种情形下应遵守第二节所规定的司法或仲裁程序，而其第2款专门针对海洋科学研究引发的争端进行了规定：本公约关于海洋科学研究的规定在解释或适用上的争端，应按照第二节解决，但对于下列情形所引起的任何争端，沿海国并无义务同意将其提交这种解决程序：（1）沿海国按照第246条行使权利或斟酌决定权；或（2）沿海国按照第253条决定命令暂停或停止一项研究计划。第2款还规定，因进行研究国指控沿海国对某一特定计划行使第246、253条所规定权利的方式不符合本公约而引起的争端，经任何一方请求，应按照附件五第二节提交调解程序，但调解委员会对于沿海国行使斟酌决定权指定第246条第6款所指特定区域，或按照第246条第5款行使斟酌决定权拒不同意，不应提出疑问。

关于争端解决前的临时措施，《海洋法公约》第265条规定，在按照第十五部分第二、三节解决一项争端前，获准进行海洋科学研究计划的国家或主管国际组织，未经有关沿海国明示同意，不应准许开始或继续进行研究活动。

第四节　《海洋法公约》有关海洋技术发展和转让的主要规定

现代海洋开发是伴随着海洋技术的迅猛发展而不断深化的，海洋技术推动了海洋产业经济的发展，海洋科学研究水平的高低也取决于海洋技术的发展水平。长期以来，海洋技术为发达国所垄断，尤其在向发展中国家的技术转让中占据着支配地位，把大量苛刻的、不公平、不合理的合同条款强加给作为海洋技术受让方的发展中国家，损害了发展中国家的利益。因此，在第三次海洋法会议上，发展中国家为维护自身的正当权益，积极要求构建有利于发展中国家的海洋技术发展和转让制度。

事实上，每一项新的海洋法律制度的产生，都有其特定的社会、历史背景；都反映了当时人类开发和利用海洋的技术水平，是人类不断延伸的探索海洋的触角在法律层面上的显现；同时也都是各国间为维护各自海洋权益而进行斗争的结果，是海洋权益的再分配。[①] 这一结论同样适用于海洋技术的发展和转让制度。伴随着发展中国家建立公平合理的国际政治经济新秩序的努力，海洋技术转让领域同样面临着利益的重新分配。《海洋法公约》顺应了这一趋势，最终在第十四部分（共计 12 条）专门规定了海洋技术发展和转让制度，总体上符合广大发展中国家的愿望，体现了它们的利益要求。

一、海洋技术发展和转让的促进以及合法利益的保护

首先，各国应直接或通过主管国际组织，按照其能力进行合作，积极促进在公平合理的条款和条件上发展和转让海洋科学与海洋技术（《海洋法公约》第 266 条第 1 款）。在这一款中特别强调“公平合理的条款和条件”，正是顺应了国际社会建立公平合理的国际政治经济新秩序的潮流，具有针对性，有利于对发展中国家利益的维护。

其次，各国应对于在海洋科学和技术能力方面可能需要并要求技术援助的国家，特别是发展中国家，包括内陆国和地理不利国，促进其在海洋资源的勘探、开发、养护和管理，海洋环境的保护和保全，海洋科学研究以及符合本公约的海洋环境内其他活动等方面海洋科学和技术能力的发展，以加速发展中国家的社会和经济发展（《海洋法公约》第 266 条第 2 款）。这一款特别规定了促进发展中国家海洋科学和技术能力的发展问题。发达国家应当向发展中国家提供援助，以促进其海洋科学与技术能力的发展，加速发展中国家的社会和经济发展。

最后，各国应尽力促进有利的经济和法律条件，以便在公平的基础上为所有有关各方的利益转让海洋技术（《海洋法公约》第 266 条第 3 款）。“各国应尽力促进有利的经济和法律条件”是针对技术转让国与受让国双方而言的。对于转让国而言，应本着平等互利的原则转让技术，不附加不合理的合同条款；对于受让国而言，不能只是被动地受让技术，还要充分吸收、合理消化所引进的技术，使其真正转化为生产力。

此外，《海洋法公约》第 267 条规定，各国在依据第 266 条促进合作时，应适当顾及一切合法利益，除其他外，包括海洋技术的持有者、供应者和接受者的权利与义务。

二、基本目标以及实现的措施

《海洋法公约》第 268 条规定，各国应直接或通过主管国际组织促进海洋技术的发展和转让的基本目标是：(1) 海洋技术知识的取得、评价和传播，并便利这种情报和资料的取得；(2) 适当的海洋技术的发展；(3) 必要的技术方面基本建设的发展，以便利海洋技术的转让；(4) 通过训练和教育发展中国家和地区的国民，特别是其中最不发达国家和地区的国民的方式，发展人力资源；(5) 所有各级的国际合作，特别是区域、分区域和双边的国际合作。

为实现上述各项目标，《海洋法公约》规定，各国应直接或通过主管国际组织，采取如下措施：(1) 制定技术合作方案，以便把一切种类的海洋技术有效地转让给在海洋技术方面可能需要并要求技术援助的国家，特别是发展中内陆国和地理不利国，以及未能建立或发展其自己在海洋科学和海洋资源勘探、开发方面的技术能力或发展这种技术的基本建设的其他发展中国

① 王可菊．联合国海洋法公约对现代海洋法和国际法的贡献．外国法译评，1996 (4)．

家；(2) 促进在公平合理的条件下，订立协定、合同和其他类似安排的有利条件；(3) 举行关于科学和技术问题，特别是关于转让海洋技术的政策和方法的会议、讨论会和座谈会；(4) 促进科学工作者、技术和其他专家的交换；(5) 推行各种计划，并促进联合企业和其他形式的双边、多边合作（第269条）。

三、国际合作

国际合作是第十四部分的重要内容，也是海洋技术发展与转让应遵循的基本原则。《海洋法公约》反映了大多数国家的要求，引入了国际合作原则，具体规定为如下5点：

首先，发展和转让海洋技术的国际合作，应在可行和适当的情形下，通过现有的双边、区域或多边的方案进行，并应通过扩大的和新的方案进行，以便利海洋科学研究、海洋技术转让，特别是在新领域内，以及为海洋研究和发展在国际上筹供适当的资金（第270条）。

其次，各国应直接或通过主管国际组织，在双边基础上或在国际组织或其他机构的范围内，并在特别考虑到发展中国家的利益和需要的情形下，促进制定海洋技术转让方面的一般接受的方针、准则和标准（第271条）。

再次，在海洋技术转让方面，各国应尽力确保主管国际组织协调其活动，包括任何区域性和全球性方案，同时考虑到发展中国家特别是内陆国和地理不利国的利益和需要（第272条）。

又次，各国应与各主管国际组织和管理局积极合作，鼓励并便利向发展中国家及其国民和企业部转让关于“区域”内活动的技能和海洋技术（第273条）。

最后，《海洋法公约》除了考虑到国家间的合作，还规定了相关国际组织也应当进行积极合作：“本部分和第十三部分所指的主管国际组织应采取一切适当措施，以便直接或在彼此密切合作中，确保本部分规定的它们的职务和责任得到有效的履行”（第278条）。

四、管理局的目标

依据《海洋法公约》第274条，管理局的目标是在一切合法利益，其中除其他外包括技术持有者、供应者和接受者的权利与义务的限制下，在“区域”内活动方面应确保：(1) 在公平地区分配原则的基础上，接受不论为沿海国、内陆国或地理不利国的发展中国家的国民，以便训练其为管理局工作所需的管理、研究和技术人员；(2) 使所有国家，特别在这一方面可能需要并要求技术援助的发展中国家，能得到有关的装备、机械、装置和作业程序的技术文件；(3) 由管理局制定适当的规定，以便利在海洋技术方面可能需要并要求技术援助的国家，特别是发展中国家，取得这种援助，并便利其国民取得必要的技能和专门知识，包括专业训练；(4) 通过本公约所规定的任何财政安排，协助在这一方面可能需要并要求技术援助的国家，特别是发展中国家，取得必要的装备、作业程序、工厂和其他技术知识。

五、国家和区域性海洋科学和技术中心

技术发展与转让主要在三个层次进行：国家层次、区域层次和全球层次。国际海底管理局可以被视为在全球层次上进行技术发展与转让的具体体现，因此，这一部分集中探讨国家层次和区域层次海洋科学技术发展与转让的重要问题：设立国家和区域性海洋科学和技术中心。

（一）国家海洋科学和技术中心的设立

依据《海洋法公约》的精神，海洋科学技术发展和转让最重要的是国家这一层次。为了鼓励和推进发展中国家进行海洋科学研究，并提高这些国家为了它们的经济利益而利用和保全其

海洋资源的国家能力[①]，《海洋法公约》规定，各国应直接或通过各主管国际组织和管理局促进设立国家海洋科学和技术研究中心，特别是在发展中沿海国设立，并加强现有的国家中心，以鼓励和推进发展中沿海国进行海洋科学研究，并提高这些国家为了它们的经济利益而利用和保全其海洋资源的国家能力。同时，各国应通过各主管国际组织和管理局给予适当的支持，便利设立和加强此种国家中心，以便向可能需要并要求此种援助的国家提供先进的训练设施和必要的装备、技能和专门知识以及技术专家（第275条）。

（二）区域性海洋科学和技术中心的设立

《海洋法公约》为促进区域层面海洋科学技术的合作与开发，授权建立促进海洋科学技术进步的区域中心。《海洋法公约》第276条规定，各国在与各主管国际组织、管理局和国家海洋科学和技术研究机构协调下，应促进设立区域性海洋科学和技术研究中心，特别是在发展中国家设立，以鼓励和推进发展中国家进行海洋科学研究，并促进海洋技术的转让。另外，一个区域内的所有国家都应与其中各区域性中心合作，以便确保更有效地达成其目标。

第五节　中国与海洋科学研究

一、中国海洋科学研究制度的发展历程

中国是文明古国，在海洋科学研究方面具有悠久的历史。早在汉代，人们就已经开始观测潮汐；在唐代，就已经有了关于洋流和温度的观测记录。除了古代的四大发明，中国的包括海洋科学研究在内的整体科学研究水平远远落后于世界上其他国家。新中国成立之后，从1957年开始经过了长达12年的准备，于1964年建立了直接隶属于国务院的国家海洋局，主管国家海洋事务。1978年改革开放以来，中国的海洋科学研究迅速发展，海洋科学调查从沿海地带向深洋和海底拓展。[②] 海洋科学技术事业的发展离不开海洋科学技术发展战略的指引。中国有关海洋科学技术发展的战略，主要体现在多部国家中长期科技发展规划和海洋领域各类规划纲要、计划文件中。

1996年出台的《中国海洋21世纪议程》和《中国海洋21世纪议程行动计划》，是中国政府第一次向国际社会阐明国家海洋事业整体发展战略的宣言性文件。在议程中，中国明确提出实施包括“科教兴海”在内的发展战略。议程进一步具体指出：海洋开发必须走“科教兴海”之路。要采取各种有力措施，实行全程发展战略，推动海洋科学技术的进步，提高海洋开发的生产力水平，将促进海洋科技、教育与海洋开发活动紧密结合，推动海洋经济持续、快速、健康发展。2005年12月27日，国务院发布了《国家中长期科学和技术发展规划纲要（2006—2020年）》，海洋科学技术是其部署的重点之一，其中，海水淡化、海洋资源高效开发利用、海洋生态与环境保护、大型海洋工程技术与装备等列入重点领域的优先主题。在拟发展的前沿技术方面，将海洋技术单独列出。在基础研究方面，对海洋科学也进行了部署。[③] 2008年，国务院批复了中国首部《国家海洋事业发展规划纲要》，就海洋科学技术方面的长期发展问题，提出了明确的目标、原则和任务。2011年发布了《国家“十二五”海洋科学和技术发展规划

① 张海文主编．《联合国海洋法公约》释义集：476.

② Zou Keyuan. *China's Marine Legal System and the Law of the Sea*, pp. 277 - 278.

③ 张海文主编．《联合国海洋法公约》释义集：197 - 201.

纲要》（本规划纲要的规划期为2011—2015年，部分领域展望到2020年），该规划纲要在《国家中长期科学和技术发展规划纲要（2006—2020年）》的原则、精神指导下，全面分析了中国海洋科学技术面临的形势和发展现状，按照“深化近海、强化远海、拓展能力、支撑发展”的海洋科学技术指导方针和“需求导向，综合发展”“强化创新，扩大开放”“政府引导，市场配置”“全面部署，重点推进”的原则，确立了“十二五”期间，海洋科学技术发展的重点任务，即，强化调查探测研究，突破开发关键技术，发展服务保障技术，加强生态保护研究，深化综合管理技术，健全科技创新体系，加强基地平台建设，培养造就创新人才，推动我国海洋科学技术自主创新发展，培育和支撑海洋战略性新兴产业发展。2016年3月17日，《中华人民共和国国民经济和社会发展第十三个五年（2016—2020年）规划纲要》发布，其中多处提到海洋科学技术的重要性，引人关注。

中国已经形成了相对比较成熟的海洋科学技术发展战略方针、目标体系、任务重点等。为保障海洋科学技术发展战略的顺利实施，中国制定了一系列法律法规，参与制定并缔结了一系列重要的国际条约。

1992年2月25日第七届全国人民代表大会常务委员会第二十四次会议通过了《中华人民共和国领海及毗连区法》，1998年6月26日第九届全国人民代表大会常务委员会第三次会议通过了《中华人民共和国专属经济区和大陆架法》，这两部法律中有专门针对在我国领海、专属经济区和大陆架从事科学研究的规定。1996年6月18日发布、自1996年10月1日起施行的《中华人民共和国涉外海洋科学研究管理规定》（下文简称《管理规定》）主要规定了对于在中华人民共和国管辖海域内进行涉外海洋科学研究活动进行管理的内容，被认为是中国关于海洋科学研究法律制度的主要体现。除此之外，中国还加入了诸如《南极条款》《海洋法公约》等重要国际条约，并积极履行了其中有关海洋科学研究的相关规定。

二、中国海洋科学研究法律法规体系

中国国内的海洋科学研究被多个政府部门与教育机构管理。[①] 在这里，我们并不想详细介绍国内海洋科学研究的发展状况，也不想评价相关法律法规实施的效果，而是主要介绍对于在中国管辖海域内进行的涉外海洋科学研究如何进行管理的相关规定。

（一）《领海及毗连区法》与《专属经济区和大陆架法》的相关规定

《领海及毗连区法》与《专属经济区和大陆架法》是我国海洋法体系中的基本法。《领海及毗连区法》第11条与《专属经济区和大陆架法》第9条专门针对在我国领海、专属经济区和大陆架从事科学研究。这两个条款要求任何国际组织、外国的组织或者个人，在中华人民共和国领海、专属经济区和大陆架内进行科学研究、海洋作业等活动，须经中华人民共和国政府或者其有关主管部门批准，遵守中华人民共和国法律、法规。但这两个条款都没有提及外国国家从事的此类科学研究活动应当如何处理。

（二）《管理规定》的相关规定

为了加强对于在中华人民共和国管辖海域内进行涉外海洋科学研究活动的管理，促进海洋科学研究的国际交流与合作，维护国家安全和海洋权益，制定了《管理规定》，并于1996年10月1日起施行。《管理规定》成为调整涉外海洋科学研究活动的专门法规，也是中国海洋科学研究法律体系的主干。

---

① Zou Keyuan. China's Marine Legal System and the Law of the Sea：p. 278.

《管理规定》适用于国际组织、外国的组织和个人（以下简称外方）为和平目的，单独或者与中华人民共和国的组织（以下简称中方）合作，使用船舶或者其他运载工具、设施，在中华人民共和国内海、领海以及中华人民共和国管辖的其他海域内进行的对海洋环境和海洋资源等的调查研究活动。但是，海洋矿产资源（包括海洋石油资源）勘查、海洋渔业资源调查和国家重点保护的海洋野生动物考察等活动，适用中华人民共和国有关法律、行政法规的规定（第2条）。中华人民共和国国家海洋行政主管部门（以下简称国家海洋行政主管部门）及其派出机构或者其委托的机构，对于在中华人民共和国管辖海域内进行的涉外海洋科学研究活动，依照本规定实施管理（第3条第1款）。

1. 对领海内的涉外海洋科学研究进行的管理

（1）进行海洋科学研究计划的申请和批准

《管理规定》第4条规定：在中华人民共和国内海、领海内，外方进行海洋科学研究活动，应当采用与中方合作的方式。在中华人民共和国管辖的其他海域内，外方可以单独或者与中方合作进行海洋科学研究活动。外方单独或者与中方合作进行海洋科学研究活动，须经国家海洋行政主管部门批准或者由国家海洋行政主管部门报请国务院批准，并遵守中华人民共和国的有关法律、法规。也就是说，外方不得单独在我国领海从事海洋科学研究，必须与中方合作，由中方（合作单位）提出申请。

关于此种科研活动的申请者、申请的形式，《管理规定》第5条第1款规定，外方与中方合作进行海洋科学研究活动的，中方应当在海洋科学研究计划预定开始日期6个月前，向国家海洋行政主管部门提出书面申请，并按照规定提交海洋科学研究计划和其他有关说明材料。

（2）应遵守的条件

首先，中外合作使用外国籍调查船在中华人民共和国领海内进行海洋科学研究活动的，作业船舶应当于格林威治时间每天00时和08时，向国家海洋行政主管部门报告船位及船舶活动情况。国家海洋行政主管部门或者其派出机构、其委托的机构可以对上述调查船进行海上监视或者登船检查（第9条）。

其次，中外合作在中华人民共和国领海内进行海洋科学研究活动所获得的原始资料和样品，归中华人民共和国所有，参加合作研究的外方可以依照合同约定无偿使用（第10条第1款）。

最后，未经国家海洋行政主管部门以及国务院其他有关部门同意，有关中外双方或者外方不得公开发表或者转让在中华人民共和国领海内进行海洋科学研究活动所获得的原始资料和样品（第10条第4款）。

2. 对专属经济区内和大陆架上的涉外海洋科学研究进行的管理

对我国专属经济区内和大陆架上的涉外海洋科学研究进行的管理主要集中在对研究方义务方面的规定上，主要包括以下几项：

第一，报告海上船只活动。经批准进行涉外海洋科学研究活动的，申请人应当在各航次开始之日2个月前，将海上船只活动计划报国家海洋行政主管部门审批。国家海洋行政主管部门应当自收到海上船只活动计划之日起1个月内作出批准或者不批准的决定，并书面通知申请人，同时通报国务院有关部门（第6条）。

第二，科研计划的重大修改应征得同意。有关中外双方或者外方应当按照经批准的海洋科学研究计划和海上船只活动计划进行海洋科学研究活动；海洋科学研究计划或者海上船只活动计划在执行过程中需要作重大修改的，应当征得国家海洋行政主管部门同意。因不可抗力不能执行经批准的海洋科学研究计划或者海上船只活动计划的，有关中外双方或者外方应当及时报告国家海洋行政主管部门；在不可抗力消失后，可以恢复执行、修改计划或者中止执行计划（第7条）。

第三，报告船位及船舶活动情况。外方单独或中外合作使用外国籍调查船在中华人民共和国管辖的其他海域内进行海洋科学研究活动的，作业船舶应当于格林威治时间每天00时、02时和08时，向国家海洋行政主管部门报告船位及船舶活动情况。国家海洋行政主管部门或者其派出机构、其委托的机构可以对前述外国籍调查船进行海上监视或者登船检查（第9条）。

第四，原始资料和样品的分享、公开发布或转让。中外合作在中华人民共和国管辖的其他海域内进行海洋科学研究活动所获得的原始资料和样品，在不违反中华人民共和国有关法律、法规和有关规定的前提下，由中外双方按照协议分享，都可以无偿使用。外方单独进行海洋科学研究活动所获得的原始资料和样品，中华人民共和国的有关组织可以无偿使用；外方应当向国家海洋行政主管部门无偿提供所获得的资料的复制件和可分样品（第10条第2、3款）。

第五，科研活动结束后外国籍调查船接受检查。中外合作进行的海洋科学研究活动结束后，所使用的外国籍调查船应当接受国家海洋行政主管部门或者其派出机构、其委托的机构检查（第11条）。

3. 有关法律责任

《管理规定》第13条规定，违反本规定进行涉外海洋科学研究活动的，由国家海洋行政主管部门或者其派出机构、其委托的机构责令停止该项活动，可以没收违法活动器具、没收违法获得的资料和样品，可以单处或者并处5万元人民币以下的罚款。违反本规定造成重大损失或者引起严重后果，构成犯罪的，依法追究刑事责任。

（三）相关国际条约

中国于1983年加入《南极条约》，于1985年成为该条约的协商国，从那时开始，中国开始在南极大陆及其沿海区域进行科学研究，并严格遵守条约义务。

中国于1996年5月15日批准了《海洋法公约》，并于6月7日成为《海洋法公约》的缔约国。中国一直严格遵守《海洋法公约》的相关规定，善意履行条约义务，并在海洋科学研究领域，优先适用《海洋法公约》的相关规定。[①]

课后复习

不定项选择题：

(1) 下列哪些原则属于进行海洋科学研究时应适用的一般原则？（　　）

A. 海洋科学研究应专为和平目的而进行

B. 海洋科学研究应以符合《海洋法公约》的适当科学方法和工具进行

C. 海洋科学研究不应对符合《海洋法公约》的海洋其他正当用途有不当干扰，而这种研究在上述用途过程中应适当地受到尊重

D. 海洋科学研究的进行应遵守依照《海洋法公约》制定的一切有关规章，包括关于保护和保全海洋环境的规章

(2) 各国和各主管国际组织如有意在一个沿海国的专属经济区内或大陆架上进行海洋科学

① 《管理规定》第14条规定，中华人民共和国缔结或者参加的国际条约与本规定有不同规定的，适用该国际条约的规定；但是，中华人民共和国声明保留的条款除外.

研究，应提前多长时间，向该国提供详细的海洋科学研究计划和相关资料？(　　)

A. 应在海洋科学研究计划预定开始日期至少四个月前

B. 应在海洋科学研究计划的通知发出之日至少四个月前

C. 应在海洋科学研究计划预定开始日期至少六个月前

D. 应在海洋科学研究计划的通知发出之日至少六个月前

(3) 下列哪些属于各国直接或通过主管国际组织促进海洋技术发展和转让的基本目标？(　　)

A. 海洋技术知识的取得、评价和传播，并便利这种情报和资料的取得

B. 适当的海洋技术的发展

C. 必要的技术方面基本建设的发展，以便利海洋技术的转让

D. 通过训练和教育发展中国家和地区的国民，特别是其中最不发达国家和地区的国民的方式，以发展人力资源

(4) 根据《中华人民共和国涉外海洋科学研究管理规定》的相关规定，外方单独或中外合作使用外国籍调查船在中华人民共和国专属经济区内或大陆架上进行海洋科学研究活动的，作业船舶应当于每天何时，向国家海洋行政主管部门报告船位及船舶活动情况？(　　)

A. 格林威治时间每天 00 时　　B. 格林威治时间每天 02 时

C. 格林威治时间每天 06 时　　D. 格林威治时间每天 08 时

第四编

海洋争端的解决

第十五章
《海洋法公约》争端解决机制概述

提　要

在第三次联合国海洋法会议上，各国代表团针对《海洋法公约》第十五部分“争端的解决”曾进行了紧张的辩论与博弈，最后才出现当前带有“调整范围广泛”“解决程序详尽”与“法律价值多元”等特征的争端解决机制。

重点问题

1.《海洋法公约》争端解决机制诞生的历程。
2.《海洋法公约》争端解决机制的特征。
3.《海洋法公约》争端解决机制适用的主体。

第一节　海洋法中争端解决机制的历史发展

一、第一次联合国海洋法会议有关解决争端问题的审议

1958 年第一次联合国海洋法会议全面审议了海洋法问题，但是争端解决问题并未受到足够的重视。由于各国意见分歧，有关争端解决机制的规定并未获得足够的支持，因而并未被规定在会议最后通过的《领海与毗连区公约》《大陆架公约》《公海公约》和《捕鱼与养护公海生物资源公约》四个海洋法公约（统称为“日内瓦海洋法四公约”）中，而是被规定在一个任择议定书中，即 1958 年《关于强制解决争端的任择签字议定书》。

按照《关于强制解决争端的任择签字议定书》第 1 条，议定书的签字国和 1958 年日内瓦海洋法四公约的一个或一个以上公约的缔约国，“表示它们愿意将由于解释或适用 1958 年 4 月 29 日任一海洋法公约的任何条款所引起而涉及它们的一切问题提交国际法院行使强制管辖，除非公约中规定了其他解决方式或有关国家在一合理的时间内同意了其他解决方式”。也就是说，各缔约国可以任意选择，自行决定是否接受国际法院对解释和适用日内瓦海洋法四公约的任何条款所引起的争端的强制管辖。凡签署议定书的国家，即承认了国际法院的强制管辖权（但涉及《捕鱼与养护公海生物资源公约》第 4～8 条的争端除外，这类争端应该适用《捕鱼与

养护公海生物资源公约》第 9～12 条。另外，议定书所规定的其他解决方式，包括在提交国际法院以前采取调解程序，或有关国家同意不将争端提交国际法院而提交一仲裁法庭。《关于强制解决争端的任择签字议定书》并未获得相关国家的广泛支持，也从未有争端被诉诸该议定书中的程序。①

1958 年日内瓦海洋法四公约中唯一规定了某种形式的强制争端解决程序的是《捕鱼与养护公海生物资源公约》。该《公约》第 9 条规定，除非有关国家同意以其他和平方法解决外，经任何一方请求，应提交一个特别委员会。特别委员会由 5 名委员组成，由争端当事国协商提名。如未能取得协议，则在任何一方要求下，由联合国秘书长与争端解决当事国同国际法院院长、粮农组织总干事磋商，根据待解决纠纷的性质，提名专长于有关渔业之法律、行政或科学问题的非争端国的有资格人员。特别委员会应在被指定时起 5 个月内就所适用的程序问题作出决定，必要时可以延长，但不得超过 3 个月。委员会决定应根据多数票作出。有关国家应受到特别委员会的拘束，如果一方不履行依决定应负之义务，第 11 条规定适用《联合国宪章》第 94 条第 2 款，即他方可以向联合国安理会申诉。

这些有关争端解决的规定在实践中并未发挥多大的作用，但为后来的 1982 年《海洋法公约》的相关谈判提供了重要的指引。首先，《捕鱼与养护公海生物资源公约》与《关于强制解决争端的任择签字议定书》中有关国际法院、仲裁、调解和特别委员会程序的规定表明，各国在当时已经意识到需要规定不同的争端解决程序以满足不同国家不同的程序取向；其次，虽然《捕鱼与养护公海生物资源公约》规定，在国家之间发生某些特定争端情况时，经任何一方的请求，应提交 5 人特别委员会，但同时允许有关国家协议诉诸其他和平方法。这种将争端当事国之间的协议置于公约规定的争端解决机制之上的观点无疑也被《海洋法公约》的谈判者们继承下来。②

二、第三次联合国海洋法会议与海洋争端解决机制

《海洋法公约》包括 307 条和 11 份附录，目的在于“为海洋建立一种法律秩序”③，因此被誉为“海洋宪章”。可想而知，其所处理的问题十分复杂，实质上涉及所有国家的重大利益，更容易引发争议，并且解决这些问题的难度也更大。所以，在《海洋法公约》中建立一个有效的争端解决机制被视为“海洋领域新世界秩序的支柱之一”④。

海底委员会从 1971 年根据联合国大会决议负责为第三次联合国海洋法会议筹备工作以来，争端解决的问题便引发了各国的重视。第三次联合国海洋法会议于 1974 年在阿拉加斯举行第一次实质性会议，并专门成立了一个针对争端解决议题的非正式小组，其草拟的工作底稿成为早期会议讨论的焦点。在 1975 年第三期会议上，该小组被重组为独立的争端解决小组，并在这次会议临近结束之际，由会议主席提交的非正式单行磋商文本中包括了一整套关于此议题的草案条款⑤，这奠定了公约争端解决机制的基础。在第四期会议上，大会修改了主席提交的草案，并在 1976 年第五期会议上重新讨论了该草案。1977 年修订单行磋商文本以及 1978 年非正

---

① Donald R. Rothwell, Tim Stephens. *The International Law of the Sea*. Oxford and Portland, Oregon: Hart Publishing, 2010: p. 445.

② 高健军.《联合国海洋法公约》争端解决机制研究修订版. 北京：中国政法大学出版社，2014：3.

③ 《联合国海洋法公约》序言部分.

④ A. O. Adede. “Settlement of Disputes Arising under the Law of the Sea Convention”. 69 *AJIL* (1975): p. 798.

⑤ Informal Single Negotiating Text (Part IV). 21 July 1975. A/CONF. 62/WP. 9.

式综合磋商文本对该草案作了进一步修改。1979 年第八期会议进一步讨论了对某些特别疑难问题的确认，1980 年第九期会议对其作了进一步修正。即便推迟至 1981 年第十期会议，会上仍对争端解决安排进行了一些修改，有争议的条款也只有当公约被作为一个整体通过并于 1982 年供各国签署时才呈现最终形式。①

《海洋法公约》的争端解决机制具有“整体上的强制性、解决方法上的选择性以及适用范围上的不完整性”② 的特征。其中，“强制性”是最重要的特征。“使用强制争端解决机制既不是国际法的一般特征，也不是海洋法的特有属性，国家更倾向于用政治方法解决它们之间的分歧，或至多使用建立在同意基础上的司法方法或仲裁。”③ 然而，一个强制性的争端解决机制不仅可以在客观上迫使各国在采取行动时保持自制与谨慎，从而有助于减少争端的发生，而且会给违反规则的国家一个低成本的选择：“显然接受依赖于一个公正的第三方的决定要比其他选择更好，因为其他选择可能意味着冲突陷入僵局或被迫诉诸自卫”④。出于这种考虑，一个强制性的争端解决机制就成为保证所有缔约国适用公约的全面性与统一性的不可或缺的重要工具。《海洋法公约》因此成为极少数几个就缔约国之间有关公约的解释与适用争端规定强制性管辖权的国际公约之一。⑤

另外，《海洋法公约》的条款中特地澄清了决定国家采取不同的争端解决方法的因素。认识到合适的争端解决机制一定是公约的组成部分，各国在此成功地将自由选择争端解决方式的原则和利用现有的各种技术和众多革新相结合，从而为《海洋法公约》的机制提供了灵活而有用的框架，这种框架的价值现在也得到了证明。⑥

第二节 《海洋法公约》争端解决机制的特点

一、广泛的调整范围

在《海洋法公约》诞生之前，国际上亦不乏与海洋事项有关的国际条约，而在这些条约中一般也均附有相应的争端解决机制，例如 1969 年《处理北海石油污染合作协定》、1969 年《国际干预公海油污事件公约》、1972 年《防治倾倒废物及其他物质污染海洋的公约》等。但这些争端解决机制最大的局限性在于它们因受条约内容的影响，所解决争端的范围非常狭窄。所谓海洋国际争端，是指发生在海洋空间（包括水面、空中、水下和海床及其底土）因与海洋有关的问题引起的国际争端，是世界各国之间在全面利用海洋、在海洋空间主张并行使国家权利、维护本国利益时所发生的争执，即矛盾和冲突。海洋争端的范围相当广泛，例如国家之间关于划界的争端、捕鱼争端、海洋污染责任争端、外国在一国管辖海域内进行海洋科学研究的争端、因航行和飞越引发的争端、铺设海底电缆和管道的争端，以及管理局、缔约国和其他实体

① Shabtai Rosenne & Louis B. Sohn (eds.). *United Nations Convention on the Law of the Sea 1982: A Commentary*. Vol. V. Dordrecht/ Boston/ London: Martinus Nijhoff Publishers, 1989: pp. 5-15.

② 高健军.《联合国海洋法公约》争端解决机制研究. 修订版.

③ Natalie Klein. *Dispute Settlement in the UN Convention on the Law of the Sea*. Cambridge: Cambridge University Press, 2005: p. 349.

④ 熊玠. 无政府状态与世界秩序. 于逊达，张铁军译. 杭州：浙江人民出版社，2001：103.

⑤ Natalie Klein. *Dispute Settlement in the UN Convention on the Law of the Sea*: p. 2.

⑥ J. G. 梅里尔斯. 国际争端解决. 5版. 韩秀丽 等译. 北京：法律出版社，2013：361-362.

在开发国际海底时发生的争端等。而早期国际条约所能解决的争端仅涉及前述一项或几项，故其争端解决机制的适用范围非常有限。《海洋法公约》则大不相同，其在规定上共涉及领海和毗连区、用于国际航行的海峡、群岛国、专属经济区、大陆架、公海、岛屿制度、闭海或半闭海、内陆国出入、“区域”、海洋环境的保护和保全、海洋科学研究、海洋技术的发展和转让，其内容几乎覆盖了所有的海洋问题，而与其“解释或适用有关的争端”均在《海洋法公约》争端解决机制的适用范围之内，所以称之为调整范围最广泛的海洋争端解决机制一点也不为过。

二、详尽的解决程序

从海洋国际争端解决机制的发展历程上看，其所呈现出的是一种不断细化的演变规律，而《海洋法公约》所设立的争端解决机制应当算是目前国际上规定最为详尽的。对此，根据以下三个发展阶段可以非常直观地进行理解：（1）国际条约中仅用个别条款简单的规定争端解决。例如，1954 年《防止海洋石油污染国际公约》第 13 条规定，“当争端不能通过协商解决时，在任何一方请求下，应提交国际法院予以判决，除非争议双方同意交付仲裁”。这种规定仅出现在条约的正文之中，并且所述内容十分简短。与其相类似的规定还有 1962 年《核动力船舶驾驶人员的责任公约》等。（2）虽然在国际条约正文中进行了简短的规定，但通过附件形式进行补充。例如，1969 年《公海油污公约》第 8 条规定，“争端应先进行协商，若协商不能则可强制调解；若调解不成，则可提请仲裁”；并且在其后通过附录的形式规定了调解与仲裁的具体程序。与其类似的还有 1973 年《防污染公约》等。（3）在国际条约正文中进行详细的规定，随后所涉附件针对前述程序进行详细补充。在该类机制中，《海洋法公约》就是典型的代表，其第十五部分由解决争端的一般方法、导致有拘束力裁判的强制程序以及适用强制程序的限制和例外三部分构成了一种同时包括强制程序与非强制程序的机制，并且在其后通过 4 个附件详细规定了调解程序、国际海洋法法庭、仲裁法庭、特别仲裁庭的组成以及运行程序等。

三、多元的法律价值

早期的海洋争端解决机制存在一个典型特征，即其设立一般仅是单纯为了解决争端，工具性质极强，很少考虑相关法律价值的存在与衡平。例如，1974 年《防止陆源物质污染海洋的公约》第 21 条规定，争端在有关缔约国通过委员会的内部调查或调解等途径仍无法解决时，可单方依照附件提交仲裁。这项规定完全否定了争端各方的自由意志，因而此类机制的参与度和公信力都是十分有限的。而《海洋法公约》大不相同，其不仅存在严密、详尽的解决机制，而且在具体程序的设定中体现出对不同法律价值的重视与调和，例如，第 279 条规定“自由选择和平方法解决争端的义务”顾及了国家的主权意志，背后实际是在维护自由价值；第 292 条关于“迅速释放”的规定保障了船主与船员在“渔汛期”的利益以及国家长期扣留一艘油轮对市场的影响等实效价值；第 295 条“用尽当地补救办法”的要求是在尊重一国主权的基础上维持国际和平秩序。虽然在“区域”争端中，公约赋予了自然人诉讼主体的资格，但同时在第 190 条规定被告国可请担保该人的国家代表该人出庭；若不能出庭，被告国可安排有其国籍的法人代表其出庭。这种回避性规定在一定方面体现出了公平价值。

第三节　争端解决机制适用的主体

《海洋法公约》第 291 条第 1 款规定：“本部分规定的所有解决争端程序应对各缔约国开

放”。在此确立了缔约国为适用《海洋法公约》争端解决机制的一般主体。根据《海洋法公约》第1条第1款和第305条第1款的规定，“缔约国”包括国家、自治联系国、自治领土和国际组织。

同时，《海洋法公约》第291条第2款限制性地赋予了其他主体参与争端解决机制的资格：“本部分规定的解决争端程序应仅依本公约具体规定对缔约国以外的实体开放”。由附件六《国际海洋法法庭规约》第20条第2款、附件七“仲裁”第13条和附件八“特别仲裁”第4条的规定可知，可适用《海洋法公约》争端解决机制的“缔约国以外的实体”是指《海洋法公约》第十一部分中规定的缔约国之外的实体和根据任何其他协定的规定将管辖权授予缔约国以外的实体。其中，《海洋法公约》第十一部分中规定的“缔约国”之外的实体包括国际海底管理局、国营企业、自然人和法人。

除上述之外，《海洋法公约》尚规定了一种特殊情况，即第292条“迅速释放”第2款规定，“这种释放的申请，仅可由船旗国或以该国名义提出”。因为在实践中该程序大多是以船旗国的名义提起的，船旗国仅是在名义上参与诉讼。这种规定实际上扩大了个人参与海洋争端解决的范围，但囿于在海洋法会议中有意见强烈反对赋予个人参与和将扣留问题直接提交法庭的权利，并反对船舶登记国的官方机构被个人代表以作出上述行为，最终公约第292条第2款作出了这种灵活的规定。

课后复习

1. 单项选择题

在下列主体中，哪一个可以成为《海洋法公约》的“缔约国”？（　　）

A. 自然人　　B. 国际海底管理局

C. 国际组织　　D. 国营企业

2. 简答题

简述《海洋法公约》争端解决机制的特征。

第十六章

解决海洋争端的一般义务

提　要

《海洋法公约》第十五部分共将争端解决程序分为“一般规定”和“导致有拘束力裁判的强制程序”两大部分，但“导致有拘束力裁判的强制程序”并非能随意提起，在提起该程序之前必须满足相应的一般义务，而这些义务具体包括“用和平方法解决争端”“交换意见”和“用尽当地补救办法”。

重点问题

1. 和平解决海洋争端方法的范围。
2. “交换意见”义务的内容与特征。
3. “用尽当地补救办法”义务的内容与特征。

《海洋法公约》第十五部分共分为三节，第一节“一般规定”在适用上应优先于其他部分的规定。公约第286条明确规定，“在第三节限制下，有关本公约的解释或适用的任何争端，如已诉诸第一节而仍未得到解决，经争端任何一方请求，应提交根据本节具有管辖权的法院或法庭”。以下便来探讨在公约第十五部分第一节以及其他部分中究竟包含哪些一般性的义务。

第一节　用和平方法解决争端的义务

使用和平方法解决国际争端是现代国际法的基本原则之一。从理论上看，和平解决国际争端原则是国际关系中各国友好往来与合作的法律保障，也是实现联合国首要宗旨的重要途径；从现实来看，和平解决国际争端原则是避免国际争端升格为武装冲突乃至战争的重要原因，并为现代和平解决争端的具体方法的顺利发展开辟了道路。这一原则在第三次联合国海洋法会议上也得到了充分的肯定，并体现在《海洋法公约》之中。

《海洋法公约》第十五部分“争端的解决”始于其基本原则，即公约各缔约国应当根据《联合国宪章》第2条第3款规定，以和平方法解决它们之间有关本公约的解释或适用的任何争端，并应为此目的以《宪章》第33条第1项所指的方法求得解决（《海洋法公约》第279条）。该条款将使用和平方法解决有关海洋法的争端确定为各缔约国应尽的义务。该条款产生了双重影响：第一，该条款将《联合国宪章》的义务范围扩及至非联合国成员国，前提是这些国家成为《海洋法公约》的成员国；第二，该条款确认所有国家应当根据公正原则解决一切与公约有关的争端。[①] 但事实上，这一义务并未给《海洋法公约》的缔约国增加新的负担，因为几乎所有的国家都已经成为联合国的会员国了。[②]《联合国宪章》第 33 条第 1 项规定了和平解决争端的方法，即："任何争端之当事国，于争端之继续存在足以危及国际和平与安全之维持时，应尽先以谈判、调查、调停、和解、公断、司法解决、区域机关或区域办法之利用或各该国自行选择之其他和平方法，求得解决"。《海洋法公约》再次否定了在海洋事务中使用战争及其他非和平方法作为解决国家之间争端的方法的合法性。

根据上述列举必然会产生一个问题，即虽然《海洋法公约》并未指出这些方法之间是否存在选择上的优先性，以及排列顺序与适用之间是否存在关系，但不难想象，如果要求争端方必须将上述方法逐一选择根本是不现实的，那么是否任选其中一种或者几种方法就可以被视为满足这项义务呢？根据实践，上述方法在实践中的使用频率是呈递减趋向的，而且各国普遍认为"谈判"通常是采取其他和平解决争端方法的先决条件。[③] 因此，在适用《海洋法公约》的强制程序之前，争端国之间必须曾有寻求通过自由选择和平方法解决争端的实践，而在这些方法之中，至少要包括"谈判"。

第二节　交换意见的义务

《海洋法公约》第 283 条第 1 款规定："如果缔约国之间对本公约的解释或适用发生争端，争端各方应迅速就以谈判或其他和平方法解决争端一事交换意见"；第 2 款规定："如果解决这种争端的程序已经终止，而争端仍未得到解决，或如已达成解决办法，而情况要求就解决办法的实施方式进行协商时，争端各方也应迅速着手交换意见。"根据第 1 款可知，《海洋法公约》要求争端当事方首先就是否选择谈判或其他和平解决方法解决争端一事进行意见上的交换，因此，"交换意见"本身不是独立的解决争端方法，其仅是要求争端当事方通过交换意见的方式去共同寻求解决争端的方法。[④] 然而在实践中，"交换意见"和"谈判"这两个阶段往往联系在一起，因而经常被误认为"交换意见"实际上就是"谈判"。

结合第 283 条第 1、2 款的规定可知，交换意见的义务共产生于以下 3 种情况：（1）缔约国之间对《海洋法公约》的解释或适用发生争端；（2）缔约国之间解决争端的程序已经终止，而争端仍未得到解决；（3）缔约国间已达成解决办法，而情况要求就解决办法的实施方式进行协商。但如果依照这 3 种情况来履行该义务，将必然会形成一个无限循环，即在争端方选择的解决方法失败之后必须重新交换意见，只要争端没有解决，"交换意见"的义务就将一直存在。那么，争端方又在何时才能够提起第二节的强制程序？对此问题，国际海洋法法庭在实践中一般主张当谈判不能达成协议时，争端各方就没有义务继续交换意见。[⑤] 例如在"圭亚那与苏里南案"中，苏里南曾声称因圭亚那未履行《海洋法公约》第 283 条规定的义务，仲裁法庭对案件不具有管辖权。但法庭鉴于双方为就达成协议解决本案争端所附属的海洋划界争端已经有过

① J. G. 梅里尔斯．国际争端解决．5 版：214.

② Natalie Klein. *Dispute Settlement in the UN Convention on the Law of the Sea*：p. 32.

③ 参见吴慧．国际海洋法法庭研究．北京：海洋出版社，2011：6.

④ 参见张海文．《联合国海洋法公约》释义集．北京：海洋出版社，2006：484－485.

⑤ 参见高健军．《联合国海洋法公约》争端解决机制研究．北京：中国政法大学出版社，2010：63－64.

10年的努力，认为在此特定情况下，圭亚那不必再承担第283条的义务，因此最终驳回了苏里南的反对意见。[①]

必须注意的一点是，到目前为止《海洋法公约》项下的法庭实践显示，被告对《公约》第283条的依赖很难获得成功，但是，这绝不意味着交换意见的义务没有实质要求。为了满足第283条的要求，需要证明：第一，各方已经就争端的解决善意交换了意见；第二，意见交换是在有关《海洋法公约》的解释或适用的争端发生以后进行的。[②]

第三节　用尽当地补救办法的义务

《海洋法公约》第295条规定："缔约国间有关本公约的解释或适用的任何争端，仅在依照国际法的要求用尽当地补救办法后，才可提交本节规定的程序"。例如在"卡莫科号案"中，法国就曾提请国际海洋法法庭注意《海洋法公约》第295条有关"用尽当地救济"的规定。[③]第295条名为"用尽当地补救办法"，由此不免让人联想到国际法中的"用尽当地救济原则"。

"用尽当地救济"的思想最早是由阿根廷法学家卡尔沃提出的，其目的是防止资本主义强国滥用外交保护权践踏别国主权，之后该理论逐步发展并成为一项国际准则，因此可以认为该义务最早是在国家外交保护的实践中产生的。该项原则要求在涉外争端中，作为争端一方的外国自然人和法人应该先诉诸当地国的法律解决；只有在当地国法院有明显的不当司法程序或者滥用权力等时，外国自然人或法人才能寻找其他方法解决争端，此时该自然人或法人的本国才可以决定是否提供外交保护。通过追溯"用尽当地救济原则"的理论依据可以看出，无论是从国家属地管辖权、国际习惯等传统国际法理论的角度，还是从对自然资源享有永久主权原则以及卡尔沃主义等现代国际法理论的角度，归根结底，该项原则是建立在尊重国家主权原则的基础上。

"用尽当地救济原则"和《海洋法公约》中"用尽当地补救办法"的义务也并非完全一致，前者主要限制的是国家随意通过外交保护的方式干涉他国行使管辖权，而后者限制的是国家随意提起争端解决的强制程序。有学者认为，公约此项规定仅适用于争端的一方为外国的自然人或法人，而不能适用于两个缔约国之间，因为根据国家主权原则，一国不能对另一国行使管辖权。[④] 但事实上，一个主张既可能包括对求偿国的损害，也包括对其国民的损害，而这恰恰是有关海洋法的争端中经常发生的情况。所以，通说认为，实践中不仅就国家行使外交保护权保护其国民的案件坚持这一规则，而且对国与国之间的其他争端也延伸适用该规则。第295条规定使争端当事方明确承担了诉诸导致有拘束力裁判的强制程序之前适用该规则的义务，否则，争端当事另一方完全可以以此为由来排除法院或法庭对案件的管辖。在法院或法庭，这是指两种情况：穷尽一国国内的行政和司法手段；穷尽当事国之间的政治手段，包括谈判和协商、区域机关或区域办法等。这在国际法院及国际海洋法法庭都是通过"初步反对意见"来实现的。[⑤]

① Case Concerning Guyana v. Suriname, Award of the Arbitral Tribunal, September 17, 2007, para. 410.

② 参见高健军.《联合国海洋法公约》争端解决机制研究. 修订版：186.

③ The "Camouco" Case (Panama v. France), Judgment of 7 February 2000, para. 55.

④ 魏敏. 海洋法. 北京：法律出版社，1987：333.

⑤ 张海文主编.《联合国海洋法公约》释义集. 北京：海洋出版社，2006：573.

课后复习

1. 多项选择题

甲国与乙国之间就海洋划界问题长期存在争议，如要解决该争端，两国求助以下哪些方法是不违背《海洋法公约》要求的？(　　)

A. 战争　　B. 仲裁　　C. 诉讼　　D. 谈判

2. 简答题

(1) 简述《海洋法公约》第283条交换意见义务的实质要求。

(2) 简述《海洋法公约》第295条“用尽当地补救办法”的具体要求。

第十七章 解决海洋争端的主要方法

提 要

虽然根据《海洋法公约》第279条的规定，国家间在解决海洋争端时有多种和平方法可供选择，但根据一般国际实践，其中被选择较多的方法包括谈判、调解、仲裁与司法等。《海洋法公约》在坚决支持运用上述方法的同时，赋予了它们之中部分方法以新的发展，例如强制调解或特别仲裁等。

重点问题

1. 谈判在解决海洋争端中的地位。
2. 强制调解的具体适用范围。
3. 附件七下仲裁与附件八下特别仲裁的关系。
4. 国际海洋法法庭的组成及管辖范围。

第一节 谈判和协商

谈判和协商是指争端当事方通过直接交涉以便澄清事实、阐明观点、增加信任、寻求共识、达成妥协从而解决国际争端的方法。[①] 在实践中，一旦发生争端，当事方一般都会首先通过直接谈判和协商的方式解决争端，而只有在通过谈判和协商无法解决的情况下，才会寻求斡旋、调停、调解、仲裁或法院诉讼等第三方介入的争端解决方法。例如，国际法院在司法实践中曾强调：只有直接谈判失败后，才可采用强制解决争端程序。在英国和冰岛之间的“渔业管辖案”中，国际法院明确表示解决争端最适当的方法显然是谈判。[②] 因此，谈判和协商是最基本、运用最广泛的争端解决方式。目前采用该方法已解决了许多国际海洋争端，并且通过这种方式签订了许多双边或多边有关领海划界、大陆架划界、渔业管理、防止海洋污染等方面的协

① 何志鹏主编．国际法．北京：清华大学出版社，2014：530.

② “Fisheries Jurisdiction” Case (United Kingdom of Great Britain and Northern Ireland v. Iceland), Judgment of 25 July 1974, para. 73.

定。在有关和平解决国际争端的公约中，一般均首先强调通过谈判解决争端。

谈判和协商作为解决国际争端的方式在本质上的优势在于方法上的灵活性，其可以应用于任何类型的争议。谈判和协商之所以能够成为历史最悠久、最常见、最受争端方青睐的争端解决方式，主要原因有两点：一是有关国家对争端解决过程保留着完全控制权，在涉及诸如边界和主权等有关国家利益的敏感问题上，必然具有特殊的重要性[①]；二是只有在谈判的基础上达成协议，各方才能更加自愿并切实地履行其应尽的义务。因此，《海洋法公约》第 283 条第 1 款规定："如果缔约国之间对本公约的解释或适用发生争端，争端各方应迅速就以谈判或其他和平方法解决争端一事交换意见。"该条款要求如果发生解释或适用《海洋法公约》的争端，争端当事方应首先进行谈判和采取其他和平方法解决争端。

第二节　调解

《海洋法公约》第 284 条规定了"调解"并具体作出如下规定："作为有关本公约的解释或适用的争端一方的缔约国，可邀请他方按照附件五第一节规定的程序或另一种调解程序，将争端提交调解；如争端他方未接受邀请，或争端各方未就程序达成协议，调解应视为终止。"调解是国际争端政治解决的一种方式，通常是将争端提交由争端各方协议成立的包括第三方参加的调解委员会，由委员会负责调查争端的事实，然后提出解决争端的建议，促使争端各方达成协议的争端解决方式。调解委员会的建议对争端各方没有法律拘束力，但具有一定的道义力量。其目的无非是在第三方的积极帮助下，使当事方达成协议而已。[②] 关于调解的地位，在司法实践中一直都比较尴尬：支持调解的观点一般认为该方式相比司法可以更好地使争端各方达成一致，更能体现当事双方的意愿；而反对调解的观点认为若过于强调这种解决争端的方式将可能会影响争端各方的自由意志以及司法效率。在《海洋法公约》第十五部分第一节中，调解作为多种争端解决的方法之一，单独成为一条，可见，《海洋法公约》对其十分重视。如此规定的原因主要在于：国家间的部分海洋争端有时可能是十分敏感并难以调和的，例如海洋划界争端。如果争端解决的方法太过于刚性，可能会遭到国家的反对与抵抗，但如果太过于柔性，又将可能导致争端久拖不决的困境。因此，调解在二者之间就显得比较恰如其分了。以下就《海洋法公约》附件五的调解程序以及相关强制调解的规定进行介绍。

一、一般调解

附件五"调解"在第一节中规定了"按照第十五部分第一节的调解程序"，这是关于非强制程序的规定，其第 1 条明确规定："如果争端各方同意按照第 284 条将争端提交本节规定的调解程序，其任何一方可向争端他方发出书面通知提起程序"，提起该程序的基础是"各方同意"。而在该附件中共涉及"程序的提起""调解员名单""调解委员会的组成""程序""和睦解决""委员会的职务""报告""程序的终止""费用和开支""争端各方关于改变程序的权利"这些方面的规定。

---

① Victor Prescott & Clive Schofield. *The Maritime Political Boundaries of the World*. 2nd ed.. Leiden / Boston: Martinus Nijhoff Publishers, 2005: p. 257.

② 赵理海．海洋法的新发展．北京：北京大学出版社，1984：206.

（一）调解委员会的组成

1. 当争端各方已同意按照《海洋法公约》第 284 条将争端提交附件五第一节规定的调解程序时，按照附件五第 2 条（a）项～（h）项的相关规定，调解委员会应由 5 名调解人员组成。调解委员会的组成顺序和方式如下：(1) 提起程序的争端一方应指派 2 名调解员，附件五第 3 条（b）项建议最好从其第 2 条的名单中选派，但也并未对作此强制性的要求。除争端各方另有协议外，允许并仅限这 2 名仲裁员中的 1 名为其本国国民。该项指派应在该方向争端他方发出提起程序的书面通知中作出。(2) 当争端他方收到提起程序的通知之后，21 日内同样应指派 2 名调解员。上述 4 名调解员全部被指派完毕起的 30 日内，第 5 名调解员应从附件五第 2 条所指名单中共同选派，并且由其担任委员会的主席。

关于上述所指调解员的名单，应由联合国秘书长编制并保持。每一缔约国应有权提名 4 名调解员，每名调解员均应享有公平、才干和正直的最高声誉。这样，提名的人员的姓名应构成该名单。无论如何，如果某一缔约国提名的调解员在这样组成的名单内少于 4 名，该缔约国有权按需要提名增补。调解员在被提名缔约国撤回前仍应列在名单内，但被撤回的调解员应继续在其被指派服务的调解委员会中工作，直至调解程序完毕。

2. 若程序提起方指定仲裁员后，争端另一方未能在要求的 21 日时限内进行指派，则提起程序的一方有权在该期限届满后 1 星期内向该方发出终止调解程序的通知，或请联合国秘书长作出指派；而如果 4 名调解员指派完毕后，争端方之间未在 30 日的时限内共同指派出第 5 名调解员，则争端任何一方可在该期限届满后 1 星期内请联合国秘书长作出指派。根据第 3 条（e）项的规定，联合国秘书长应在收到上述请求后 30 天内，同争端各方协商从前述调解员名单中作出必要指派。

3. 若出现以协议确定利害关系相同的 2 个或 2 个以上的争端各方，此时应共同指派 2 名调解员，作为争端对立一方的若干当事国则另外共同指派 2 名调解员；若 2 个或 2 个以上的争端各方利害关系不同，或对于彼此是否利害关系相同意见不一致，则应分别指派调解员，同时争端各方应在最大可能范围内适用上述所有规定。

4. 若出现任何出缺，应依照为最初指派所规定的方式补缺。

（二）调解的相关程序

1. 关于调解程序的制定。除非争端各方另有协议，调解委员会应确定其本身的程序。委员会经争端各方同意，可邀请任何缔约国向该委员会提出口头或书面意见。委员会关于程序问题、报告和建议的决定应以调解员的过半数票作出。

2. 关于调解委员会的职务。在调解过程中，委员会应听取争端各方的陈述，审查其权利主张和反对意见，并向争端各方提出建议，以便达成和睦解决。

3. 委员会的报告。委员会应于成立后 12 个月内提出报告，报告应载明所达成的任何协议，如不能达成协议，则应载明委员会对有关争端事项的一切事实问题或法律问题的结论以及其可能认为适当的和睦解决建议。报告应交存于联合国秘书长，并应由其立即分送争端各方。委员会报告的内容应包括其结论或建议，但这项报告对争端各方是没有拘束力的。

4. 调解程序的终止。调解程序共终止于以下 4 种情况：(1) 争端已经得到解决；(2) 争端各方已书面通知联合国秘书长接受报告的建议；(3) 一方已通知联合国秘书长拒绝接受报告的建议；(4) 从报告送交争端各方之日起 3 个月期限届满之时；(5) 争端另一方在接到提起程序的书面通知后 21 天内未指派调解员，提起程序的一方可在 1 星期后向对方发出终止调解程序的通知。

二、强制调解

调解程序在《海洋法公约》的争端解决机制中被赋予了十分重要的地位，其目的是鼓励争端当事方通过这类自主选择的、成本相对较低的、非正式的程序解决它们之间的争端。在一般情况下，调解程序是由争端当事方自愿提交所组成的委员会进行的。如果任何一方拒绝，则调解程序无法启动及进行。但是，《海洋法公约》除规定一般的调解程序外，还在第十五部分第三节规定了一种强制调解程序。

与作为争端当事方自主选择的一般调解程序不同，强制调解程序是在《海洋法公约》规定的某些特定海洋争端的限制下，争端一方在将争端提交强制调解前，既不需要获得争端他方的同意，也不需要与争端他方就将要适用的调解程序达成协议。根据《海洋法公约》附件五《调解》的规定：只要争端一方向争端他方发出书面通知提起程序，他方就有义务接受调解程序（附件五《调解》第 11 条）；争端一方对提起强制调解程序的通知不予答复或不接受此种程序，不应阻碍程序的进行（附件五《调解》第 12 条）；调查委员会有权决定对该争端是否具有管辖权（附件五《调解》第 13 条）。这就意味着，一旦争端一方向争端他方发出强制调解通知，就将启动强制调解程序。

根据《海洋法公约》第 297 条和第 298 条，下列种类的争端应提交强制调解程序：

1. 部分专属经济区内和大陆架上的海洋科学研究争端。根据《海洋法公约》第 297 条第 2 款（b）项规定，在一国的专属经济区内或大陆架上进行海洋科学研究的国家，指控沿海国对某一特定计划，行使其对专属经济区内或大陆架上海洋科学研究的权利的方式，以及沿海国在行使命令研究国暂停或停止海洋科学研究的研究计划的决定权时，不符合《海洋法公约》而引起的争端。但调解委员会对沿海国行使其指定某些特定区域为开发、勘探的重点区域，或者对拒不同意在其专属经济区内或大陆架上进行海洋科学研究计划而行使的斟酌决定权，不应提出疑问。

2. 部分专属经济区内的渔业争端。根据《海洋法公约》第 297 条第 3 款（b）项规定，沿海国明显地没有履行义务，通过适当的养护和管理措施，以确保专属经济区内生物资源的维持不致受到严重损害而引起的争端；一个沿海国，经另一国请求，对该另一国有意捕捞的种群，专断地拒绝决定可捕量以及沿海国捕捞生物资源的能力而引起的争端；一个沿海国专断地拒绝将已宣布存在的剩余量的全部或一部分，分配给任何国家而引起的争端。

3. 部分海洋划界争端。根据《海洋法公约》第 298 条第 1 款（a）项规定，关于领海、专属经济区和大陆架划界的争端，或涉及历史性海湾或所有权的争端，如果这种争端发生在《海洋法公约》生效之后，经争端各方谈判仍未能在合理时间内达成协议，而且争端一方已签署、批准或加入《海洋法公约》时，书面声明对于这一类争端，不接受导致有拘束力裁判的强制性程序的。

调解委员会的报告、建议和结论都没有法律拘束力，从理论上说不能影响沿海国行使其管辖权。所以，强制调解程序的建立被看做是沿海国同非沿海国相互妥协的一种措施。但需要注意的是，强制调解程序可以抑制争端当事方的非理性行为[1]，并且借助国际社会要求当事方遵从调解委员会建议的压力，强制调解程序当然能够促进争端的和平解决。[2]

---

① J. G. 梅里尔斯．国际争端解决．5 版：224.

② Jonathan I. Charney. "The Implications of Expanding International Dispute Settlement Systems: The 1982 Convention on the Law of the Sea", 90 *AJIL* (1996): p. 73.

第三节　仲裁

仲裁，又称“公断”，是和平解决国际争端的一种方法，它是由争端当事国通过公约、条约或仲裁条款或临时协议，约定将争端交付其自己选任的仲裁员审理，并互相约定接受裁决的解决争端的方法之一。不同于调解，仲裁裁决对争端各方具有拘束力。《海洋法公约》附件五第 11 条规定，“除争端各方事前议定某种上诉程序外，裁决应有确定性，不得上诉，争端各方均应遵守裁决”。在《海洋法公约》中明文规定把仲裁作为和平解决海洋争端的重要方法之一，并将仲裁法庭作为争端当事国可以任选的一种强制程序。对国家而言，仲裁的主要优点是：对法庭组成的部分控制权，对仲裁地的控制权，当事方可以对仲裁程序和裁决完成的速度作出要求，以及对书面和口头程序公开与否的完全控制权。只有一个潜在的主要缺点，就是所涉及的费用比较多。当事方需支付仲裁庭的所有费用，包括场所和法庭的管理费用，以及法官的报酬。① 在《海洋法公约》中，包含了 3 种仲裁方式，即第 188 条提到的商业仲裁、附件七下的仲裁和附件八下的特别仲裁。

一、商业仲裁

关于商业仲裁，在一般国际经济交往中十分常见，相关国际文件有 1965 年国际复兴开发银行执行董事会通过的《关于解决各国和其他国家国民之间的投资争端的公约》、1975 年国际商会仲裁院仲裁规则以及 1976 年联大通过的《联合国国际贸易法委员会仲裁规则》等。根据《海洋法公约》第 188 条第 1 款，除非争端各方另有协议，缔约国、管理局或企业部、国营企业以及自然人或法人之间关于国际海底勘探和开发合作或工作计划的解释或适用的争端，经争端任何一方请求，应提交有拘束力的商业仲裁。但商业仲裁对于公约解释问题不具有管辖权，同时，如果争端涉及《海洋法公约》第十一部分和有关附件解释的问题，商业仲裁法庭应将该问题提交海底争端分庭裁定。如果争端各方没有另外协议，商业仲裁应按照《联合国国际贸易法委员会仲裁规则》，或管理局的规则、规章和程序中所规定的其他此种仲裁规则进行。

二、《海洋法公约》附件七的仲裁

根据附件七第 1 条的规定，“在第十五部分限制下，争端任何一方可向争端他方发出书面通知，将争端提交本附件所规定的仲裁程序。通知应附有一份关于其权利主张及该权利主张所依据的理由的说明”。该条规定与附件四调解第 1 条的规定不同，并不需要“争端各方同意”，而是在满足限制条件时，即可通过书面通知提交程序，因此，附件七的仲裁程序具有强制性质。附件七中共有 13 条，分别规定了“程序的提起”“仲裁员名单”“仲裁法庭的组成”“仲裁法庭职务的执行”“程序”“争端各方的职责”“开支”“作出裁决所需要的多数”“不到案”“裁决书”“裁决的确定性”“裁决的解释或执行”“对缔约国以外的实体的适用”。

（一）仲裁法庭的组成

根据《海洋法公约》附件七《仲裁》第 2 条的规定，每一缔约国应有权提名 4 名仲裁员，每名仲裁员均应在海洋事务方面富有经验并享有公平、才干和正直的最高声誉。这样提名的人

① Victor Prescott & Clive Schofield. *The Maritime Political Boundaries of the World*: p. 260.

员的姓名应构成仲裁员名单。无论何时，如果一个缔约国提名的仲裁员在这样构成的名单内少于 4 名，该缔约国应有权按需要提名增补。提名国可以撤回对仲裁员的提名，但被撤回的仲裁员仍应继续在被指派服务的任何仲裁法庭中工作，直到该仲裁法庭处理中的任何程序完成时为止。仲裁员名单由联合国秘书长编制并保持。

为了确保公约规定的争端解决机制得以顺畅运行，附件七规定了一个有效组建仲裁庭的方法，并规定了严格的时间限制。根据附件七《仲裁》第 3 条的规定，仲裁庭最迟必须在原告提起程序后 104 天内组成，除非各方另有协议。仲裁法庭应由仲裁员 5 人组成。提起程序的一方应指派一人，最好从联合国秘书长编制并保持的仲裁员名单中选派，并可为其本国国民。争端他方在接到将争端提交仲裁程序的通知 30 天内用同样的方法指派一名仲裁员。另 3 名仲裁员应由当事各方间以协议指派。他们最好从仲裁员名单中选派，并应为第三国国民。争端各方应从这 3 名仲裁员中选派一人为仲裁庭庭长。如果争端一方到期未能指派一名仲裁员，或者争端各方未能以协议指派第三国国民仲裁员或仲裁庭庭长，争端各方可通过协议委托某一人士或第三国指派，或者交由国际海洋法法庭庭长指派。如果当事方超过两个，利害关系相同的争端各方，应通过协议共同指派一名仲裁员。如果争端若干方利害关系不同，或对彼此是否利害关系相同意见不一致，则争端每一方应指派一名仲裁员，此时仲裁员的数量可能会超过 5 人。但是，由争端各方分别指派的仲裁员，其人数应始终比由争端各方共同指派的仲裁员少一人。

（二）仲裁的程序

1. 程序的提起

《海洋法公约》附件七规定的仲裁是一种强制程序。只要争端一方请求，争端就应提交仲裁，争端另一方有接受仲裁的义务。根据《海洋法公约》第 287 条的规定，国际海洋法法庭和国际法院的管辖均须以争端各方发表的书面同意声明为基础，而仲裁程序的适用则不需要争端各方的一致同意。根据附件七《仲裁》第 1 条的规定，为将争端提交该附件所规定的仲裁程序，争端一方需要向争端他方发出书面通知，通知应附有一份关于其权利主张及该权利主张所依据的理由的说明。

2. 审理

《海洋法公约》关于仲裁程序和相关问题的规定涵盖了大量的利益权衡。[①] 根据附件七《仲裁》第 5、6、9 条的相关规定，除非争端各方另有协议，仲裁法庭应确定其自己的程序，保证争端每一方有陈述意见和提出主张的充分机会。争端各方应便利仲裁法庭的工作，特别应按照其本国法律并用一切可用的方法向法庭提供一切有关文件、便利和情报，并使法庭在必要时能够传唤证人或专家和收受其证据，并视察同案件有关的地点。虽然仲裁程序只需要一方发出书面通知即可提起，但争端他方却没有必须出庭的义务。对于实践中出现的“不到案”情况，附件七规定，如争端一方不出庭或对案件不进行辩护，应不妨碍程序的进行。但是仲裁法庭在作出裁决前，不但须查明其对该争端确有管辖权，而且须查明所提要求在事实上和法律上均确有根据。

3. 仲裁裁决

根据附件七《仲裁》第 8、10、11、12 条的规定，仲裁法庭的裁决应以仲裁员的过半数票作出。不到半数的仲裁员缺席或弃权，应不妨碍法庭作出裁决，如果票数相等，庭长应投决定票。该条不寻常的规定减少了仲裁当事国在仲裁程序中的阻碍。[②] 仲裁法庭的裁决书应以争端

① J. G. 梅里尔斯. 国际争端解决. 5 版：226.

② J. G. 梅里尔斯. 国际争端解决. 5 版：226.

的主题事项为限，并应叙明其所根据的理由。裁决书应载明参与作出裁决的仲裁员姓名以及作出裁决的日期。任何仲裁员均可在裁决书上附加个别意见或不同意见。另外，除争端各方事前议定某种上诉程序外，裁决应有确定性，不得上诉，争端各方均应遵守裁决。这就意味着，如果争端各方事先就诉诸某种上诉程序达成了协议，仲裁裁决也可以不是终局性的。如果争端各方之间对裁决的解释或执行方式存在争议，可以通过两种途径解决：一是可由任何一方提请作出该裁决的仲裁法庭决定。为此目的，法庭仲裁员的任何出缺，应按原来指派仲裁员的方法补缺。二是可由争端所有各方协议，提交第 287 条所规定的另一法院或法庭。

三、《海洋法公约》附件八的特别仲裁

附件七下的仲裁程序和附件八下的特别仲裁程序有何联系？附件八第 1 条作出了如下规定："在第十五部分限制下，关于本公约中有关（1）渔业，（2）保护和保全海洋环境，（3）海洋科学研究和（4）航行，包括来自船只和倾倒造成的污染的条文在解释或适用上的争端，争端任何一方可向争端他方发出书面通知，将该争端提交本附件所规定的特别仲裁程序。通知应附有一份关于其权利主张及该权利主张所依据的理由的说明"。由此规定可以明显看出：附件八下的仲裁与附件七下的仲裁同样具有强制性质，但二者最明显的区别在于附件八下的仲裁程序适用范围十分有限，仅适用上述 4 类有关《海洋法公约》解释或适用的争端。"这些争端由于都与自然科学和技术密切相连，只有不仅在法律方面有经验，而且在科学技术方面有专长的人担任仲裁员，才能正确地加以解决，这就需要由不同于一般仲裁法庭的特别仲裁法庭进行审理、裁决。"[①] 故其"特别"之处应是如此得来的。附件八中共有 5 条规定，分别为"程序的提起""专家名单""特别仲裁法庭的组成""一般规定"和"事实认定"。

（一）仲裁法庭的组成

根据附件八《特别仲裁》第 2 条的规定，特别仲裁法庭应由指派自渔业、保护和保全海洋环境、海洋科学研究和航行，包括来自船只和倾倒造成的污染四个方面的专家名单的仲裁员组成。在渔业方面，由联合国粮食及农业组织，在保护和保全海洋环境方面，由联合国环境规划署，在海洋科学研究方面，由政府间海洋学委员会，在航行方面，包括来自船只和倾倒造成的污染，由国际海事组织，或在每一情形下由各该组织、署或委员会授予此项职务的适当附属机构，分别予以编制并保持。每个缔约国应有权在每一方面提名 2 名公认在法律、科学或技术上确有专长并享有公平和正直的最高声誉的专家。缔约国在每一方面这样提名的人员的姓名构成上述名单。任何时候如果一个缔约国提名的专家在这样组成的任何名单内少于两名，该缔约国有权按需要提名增补。专家经提名缔约国撤回前应仍列在名单内，被撤回的专家应继续在被指派服务的特别仲裁法庭中工作，直到该仲裁法庭处理中的程序完毕时为止。

根据附件八《特别仲裁》第 3 条的规定，特别仲裁法庭应由仲裁员 5 人组成。这 5 名仲裁员产生的办法与组成一般仲裁法庭的 5 名仲裁员产生办法不同。提起特别仲裁程序的一方和争端他方，应各指派仲裁员 2 名，最好从与争端事项有关的上述四个方面的适当名单中选派，其中 1 名可以是其本国国民。争端他方如果在收到提起特别仲裁程序的通知 30 天内没有作出指派，提起程序的一方可以在该期间届满后两星期内，或者与争端他方协议由各方选派的人士或第三国作出指派，或者由联合国秘书长于收到提出的请求后 30 天内作出必要的指派。该指派应与争端各方和有关国际组织协商作出，这样指派的仲裁员应属不同国籍，且不得为争端任何

① 刘楠来等．国际海洋法．北京：海洋出版社，1986：498.

一方的工作人员或为其领土内的通常居民或其国民。争端各方应以协议指派特别仲裁法庭庭长，最好从名单中选派，并应为第三国国民，除非争端各方另有协议。如果在收到特别仲裁程序的通知之日起 30 天内，争端各方未能就指派庭长达成协议，在上述期间届满后两星期内，经争端一方请求，应按照上述一方未能作出指派仲裁员的情况下采取的办法作出指派。利害关系相同的争端各方，应通过协议共同指派 2 名仲裁员。如果争端若干方利害关系不同，或对彼此是否利害关系相同意见不一致，则争端每一方应指派 1 名仲裁员。特别仲裁法庭庭长或仲裁员出缺时，应按照原来的指派方法补缺。

（二）仲裁的程序

特别仲裁法庭在审理案件的程序上，与一般的仲裁法庭并无不同。根据附件八《特别仲裁》第 4 条的规定，附件七第 4 条至第 13 条有关一般仲裁的程序，包括仲裁法庭作出裁决的程序、裁决的效力、解释和执行的规定，均比照适用于特别仲裁程序。

（三）事实认定

由于有关渔业、保护和保全海洋环境、海洋科学研究和航行，包括来自船只和倾倒造成的污染这四方面的争端，往往涉及某些行为或事实是否存在的问题，需要运用科学的、客观的方法加以确定，因而，特别仲裁法庭还有认定有关事实的职能。根据附件八《特别仲裁》第 5 条的规定，争端各方可随时协议请求特别仲裁法庭进行调查，以确定引起这一争端的事实。特别仲裁法庭对事实的认定，除非争端各方另有协议，在争端各方之间应视为有确定性。此外，如经争端所有各方请求，特别仲裁法庭可拟具一项建议，这种建议构成有关各方对引起争端的问题进行审查的基础，但并无裁决的效力。

第四节　国际司法

一、国际法院

国际法院是联合国的主要司法机关，其在处理海洋争端，尤其是在处理海洋主权和划界问题上具有丰富的经验。根据《海洋法公约》第 287 条的规定，缔约国可选择国际法院对海洋争端作司法解决。在联合国国际海洋法法庭成立之前，国际法院是受理海洋争端的主要机构。虽然一直存在一些争论，如认为国际法院在审理案件方面有很强的政治倾向，但是诉讼可以被视为一种通过将争端提交给一个公正的、最终的和有约束力的第三方决断从而去政治化的一种方法，而这已经被描述为一种使政府“摆脱困境”的手段。[①]

相较于仲裁庭，国际法院的另一个优势就是其行政管理和法官的费用是由联合国来支付的，所以当事方只需要为自己的法律团队和技术专家做开支预算。将争端提交给国际法院的其他基本优势就是，国际法院的判决对于当事国来说，是最终的和有拘束力的；如果任何一方拒绝履行判决中的义务，它就要向联合国安理会负责。[②]

将争端提交国际法院解决的主要缺点就在于所产生的费用、走过程序所花费的时间以及有

① Shabtai Rosenne. “An Introduction to International Litigation”. 1 *Boundary and Security Bulletin* (1998), p. 59.

② Victor Prescott & Clive Schofield. *The Maritime Political Boundaries of the World*. p. 261.

关国家将什么也不能得到的可能性（这一点是有关国家最难接受的事情）。[1] 并且案件越复杂，走完这些程序所需要的时间跨度就越大。因为国际法院并非由《海洋法公约》所创立，国际法院本身已经具有非常成熟的《国际法院规约》和《国际法院规则》，所以《海洋法公约》不再专门通过附件为其制订程序规则，至于国际法院的规约以及相关具体规则，本书不再介绍。

二、国际海洋法法庭

国际海洋法法庭是根据《海洋法公约》设立的常设性国际司法机构，成立于 1996 年 8 月 1 日，所在地位于德国汉堡市，该机构的成立是海洋争端解决机制的重大发展。在第三次海洋法会议 1976 年第四期全体会议上，各国代表团对《海洋法公约》的争端解决问题进行了官方的正式辩论，对于是否需要设立国际海洋法法庭，有反对、赞同和折中三种不同的意见，最后通过了《海洋法公约》，并以附件的形式通过了《国际海洋法法庭规约》。此后，国际海洋法法庭于 1997 年 10 月 28 日通过了《国际海洋法法庭规则》；1997 年 12 月 18 日，联合国秘书长和国际海洋法法庭庭长签署了《联合国和国际海洋法法庭合作和关系协定》；1997 年 5 月，《海洋法公约》缔约国会议通过了《国际海洋法法庭特权与豁免协定》。设立国际海洋法法庭存在一定的必然性：(1)《海洋法公约》本身的妥协性质需要设立一个专门法庭来解决因解释或适用公约而引起的争端；(2) 海洋活动本身的特殊性及国际法院当事方的局限性决定了在国际法院之外要设立国际海洋法法庭；(3) 广大发展中国家对国际法院的不满意，对国际海洋法法庭的设立起了重要作用。[2] 在此背景下，我国于 1996 年 5 月批准了《海洋法公约》，并在国际海洋法法庭拥有本国的法官。国际海洋法法庭早期受理的案件大多集中在临时措施和迅速释放被扣船只的申请方面，近年来，就争端的实体问题提交法庭的案件数量明显增加。

国际海洋法法庭的诉讼程序以及海底争端分庭的诉讼程序和咨询程序规定在《国际海洋法法庭规约》以及根据附件六第 16 条所制定出的 1997 年《国际海洋法法庭规则》中。此外，国际海洋法法庭通过其规则的同时还通过了《关于案件的准备和提交的指导原则》及《关于法庭内部司法实践的决议》两个文件。上述规约、规则及相关文件构成国际海洋法法庭的程序性规范，而其中，《国际海洋法法庭规约》是作为核心与原则性规定而存在的。

（一）国际海洋法法庭的组织

《海洋法公约》附件六《国际海洋法法庭规约》规定，法庭应由独立法官 21 人组成，从享有公平和正直的最高声誉，在海洋法领域内具有公认资格的人士中选出。法庭作为一个整体，应确保其能代表世界各主要法系和公平地区分配。不得有 2 人为同一国家国民，联合国大会所确定的每一地理区域集团应有法官至少 3 人。

法庭法官任期 9 年，可连选连任。但是第一次选举选出的法官中，7 人任期为 3 年，另 7 人为 6 年。谁任期 3 年，谁任期 6 年，于该次选举完毕后由联合国秘书长立即以抽签方法选定。以后每 3 年改选法官的 1/3。在法官当选接替任期未满的法官的情况下，其任职至其前任法官任期届满时为止。

每一缔约国可提名不超过 2 名候选人，他们既可以是本国国民，也可以是其他缔约国国民，甚至可以是非缔约国国民。法庭法官的选举应以无记名投票进行。第一次选举应由联合国秘书长召开缔约国会议举行，以后的选举应按各缔约国协议的程序举行。在该会议上，缔约国的 2/3 应构成法定人数。得票最多并获得出席并参加表决的缔约国 2/3 多数票的候选人应当选

① Victor Prescott & Clive Schofield. *The Maritime Political Boundaries of the World*, p. 261.

② 吴慧. 国际海洋法法庭研究. 北京：海洋出版社，2011：8-16.

为法庭法官，但必须这项多数包括缔约国的过半数。

法庭法官不得执行任何政治或行政职务，或对任何与勘探和开发海洋或海底资源或与海洋或海底的其他商业用途有关的任何企业的任何业务有积极联系或有财务利益。法庭法官不得充任任何案件的代理人、律师或辩护人。

所有可以出庭的法庭法官均应出庭，但须达到选任法官 11 人才构成法庭的法定人数。属于争端一方国籍的法官应保有其作为法官参与的权利。如果法庭上有属于当事一方国籍的法官，争端他方可以选派一人为法官参与审理；如果法庭上没有属于当事各方国籍的法官，当事每一方均可选派一人为法官参与。

（二）国际海洋法法庭的诉讼当事方

《国际海洋法法庭规约》第 20 条“向法庭申诉的机会”规定：“法庭应对各缔约国开放。对于第十一部分明文规定的任何案件，或按照案件当事所有各方接受的将管辖权授予法庭的任何其他协定提交的任何案件，法庭应对缔约国以外的实体开放。”通过对该条的分析我们可以得出结论，可以作为法庭诉讼当事方的包括：(1) 公约所有缔约国；(2) 管理局和作为勘探和开发海底矿物资源合同人的自然人或法人；(3) 规定将管辖权授予国际海洋法法庭的任何其他协定的当事者。①

根据《海洋法公约》第 190 条“担保缔约国的参加程序和出庭”规定，如果自然人或法人为争端一方，其担保国应有权以书面或口头陈述的方式参加司法程序。“如果一个缔约国担保的自然人或法人在第 187 条 (c) 项所指的争端中对另一缔约国提出诉讼，被告国可请担保该人的国家代表该人出庭。如果不能出庭，被告国可安排属其国籍的法人代表该国出庭。”

（三）国际海洋法法庭管辖权

国际海洋法法庭可以通过以下几种方式获得除海底采矿案件之外的管辖权：

第一，当所有争端当事国，根据《海洋法公约》第 287 条作出声明选择国际海洋法法庭，则国际海洋法法庭获得管辖权。根据《海洋法公约》第 288 条第 1 款的规定，第 287 条所指的法院或法庭，对于按照《公约》第十五部分向其提交的有关《海洋法公约》解释或适用的一切争端具有管辖权。由于国际海洋法法庭属于第 287 条所指的法院或法庭，因而，第 288 条有关管辖权的规定适用于国际海洋法法庭。一旦所有争端当事国选择了国际海洋法法庭，那么国际海洋法法庭对涉及各该缔约国的上述争端具有了管辖权，而不必再征求它们的专门同意（《海洋法公约》第 287 条第 4 款），因此，这种管辖权是一种“任择性强制管辖权”②。

第二，有关国家在国际条约或协定中事先约定就该条约或协定的解释或适用争端接受国际海洋法法庭的管辖。根据《海洋法公约》第 288 条第 2 款的规定，第 287 条所指的法院或法庭，对于按照与《海洋法公约》目的有关的国际协定向其提出的解释或适用该协定的一切争端具有管辖权。这种国际协定的限制条件是其主题事项应与《海洋法公约》的目的有关。此种管辖可以称为“协定管辖”。例如，2012 年《确定利用和开发次区域渔业委员会成员国管辖下的海域内的海洋资源的最低条件公约》第 34 条第 3 款规定，成员国之间关于该公约的解释或适用的争端，如果未能通过该条规定的其他程序得到解决，则应在当事一方的请求下提交国际海洋法法庭。③

第三，国际海洋法法庭对于临时措施有“剩余强制管辖权”。《海洋法公约》谈判各方承认，

---

① 魏敏．海洋法：345.

② 高健军．《联合国海洋法公约》争端解决机制研究．修订版：86.

③ 高健军．《联合国海洋法公约》争端解决机制研究．修订版：87.

各国需要诉诸一个在紧急情况下对临时措施迅速作出裁决的法庭，“以保全争端各方的各自权利或防止对海洋环境的严重损害”①。虽然并不是所有的争端方都会选择国际海洋法法庭来审理他们的案件，但由于组建仲裁庭审理上述请求会花费很长时间，因而可以利用国际海洋法法庭。②《海洋法公约》第290条第5款规定：“在争端根据本节正向其提交的仲裁法庭组成以前，经争端各方协议的任何法院或法庭，如在请求规定临时措施之日起两周内不能达成这种协议，则为国际海洋法法庭，或在关于‘区域’内活动时的海底争端分庭，如果根据初步证明认为将予组成的法庭具有管辖权，而且认为情况紧急有此必要，可按照本条规定、修改或撤销临时措施。受理争端的法庭一旦组成，即可依照第1款至第4款行事，对这种临时措施予以修改、撤销或确认。”《海洋法公约》第290条第5款已经成为国际海洋法法庭受理案件的一个重要来源。

第四，在涉及沿海国扣留悬挂外国国旗船舶或其船员的特定情况时，国际海洋法法庭在这一类型的程序上也有剩余强制管辖权。《海洋法公约》第292条第1款是国际海洋法法庭行使此类管辖权的依据。《海洋法公约》第292条第1款规定：“如果缔约国当局扣留了一艘悬挂另一缔约国旗帜的船只，而且据指控，扣留国在合理的保证书或其他财政担保经提供后仍然没有遵从本公约的规定，将该船只或其船员迅速释放，释放问题可向争端各方协议的任何法院或法庭提出，如从扣留时起十日内不能达成这种协议，则除争端各方另有协议外，可向扣留国根据第287条接受的法院或法庭，或向国际海洋法法庭提出。”但这些情况是有限的，仅包括因特定违法捕捞和污染行为而实施的扣留。③

第五，国际海洋法法庭不仅在《海洋法公约》下具有管辖权，而且对于“明确规定在将管辖权授予法庭的任何其他协议的所有事项”也具有管辖权。④ 这种情况通常是指争端当事方通过特别协议选择国际海洋法法庭，从而使国际海洋法法庭获得管辖权，并且管辖权的范围完全取决于协议的具体规定。这就意味着国际海洋法法庭的管辖权范围可以不再局限于条约的解释或适用的争端，而扩大到了一般海洋争端。

国际海洋法法庭在两种情况下可提供咨询意见：其一，与《海洋法公约》目的有关的国际协定的缔约方，可授权国际海洋法法庭在与该协定有关的事项上提供咨询意见（《国际海洋法法庭规则》第138条）；其二，当国际海底管理局大会或理事会请求时，海底争端分庭也可以提供咨询意见，以解决“其活动范围内产生的法律问题”（《海洋法公约》第191条）⑤。

（四）国际海洋法法庭适用的法律

根据《海洋法公约》第293条，国际海洋法法庭审理案件适用《海洋法公约》和其他与公约不相抵触的国际法规则。如果经当事各方同意，国际海洋法法庭也可以按照公允和善良的原则对争端作出裁判（《国际海洋法法庭规约》第23条）。

（五）国际海洋法法庭的程序与裁判

1. 起诉

根据《国际海洋法法庭规约》第24条，争端可根据情况以将特别协定通知书记官长或以将申请书送达书记官长的方式提交法庭。两种方式均应载明争端事由和争端各方。书记官长应立即将特别协定或申请书通知有关各方，也应通知所有缔约国。

---

① 《联合国海洋法公约》第290条第1款.

② Louis B. Sohn, Kristen Gustafson Juras, John E. Noyes, Erik Franckx. *Law of the Sea in a Nutshell*, 2nd ed., St. Paul: West, 2010, p. 508.

③ 《联合国海洋法公约》第73、220、226条.

④ 《国际海洋法法庭规约》第21条.

⑤ Louis B. Sohn, Kristen Gustafson Juras, John E. Noyes, Erik Franckx. *Law of the Sea in a Nutshell*, p. 514.

2. 书面程序

国际海洋法法庭受理案件后，对外约见当事各方代理人磋商程序，对内确定受理特定案件的法庭组成，然后即可进入书面审理程序。书面程序包括当事各方提交诉状、辩诉状，以及必要时的答辩状和复辩状，连同一切可以作为佐证的文书和文件。诉讼书状应以法庭正式语文（英语和/或法语）提交，而且每份书状的提交期限不应超过 6 个月。①

3. 初步审议

根据《国际海洋法法庭规则》第 68 条，在书面程序结束后口述程序开始前，法庭应召集非公开会议以使法官能就书面程序和案件的审理交换意见。这一过程即为初步审议。

4. 口述程序

一旦所有的诉讼书状都已经提交，而且法庭进行了初步审议后，案件即可进入口述程序。口述程序包括由法庭听取当事各方的代理人、律师、辅佐人，以及证人和专家的意见。口述程序的开始日期由法庭确定。除非法庭认为有充分理由另作决定，口述程序应当在书面程序结束后 6 个月内开始。② 审讯应当由庭长主持；庭长不能主持时，应由副庭长主持；庭长、副庭长均不能主持时，应由出庭法官中资深者主持。法庭审理原则上应公开进行，但法庭随时可以裁定或当事方可以要求整个审理或其一部分不允许公众旁听（《国际海洋法法庭规约》第 26 条）。当事一方不出庭或对其案件不进行辩护，应不妨碍程序的进行，此时他方可以请求法庭继续进行程序并作出裁判（《国际海洋法法庭规约》第 28 条）。

5. 评议和判决

口述程序结束后，即进入法官评议和判决阶段。根据《国际海洋法法庭规则》第 42 条，法庭的评议应秘密进行，并永远保密。判决应由出庭法官的过半数决定。如果票数相等，庭长或代理庭长职务的法庭法官应投决定票（《国际海洋法法庭规约》第 29 条）。任何法官均有权发表个别意见或反对意见。判决书应叙明其所根据的理由。判决书在正式通知争端各方后，应在法庭上公开宣读（《国际海洋法法庭规约》第 30 条）。法庭的裁判是有确定性的，争端所有各方均应遵行。裁判除在当事各方之间及对该特定争端外，应无拘束力。对裁判的意义或范围发生争端时，经当事任何一方的请求，法庭应予解释（《国际海洋法法庭规约》第 33 条）。法庭应以判决的方式对解释请求作出裁定（《国际海洋法法庭规则》第 129 条）。

6. 附带程序

《国际海洋法法庭规则》中规定了六种附带程序，分别是临时措施、初步程序、初步反对主张、反诉、参加和诉讼停止。这些特别程序可以影响法庭基本程序的进行，所以被称为附带程序。其中临时措施在本章第三节已经有详细论述，在此仅讨论其余五种附带程序。

（1）初步程序。《海洋法公约》第 294 条规定，第 287 条所规定的法院或法庭，就第 297 条所指争端向其提出的申请，应经一方请求决定，或可自己主动决定，该项权利主张是否构成滥用法律程序，或者根据初步证明是否有理由。法院或法庭如决定该项主张构成滥用法律程序或者根据初步证明并无理由，即不应对该案采取任何进一步行动。这就是初步程序。《海洋法公约》之所以规定这一程序，是因为沿海国“担心它们可能被迫在国际法院或法庭上应对太多

① 《国际海洋法法庭规则》第 43、44、59、60、61、62 条.

② 《国际海洋法法庭规则》第 44、69 条.

案件，而这将耗费其财政资源和人力资源，因此它们应当免受这种骚扰”[①]。所以，初步程序解决的是国际海洋法法庭对有关《海洋法公约》的解释或适用的某一具体争端有无管辖权的问题。此外，初步程序只适用于以请求书将争端提交法庭的情况，而不适用于以特别协定提交争端的情况。[②]

（2）初步反对主张。初步反对主张主要包括对法庭管辖权的反对主张和对请求的可接受性的反对主张两种情况。根据《国际海洋法法庭规则》第97条，初步反对主张应在起诉后90天内以书面形式提出。在收到初步反对主张后，关于实体问题的程序应暂时停止，而另一方当事人可以在法庭确定的不超过60天的期限内提交书面意见和诉讼主张。此后，提出反对主张的一方可以在法庭确定的另一个不超过60天的期限内提交书面意见和诉讼主张。法庭在关于初步反对主张的判决中可能支持反对主张、驳回反对主张或宣告反对主张在该案的情况下不具有专有的初步特征。在第一种情况下，程序将终止。在后两种情况下，关于实体问题的程序将恢复，但在第三种情况下，有关当事方可能以后再次提出该问题。[③]

（3）反诉。反诉是指当事一方针对当事另一方对自己的诉讼而向其提出的诉讼。根据《国际海洋法法庭规则》第98条，一方提出反诉需要满足两个条件：一是反诉与另一当事方的权利要求的标的直接有关；二是反诉属于法庭管辖范围之内。反诉应由提交辩诉状的一方在辩诉状中提出，并应构成该方诉讼主张的组成部分。倘若就反诉所提问题与另一方权利要求的标的之间的关联产生疑问，法庭应在听取各方意见后，决定是否应将所提问题并入原来的程序中。

（4）参加。《国际海洋法法庭规约》规定了两种参加制度，分别被称为“许可方式的参加”和“权利方式的参加”[④]。“许可方式的参加”规定在《国际海洋法法庭规约》第31条中。根据该条，一个缔约国如认为任何争端的裁判可能影响该缔约国的法律性质的利益，可向法庭请求准许参加。请求书中应载明该缔约国认为可能受该案裁判影响的法律性质的利益以及参加的明确目的。此项请求应由法庭裁定。如果请求参加获准，参加国有权获得诉讼书状及所附文件的副本、提出书面陈述以及在口述程序中就参加的标的提出意见。法庭对该争端的裁判，应在与该缔约国参加事项有关的范围内，对参加的缔约国有拘束力。[⑤]“权利方式的参加”规定在《国际海洋法法庭规约》第32条中。根据该条，无论何时，如对本公约的解释或适用发生疑问，书记官长应立即通知所有缔约国。另外，如依照《国际海洋法法庭规约》第21条或第22条对一项国际协定的解释或适用发生疑问，书记官长应通知该协定的所有缔约方。每一方均有参加程序的权利；如该方行使此项权利，判决书中所作解释即对该方同样地有拘束力。如一缔约方希望行使此权利，应提出这种意思的声明，其中包括其认为发生解释或适用问题的公约或国际协定的具体条款以及所争论的条款的解释或适用。[⑥]这种方式的参加不需要参加国举证证明存在特别的利害关系，参加国只需要凭借自己是发生争议的条约的缔约国这一事实，就可以获得作为权利主体的参加资格。[⑦]

---

① Shabtai Rosenne & Louis B. Sohn (eds.). *United Nations Convention on the Law of the Sea 1982: A Commentary*, Vol. V, p. 76.

② 《国际海洋法法庭规则》第96条第2款.

③ Shabtai Rosenne & Louis B. Sohn (eds.). *United Nations Convention on the Law of the Sea 1982: A Commentary*, Vol. V, p. 100.

④ 杉原高嶺．国际司法裁判制度．王志安，易平译．北京：中国政法大学出版社，2007：252.

⑤ 《国际海洋法法庭规约》第31条，《国际海洋法法庭规则》第99、102、103条.

⑥ 《国际海洋法法庭规则》第100条.

⑦ 杉原高嶺．国际司法裁判制度：253.

(5) 诉讼停止。诉讼停止是指当事各方在法庭作出终局判决前主动要求停止诉讼，从而使案件从案件总表中注销。《国际海洋法法庭规则》中规定了两种诉讼停止的方式，即当事方同意停止诉讼和原告请求停止诉讼。《国际海洋法法庭规则》第105条规定了当事方同意停止诉讼的情况。根据该条，如果各方已经就停止诉讼达成协议，则可在法庭就实体问题作出最终判决前的任何时间，单独或共同以书面的形式通知法庭停止诉讼。一旦接获通知，法庭应以命令的方式停止诉讼。《国际海洋法法庭规则》第106条规定了原告单方面请求停止诉讼情况。根据该条，原告停止诉讼的情况只适用于以请求书起诉的案件，并且其停止诉讼的效果取决于被告的情况：如果在法庭书记官处收到原告停止诉讼的通知之日，被告尚未采取任何诉讼步骤，则法庭应以命令的方式停止诉讼，不需要征询被告意见；如果此时被告已经采取了某些诉讼步骤，则能否停止诉讼就取决于被告的意愿。如果被告在法庭指定的期限内没有对停止提出反对意见，则应推定为默认诉讼停止；如果被告明确表示反对停止，那么诉讼应继续。

(六) 国际海洋法法庭特别分庭

国际海洋法法庭除法官全体审理案件外，还设立特别分庭处理争端。除海底争端分庭外，《国际海洋法法庭规约》第15条还规定了三类特别分庭：特种争端分庭、专案分庭和简易程序分庭。

1. 特种争端分庭

《国际海洋法法庭规约》第15条第1款规定，法庭可设立其认为必要的分庭，由其选任法官3人或3人以上组成，以处理特定种类的争端。然而，《国际海洋法法庭规约》没有明确何为"特定种类的争端"。根据《国际海洋法法庭规则》第29条第1、2款，设立这类分庭时应确定设立每一分庭所审理的案件类别、分庭法官人数、其任职期限及就任日期，以及法定人数。法庭法官根据法庭庭长的建议选举分庭法官时，应考虑到法官对该分庭所要处理的某类案件可能具有的特殊知识、专门技能或先前经验。所以，这类特别分庭实际上是因为需要具有特别领域知识和技能的法官来处理发生于特别领域的争端而设立的。1997年，国际海洋法法庭设立了两个特种争端分庭：渔业争端分庭和海洋环境争端分庭。渔业争端分庭可以处理有关下列条约的解释或适用的争端：一是公约中有关养护和管理海洋生物资源的规定；二是任何其他将管辖权授予法庭的有关养护和管理海洋生物资源的协定。该分庭由9名法官组成。海洋环境争端分庭可以处理有关下列条约的解释或适用的争端：一是公约中有关保护和保全海洋环境的规定；二是《公约》第237条所指的与保护和保全海洋环境相关的专门公约和协定；三是任何将管辖权授予法庭的有关保护和保全海洋环境的协定。该分庭由7名法官组成。值得注意的是，渔业争端和海洋环境争端包括在按照《海洋法公约》附件八组成的特别仲裁法庭所能处理的四类争端中。2007年，国际海洋法法庭又设立了海洋划界争端分庭，处理各方提交给它的有关公约或任何其他将管辖权授予法庭的协定的任何规定的解释或适用的海洋划界争端。该分庭由11名法官组成。

2. 专案分庭

《国际海洋法法庭规约》第15条第2款规定，法庭如经当事各方请求，应设立分庭，以处理提交法庭的某一特定争端。这种分庭的组成，应由法庭在征得当事各方同意后决定。该款规定意味着法庭在当事各方提出请求的情况下不能拒绝设立专案分庭，此类分庭的组成，包括法官人数和法官人选，都要征得当事各方的同意。2000年12月18日和19日，智利和欧共体通过换文，协议将双方间有关养护和可持续利用东南太平洋箭鱼种群的争端提交给法庭的分庭解决。12月20日，国际海洋法法庭发布命令成立一个专案分庭处理这一争端。这是国际海洋法法庭自成立以来首次设立专案分庭处理案件。该分庭由5名法官组成，包括一名智利选派的专案法官。2009 年 12 月，应当事各方的请求，分庭发布命令终止案件的审理。[①]

3. 简易程序分庭

《国际海洋法法庭规约》第 15 条第 3 款规定，为了迅速处理事务，法庭每年应设立以其选任法官 5 人组成的分庭，该分庭应以简易程序审讯和裁决争端。法庭应选出两名候补法官，以接替不能参与某一特定案件的法官。根据《国际海洋法法庭规则》第 28 条，简易程序分庭的 5 名法官应包括国际海洋法法庭的庭长和副庭长（他们是简易程序分庭的当然成员），以及另外 3 名法官和 2 名候补法官。法庭在选举简易程序分庭的法官和后备法官时也要根据庭长的提议。分庭的法定人数为 3 人，分庭成员不论出于何种原因不能在某一特定案件中出庭时，应由 2 名后备法官中顺序在前者在该案中代替出庭。《国际海洋法法庭规则》在两个地方明确提及使用简易程序分庭：一是有关规定临时措施。根据《国际海洋法法庭规则》第 91 条，如果法庭不开庭或没有足够数目的法官构成法定人数，则简易程序分庭将代替法庭规定临时措施。二是船只和船员的迅速释放。根据《国际海洋法法庭规则》第 112 条，如果原告在申请书中要求由简易程序分庭审理，而且扣船国在收到申请书 5 日内通知法庭它同意这一要求，那么该案件就应由简易程序分庭审理。

（七）海底争端分庭

《海洋法公约》有关深海海底勘探开发的规定较为复杂，涉及此类规定的争端最好适用不同于解决其他类型争端的条款，为此在国际海洋法法庭中设立具有独立组织和管辖权的海底争端分庭来专门处理海底争端引发的各式特殊问题，它将成为审理国家管辖范围之外海底采矿争端的最主要的第三方法庭。

1. 海底争端分庭的组成

《国际海洋法法庭规约》第 35 条规定，海底争端分庭应由海洋法法庭法官以过半数从法庭选任法官中选派法官 11 人组成。在选出分庭法官时，应确保能代表世界各主要法系和公平地区分配，管理局大会可就这种代表性和分配提出一般性的建议。分庭法官应每 3 年改选一次，连选可连任一次。分庭应从其法官中选出庭长，庭长应在分庭当选的任期内执行职务。如果选出分庭的任何 3 年任期终了时仍有案件尚在进行，该分庭应按原来的组成完成该案件。如果分庭法官出缺，法庭应从其选任法官中选派继任法官，继任法官应任职至其前任法官任期届满时为止。法庭选任法官 7 人应为组成分庭所需的法定人数，出于特定目的可以组成规模较小的 3 人专案分庭（《国际海洋法法庭规约》第 36 条第 1 款）。这种“庭中庭”的组成是由海底争端分庭在征得当事各方同意后决定的。特别需要强调的一点是，专案分庭的法官必须不属争端任何一方的工作人员或其国民（《国际海洋法法庭规约》第 36 条第 3 款）。

2. 海底争端分庭的当事方

根据《国际海洋法法庭规约》第 37 条，分庭应对各缔约国、管理局和《公约》第十一部分第五节所指的实体开放。也就是说，海底争端分庭的当事方包括公约缔约国、自治领土、政府间国际组织、国际海底管理局和企业部、国有企业、自然人或法人。

3. 海底争端分庭的管辖事项

《海洋法公约》第 187 条列举了海底争端分庭享有管辖权的六类争端：(1) 缔约国之间关于《公约》第十一部分及其有关附件的解释或适用的争端。(2) 缔约国与管理局之间的争端，包括相互指控违反《公约》第十一部分或其有关附件或其制定的规则、规章或程序的争端，以及缔约国指控管理局的行为逾越其管辖权或滥用权力的争端。(3) 合同当事各方之间的争端，

① Chile / European Community. *Case Removed from the Tribunal's List*, Order of 16 December 2009.

包括作为合同当事各方的缔约国、管理局或企业部、国有企业以及自然人或法人之间关于合同或工作计划的解释或适用的争端，或合同当事一方在“区域”内活动方面针对另一方或直接影响其合法利益的争端。(4) 管理局和符合条件的未来承包者之间关于拒绝订立合同的争端或谈判合同时发生的法律问题的争端。(5) 关于缔约国、国有企业、自然人或法人指控管理局由于行使权力不当给其造成损害应该负担赔偿责任的争端。(6) 本公约具体规定由分庭管辖的任何争端。以上这六类争端包括了国家之间的争端、国家与管理局之间的争端、管理局与潜在承包方之间的争端、合同缔约方之间的争端。“尽管传统上国家享有的特权绝不容许忽视，但公约试图确保国际海底领域的一切逾期参与者可适用该争端解决机制。”[①]

整体而言，海底争端分庭对上述争端的管辖权是强制性的。虽然《海洋法公约》第 287 条允许缔约国在四种导致有拘束力裁判的强制程序之间自由选择，但此种选择“不应影响缔约国在第十一部分第五节规定的范围内和以该节规定的方式，接受国际海洋法法庭海底争端分庭管辖的义务”(《海洋法公约》第 287 条第 2 款)。《海洋法公约》第 188 条对海底争端分庭的管辖权进行了限制。按照《公约》第 188 条的规定，上述六类争端只有两类有可能避开海底争端分庭而选择其他程序：(1) 缔约国之间关于《公约》第十一部分及其有关附件的解释或适用的争端，应争端各方的请求，提交国际海洋法法庭特别分庭，或应争端任何一方的请示，提交海底争端分庭专案分庭。(2)“区域”内活动的合同的解释或适用的争端，经争端任何一方请求，应提交有拘束力的商业仲裁，除非争端各方另有协议。这里需要注意的是，争端所提交的商业仲裁法庭对决定《海洋法公约》的任何解释问题不具有管辖权，因此，如果争端同时涉及关于“区域”内活动的第十一部分及其有关附件的解释问题，则应将该问题提交海底争端分庭裁定。

除了对上述争端享有诉讼管辖权外，海底争端分庭经管理局大会或理事会请求，应对在它们的活动范围内发生的法律问题提出咨询意见，而且这种咨询意见应作为紧急事项提出（《海洋法公约》第 191 条)。根据第 191 条的规定，海底争端分庭在特定案件中的咨询管辖权的建立需要满足三个条件：(1) 存在管理局大会或理事会的请求；(2) 该请求事关法律问题；(3) 这些法律问题是在大会或理事会活动范围内发生的。

4. 海底争端分庭适用的法律

根据《国际海洋法法庭规约》第 38 条，海底争端分庭除适用《海洋法公约》和其他与公约不相抵触的国际法规则外，还应适用按照公约制订的管理局规则、规章和程序；和对有关“区域”内活动的合同的事项，适用这种合同的条款。

5. 海底争端分庭与国际海洋法法庭之间的关系

海底争端分庭隶属于国际海洋法法庭，以国际海洋法法庭分庭的形式出现，其全部由法庭的法官组成。但是由于海底争端分庭最初曾被设计为一个单独的法庭，是管理局的主要司法机关，其成员由管理局大会在理事会推荐的基础上任命产生[②]，最终将该机构作为国际海洋法法庭的一个分庭无疑是出于经济上的考虑，这就决定了海底争端分庭在国际海洋法法庭中的特殊地位。从职能上讲，“分庭本质上是一个不受全法庭支配的独立法庭”[③]，它在组成、管辖权和适用的法律诸多方面与国际海洋法法庭存在很大不同。特别是在管辖权方面，“分庭的管辖权并不在全法庭的监督之下。没有关于以全法庭的管辖权取代分庭的管辖权、或由分庭上诉到全

① ［英］J. G. 梅里尔斯．国际争端解决．5 版：235.

② A. O. Adede. “Law of the Sea-The Integration of the System of Settlement of Disputes under the Draft Convention as a Whole”, 72 *AJIL* (1978), p. 84.

③ 赵理海．海洋法的新发展：203.

法庭、或由全法庭审查分庭判决的规定”，而且“分庭享有不可剥夺的强制管辖权，而全法庭几乎没有任何这种管辖权”①。另外，根据《国际海洋法法庭规约》第39条，海底争端分庭的裁判应以需要在其境内执行的缔约国最高级法院判决或命令的同样执行方式在该缔约国领土内执行，而国际海洋法法庭的裁判并没有类似规定。

课后复习

1. 单项选择题

下列中哪一个既可能是常设的，又可能是非常设的解决海洋争端的国际法庭？（　　）

A. 国际法院　　B. 附件七下的仲裁法庭

C. 附件八下的特别仲裁法庭　　D. 国际海洋法法庭特别分庭

2. 多项选择题

国际海洋法法庭的诉讼当事方包括以下哪些主体？（　　）

A. 公约所有缔约国

B. 管理局和作为勘探和开发海底矿物资源合同人的自然人或法人

C. 规定将管辖权授予国际海洋法法庭的任何其他协定的当事者

D.《国际法院规约》的所有缔约国

3. 名词解释

谈判与协商

4. 简答题

(1) 简述提交强制调解的争端类型。

(2) 简述海底争端分庭的管辖事项。

(3) 简述海底争端分庭与国际海洋法法庭之间的关系。

5. 论述题

(1) 试述《海洋法公约》附件七项下的仲裁与附件八项下的特别仲裁之间的异同。

(2) 试述国际海洋法法庭的管辖权。

① 赵理海．海洋法的新发展：203.

第十八章
导致有拘束力裁判的强制程序

提 要

“导致有拘束力裁判的强制程序”的设置是《海洋法公约》争端解决机制的一大特色，其不同于以往国际法院等相关强制程序的适用。虽然该程序可以有效提升《海洋法公约》的拘束力，但同时考虑到可能会对国家主权等方面带来消极影响，《海洋法公约》亦在其中规定适用上的限制与例外以力求平衡。而且当满足特定条件时，国家亦有权通过“初步程序”等方式来反对强制程序的管辖。

重点问题

1. 适用强制程序机构的确定。
2. 强制程序管辖权的确定。
3. 适用强制程序的限制和例外。
4. 对强制程序管辖权的反对。

从谈判开始到《海洋法公约》的达成，一些国家坚持认为应当制定解决海洋法争端的有效手段。一个强有力的争端解决制度有助于强化公约的规定。[①] 事实上，国际争端解决机制通常是建立在尊重当事国自行选择争端解决方式的原则与建立强制性争端解决程序的现实需要二者平衡的基础之上的。正是在这样的背景下，《海洋法公约》确立了“双重体系”的争端解决机制[②]，即首先用当事国自行选择的任何和平方法解决它们之间有关公约的解释或适用的争端，如果未得到解决，则应诉诸《海洋法公约》第十五部分第二节“导致有拘束力裁判的强制程序”来解决争端。《海洋法公约》下导致有拘束力的强制程序被一些国家政府和学者誉为对国际法中的争端解决机制的最重要发展之一，其重要性堪与《联合国宪章》生效的重要性相提并论。[③] 该程序要求：除特定限制之外，有关《海洋法公约》的解释或适用的任何争端如果通过

① Louis B. Sohn, Kristen Gustafson Juras, John E. Noyes, Erik Franckx. *Law of the Sea in a Nutshell*, pp. 496-497.

② Yoshifuni Tanaka. *The International Law of the Sea*, New York: Cambridge University Press, 2012, p. 393.

③ See e. g., Alan E. Boyle, “Dispute Settlement and the Law of the Sea Convention: Problems of Fragmentation and Jurisdiction”, 46 *Int'l & Comp. L. Q.* (1997), p. 37; Louis B. Sohn, “Settlement of Law of the Sea Disputes”, 10 *Int'l J. Marine & Coastal L.* (1995), p. 205; John Warren Kindt, “Dispute Settlement in International Environmental Issues: The Model Provided by the 1982 Convention on the Law of the Sea”, 22 *Vand. J. Transnat'l L.* (1989), pp. 1097-1099.

自由选择和平方法而仍未得到解决，经争端任何一方请求，应提交具有管辖权的法院或法庭。《海洋法公约》的强制程序并非通过声明或其他方式来选择是否接受，只要一国成为其缔约方就必然受到约束，缔约国仅有权在强制程序规定的范围内选择解决争端的组织或作出保留。相比其他国际争端解决程序，《海洋法公约》的强制程序才算是真正意义上的强制程序。同时，《海洋法公约》在第296条规定了此程序的拘束力：根据本节具有管辖权的法院或法庭对争端所作的任何裁判应有确定性，争端所有各方均应遵从；这种裁判仅在争端各方间和对该特定争端具有拘束力。

第一节　机构的确定

《海洋法公约》第287条规定："一国在签署、批准或加入本公约时，或在其后任何时间，应有自由用书面声明的方式选择下列一个或一个以上方法，以解决有关本公约的解释或适用的争端：(1) 按照附件六设立的国际海洋法法庭；(2) 国际法院；(3) 按照附件七组成的仲裁法庭；(4) 按照附件八组成的处理其中所列的1类或1类以上争端的特别仲裁法庭。"该条中所有声明和通知均应交存于联合国秘书长，秘书长应将其副本分送各缔约国。

关于上述4个机构，在前文已有详细介绍，此处不再赘言。本部分重点讨论的是机构的确定问题。《海洋法公约》第287条第3～5款详述了在不同情形下受理程序的确定规则：(1) 如果争端各方已作出声明并且选择的程序相同，此时除各方另有协议外，争端仅可提交该程序；(2) 如果在管辖权交给不同国际程序的国家之间发生争端，此时该争端应提交附件七规定的仲裁；(3) 如果在一个已就选择的法院作出声明的国家和另一个没有作出这种声明的国家之间发生争端，则该争端应提交附件七所规定的仲裁；(4) 如在作出声明的国家之间发生争端，而这些声明在发生争端时被认为尚未生效，或者是在均没有作出声明的国家之间发生争端，则该争端仍应提交附件七规定的仲裁解决。由此不难看出，附件七的仲裁程序在强制程序的确定上具有重要的"补充"作用。

至于选择声明失效的时间，《海洋法公约》第287条第6款和第7款规定：至撤销声明的通知交存于联合国秘书长后满3个月为止。但如果根据本条具有管辖权的法院或法庭的程序正在进行，除非争端各方另有协议，新的声明、撤销声明的通知或声明的满期暂不能产生效力。

截止到2017年1月1日，168个《海洋法公约》缔约国中有49个国家就《公约》第287条规定的四种强制程序作出了选择。[①]

第二节　管辖权的判断

《海洋法公约》第288条对"导致有拘束力裁判的强制程序"的"管辖权"作出了规定，而且"对于法院或法庭是否具有管辖权如果发生争端，应由该法院或法庭以裁定解决"。国际法院或法庭裁决管辖权的标准是什么？根据规定，第287条所指的法院或法庭，对于按照本部分向其提出的有关公约的解释或适用的任何争端，应具有管辖权；第287条所指的法院或法

① https://treaties.un.org/Pages/ViewDetailsIII.aspx?src=TREATY&mtdsg_no=XXI-6&chapter=21&Temp=mtdsg3&clang=_en.［2017-01-01］.

庭，对于按照与公约的目的有关的国际协定向其提出的有关该协定的解释或适用的任何争端，也应具有管辖权。因此，如要成为《海洋法公约》争端解决机制中强制程序的管辖事项，必须满足以下两个条件：（1）按照《海洋法公约》第十五部分的规定提出；（2）有关《海洋法公约》的解释或适用的任何争端，或者是按照与《海洋法公约》的目的有关的国际协定向其提出的有关该协定的解释或适用的任何争端。

关于“按照第十五部分提出”，前文已经总结得非常明确，在强制程序之前仍存在解决争端的一般义务，例如，“用和平方法解决争端”“交换意见”等。若要提起强制程序，必须建立在满足这些义务的基础之上。而第二个条件限定了可提交强制程序的争端的性质与范围。国际法院或法庭在审查其是否具有强制管辖权之时，必须对这两个条件进行审查。

此外，在第 288 条中亦规定了强制程序和解决海底争端程序之间的关系：按照附件六设立的国际海洋法法庭海底争端分庭和第十一部分第五节所指的任何其他分庭或仲裁法庭，对于按照第二节强制程序的规定向其提出的任何事项，应具有管辖权。

第三节　强制程序的限制和例外

鉴于如果所有争端均可通过国际程序强制处理将会使一国的权利或其他重要利益受到过多干涉，因此在拟定《海洋法公约》之时，亦在其中规定部分争端为强制程序的限制事项或例外事项。《海洋法公约》第十五部分第三节的内容是关于不适用或不需要适用强制性程序的争端。“如果第二节的原则是，当争端各方通过其选择的方式无法解决争端，该争端一般应当提交至某种形式的法庭，那么第三节则规定某些特定争端根本不应当由强制性的争端解决程序解决，而其他争端需由一个不产生判决的程序来解决。”① 所谓强制程序的限制事项是指，若不经另一方同意，争端一方无权就其中事项向另一争端方提起强制程序。而所谓强制程序的例外事项则是指在允许缔约国声明保留的事项范围内，缔约国对其中事项作出了保留声明，则不经得该国同意，其他国家无权对该国提起强制程序。《海洋法公约》第 299 条第 1 款规定：“根据第 297 条或以一项按照第 298 条发表的声明予以除外，不依第二节所规定的解决争端程序处理的争端，只有经争端各方协议，才可提交这种程序”。

一、适用《海洋法公约》下强制措施的限制

《海洋法公约》第 297 条规定了适用第二节强制措施的限制。“该条主要体现了沿海国的主张，即与行使主权或管辖权有关的决定，尤其是那些与行使自由裁量权相关的决定，不应当受到任何判决的挑战。”②《海洋法公约》第 297 条作出如下规定：

“1. 关于因沿海国行使本公约规定的主权权利或管辖权而发生的对本公约的解释或适用的争端，遇有下列情形，应遵守第二节所规定的程序：（1）据指控，沿海国在第 58 条规定的关于航行、飞越或铺设海底电缆和管道的自由和权利，或关于海洋的其他国际合法用途方面，有违反本公约的规定的行为；（2）据指控，一国在行使上述自由、权利或用途时，有违反本公约或沿海国按照本公约和其他与本公约不相抵触的国际法规则制定的法律或规章的行为；或（3）据指控，沿海国有违反适用于该沿海国、并由本公约所制订或通过主管国际组织或外交会

① J. G. 梅里尔斯．国际争端解决．5 版：218－219.

② J. G. 梅里尔斯．国际争端解决．5 版：219.

议按照本公约制定的关于保护和保全海洋环境的特定国际规则和标准的行为。

2.（1）本公约关于海洋科学研究的规定在解释或适用上的争端，应按照第二节解决，但对下列情形所引起的任何争端，沿海国并无义务同意将其提交这种解决程序：①沿海国按照第246条行使权利或斟酌决定权；或②沿海国按照第253条决定命令暂停或停止一项研究计划。（2）因进行研究国家指控沿海国对某一特定计划行使第246条和第253条所规定权利的方式不符合本公约而引起的争端，经任何一方请求，应按照附件五第二节提交调解程序，但调解委员会对沿海国行使斟酌决定权指定第246条第6款所指特定区域，或按照第246条第5款行使斟酌决定权拒不同意，不应提出疑问。

3.（1）对本公约关于渔业的规定在解释或适用上的争端，应按照第二节解决，但沿海国并无义务同意将任何有关其对专属经济区内生物资源的主权权利或此项权利的行使的争端，包括关于其对决定可捕量、其捕捞能力、分配剩余量给其他国家、其关于养护和管理这种资源的法律和规章中所制订的条款和条件的斟酌决定权的争端，提交这种解决程序。（2）据指控有下列情事时，如已诉诸第一节而仍未得到解决，经争端任何一方请求，应将争端提交附件五第二节所规定的调解程序：①一个沿海国明显地没有履行其义务，通过适当的养护和管理措施，以确保专属经济区内生物资源的维持不致受到严重危害；②一个沿海国，经另一国请求，对该另一国有意捕捞的种群，专断地拒绝决定可捕量及沿海国捕捞生物资源的能力；或③一个沿海国专断地拒绝根据第62条、第69条和第70条以及该沿海国所制订的符合本公约的条款和条件，将其已宣布存在的剩余量的全部或一部分分配给任何国家。（3）在任何情形下，调解委员会不得以其斟酌决定权代替沿海国的斟酌决定权。（4）调解委员会的报告应送交有关的国际组织。（5）各缔约国在依据第69条和第70条谈判协定时，除另有协议外，应列入一个条款，规定各缔约国为了尽量减少对协定的解释或适用发生争议的可能性所应采取的措施，并规定如果仍然发生争议，各缔约国应采取何种步骤。”

虽然《海洋法公约》第297条以标题明确规定了适用第二节强制措施的限制，但其第1款却规定了当沿海国遇有某些特殊情形，应遵守第二节所规定的程序，也就是说，第1款并不是限制第十五部分第二节强制程序的适用，相反，这一款实际上肯定了第二节所规定的强制程序的可适用性。

根据第297条第1款，原则上《海洋法公约》有关沿海国在专属经济区和大陆架上所从事活动的规定的解释和适用的争端原则上应适用导致有拘束力裁判的强制程序，但根据该条第2款和第3款，以下两类争端限制适用导致有拘束力裁判的强制程序：一是某些有关专属经济区内和大陆架上的海洋科学研究的争端；二是有关专属经济区内渔业的争端。

由于海洋科学研究对于提升国家综合竞争力、推动国家发展具有重要意义，所以在第三次联合国海洋法会议上，发展中沿海国主张对海洋科学研究活动进行有效控制。① 这一主张除主要规定在《公约》第十三部分之外，也体现在第297条第2款的规定中。在以下两种情况，沿海国没有义务同意将争端提交强制解决争端程序：（1）有关沿海国按照《海洋法公约》第246条（即“专属经济区内和大陆架上的海洋科学研究”）行使权利或斟酌决定权所引起的争端。根据第246条，公约处理这一问题的原则是在专属经济区内和大陆架上进行海洋科学研究应经沿海国同意，即：沿海国在行使其管辖权时，有权按照公约有关条款的规定，决定是否授权和进行在其专属经济区内或大陆架上的海洋科学研究。（2）有关沿海国按照《海洋法公约》第253条（即“海洋科学研究活动的暂停或停止”）决定暂停或停止一项研究计划所引起的争端。

① Natalie Klein. *Dispute Settlement in the UN Convention on the Law of the Sea*, pp. 208-209.

根据《海洋法公约》第61条，为了确保专属经济区内生物资源的维持不受过度开发的危害，沿海国应决定其专属经济区内生物资源的可捕量。但沿海国在没有能力捕捞全部可捕量的情形下，应通过协定或其他安排，准许其他国家捕捞可捕量的剩余部分（第62条第2款）。根据《海洋法公约》第297条第3款，沿海国并无义务同意将任何有关其对专属经济区内生物资源的主权权利或此项权利的行使的争端，包括关于其对决定可捕量、其捕捞能力、分配剩余量给其他国家、其关于养护和管理这种资源的法律和规章中所制订的条款和条件的斟酌决定权的争端，提交导致有拘束力裁判的强制程序。这一限制只适用于专属经济区的渔业争端，所以公海的渔业争端依然属于《海洋法公约》第十五部分第二节规定的强制性争端解决机制的适用范围。①

二、适用《海洋法公约》下强制措施的任择性例外

《海洋法公约》第298条第1款规定："一国在签署、批准或加入本公约时，或在其后任何时间，在不妨害根据第一节所产生的义务的情形下，可以书面声明对于下列各类争端的一类或一类以上，不接受第二节规定的一种或一种以上的程序：(a)（1）关于划定海洋边界的第15条、第74条和第83条在解释或适用上的争端，或涉及历史性海湾或所有权的争端，但如这种争端发生于本公约生效之后，经争端各方谈判仍未能在合理期间内达成协议，则作此声明的国家，经争端任何一方请求，应同意将该事项提交附件五第二节所规定的调解；此外，任何争端如果必然涉及同时审议与大陆或岛屿陆地领土的主权或其他权利有关的任何尚未解决的争端，则不应提交这一程序；（2）在调解委员会提出其中说明所根据的理由的报告后，争端各方应根据该报告以谈判达成协议；如果谈判未能达成协议，经彼此同意，争端各方应将问题提交第二节所规定的程序之一，除非争端各方另有协议；（3）本项不适用于争端各方已以一项安排确定解决的任何海洋边界争端，也不适用于按照对争端各方有拘束力的双边或多边协定加以解决的任何争端；(b) 关于军事活动，包括从事非商业服务的政府船只和飞机的军事活动的争端，以及根据第297条第2款和第3款不属法院或法庭管辖的关于行使主权权利或管辖权的法律执行活动的争端；(c) 正由联合国安全理事会执行《联合国宪章》所赋予的职务的争端，但安全理事会决定将该事项从其议程删除或要求争端各方用本公约规定的方法解决该争端者除外。"

根据第298条第1款(a)项，缔约国可以依据自己的意愿，将下列三类争端排除在导致有拘束力裁决的强制性程序之外：

第一，有关海域划界争端以及有关历史性海湾或所有权的争端。由于海域划界问题往往关乎沿海国的国家主权、安全以及海洋资源的获取等重大利益，因而许多国家反对将这一问题诉诸任何导致有拘束力裁决的强制程序。《海洋法公约》第298条第1款正体现了广大沿海国的这一诉求。该款明确规定，有关领海划界（第15条）、专属经济区划界（第74条）和大陆架划界（第83条）争端，可以通过缔约国发表书面声明的方式而排除适用《公约》第十五部分第二节的程序。

《海洋法公约》中明确提及历史性海湾的是第10条，而明确提及历史性所有权（historic title）的是第15条，因此，缔约国可以通过发表书面声明的方式将有关这两个条款的解释与适用的争端排除适用《公约》第十五部分第二节的程序。但是历史性海湾或所有权是否应做狭义理解，即：是否应限定在第10条和第15条项下？对这一问题的回答目前还存在争议。因为除

① Shabtai Rosenne. "Settlement of Fisheries Disputes in the Exclusive Economic Zone", 73 *AJIL* (1979), p. 98.

了第 10 条和第 15 条之外，《海洋法公约》还有多个条款的规定也可以被视为“涉及”历史性权利，例如，第 47 条第 6 款规定：“如果群岛国的群岛水域的一部分位于一个直接相邻国家的两个部分之间，该邻国传统上在该水域内行使的现有权利和一切其他合法利益以及两国间协定所规定的一切权利，均应继续，并予以尊重。”又如，第 51 条第 1 款规定：“在不妨害第 49 条的情形下，群岛国应尊重与其他国家间的现有协定，并应承认直接相邻国家群岛水域范围内的某些区域内的传统捕鱼权利和其他合法活动。”而第 298 条第 1 款（a）项并未将该类争端限制为关于历史性海湾或所有权的“第 10 条和第 15 条在解释或适用上的争端”，而是使用了“涉及”历史性海湾或所有权的争端这一宽泛表述。① 因此，不应将历史性海湾或所有权作狭义理解。

另外需要注意的是，有关海域划界的争端或涉及历史性海湾或所有权的争端，如果争端当事方已经作出排除性声明，并且经争端各方谈判未能在合理期间内达成协议，则作此声明的国家，经争端任何一方请求，应同意将该争端提交附件五第二节所规定的强制调解程序。但如果这类争端同时涉及大陆或岛屿陆地领土的主权或其他权利时，则不能提交强制调解程序。

第二，有关军事活动的争端，包括从事非商业服务的政府船只和飞机的军事活动的争端，以及根据第 297 条第 2 款和第 3 款不属法院或法庭管辖的关于行使主权权利或管辖权的法律执行活动的争端。但是《海洋法公约》并没有规定何谓“军事活动”，因此第 298 条第 1 款（b）项作出这样的规定，主要是出于这类活动具有高度政治敏感性的考虑。② 另外需要注意的是，第 298 条第 1 款（b）项仅仅排除了与沿海国在专属经济区内对渔业和海洋科学研究的管辖权有关的执法活动，并未排除所有的执法活动。

第三，正由联合国安理会执行其职务的争端，缔约国可以通过排除声明排除适用《公约》第十五部分第二节的程序。安理会是联合国框架内对维持国际和平与安全负主要责任的机关③，为了避免公约项下的争端解决程序与安理会为维持或恢复国际和平与安全而就同一问题可能采取的行动之间发生冲突，《海洋法公约》作出了这样的规定。当然，如果安理会决定将该事项从其议程删除或要求争端各方用公约规定的方法解决该争端，那么根据第 298 条所作的声明就不能阻止第二节项下的法院或法庭行使管辖权。

根据《海洋法公约》第 298 条第 2 款至第 6 款，公约允许缔约国通过任择性声明排除第 298 条第 1 款规定的三类争端。根据第 1 款作出声明的缔约国，可以随时撤回声明，或同意将该声明所排除的争端提交本公约规定的任何程序。出于公平考虑，作出排除声明的缔约国无权对另一缔约国，将属于被除外的一类争端的任何争端，在未经该另一缔约国同意的情况下提交公约的任何程序。如果某一缔约国已经根据第 1 款（a）项作出声明，任何其他缔约国可以对作出声明的缔约国，将属于被除外一类的任何争端提交这种声明内指明的程序。除非争端各方另有协议，新的声明不影响在法院或法庭中正在进行中的程序。当然，根据第 298 条作出的声明和撤回声明的通知，应交存于联合国秘书长，秘书长应将其副本分送各缔约国。除非缔约国的声明和通知中有具体规定，这些声明和通知应自联合国秘书长收到时起生效。④

---

① 高健军．《联合国海洋法公约》争端解决机制研究．修订版：312.

② Natalie Klein. *Dispute Settlement in the UN Convention on the Law of the Sea*, p. 291.

③ 《联合国宪章》第 24 条第 1 款．

④ Shabtai Rosenne & Louis B. Sohn (eds.) . *United Nations Convention on the Law of the Sea 1982: A Commentary*, Vol. V, p. 141.

三、《海洋法公约》第十五部分第三节的意义

根据国际法，各国享有自主选择争端解决方式的权利。任何国际司法或仲裁机构针对国家间争端行使管辖权必须以当事国的同意为基础，即“国家同意原则”。基于这一原则，出席第三次联合国海洋法会议的各国代表经过长期艰苦的谈判，作为一揽子协议，达成了《海洋法公约》第十五部分有关争端解决机制的规定。《海洋法公约》第十五部分规定的强制争端解决程序只适用于有关公约解释或适用的争端；缔约国有权自行选择第十五部分规定以外的其他争端解决方式；《海洋法公约》第 297 条和第 298 条针对特定种类的争端规定了适用强制争端解决程序的限制和例外。《海洋法公约》第十五部分这种平衡的规定，也是许多国家决定是否成为公约缔约国时的重要考虑因素。在 1974 年第三次联合国海洋法会议第二期会议上，萨尔瓦多大使雷纳多·佳林多·波尔在介绍关于《海洋法公约》争端解决的第一份草案时强调，有必要将直接涉及国家领土完整的问题作为强制管辖的例外。否则，许多国家可能不会批准甚至不会签署《海洋法公约》。[①] 因此，在解释和适用《海洋法公约》第十五部分的规定时，必须维护该部分的平衡和完整。[②]

《海洋法公约》第十五部分第三节的规定将关乎国家主权与重大利益的事项限制或排除适用强制性争端解决程序，很好地平衡了缔约国自主意志与公约适用上的统一性。正如 2000 年南方蓝鳍金枪鱼仲裁案裁决中仲裁庭所指出的：“《海洋法公约》远未建立一个真正全面的、有拘束力的强制管辖制度。”[③] 另外，“公约在第十五部分的最后一条[④]也总结了第十五部分第一节的精神，强调即使在争端解决程序受到限制的情况下，仍存在着争端各方通过协议寻找一种争端解决程序的可能。这一程序使得双方能够友善地、和平地解决它们之间的争端”[⑤]。

鉴于此，2006 年 8 月 25 日，中国根据《海洋法公约》第 298 条的规定向联合国秘书长提交声明。该声明称：“关于《公约》第 298 条第 1 款（a)、(b) 和 (c) 项所述的任何争端，中华人民共和国政府不接受《公约》第十五部分第二节规定的任何程序。”也就是说，对于涉及海域划界、历史性海湾或所有权、军事和执法活动以及安理会执行《联合国宪章》所赋予的职务等争端，中国政府不接受《海洋法公约》第十五部分第二节下的任何强制争端解决程序，包括强制仲裁。中国坚信，直接有关的主权国家进行友好磋商和谈判，是和平解决中国与周边邻国间的海洋争端最有效的方式。[⑥]

---

① Shabtai Rosenne & Louis B. Sohn (eds.). *United Nations Convention on the Law of the Sea* 1982: *A Commentary*, Vol. V, p. 88.

② 中华人民共和国政府关于菲律宾共和国所提南海仲裁案管辖权问题的立场文件．[2014-12-07]，第 76～78 段。http://www.mfa.gov.cn/mfa_chn/zyxw_602251/t1217143.shtml. [2015-09-01].

③ Southern Bluefin Tuna Case-Australia and New Zealand v. Japan, Award on Jurisdiction and Admissibility, 4 August 2000, p. 102, para. 62. https://icsid.worldbank.org/ICSID/FrontServlet? requestType=ICSIDPublicationsRH&actionVal=ViewAnnouncePDF&AnnouncementType=archive&AnnounceNo=7_10.pdf, last visited on 1 September 2015.

④ 《联合国海洋法公约》第 299 条规定：“根据第 297 条或以一项按照第 298 条发表的声明予以除外，不依第二节所规定的解决争端程序处理的争端，只有经争端各方协议，才可提交这种程序。本节的任何规定不妨害争端各方为解决这种争端或达成和睦解决而协议某种其他程序的权利。”

⑤ Shabtai Rosenne & Louis B. Sohn (eds.). *United Nations Convention on the Law of the Sea* 1982: *A Commentary*, Vol. V, p. 146.

⑥ 中华人民共和国政府关于菲律宾共和国所提南海仲裁案管辖权问题的立场文件．[2014-12-07]，第 58 段，http://www.mfa.gov.cn/mfa_chn/zyxw_602251/t1217143.shtml. [2015-09-01].

截至2017年1月1日，已有36个国家根据《海洋法公约》第298条发表声明，完全或部分排除第十五部分第二节的强制性争端解决程序。它们分别是安哥拉、阿根廷、澳大利亚、白俄罗斯、加拿大、佛得角、智利、中国、古巴、刚果、丹麦、厄瓜多尔、赤道几内亚、法国、加蓬、希腊、几内亚比绍、冰岛、意大利、墨西哥、黑山、尼加拉瓜、挪威、葡萄牙、韩国、帕劳、俄罗斯、沙特阿拉伯、斯洛文尼亚、西班牙、泰国、特立尼达和多巴哥、突尼斯、乌克兰、英国、乌拉圭。①

第四节　强制程序管辖的反对

一、初步程序

《海洋法公约》在第294条规定了“初步程序”：第287条所规定的国际法院或法庭（即可以选择提起强制程序的4个组织）对于就第297条所指争端向其提出的申请，应经一方请求决定，或可自己主动决定，该项权利主张是否构成滥用法律程序，或者根据初步证明是否有理由。法院或法庭如决定该项主张构成滥用法律程序或者根据初步证明并无理由，即不应对该案采取任何进一步行动；法院或法庭收到这种申请后，应立即将这项申请通知争端他方，并应指定争端他方可请求法院或法庭作出上述决定的合理期限。

追溯《海洋法公约》第294条的拟定过程，其最早是以插入方式出现的，在几经发展之后才作为单独条款规定于第297条，最后成为现在的第294条。关于该程序的出现，可谓是《海洋法公约》的首创，其针对的是沿海国依据《海洋法公约》关于专属经济区和大陆架的规定行使主权权利或管辖权所引发的争端，设置该程序的目的是防止沿海国由于遭受过多的相关诉讼而导致其《海洋法公约》权利被削弱，可以认为该程序是因专属经济区和大陆架制度的出现而存在的，是《海洋法公约》所特有的附带程序，其他国际法院或法庭之前无此实践。虽然“初步程序”根据争端一方请求或者国际法院/法庭主动决定，可以审查权利主张是否在滥用程序或根据初步证明是否有理由，若法庭决定构成上述，则案件将结束受理，但问题是该条在规定时已经明确限定适用范围是“就第297条所指争端向国际法院或法庭”提出的请求，根据第297条的规定，其所涉事项主要与沿海国在专属经济区和大陆架中的权利有关，其他海洋争端在所不同。

二、初步反对的权利

虽然《海洋法公约》第294条存在一定局限性，但是根据第294条第3款的规定可知，当争端一方就国际法院或法庭对争端的管辖权存在反对意见之时，亦存在其他救济途径。该款规定：“本条的任何规定不影响争端各方按照适用的程序规则提出初步反对的权利”。“初步反对的权利”究竟包含哪些具体内容，《海洋法公约》并未作出解释。但不同于“初步程序”，该权利在国际司法实践中早已存在并广为运用。1997年《国际海洋法法庭规则》是在《海洋法公约》框架下制定而成的，在其B节“法庭诉讼程序”第三分节中规定了“初步反对”；而在1978年《国际法院规则》第四节第二小节中亦有类似规定。通过《国际法院规则》第79条和

① https://treaties.un.org/Pages/ViewDetailsIII.aspx?src=TREATY&mtdsg_no=XXI-6&chapter=21&Temp=mtdsg3&clang=_en.［2017-01-01］.

《国际海洋法法庭规则》第97条等规定可知，该权利是“对法庭的管辖或诉讼申请书的可接受性的任何反对，或对实质问题的任何进一步诉讼之前要求作出判决的其他反对意见”。“初步反对”一般针对以下3类对象：（1）就国际法院或法庭对某一案件是否具有管辖权进行反对；（2）对诉讼申请书可接受性的反对；（3）在对实质问题的任何下一步程序进行前要求作出判决的其他反对意见。行使“初步反对的权利”的时间在国际实践中一般为法庭程序提起后至被诉国提交辩诉状的截止日期之间，其不能作为一个独立的诉讼事由提起，因此，在相关程序规则中与“初步程序”一同作为附带程序。

但相比“初步程序”，二者存在以下不同：（1）“初步程序”仅局限于《海洋法公约》第297条规定的事项，而“初步反对”并无此限制；（2）“初步程序”提起的主体可以是争端一方，也可以是国际法院或法庭，而“初步反对”仅能由争端方主动提起。但二者也存在一定类似之处，例如，二者均为附带程序，或者二者均是对国际法院/法庭管辖权的反对，最终所得结果可能完全一致，等等。

课后复习

1. 多项选择题

甲、乙两个国家均为《海洋法公约》的缔约国，甲国在2000年加入时曾发表书面声明，对于《海洋法公约》第298条第1款所述的任何争端，不接受《海洋法公约》第十五部分第二节的任何争端解决程序。因此，乙国在未经甲国同意下无权单方就下列哪些争端向《海洋法公约》中导致有拘束力裁判的强制程序进行提交？（　　）

A. 领海划界争端

B. 专属经济区划界争端

C. 大陆架划界争端

D. 有关对专属经济区内生物资源行使主权权利的争端

2. 名词解释

（1）强制程序的限制事项

（2）强制程序的例外事项

3. 简答题

（1）简述强制程序管辖权的确定标准。

（2）简述“初步反对”针对的对象。

4. 论述题

（1）试述适用强制程序的限制和例外。

（2）试述《海洋法公约》第十五部分第三节的意义。

第十九章 争端解决的特殊程序

提 要

虽然临时措施和迅速释放均规定于《海洋公约》第十五部分第二节“导致有拘束力裁判的强制程序”之中，但二者因为是专门处理特定问题的程序而具有特殊性。临时措施是一项在习惯国际法中早就存在的司法程序，而迅速释放却是由《海洋法公约》首创。临时措施与迅速释放在表面特征上具有一定的相似性，但在本质上有着截然不同的区别。

重点问题

1. 临时措施提起的条件。
2. 迅速释放提起的条件。
3. 临时措施和迅速释放间的联系与区别。

第一节 临时措施

临时措施又称临时保全，其含义是指争端当事方向法院或法庭起诉后，如感到其权利处于直接威胁之中，可随时请求法院或法庭采取临时措施保全其权利。[①]《海洋法公约》第 290 条第 1 款规定：“如果争端已经正式提交法院或法庭，而该法院或法庭依据初步证明认为其根据本部分或第十一部分第五节具有管辖权，该法院或法庭可在最后裁判前，规定其根据情况认为适当的任何临时措施，以保全争端各方的各自权利或防止对海洋环境的严重损害。”根据上述规定不难看出，临时措施在性质上应是一种法庭附带程序，《国际海洋法庭规则》也是在 C 节“附带程序”的第一分节中规定了“临时保全措施”。

一、作出临时措施的条件

在争端已经正式提交国际法院或法庭后，当满足什么条件时国际法院或法庭才会作出临时

① 张海文主编．《联合国海洋法公约》释义集：505.

措施的指示?《海洋法公约》对此规定得不甚明了，但结合国际司实践，可认为主要存在以下条件：(1) 国际法院或法庭依据初步证明认为其根据《海洋法公约》第十五部分或第十一部分第五节对争端具有管辖权。关于该处对管辖权问题的确认，在许多案件中争端方认为此处只要作出了认定就应当具有终局性，而忽视了该程序在时效上的紧急要求以及法条中明确规定的“依据初步证明”，该处对管辖权的确认应是一种“初步确认”。例如，在1951年英国诉伊朗的“英伊石油公司案”中，国际法院不仅支持了英国临时保全措施的请求，而且声明指示临时保全措施并不等于是对国际法院管辖权问题的预先判断。[①] (2) 不作出措施将存在难以弥补的损害的危险。根据第290条作出临时措施的目的应是“保全争端各方的各自权利或防止对海洋环境的严重损害”，因此难以弥补的损害的危险应专指这两类对象。(3) 情况紧急。第290条第5款规定，如果根据初步证明认为将予组成的法庭具有管辖权，而且认为情况紧急有此必要，可按照本条规定修改或撤销临时措施。根据此款规定，当法庭尚未组建，而且情况紧急时，国际海洋法法庭可以规定临时措施。

二、临时措施的规定、修改与撤销

关于临时措施的规定、修改与撤销的问题，根据《海洋法公约》第290条第2～4款的规定可知，(1) 临时措施所根据的情况一旦改变或不复存在，即可修改或撤销；(2) 仅在争端一方提出请求并使争端各方有陈述意见的机会后，才可根据该条予以规定、修改或撤销临时措施；(3) 法院或法庭应将临时措施的规定、修改或撤销迅速通知争端各方以及其认为适当的其他缔约国。

三、向非常设机构提请该程序

在《海洋法公约》中考虑到了一种特殊情况，即如果争端提交的对象是非常设机构，例如附件七的仲裁法庭或附件八的特别仲裁法庭，并且此时仲裁法庭尚未成立，临时措施该向何者提请?根据《海洋法公约》第290条第5款的规定可知，在争端根据《海洋法公约》第15部分第2节正向其提交的仲裁法庭组成以前，经争端各方协议的任何法院或法庭可以规定临时措施，但如果在请求规定临时措施之日起2周内不能达成这种协定，则应当为国际海洋法法庭，或在关于“区域”内活动时的海底争端分庭作出这种规定。但需要明确的是，上述作出规定的毕竟不是争端将真正得到受理的国际机构，仅是在特殊情况下的一种权宜之计，因此，第5款在其后亦作出了限制：如果根据初步证明认为将予组成的法庭具有管辖权，而且认为情况紧急有此必要，上述其他组织可按照第290条规定、修改或撤销临时措施。但是受理争端的法庭一旦组成，即可依照上一部分中的规定行事（第290条第1～4款），对这种临时措施予以修改，撤销或确认。

四、临时措施的特性

临时措施是一种非常特别的程序：(1) 其规定于《海洋法公约》第十五部分“导致有拘束力裁判的强制程序”一节，而且具有“不经他方同意，便可单方提起”的运行机理，因此，其无疑是一项带有强制性的程序。(2) 第290条第6款要求“争端各方应迅速遵从根据本条所规定的任何临时措施”，此处中存在“迅速”二字，可见，迅速性是临时措施的又一特性。设置

---

① The Anglo-Iranian Oil Co. Case (United Kingdom v. Iran), Judgment of 22 July 1952, p. 13.

临时措施是为了情况紧急之时“保全争端各方的各自权利或防止对海洋环境的严重损害”，所以一旦作出应当立刻遵从。而在《国际海洋法法庭规则》第90条第1款中明确规定“依照本规则第112条第1款，制定临时措施的请求权较法庭中所有其他程序优先”。（3）临时措施是一种附带程序，该特征无论从其目的、作用还是在相关规定中所处的地位均已得到明确体现。

第二节　迅速释放程序

《海洋法公约》第292条规定了“船只和船员的迅速释放”：如果缔约国当局扣留了一艘悬挂另一缔约国旗帜的船只，而且据指控，扣留国在合理的保证书或其他财政担保经提供后仍然没有遵从本公约的规定，将该船只或其船员迅速释放，释放问题可向争端各方协议的任何法院或法庭提出，如从扣留时起10日内不能达成这种协议，则除争端各方另有协议外，可向扣留国根据第287条接受的法院或法庭，或向国际海洋法法庭提出。《海洋法公约》在第73条第2款规定“被逮捕的船只及其船员，在提出适当的保证书或其他担保后，应迅速获得释放”；第220条第7款和第226条第1款（b）项涉及保护和保全海洋环境时也有类似规定。因此，可以认为第73条、第220条、第226条规定了扣留国迅速释放的义务，而第292条规定了保障该义务履行的争端解决程序。关于设置迅速释放程序的目的，前文也有提过，该程序主要在于平衡扣留国在专属经济区行使管辖权的利益和船旗国防止其船舶和船员被过长扣留而遭受损失的利益。在“蒙特·卡夫卡号”案中，国际海洋法法庭在其判决书中明确重述了这一目的。①

一、提起迅速释放程序的主体

就适用的主体范围而言，《海洋法公约》第292条第2款规定，“这种释放的申请，仅可由船旗国或以该国名义提出”。《国际海洋法法庭规则》第110条第2款规定：“根据公约第292条的规定，国家主管部门有权授权某人以国家的名义作出申请，缔约国可以在任何时候通知法庭获得授权可以作出申请的个人姓名和地址”。当行使该项授权时，船旗国只是在名义上参与诉讼，真正参与诉讼的实际上应是个人。但之所以这样规定的原因，在本书第十五章第三节中已有详述。

二、提起迅速释放程序的条件

船旗国或以该国名义提起迅速释放程序的条件如下：

1. 一国当局扣留了一艘悬挂另一国家旗帜的船只。该处不仅要求确实存在扣留事实，并且要求扣船国和被扣船国均必须是《海洋法公约》的缔约国。

2. 被扣船国向扣留国提供了合理的保证书或其他财政担保。何为“合理”的保证书？这一标准该如何界定？《海洋法公约》对此并未明确规定，实践中对此也存在较大争议，目前比较通用的观点认为在判断时应主要考虑被指控罪行的严重性、根据扣留国法律判处的或可能判处的处罚、被扣留船只和被扣押货物的价值和扣留国所设定保证书的金额及其支付形式等。

3. 扣留国在合理的保证书或其他财政担保经后仍没有遵从《海洋法公约》的规定，将该船只或其船员迅速释放。“没有遵从《海洋法公约》的规定”是指哪些规定？这也是迅速释放

① The Monte Confurco Case (Seychelles v. France) (Prompt Release), Judgment of 18 December 2000, para. 70.

程序的适用范围问题。就此问题，《海洋法公约》在第 292 条中并未解释，而学界也存在不同观点，但有一点是可以明确的，即目前在《海洋法公约》中明确规定迅速释放义务的条款仅有第 73 条第 2 款、第 220 条第 7 款和第 226 条第 1 款（b）项的规定，如若违反这些条款，必然构成第 292 条中“没有遵从《海洋法公约》的规定”。

三、受理迅速释放程序的组织

关于受理迅速释放程序组织的选择问题，《海洋法公约》规定了以下顺序：（1）如果争端方之间存有协议，释放问题应向事先协议的任何法院或法庭提出；（2）如果争端各方之间没有对受理组织进行过协议，但争端各方从船舶被扣留之时起 10 日内达成了选择协议，应按照该协议的指向提起；（3）如果争端各方没有在 10 日内达成选择协议，并且各方间又没有其他相关协议，此时迅速释放的申请应向扣留国根据公约第 287 条接受的法院或法庭，或向国际海洋法法庭提出。该处赋予了国际海洋法法庭特殊的地位，即：如果扣留国根据公约第 287 条声明接受的法院或法庭并非国际海洋法法庭，被扣船国也可向该法庭提交释放申请。由此突显了《海洋法公约》对国际海洋法法庭处理迅速释放案件的信赖，而实践中，迅速释放的案件也基本上是由国际海洋法法庭受理的。

四、迅速释放程序的特性以及与临时措施的比较

迅速释放程序在《海洋法公约》中的位置与临时措施相近，并且二者均是自成体系的争端解决程序，在学习《海洋法公约》之时很难不拿二者进行比较，以下将在归纳迅速释放程序的特性之时顺带以临时措施作为比较对象，以求可以更加清晰地看出二者间的区别：（1）强制性特征。与临时措施相同，规定迅速释放程序的第 292 条也位于《海洋法公约》第十五部分“导致有拘束力裁判的强制程序”一节，并且在运行机制上同样带有强制的特征，因此，其与临时措施一样均为强制程序。（2）迅速性特征。不仅从迅速释放的“称谓”，而且通过种种迹象均可以看出其该项特征。例如，若争端方不能在 10 日内就申请的受理组织达成协议，一方便可主动提起强制程序。或者要求“法院或法庭应不迟延地处理关于释放的申请”，并且当法庭裁定的担保经提供后，“扣留国当局应迅速遵从法院或法庭关于释放船只或其船员的裁定”。上述无不体现了其与临时措施在迅速性要求上的一致。但当二者同时存在时应以何者优先？《国际海洋法法庭规则》第 112 条第 1 款规定，“要求释放船只或船员的请求较其他诉讼程序应居优先。然而，法庭如果要同时处理要求释放船只或船员的申请和规定临时措施的请求时，它应作出必要的决定以确保两者都及时得到处理”。（3）独立特性。这是迅速释放程序与临时措施的本质区别。临时措施规定于《国际海洋法法庭规则》C 节“附带程序”的第一分节中，而迅速释放程序处于 E 节，其并非诉讼程序的一个部分；而且法庭对迅速释放作出的是判决而非裁定。同时，国际法院或法庭应仅处理释放问题，而不影响主管的国内法庭对该船只、其船主或船员的任何案件的是非曲直，该程序与其他任何程序是平行存在的。

课后复习

1. 多项选择题

临时措施与迅速释放同时作为《海洋法公约》第十五分争端解决程序的一部分，它们在特

征上有哪些是一致的？（　　）

A. 均带有强制性　　B. 均带有附属性　　C. 均存在时限性　　D. 均带有迅速性

2. 名词解释

(1) 临时措施

(2) 迅速释放

3. 简答题

(1) 简述临时措施提起的条件。

(2) 简述迅速释放提起的条件。

4. 论述题

试述临时措施和迅速释放间的联系与区别。

第二十章
法律的适用与专家

提　要

即使是通过《海洋法公约》规定的争端解决机制来处理国家间海洋争端，国际法院或法庭在法律的适用上并非仅局限于《海洋法公约》，同时可适用其他与《海洋法公约》不相抵触的国际法规则以及公允和善良的原则。同时，海洋争端往往涉及国家重大利益，所以在裁判人员的选择上必须严格要求，《海洋法公约》不仅照顾到一般情况，而且对涉及科学和技术问题的特殊争端亦进行了特别规定。

重点问题

1. 国际法院或法庭在处理争端时所能适用法律的范围。
2. 《海洋法公约》对于有权处理海洋争端机构中的人员资格要求。

第一节　法律的适用

《海洋法公约》第293条规定了国际法院或法庭在处理相关海洋争端时所应适用的法律：

一、《海洋法公约》

最初起草的《海洋法公约》第293条是如此规定的：争端解决机构将适用《海洋法公约》的法律，并保证在解释和适用《海洋法公约》时法律规范得以遵守。《海洋法公约》的内容涉及海洋法领域的所有方面，是迄今为止最广泛、最有影响的有关海洋的国际法典，至2017年1月1日，共有168个国家批准或加入《海洋法公约》[①]，而且《海洋法公约》的很多规定是习惯国际法的反映，因此具有很广泛的适用性。

---

① https://treaties.un.org/Pages/ViewDetailsIII.aspx?src=TREATY&mtdsg_no=XXI-6&chapter=21&Temp=mtdsg3&clang=_en.［2017-01-01］.

二、其他与《海洋法公约》不相抵触的国际法规则

任何立法都必然会存在部分规定模棱两可、语义不明的情况，《海洋法公约》也不能例外。例如，关于划定海洋边界的第15条、第74条和第83条均规定得非常原则，此时，需要一些与其不相抵触的国际法规则进行补充。同时，国际法院或法庭受理的案件并不局限于解释或适用《海洋法公约》的有关争端，还可以受理“将管辖权授予法庭的任何其他协定中具体规定的一切申请”，以及“同本公约所包括的主题事项有关的现行有效条约或公约”的解释或适用的争端。既然案件的受理范围已经超出了《海洋法公约》所涉事项的范围，仅单纯依靠《海洋法公约》的规定来解决所有争端是不现实的。而该类规则的存在十分广泛，根据《国际法院规约》第38条对国际法渊源的规定可知，应主要包括国际条约、习惯国际法和一般法律原则。同时，《海洋法公约》考虑到在实践中可能出现在适用其他国际法规则时与其本身内容相冲突的现象，因此明确规定了不得与《海洋法公约》相抵触。

三、公允和善良原则

在当事各方都同意的情况下，具有管辖权的法院或法庭才可以利用公允和善良原则作出裁判。虽然该原则缺乏具体内涵，但其应属于伦理道德的范畴，所体现出的公平和正义代表了整个人类的道德理性。法院或法庭应根据案情，结合当事方的人文、地理等不同情况作出判断。适用该原则的结果应是公平和正义的，并能够照顾到当事各方的利益。①

第二节　专家

在国际法院或法庭等组织中均设有专门的裁判人员，而且对这些裁判人员的资格均有较高要求，例如，国际海洋法法庭要求“法官应从享有公平和正直的最高声誉、在海洋法领域内具有公认资格的人士中选出”。但即使是专业人员，当遇到某些涉及科学或技术问题的争端之时也难免会遭遇知识上的局限。针对该情况，《海洋法公约》第289条是如此应对的，即：对于涉及科学和技术问题的任何争端，根据第十五部分第二节行使管辖权的法院或法庭，可在争端一方请求下或自己主动，并同争端各方协定，最好从按照附件八第2条编制的有关名单中，推选至少2名科学或技术专家列席法院或法庭，但无表决权。《海洋法公约》规定的专家制度与国际法院中设置的襄法官制度内容基本一致，但后者自1922年以来从未被使用过，这一概念似乎已在消失，所以用“专家”称谓进行了替代。②

为何规定选择附件八第2条中的名单？这主要是考虑到附件八下法庭的特殊性，即其仅受理4类专门性的争端，因此，对专家资格的要求更加严格与细致。附件八第2条对此作出了以下规定：就渔业、保护和保全海洋环境、海洋科学研究和航行，包括来自船只和倾倒造成的污染四个方面，应分别编制和保持专家名单。(1) 专家名单在渔业方面，由联合国粮食及农业组织；(2) 在保护和保全海洋环境方面，由联合国环境规划署；(3) 在海洋科学研究方面，由政府间海洋学委员会；(4) 在航行方面，包括来自船只和倾倒造成的污染，由国际海事组织；或

---

① 张海文主编．《联合国海洋法公约》释义集：533.

② 张海文主编．《联合国海洋法公约》释义集：503-504.

在每一情形下由各该组织、署或委员会授予此项职务的适当附属机构，分别予以编制并保持。此外，每个缔约国应有权在每一方面提名 2 名公认在法律、科学或技术上确有专长并享有公平和正直的最高声誉的专家。在每一方面这样提名的人员的姓名构成有关名单。无论何时，如果一个缔约国提名的专家在这样组成的任何名单内少于 2 名，该缔约国有权按需要提名增补。专家经提名缔约国撤回前应仍列在名单内，被撤回的专家应继续在被指派服务的特别仲裁法庭中工作，直到该仲裁法庭处理中的程序完毕。

课后复习

1. 单项选择题

甲、乙两个国家均为《海洋法公约》的缔约国，并且均曾根据第 287 条发表声明选择国际海洋法法庭来解决有关《海洋法公约》解释或适用的争端。后甲国单方将两国间有关《海洋法公约》解释和适用的海洋油污争端提交到国际海洋法法庭，乙国未提出反对，而法庭也认为其对本案确有管辖权。但在审理过程中，法庭发现，甲、乙两个国家同时又是下列其他国际条约的缔约国，而这些条约在涉及该争端的规定上均与《海洋法公约》存在冲突，因此，法庭应优先选择何者进行适用？（　　）

A.《海洋法公约》　　B.《国际油污损害民事责任公约》

C.《防止海上石油污染国际公约》　　D.《国际防止船舶造成污染公约》

2. 简答题

简述国际法院或法庭在处理争端时所能适用法律的范围。

第五编

战时海洋法

第二十一章
战时海洋法

提　要

战时海洋法是指规范和限制海战时双方交战行为的法规和惯例，它是战争法中的一部分。战时海洋法的主要依据是海战条约、海战时国际已普遍遵循的原则和习惯。

重点问题

1. 战争法的基本原则。
2. 海战习惯和条约中规定的权利与义务。

第一节　战争法与战时海洋法概说

一、战争法

(一) 战争法的概念

战争是指两个或两个以上的敌对国家，以武力推行国家政策造成的武装冲突和法律状态[①]，是解决国际争端的最后手段。正如英国国际法大家奥本海所说："国家有独立之权，国际无共尊之主，战争不能终免，乃势力之所必然。"既然不可能禁止战争，就只能加以限制。

战争法是战争和武装冲突中，以条约和历史上形成的惯例为表现形式的，调整交战国之间、交战国与中立国之间的关系以及交战行为的原则、规则和规章制度的总体。[②]

(二) 战争法的内容

战争法的内容一般包括两部分：一是有关战争或武装冲突的开始和结束，以及期内交战国之间、交战国与中立国或非交战国之间法律关系的原则、规则和规章制度；二是有关战争规则，即关于武器、其他作战手段和作战方法以及保护平民、战斗员和战争受难者的原则、规则和规章制度。

---

① 江伟钰主编．现代国际法原理解析．北京：中国人民公安大学出版社，2004：456.

② 参见上书：459.

（三）战争法的基本原则①

1. “军事必要”不解除当事国尊重国际法的义务原则

不能借口“军事必要”而取消战争法所规定的义务，因为在制定战争法时，已经考虑到“军事必要”问题。战争法是强行法，不是任意法。一些规则提到了“军事情况许可时”的条件，但在法律上这种条件必须从严解释，只适用于那些明文提出这一限制的规定。

2. 人道主义原则

强调在武装冲突中禁止不必要的伤害，尽量减少战争的伤害效果，尽量减低战争的残酷性，因此，交战各方使用的战争手段和方法不是不受限制的。在进行军事行动时，应采取一切合理的预防措施，以避免平民生命受损失和民用财物受损害。

3. 区别原则

在武装冲突中，应严格区分平民和武装部队中的战斗员和非战斗员，区分参战者和战争受难者，区分军事目标和民用物体。军事战斗行为只可以直接地对战斗员和军事目标进行，不可以平民和民用物体为攻击目标，也不得伤害已无战斗能力的战争受难者。

4. “马尔顿斯条款”原则

“马尔顿斯条款”原则是指在没有条约具体规定的情况下，不解除交战国尊重战争法规义务的原则。马尔斯顿（1845—1909）是俄国法学家，他提出在没有条约具体规定的情况下，战争中的平民和战斗员始终受来源于既定习惯、人道原则和公众良心要求的国际法规则的保护和支配。

5. 生存原则

人类的生存利益高于一切，禁止为了军事目的而使用危害全体人类或人类某一组成部分的生存、健康、居住环境、生态平衡的任何战争武器、方法和手段。

6. 界限原则

在任何情况下，都全面地、无条件地禁止交战各方通过升级突破界限而全面使用非法武器与手段从事战争。

其中，前四项原则是战争法的传统原则，后两项为新生的基本原则，这两项已有一定的影响和作用，但还没有像传统原则那样得到普遍的承认与重视。

（四）战争法的分类

战争法在各种具体战争条件下有具体规则、规约，如陆战法规、空战法规、海战法规以及战时中立国的法律地位，等等。

陆战法规的主要内容有：陆战区和陆战场问题；陆战时禁止使用的作战手段和攻击目标；陆战中，各类人员的法律地位、战俘及待遇问题等。

空战法规的主要内容有：空战区和空战场的划定；空战时禁止使用的作战手段和攻击目标；空战人员的法律地位以及其失去攻击能力时的法律地位等。

战时中立国的法律地位问题，内容也十分丰富。本节将在下面的内容中具体介绍有关海战法规的内容。

二、战时海洋法

海战这一术语比海上战争更为可取，因为海战的内容广泛些，它包括海底作战。既然敌对

---

① 于淼平主编．国际海洋法知识．北京：海军出版社，1989：252 - 254.

行为是由一支海军行为完成的，即使一支舰队对一个港口的轰击是针对内陆的，也是属于海战。

战时海洋法[①]是指规范和限制海战时双方交战行为的法规和惯例。

第二节　战时海洋法的渊源

同国际公法本身的渊源一样，战时海洋法的渊源也分为两类：习惯和条约。

一、习惯

战时海洋法起初是一种习惯法，这些习惯法是建立在惯例基础上的，而这些惯例并不必然都是一样的。关于海战的国际惯例比海战条约有着更广泛的约束力和灵活性，是长期以来各国约定俗成的海战法规，主要有：

1. 使用假旗的权利。海战同陆战相同，实行军事谋略，施以计谋，出其不意地战胜对方是合法的。海战的一个特殊惯例是使用假旗。军舰为了追赶敌船、企图逃跑或为了诱使敌舰前来作战，可以冒挂敌国或中立国的国旗，这都是允许的。但在攻击敌舰前，必须换挂本国国旗以显示国籍，这样攻击才合法，否则即为非法。假旗问题已成为各国默认的惯例，大多数国际法学者在他们的著作中都承认这个问题。

2. 救生的义务。这是指海战中各方都负有救生的义务，即对于已放下水的救生艇不得攻击，对于在救生艇避难的无反抗行为的遇船难人员不得杀伤。军舰被击沉、人员落水或上救生艇，表明他们已失去海战的手段与能力，对他们加以攻击和伤害是违反国际习惯的，相反，应加以保护和救助。

3. 纳降的义务。一旦一支被攻击或被反击的船舶降下旗帜，表示它准备投降，就应接受它的投降，并且不再对它射击而加以拿捕。如果一支船舶已经准备投降，却继续攻击它并将它击沉，是违反国际习惯的；只有于急迫必要或实行报复的情形下，才能作为一个例外而被许可。

4. 禁止背信弃义。海战中禁止任何背信弃义的行为，例如以红十字旗进行欺骗，发国际遇难信号诱敌舰来援助而加以攻击等，都是国际法所禁止的。

二、条约

关于海战方面的主要条约，迄今为止，主要有以下 11 个：

1. 1856 年 9 月 16 日《巴黎海战宣言》，规定的内容是废除私掠船制度，战时敌船、敌货地位和封锁。最初由美、俄、法等 7 国签订，以后，几乎所有海洋国家都参加了。

2. 1899 年 7 月 29 日的海牙第三公约《日内瓦原则推行于海战公约》。

3. 1904 年 12 月 21 日关于医院船免税的《日内瓦公约》。批准加入的有 30 个国家，目前仍然有效。

4. 1907 年 10 月 18 日的海牙公约包括 13 个公约和 1 个宣言，其中关于海战是第 6 至第 13 公约，共 8 个：《开战时敌国商船之地位公约》（第六公约）；《商船改充军舰公约》（第七公

① 于焱平主编．国际海洋法知识：264.

约）；《敷设自动触发水雷公约》（第八公约）；《战时海军轰击公约》（第九公约）；《日内瓦公约原则适用于海战公约》（第十公约）；《海战时限制捕获权公约》（第十一公约）；《设立国际捕获法院公约》（第十二公约）；《海战时中立国之权利义务公约》（第十三公约）。

5. 1909 年 2 月 26 日《伦敦海战法规宣言》。由美、德、法、英、日、俄等 10 国签署，但没有一国批准，因而未生效。但它编纂了关于海战的重要规则，并在第一次世界大战中为交战国所遵守，其条文有的已反映在许多国家的海军作战条例中。

6. 1922 年 2 月 6 日关于在战争中使用潜水艇及有毒气体的《华盛顿条约》。由美、英、法、意、日 5 国签署，但没有一国批准，因而未生效。该公约编纂了潜水艇作战规则，故现在仍不失去其意义。

7. 1930 年 4 月 22 日关于海军作战的《伦敦条约》。由美、英、法、意、日 5 国签署，这一条约于 1930 年 12 月 31 日生效，签字和批准的有 11 个国家。条约前三部分是关于海军军备发展的规定，已被上述各国破坏而失效；第四部分第 22 条是重复 1922 年华盛顿条约关于潜艇在作战时对商船的行动规则，该条约被认为是宣示了条约订立前已经存在着的国际法原则，是被公认的海战法规和惯例。《伦敦条约》第 23 条规定，该条约至 1936 年 12 月 31 日失效，但第四部分第 22 条将无限期有效。

8. 1936 年 11 月 6 日关于潜艇作战规则的《伦敦议定书》。美、英、法、意、日重新聚会伦敦，重申 1930 年伦敦条约，把关于潜艇作战规则的第四部分一字不差地采纳进去而制定了这一议定书，并邀请未签字国明确地、无时间限制地接受这些规则。当时签字国有 11 个国家，随后加入或通知继续遵守的共有 38 个国家。

9. 1937 年 9 月 14 日《关于把潜艇作战规则推行于水面舰艇和飞机的尼翁协定》。

10. 1949 年 8 月 12 日《关于改善海上武装部队伤病员及遇船难者境遇的日内瓦公约》（日内瓦第二公约，用以代替海牙第十公约）。

11. 1977 年 6 月 8 日关于重申和发展适用于武装冲突的国际人道主义法律的日内瓦议定书：《关于保护国际性武装冲突受难者的第一附加议定书》，《关于保护非国际性武装冲突受难者的第二附加议定书》。该协议书中都明确规定，其中阐明的原则、规则，适用于任何陆战、空战和海战。

以上关于海战的专门条约，编纂了许多海战中的重要国际习惯，不少条约在法律上至今仍然有效，特别是 1949 年的日内瓦公约及其附加议定书，排除了“普遍参加条款”的限制，不但适用于缔约国之间，而且当非缔约国接受和适用公约时，在其与缔约国之间也适用。但从法律效力上看，具体情况又是复杂的：有些条约一开始就没有得到批准，其法律效力是不明确的；有些条约已比较陈旧，所规定的规则已不能适应军事科学技术发展的水平和现代海战的特点；有些条约规则因在第二次世界大战中双方都严重违反，国际军事法庭也没有以此定罪判刑，其效力受到影响；有的规则虽然有不少国家未加入，但它所确立的规则已转化为海战国际习惯。根据以上情况，急需对海战条约进行补充和修改，制定新条约。

我国关于海战的专门条约都没有加入和承认。根据国际上的一般做法，国家间的规则如没有参与制定或正式加入，可参照执行，即可以遵守，也可以不遵守，但需明确表态。我们对海战的条约应认真分析、区别对待，对于符合战争法规基本原则、符合我国根本利益的规则可以遵守和执行。

除以上专门条约外，其余宣示了战争法基本原则、有普遍意义的一般性条约都适用于海战，如禁止细菌及病毒武器公约，禁止或限制使用某些具有过分伤害力及滥杀滥伤作用的常规武器公约，禁止为军事或任何其他敌对目的使用改变环境的技术的公约等。

除国际条约和国际习惯外，各国海军法有关海战的具体规定也很有参考价值。

第三节　战时海洋法的发展与编纂

从战时海洋法的渊源中我们已经清楚地看到战时海洋法的发展过程。关于战时海洋法的编纂是从美国开始的。美国于1900年公布了它的海战法典，但于1904年又将其撤销。后来，第二次海牙会议产生了若干关于海战的某些部分的公约，如第六公约《关于开战时敌国商船之地位公约》，第七公约《商船改充军舰公约》，第八公约《敷设自动触发水雷公约》，第九公约《战时海军轰击公约》，第十一公约《海战时限制捕获权公约》。第一次世界大战以后，唯一用条约规定的海战法规事项，是关于对商船使用潜水艇的问题。

课后复习

1. 战争法的基本原则及相关内容有哪些?
2. 战时海洋法的渊源有哪些?

第二十二章
战时海洋法规则

提　要

战时海洋法的规则主要包括一般规则、战时封锁规则、捕获权等，其中还包括战时海洋法中的中立。

重点问题

1. 战时海洋法的规则。
2. 战时海洋法中的中立。

第一节　战时海洋法规则概述

一、战时海洋法的规则之一——一般规则

（一）海战战场及战斗员

1. 海战战场

海战战场基本上包括两个空间区域：交战国的领海与公海。

(1) 交战国的领海。这一区域是海战中的典型区域。在认定方面没什么问题，尽管如此，仍有必要给领海这一术语以扩大解释。领海一词包括毗连交战国宗主国、殖民地或保护国的领土的水域。

(2) 公海。公海构成战场的主要组成部分，这种情况对于确定公海的法律性质（公海无主物理论的确认）有重大的意义。

1914 年以前一些德国学者如佩雷斯等，主张根据所谓的中立化，使波罗的海避免战争行动。这种主张没有经受住事实的考验：第一次世界大战期间，德国和俄国之间的战争行动是在那里进行的。

第二次世界大战期间，各美洲共和国在实在法上努力在公海上缩小交战状态范围。这项努力在 21 个美洲国家制定的 1939 年 10 月 3 日《巴拿马宣言》中得到了认可。

我们还可以归纳出两类战场以外的区域，即中立国的领海与协定空间。其中的中立国的领

海是在1907年海牙第十三公约第2条规定了实在法上认可的原则，这个原则是中立水域内禁止任何战争行为。尽管如此，这条规则的适用还是取决于中立国自己的态度，各交战国只尊重受到尊重的中立。其中的协定空间是指一些海上空间同样避免交战状态，这些空间经一些国际协定作了规定，并且以前曾经指出过这些空间的中立化制度：苏伊士运河和巴拿马运河，麦哲伦海峡，奥兰群岛。同一原则也被适用于各委任统治地。第二次世界大战期间，在对日本过去在太平洋的委任统治地的海上战斗中，基本上忽视了这一原则。

2. 战斗员

战斗员①是指正规军和非正规军参加战斗的人员；他们既是合法的战斗员，又是攻击的对象，被俘后应享受战俘待遇。与之相对的是非战斗员，是指军队中不直接参加战斗的人员，如医务人员、军需人员、军法人员、随军牧师、新闻记者、文职人员、志愿救护人员、军邮员等；他们不直接参加战斗时，不得对其进行攻击和杀伤；如被俘，应享受战俘待遇。在海战中，由于战斗员和非战斗员同乘一艘舰船，攻击时很难加以区分。

关于海战中杀伤战斗员和为此目的所使用的手段，习惯国际法定有规则，按照这些规则，只有对于能够并且愿意作战的或抗拒拿捕的战斗员可以加以杀伤。对于因病伤而丧失战斗力的人，或放下武器投降或不抗拒拿捕的人，除报复的情形外，应接受其投降。毒物和造成不必要的伤害的武器、投射物及物品概被禁止；以背信弃义的方法杀伤敌人，也同样被禁止。

依据1907年海牙第十一公约的规定，被拿捕的敌国商船上的船员凡是中立国人者，以及船长和职员凡为中立国人者，不应拘为战俘；敌国商船上的船长、职员和船员，凡为敌国人者，如果作出正式书面诺言不参加任何与作战有关的服务，不应拘为战俘。

（二）海战船舶的法律地位

1. 军舰

军舰是海战时合法的作战工具，有权参加海上任何战斗，也是敌方战时合法的攻击目标。

军舰分为：(1) 作战军舰，如无畏舰、战斗舰、航空母舰、巡洋舰、驱逐舰、鱼雷舰、潜水艇、扫雷舰及现代最新的发射多目标弹头飞弹的核子潜水艇等；(2) 辅助作战的船舰，如运输舰、补给舰、差遣舰、运油舰、运煤船、修理船，等等。第二类的辅助作战船舰如无特别命令或非遭受攻击，是不加入战斗的。

2. 武装商船和商船改充军舰

(1) 武装商船

武装商船又称自卫武装商船或防御性武装商船，是指商船为自行防卫敌国军舰或鱼雷艇、潜水艇的攻击，由于不得先行攻击，只能置备武装，实施抵抗的商船。其中武装的种类包括：步枪、机枪、小炮、高射炮、火箭炮及深水炸弹等，是无所限制的。

很明显，商船配备武装引起了一些相当困难的问题。首先，不容易区分攻击行为和防御行为；其次，鼓励私有船舶从事即使是防御性的敌对行为，也是充满危险性的，因为这就使1856年《巴黎海战法规宣言》对于受委任与未受委任的船舶之间的私掠船制的废止有受到破坏的危险；最后，商船配备武装并有权抵抗实际的和预料的攻击，使敌国潜水艇非冒被商船的优势武装击毁或为其所撞沉的危险，就不可能按照国际法行使它们的临检和拿捕的权利。

有人认为，潜水艇既然不能对防御性武装商船按照国际法行使习惯上的临检和拿捕的权利，其显然的后果就是它应该避免作法律所禁止的活动。新武器本身并不产生要求改变现行战争规则的权利。同一原则也适用于飞机对商船的拿捕和攻击。

---

① 于淼平主编．国际海洋法知识：272.

另外，实践表明，国际法必须适应新武器的发明所引起的变化，只要这种适应不是和基本战争规则不相容的，特别不是与区别战斗员和非战斗员的规则不相容的。解决这个困难的一个办法是：用条约限制潜水艇的活动，还有改装为军舰的商船和飞机，以换取放弃为防御目的而武装商船的权利。这样限制的后果可能是完全放弃以商船运载禁制品为理由而加以击毁的权利，或者只在靠近海岸的某些区域击毁商船，但是无论如何必须要遵守那些保证船员和乘客安全的规则。在未成立任何协议之前，认为商船为了抵抗攻击而携带防御性武器并不失去其商船的性质和被敌国和中立国当作商船的主张，是和战争法的基本原则完全符合的。对敌方而言，这种权利包括免受直接攻击和非对乘客及船员提供安全保证就不得击毁船舶的权利。第一次世界大战期间，中欧国家违反了这些原则，其结果是武装商船的做法被更普遍地采用。这也是采用严重影响战时海洋法的报复措施的主要理由之一。1939 年对德战争爆发时，又重演了不顾防御性武装商船的非战斗性质和因此而采取报复措施的情形。

（2）商船改充军舰

与武装商船不同，商船改充军舰是交战国政府将其商船改装为军舰。19 世纪中期，欧美各国均改装其商船为军舰，以增强军力。1870 年德法战争时，德国首先下令改装。1887 年，英政府与其轮船公司订立合同，规定战争爆发时，可以使用其船舶，平时政府予以便利及补助；战时若有损失，酌予补偿。1892 年，美政府同样与美籍公司订立合同。1900 年，法政府规定得更为合理，商船应照政府图样制造，并应由海军官指挥，战时编入正规海军。1907 年，第二次海牙和平会议鉴于改造商船已为各国通行政策，就商定《商船改充军舰公约》，该公约规定，商船改充为军舰需要符合以下条件：第一，必须在本国的直接权威和监督下改装；第二，外部标志与本国军舰所特有的外部标志相同；第三，指挥官必须受国家正式任命；第四，船员受军纪约束；第五，遵守战争法惯例；第六，交战国应从速将改装好的军舰列入军舰表中。

商船改充军舰一般采用两种方法，即志愿舰队和辅助巡洋舰。志愿舰队是将商船编入作战舰队，这些船只在纪律方面和国家的责任方面被看作同军舰一样。各交战国除了它们的正规海军以外，拥有一支辅助舰队的权利，是被 1907 年 10 月 18 日关于将商船改装成军舰的海牙第七公约明确认可的。巡洋舰队是船舶与海军的有效归并，但这种船舶须满足一些条件：交战国的监督，佩带军舰特殊的外面标志，由职业军官指挥，全体船员服从军事纪律的规则，将船登记在军舰表上，该船遵守战争法规。这种改装一经实现，此船便成为国家海军的组成部分。法律上，它具有公船的性质。

3. 潜艇

潜艇应列入正规海军。现代潜艇的构造，吨位大于过去的若干倍，已使用核子作为动力，乘员增至千余人，性能扩及发射多目标核子弹头长途飞弹，远非昔日小型潜艇可比。

（1）使用上的分歧：直到第一次世界大战，还没有任何潜水艇应该服从的特殊法律、规章，1899 年的第一次海牙和平会议只是接触了这个问题，由于在各参加国之间表现出来的分歧，海牙会议没有能够解决这个问题。后来，尤其在 1921—1922 年和 1930 年的海军会议期间，在潜水艇的使用上出现了三种立场，一直为后来所坚持：(a) 德国全面潜艇战争理论。这种理论建立在现实主义的出发点即全面使用潜艇的法规的基础之上。根据这条法规，各交战国总是最大限度地使用它们掌握的武器来进行战争的。德国主张对于为敌方供应军需服务的，或被推定为敌方供应军需服务的敌国或中立国商船，实行无限制战争；并且应用了两个论据：第一，法律上的或假的法律论据，即需要的论据，以方便和安全的理由为潜水艇不经警告而摧毁商船进行辩解；第二，政治上的论据，潜水艇——军事上和财政上不强的国家武器——基本上是防御掌握制海权国家的工具。(b) 英国禁止对敌国商船使用潜水艇的理论。潜水艇完全不应对商船采取行动。依据为：潜水艇用鱼雷攻击并通过潜入海下使自己不被别人看到，本质上就表现为一种背信弃义的武器。潜水艇基本上构成一种对商船的进攻性武器，而对军事舰队不大有效。不同于海面上的船舰，潜水艇的技术特征使它不能遵守捕获法规则。(c) 法国按规章规定的使用理论。这种理论表现为一种和解性制度。法国的理论强调指出：英国的理论建立在诈术和背信弃义两个概念相混淆的基础之上；根本不能忽视潜水艇对抗水面军舰的实际价值；对潜水艇来说，实际上没有任何不可能遵循国际法关于检查船舶和临检规则的事情。

(2) 第一次世界大战的实践：德国的潜艇战争先后分两个阶段进行。A. 由 U—24 潜水艇于 1914 年 10 月 26 日在离格里斯—内兹角 4½ 海里处未经警告用鱼雷攻击法国冈托默海军“上将号”船开始的第一阶段（1914 年—1916 年），在其方法上相对来说是有限制的。这次事件被德国 1915 年 2 月 4 日的备忘录正式予以宣布，该备忘录声明从 1915 年 2 月 18 日起环绕不列颠群岛的所有水域包括英吉利海峡在内都为战区（战争地带），所有处在这一区域的敌船或中立船都可以受到攻击和摧毁，从而对世界商船造成严重损失。B. 各协约国通过规定报复来抵制德国的非法行动：a. 一般报复：通过 1915 年 3 月 1 日的法英联合声明，1915 年 3 月 11 日的英国枢密院令和 13 日的法国法令建立货物扣押制度，这种措施以后又被 1917 年 1 月 10 日和 2 月 16 日的英国枢密院令加强了。b. 特殊报复：对于被拿捕的德国潜水艇上的成员的歧视待遇，英国海军部对他们实行单独禁闭制度。但是后一种措施，只对 39 名德国军官和水兵实施过，面对它所引起的德国反报复，很快就被放弃了。

(3) 第二次世界大战的实践：第二次世界大战以系统和广泛地使用潜水艇武器为特征。这种空前的发展归因于：编入舰队的潜艇数量；新的攻击方法的使用；可以明显扩大潜水艇潜航的续航里程的技术方法的发现；新的修理方法和加油方法的采用；潜艇基地在地理上的邻近，这是由于德国对欧洲整个西部沿海地带，从北角到比达索阿的占领。从法律观点看，第二次世界大战中潜艇的使用，比 1914—1918 年更为非法，因为所有交战国都逐渐使用了这种武器，而这种使用显然违反了一条实在法规则。

(4) 协定、规章。现代国际海洋法，除了概括规范其应防止核子污染，与一般核子船舶相同，至于海战部分，尚无正式法规。若是以后再次发生战争，潜艇将会带来多大危害，应如何加以限制，现在还没有具体条款加以限定。

1922 年，主要海军国家签订了关于在战争中使用潜水艇及有毒气体的《华盛顿条约》，订明“潜水艇之作战应一律适用海军军舰在海面作战所适用的法规”。使用潜水艇问题在 1921 年 10 月 29 日到 1922 年 2 月 6 日在华盛顿召开的限制海军军备会议的讨论事项中占有重要地位。德国政策的过分行为使舆论产生强烈反应，因而掀起了一个广泛的废除潜水艇活动。英国坚持的这个论点遭到了法国的坚决反对，法国要求最少有 90 艘潜水艇以确保它的海上安全。1922 年 2 月 6 日的《华盛顿条约》阐明了禁止使用潜水艇以破坏商业的原则。根据这个条约，潜水艇应遵守国际法保护中立国国民和非战斗员的生命的规则（进行检查船舶和临检的义务，禁止破坏商船除非商船抵抗临检，也有义务事先将商船上的船员和旅客安置于安全地方）。该条约第 3 条规定了对所有违反者的严厉惩罚，违反这些规定被看作是海盗罪行。该条约从来没有生效，因为没有任何一个国家予以批准。第 3 条规定的惩罚，除了它忽视了服从上级命令的原则以外，从关于海盗行为定义的法律技术的观点来看，它事实上构成一种错误。

1930 年的关于海军作战的《伦敦条约》及 1936 年关于潜艇作战规则的《伦敦议定书》，仍采用上述立法原则，分别规定。1930 年的海军会议又回到了更适度但更有效的建议上来。1930 年 4 月 22 日的《伦敦条约》第 22 条，组成该条约的第四部分，局限于提出在潜艇的战斗行为方面把它们看作同水面舰艇相似的一般原则即检查船舶和临检的义务，把对商船的破坏限制在商船坚决不停航或对临检进行积极抵抗的情况下，并事先把船员、乘客和船舶文书置于安全地方之后。根据 1930 年 4 月 3 日伦敦会议法律委员会通过的报告，“商船”这一术语应作狭义的解释，这样就默示地排除了辅助船只；但是，关于武装商船仍存在着疑问。根据 1930 年《伦敦条约》第四部分，该条约于 1930 年 12 月 31 日生效。1936 年 11 月 6 日的《伦敦议定书》提出，第三国可以加入 1930 年《伦敦条约》。1936 年议定书只是重述了 1930 年《伦敦条约》第四部分的规定。第二次世界大战前夕，36 个国家受这个规章的约束，其中包括所有军事大国，包括德国和苏联；此外，在这 36 个国家中，还包括罗马教廷和许多没有海岸的欧洲国家。具有同样精神的还有 1964 年 12 月 31 日的法国海军训令第 8 条。

可惜在第二次世界大战期间，双方仍无限制地使用潜水艇作战，非常残酷。

（三）水雷

潜水水雷是一种烈性炸药，是按专门的引爆方法在水下爆炸的武器。人们从技术的观点把水雷区分为：(1) 电触水雷或海底鱼雷。这种水雷尤其在过去使用，是一种浸入海中，在深知底细的情况下通过从陆上观察哨发出脉冲，由电力引爆的武器。(2) 自动触发水雷，实际上是当前唯一使用的一种水雷。其自身还包括：1）固定水雷，又称封锁水雷，是浸入海下一定深度，但用缆绳系住的武器，只要缆绳不断，就能够限制这些武器的破坏作用；2）漂浮水雷，又称没有系缆的或者漂移的，这种水雷没有锚栓，随着潜流海浪自由漂浮，并且遇到障碍物或船舶的冲击时即行爆炸；3）具有磁性装置的磁性水雷，比如在水雷上装一根磁针，当船舶的金属部分经过时，引起爆炸，雷管一发生作用，水雷就立即自动解脱并浮上水面。

1. 国际实践的研究

(1) 第一次世界大战的实践：1914 年战争初期，各欧洲国家对潜水水雷的滥用，很快使各中立国提出绝对禁止使用漂浮水雷和限制在公海上敷设固定水雷。这条建议经美国提出，1915 年 2 月 28 日被德国接受，但是，同年 3 月 1 日却被各协约国拒绝了，因为协约国不愿意在这种情况下放弃它们的报复权利。所有交战国到头来还是极力采用了这种办法。德国敷设了将近 46 000 个水雷，或者为了防守海岸的目的，或者从 1915 年夏季起为了进攻的目的。这些水雷是由一些特种潜水艇敷设的。德国取得了重大结果。土耳其用这种方法成功地顶住了协约国 1915 年 3 月 18 日对达达尼尔海峡的进攻，几小时之内摧毁了法国“布违号”装甲舰和英国“不可抵抗号”“大洋号”装甲舰，并且使法国“苏弗朗号”“高卢号”装甲舰和英国“坚定号”“阿伽门农号”装甲舰丧失了战斗力。至于协约国，它们开始以报复的名义使用水雷或以防御的名义使用水雷。嗣后，它们在两个不同的区域内布了雷，这样，从 1918 年 5 月到 11 月，在苏格兰和挪威之间敷设了 78 000 个水雷。在相当于 1 197 000 吨、共 6 678 艘被摧毁的船舶总数中，由水雷造成的损失就有 607 艘，吨位 1 119 000 吨。

(2) 第二次世界大战的实践：其特点是适用新的技术，主要有磁性水雷（外壳中装有一个罗盘，当船从水雷上面经过时，罗盘上的磁针就偏斜并使水雷触发）、声学水雷（根据螺旋桨的声音，装备传声器和扩声器）和带有胶囊的压力水雷（在船舶经过时产生压力的作用下，胶囊下沉并使水雷触发）。所有这些武器都同常规水雷大不相同。磁性水雷于 1939 年 11 月 18 日在英国东海岸外海被德国第一次使用，德国使用水上飞机布雷。1942—1943 年英国皇家空军在波罗的海也用飞机布雷。德国对这种方法的使用，引起了英国和法国的报复。除了交战国沿各自海岸设立的保护栏以外，各同盟国还在北海、挪威海岸外海和瑞典海岸外海、波罗的海、北大西洋、地中海、亚得里亚海等海面布置了大量的进攻性阻碍。第二次世界大战期间，总共敷设了 60 万个水雷，其中 50 万个布在欧洲西北部，其中 26 万个由同盟国布置的；520 只同盟国商船由于这种情况被水雷炸沉。战争结束后，有 50 000 平方千米的布雷区环绕法国海岸。

(3) 1945 年以来的状况：1945 年以来，在实在法规章方面我们尤其要记住 1970 年 12 月 11 日的《禁止在海床、海底及其底土安置核武器和其他大规模毁灭性武器条约》。有 67 个国家在条约上签了字，但是由于没有得到 22 份必要的批准书，条约还没有生效。在越南战争时期，美国多次在越南北方港口的进口水道和领海敷设水雷，所有这些水雷都是用飞机投掷的。这些通过潜水水雷建立以封锁为目的的措施的非法性是没有疑问的。

(4) 使用水雷提出的国际责任问题：水雷的使用不只对敌人的船舶是危险的，它在战争行动过程中对中立船以及在实际战争行动结束后对和平航行，通常都会导致损害。完全有效扫除水雷，总是需要一定时间的。第一次世界大战期间，中立国的损失达 325 艘船，吨位 395 000 吨。第二次世界大战期间，很多中立船被水雷炸沉，最严重的事件之一是 1941 年 11 月 5 日在敦贺附近、朝鲜东海岸外海，一个漂浮水雷对日本"科贝马鲁号"邮轮的炸毁，有 165 人死亡。很多船，尤其是法国船，在战争行动结束后触雷爆炸，甚至到 1962 年时还有船触雷爆炸。赔偿的可能性在这方面一直是有限的。在国内法方面，这个问题在法国被行政法院消极地解决了：行政法院承认法国国家对于 1966 年 1 月 5 日一个水雷在卡尔瓦多斯海岸外海炸毁一只船不负责任，因为任何行政理论在这种情况下都不适用。在国际法方面，国际判例由于缺乏证据以及葡萄牙没有加入 1907 年海牙第八公约，拒绝了葡萄牙对于 1915 年 3 月 31 日一个潜水水雷炸毁"杜罗号"帆船的索赔请求。与此相反，国际判例承认了阿尔巴尼亚对英国"索马雷号"驱逐舰的毁坏和给"沃拉热号"造成的损失，是由于 1946 年 10 月 22 日在科孚海峡一个未被扫除的水雷的爆炸造成的。

2. 国际立法状况

长期被视为二等武器的潜水水雷在美国南北战争中由南方人使用了。但是，日俄战争的经验表明，水雷对中立国同样是危险的，并且在学者中引起了关于使用这种作战方法的合法性的激烈争论。国际法学会主张一种建立在按地理区别基础上的解决办法，允许为防御目的在各交战国领海内使用水雷，但是鉴于这种武器对中立航行带来的危险，禁止在公海使用水雷。尤其是英国主张的这种区别引起了 1932 年 5 月 5 日由联合王国代表团提交给裁军会议的一项制定规章的议案，但是，这项议案没有被大会接受。美洲国家中立委员会对于一项企图限制为防御目的使用水雷的委内瑞拉草案也未给予任何答复。对潜水水雷的使用目前由 1907 年海牙第八公约加以规定，该公约基本上是对自动触发潜水水雷的两种技术种类加以区别：(1) 允许使用固定水雷，除非这些水雷在其系缆拉断之后仍有危险性；(2) 禁止使用漂浮水雷，除非这种水雷的构造在敷设水雷的交战国对之失去控制至多一小时后，就成为无害。另外，公约第 3 条要求各交战国采取一切可能的预防措施，以保证和平航行的安全。按照该公约第 5 条，各停战协定，几乎总是强迫战败国扫除其水雷区的水雷。根据法国学者的看法，1907 年海牙第八公约第 2 条禁止用水雷封锁，禁止在敌国港口敷设水雷，以阻止商业航行为唯一目的。英国认为所有这些限制都是不够的，它在 1907 年海牙第八公约上签字时明确保留了关于根据国际公法的一般原则而否认使用水雷的合法性的权利。

(四) 禁止使用的手段和攻击目标

陆战法规与惯例，凡是可以适用于海战的，都适用于海战。1907 年海牙会议文件中提到："在任何情况下，国家在海战范围内尽可能适用陆战法规与管理的原则。"但是，由于海军作战方法和手段的一些特点，也存在着一些特殊规范。

1. 战中禁止使用的作战手段

(1) 禁止使用有毒、化学和生物武器，包括窒息性、有毒的或其他瓦斯以及类似的液体、物质或器具，也包括各种化学式生物武器。

（2）禁止使用极度残酷的武器，（常规的）如达姆弹、凝固汽油弹、集束炸弹以及射入人体易扁易爆的子弹等。

（3）禁止使用引起环境改变的作战手段和方法，如改变气候，引起地震、海啸，破坏生态平衡、破坏臭氧层等。

（4）禁止投掷伪装成玩具、日用品或表面无害的轻便物体的炸弹。

（5）根据敷设自动触发水雷公约，禁止：1）敷设并不用锚系住的自动触发水雷，但是，如果这样处理这种水雷，使它们在敷设国失去控制后至迟一小时即成为无害者，不在此限；2）敷设用锚系住的自动触发水雷，如果这种水雷离锚而漂流时并不成为无害的物体；3）使用鱼雷，如果这种鱼雷在不击中目标后并不成为无害的物体；4）只是为了阻止商务航行的目的，而在敌方海岸和海港的前面敷设自动触发水雷。但是，当军事上的考虑容许时，危险区域即当用通知来表明。

（6）禁止使用毁灭性的原子武器和氢武器。

（7）禁止使用不分青红皂白的作战手段和方法，如对居民区内独立的、分散的军事目标，采取无区别的轰击等。

（8）1930年《伦敦条约》生效，其第四章对潜艇作战加以限制：对可疑船舶，须先经查询和临检；如商船拒绝临检，可采取攻击行为；攻击之前应对船上人员及其重要文件先作安全处置。同时，依据该条约的规定，又于1936年11月，通过了《伦敦议定书》，又称作《潜艇作战人道化议定书》，以供《伦敦条约》签字国以外的国家签署，先后签字于条约及议定书者有36国。

2. 禁止攻击的目标

根据海战法规和惯例，海战时，需要保护和禁止轰击的目标有：

（1）根据1907年关于战时海军轰击的海牙第九公约，禁止：1）用海军炮击不设防的海港、城市、村庄、住所或建筑物。即使在海港的前面敷设了海底自动触发水雷，这种炮击也还是不许可的。但是，军事工事、陆军和海军建筑物、武器和战争物资的仓库、可能用来供应敌方海军或陆军需要的工场和设备以及在海港内的军舰，都可以用炮予以破坏。然而，除了紧急情况以外，只是在任何其他方法都被排除，而且地方当局并未在指定的时间内自行破坏的条件下，才得予以破坏。不过，在任何情况下，进行炮击的国家，对于由炮击发生而并非有意造成的损害，不负责任。2）在不设防的海港、城市、村庄、住所或者建筑物拒绝支付现金捐献的情形下，予以炮击。相反，为了强制执行已被拒绝的，对于在该地前面的海军部队的当前需要系属必要的粮食和其他供应品的征发，可以炮击这个地方。3）抢劫城市和地方，即便城市和地方是在袭击中被掠取的也是一样。

（2）医院、医院船、伤病员收容所以及医疗、运输车辆，救生艇、慈善事业团体和个人船舶、中立国的船舶、军使船和遣送俘虏船以及表示接受投降的船舶等。根据1949年日内瓦第二公约，军用医院船、具备一定条件的国家会社以及为伤者和病者设置在海岸的营造物，不得加以炮击。

（3）宗教、技艺及慈善事业的活动场所和建筑物。

（4）历史古迹及建筑物。

（5）和平中立化地带。

（6）危险设施，如核电站、水坝等。

（7）把占领地同中立领土连接起来的海底电线，只是在紧急情形下予以破坏（海牙第四公约：《陆战法规与惯例公约》第 34 条）。相反，联结敌方各领土的电线可以径直予以破坏。

（8）按照 1858 年 10 月 29 日的公约第一条，即使在战时，也不得以任何方法妨害对苏伊士运河的自由利用。

要注意在这些地方设立标志，以便识别，其标志一般是大长方形牌，在此牌上划一对角线，上三角形为黑色，下三角形为白色。

二、战时海洋法的规则之二——战时封锁

（一）概述

战时封锁是海上战争所特有的一种作战方式，它是一种措施，交战国通过这种措施宣布禁止在公海和敌国海岸之间，经进口水道或经出口水道往来。[①] 这种禁令的制裁是扣留和拿捕违反禁令的船只。封锁虽然是可以与包围同时进行，但是封锁不应与包围混为一谈。包围的目的是夺取被包围的地方，而封锁不过是力图截断海岸与全世界之间的海上一切往来，尤其是商业往来。

战时封锁制度产生于 1584 年，当时联合省政府宣布封锁当时西班牙控制之下的所有佛兰德港口。这种主张是建立在包围者所有的古老权利基础之上的，包围者主张这种权利通过各种手段来阻止中立国国民越过一条被包围城市的包围线，而荷兰海军有办法使这种威胁付诸实施。这种概念在学说上很快被接受，并且从 1625 年起，这种概念被格劳秀斯接受了。格劳秀斯把封锁与陆战中仍在使用的传统的包围区别开。封锁制度经荷兰于 1630 年 7 月 9 日发出公告予以重申，并且通过对违禁船舶的没收，使违反这一制度的行为受到惩罚。至于英国，它从 1689 年开始，对法国和法国的属地使用过这种手段。封锁制度在 18 世纪和各次拿破仑战争中被广泛使用。

1. 种类

（1）战略封锁与商业封锁

如果封锁构成对被封锁的海岸的其他军事行动的一部分，或者如果封锁的宣布是为了切断岸上敌国部队的供应，这种封锁被称为战略封锁。如果封锁纯粹是为了切断海岸与外界的往来而宣布的，在岸上并没有军事行动，则被称为商业封锁，以区别于战略封锁。按照目前的国际法规则，商业封锁和战略封锁同样是合法的。

（2）外向封锁与内向封锁

通常封锁是为了阻止出入的目的而宣布的，但是有时只禁止驶入或禁止驶出。在这种情况下，人们分别称之为“内向封锁”和“外向封锁”。例如，在克里米亚战争中，同盟国在 1854 年对多瑙河河口所宣布的封锁是“内向封锁”，因为它的唯一目的是阻止供应品由海路到达俄国。

2. 可封锁之处

（1）对河流的封锁

纯粹的国内河流即从河源到河口完全在同一国家领土内的河流，可以由该国的敌国予以封锁。但是，所谓的疆界河流和非国内河流，由于它们不是一个国家所有而是两个或两个以上国家所有，一般是不能合法封锁的，除非所有沿岸国都是对封锁国的共同交战国，或者沿河国都是交战国而对封锁国的共同交战国都同意封锁。

---

① 夏尔·卢梭主编．武装冲突法．北京：中国对外翻译出版公司，1987：194.

（2）对海峡的封锁

关于海峡是否可以封锁，须视不同的情形而定：仅分隔属于同一国家的领土而不连接公海的两部分的海峡是肯定可以封锁的；分隔属于同一国家的领土而同时连接公海的两部分的海峡是否能够加以封锁的问题尚未解决；分隔两国的海峡能否予以封锁的问题也没有解决。

（3）对运河的封锁

对于只流经一个国家的领土并且完全在该国家控制之下的运河的河口，似乎没有理由不能像情形相同的河流的河口一样加以封锁。但是通洋运河通常是由特别公约予以规定的，例如，苏伊士运河和巴拿马运河是不能合法封锁的，至少是不能由规定这两条运河的公约的缔约国合法封锁的。基尔运河，就《凡尔赛条约》第 308 条至第 386 条对它的影响而言，是被常设国际法院当作连接两个公海的天然海峡看待的，而这种天然海峡在封锁方面的地位，正如上文所提及的，是没有解决的。

（二）封锁的实效性

按照 1856 年 4 月 16 日《巴黎海战宣言》，封锁必须是有实效的，即必须以一支兵力来维持，而且这支兵力必须足以实际上阻止对敌国海岸的接近，才是法律上有拘束力的。

1. 封锁的宣告与通知

为了使一个封锁具有法律上的效力，封锁国政府必须宣告封锁。但是对于是否通知中立国和被封锁地区当局，是存在分歧的：封锁并不因为战争爆发而当然存在，甚至交战国军舰对敌国海岸进路的实际阻塞本身也不一定就等于禁止中立国船舶出入，因为这一行动可能只是为了禁止敌国船舶出入的目的。因此欧洲大陆作者一向认为成立封锁必须通知，但英国、美国和日本的作者并不认为通知是必要的，虽然他们认为，中立国船舶因破坏封锁而被判决没收，必须是该船舶知悉有封锁的存在。

至于通知的种类，各国实践向来总是由建立封锁的司令官向被封锁的港口或海岸的当局和在该处的外国领事送致封锁通知，而且向来也总是由封锁国政府通过外交途径将这件事通知所有中立的海洋国家。有些国家如法国和意大利的做法是命令它们的执行封锁的军舰派人登上每一个驶进的中立国船舶，将建立封锁的事情通知该船，并在该船的船舶文书上记载这一通知。但是英国、美国和日本并不认为建立封锁必须通知，它们认为仅仅进路被阻塞和中立国船舶出入实际上被禁止这一事实，就足以使人知悉封锁的存在；但是，如果没有通过外交途径发出通知，而船长实际上又不知悉封锁的存在，它们就不得以破坏封锁为理由而扣押该船舶。因此，英国、美国和日本的实践是区别所谓事实上的封锁和经通知的封锁的。

2. 实效封锁与虚拟封锁的不同

虚拟封锁有时被称为纸上封锁或案头封锁，这种封锁完全是不正规的。这种封锁在于以一纸书面命令宣布封锁敌国海岸，却没有任何军舰被派往被封锁地点。其具有双重后果，预防权和追击权，这种双重后果允许在任何地点拿捕任何被怀疑驶向或驶自被封锁地点的任何船只。这种做法尤其是在法国大革命时期的战争和帝国战争标志着虚拟制度的充分发展。

1909 年 2 月 26 日的《伦敦海战法规宣言》第 2 条被重申了："按照 1856 年巴黎宣言，封锁为了成为有约束力的，必须是有实效的，就是说，应由一支足以真正阻止进入敌国海岸的武力来维持。"该宣言第 3 条明智地提出，"封锁是否有实效的问题是一个事实问题"。

英国立场的完全改变促进了封锁制度的发展。英国在 1854 年成了在克里米亚战争中反对俄国的法国盟国，放弃了它的对立观点，采纳了真正封锁大陆的理论。

3. 封锁实效性的终止

在危险继续存在使企图通过进路的船舶有可能被拿捕的期间内，封锁是有实效的。这种危险一旦不存在，封锁实效性就当然终止，不论封锁军舰是被赶走的，还是被调开去执行与封锁无关的任务，还是自动撤退，还是在可以例外允许的情形之外的情形下允许船舶通过。

另外，实践和多数学者都承认，封锁并不因为封锁部队由于天气恶劣短期被迫离开而停止有实效。《伦敦海战法规宣言》第 4 条采用了这种意见，其规定："如果封锁部队因天气恶劣而暂时撤离，不得认为封锁已解除。"英国作者也不认为，在封锁军舰为了追逐未遭阻碍的获得通过进路的船舶而暂时不在时，封锁就失去实效；但是《伦敦海战法规宣言》并不承认这一点。

（三）封锁的破坏

船舶知悉了封锁，并且企图破坏封锁带时，不论是从海上进行破坏，还是企图从海岸向外进行破坏，都可予以拿捕和没收，而不予以补偿。破坏或违反封锁就是指船舶不顾封锁而作的未经允许的驶入或驶出。①

1. 不被认为是破坏封锁的情形

（1）没有封锁通知就没有破坏封锁：既然从封锁的交战国的观点看来，破坏封锁是一种犯罪行为，船舶知悉有封锁的存在是使船舶的出入构成破坏封锁的必要条件。所以，如果封锁未作通知，就不可能被破坏。

（2）船舶的驶入不被认为破坏封锁的情形：按照第一次世界大战前相当普遍的实践，无论何时，如果船舶由于需要修理、天气险恶、缺少水或粮食或其他任何原因而必须驶入一个被封锁的港口，这种驶入不构成破坏封锁。另外，至少按照英国实践，如果驶入是由于船长醉酒、不知道海岸情形、迷失方向、没法寻找引水员等情形，或企图探明封锁是否已解除，这种驶入仍构成破坏封锁。

（3）船舶的驶出不被认为破坏封锁的情形：按照第一次世界大战前英国和其他多数国家的实践，一些驶出的情形并不被认为破坏外向封锁。例如，一只在封锁开始前已在被封锁港口内的船舶曾被允许装载压舱物驶出；同样，一只在封锁期间因不知有封锁或经封锁舰队允许而驶入该港口的船舶也被允许这样驶出。又例如，一只在封锁开始前已经装上货物的船舶后来曾被允许不受阻难地离开该港。一只中立国外交使节所雇佣的纯为将本国遇难海员从被封锁港口遣送回国的船舶，也曾被允许不受阻难地通过。

（4）通过未被封锁的运河不构成破坏封锁：只有通过被封锁的进路才是破坏封锁，因此，如果一个港口的海上进路被封锁而从该港口有一条通往另一未被封锁的港口或中立国港口的内陆运河，则船舶为了到达被封锁的港口而通过该运河驶出或驶入不构成破坏封锁。

2. 对破坏封锁的惩罚

对破坏封锁的直接惩罚是对船舶的拿捕，这种拿捕可以发生在违禁船舶通过封锁线之前（预防权）和返航期间（追击权）。实践中把对以下船舶的捕获视为正当的捕获：（1）不顾在其航海文件上记载的通知，力图进入被封锁地点的船舶；（2）沿着一条对它明确禁止的航道航行的船舶；（3）已经得到特别通知只能空载驶出，却又装载货物驶出被封锁的港口的船舶；（4）没有航海文件而驶离一个被封锁的港口的船舶；（5）在给予中立船舶驶出的期限届满之后，企图驶出一个被封锁的港口的船舶。

（四）远距离封锁

在第一次世界大战和第二次世界大战中所命令实施的远距离封锁，不是封锁。第一次远距离封锁是英国于 1914 年 11 月 2 日宣告的，它宣告北海是军事区，中立国船舶除非冒巨大的危

① 劳特派特主编．奥本海国际法．下卷第 2 分册：253.

险，不能驶过这个区域。作为对这个措施的报复手段，德国发布了1915年2月4日的战区宣告，按照这个宣告，在战区内遇到的敌国商船，无须事先命令停止和进行搜索，应予破坏。1916年5月4日，停止了潜水艇战争，但是1917年1月12日，作为报复手段，甚至也对在战区内发现的中立国船舶恢复了潜水艇战争，其理由是：中立国已屈服于敌国的封锁。1940年7月31日，英国宣告了对德国的封锁，对于这个封锁，德国以1940年8月17日对英国进行封锁的宣告作为报复。

这些远距离封锁，在法律意义上不是封锁，因为它们并不是以一个封锁分舰队在现场来维持的，而且它们也部分地包括了中立国的海岸和海港，而这毫无疑问是被禁止的。

三、战时海洋法的规则之三——捕获权

（一）概述

海战与陆战相比之下更不尊重敌国人民的权利，对敌国的公船，肆意轰炸，破坏捕获。当然，敌国的私船，就更毫无保障可言。以上内容中已提过对医院船等船舶，在海战时，应予以限制，不得任意轰击、捕获，至于其他私船，无法得到捕获之豁免。

1. 时间条件

战争开始和捕获权的产生，原则上是同时产生的。但在后来的实践中发生了变化，根据这种做法，在实际行使拿捕权之前，可能给予有关船舶一个由停留国确定、长短不定的期限即特许期限。在以后大部分海战中都采取这种做法，并且，这种做法在实在法上得到了1907年10月18日关于开战时敌国商船之地位的海牙第六公约的确认，该公约第1条规定："在战争开始时，一艘敌国商船处在一交战国港口的情况下，最好准许其自由地驶离，及时地或在足够的宽裕期之后驶离即可。"这种解决办法也扩大适用于不知悉战争状态而进入一敌方港口的敌国商船。而且，对于因为不可抗力的情况而不能在特许期限内驶离敌国港口的船舶，或者在海上遇难的不知悉战争的存在的船舶，都不能予以没收。交战国只能拿捕这些船舶，而在战争结束后，必须予以归还，但不给予补偿；或者予以征用，但要给予补偿。

2. 地区条件

行使捕获权的地区是本国港口、本国领海、敌国港口和领海以及公海海面，乃至任何主权管辖所及水域。而非交战国和中立国的港口及领海为绝对不影响捕获权的地区。

（二）受捕获权支配的船舶和财物

拿捕敌国的私船并不使执行拿捕的部队所属的交战国取得最后财产权。捕获品必须被带到捕获法院，并由法院通过审判确定了拿捕行为之后，拿捕的交战国对船舶的没收行为才算最后确定。拿捕敌国公有船舶的效果就是直接予以没收，这种船只可以被带到一个港口或立即加以毁坏，船上所有的人均成为战俘，然而，如果在船上有对敌国毫无重要性或价值的私人，他可能不致久受俘禁，而于一段时间后得到释放。

关于被拿捕的敌国公有船舶上的货物，拿捕的效果就是把船上属于敌产的货物立即予以没收，因此，拿捕者认为适宜时可以立即加以毁坏。但是，如果被拿捕的敌国公有船舶上有中立国的货物，这种货物是否与被拿捕的船遭到同一种命运，尚有争议。

海上捕获权的例外情况：（1）船舶：负有宗教、科学或慈善使命的船舶、渔船和用于当地贸易的小船、战争爆发时的商船、遇难商船、医院船和交换战俘船、邮政船和邮袋。（2）财物：船员的个人财物、邮政信件。

（三）实施海上捕获权的程序

1. 对于敌国的公船

对于敌国的公船，在公海及交战国的领海内，不用经过警告手续，就可以予以攻击；不用经过临检手续，就可予以拿捕；不用经过审判程序，就可以取得对商船的所有权。

2. 对于敌国的私船、商船

对于敌国的私船、商船，必须先经临检手续，才可拿捕；拒绝或抵抗临检，才可加以攻击，这是与对于敌国公船的最大区别。至于敌国私船和货物是否可以没收，应以其有无敌性为判断依据，而有无敌性须经捕获法院审判确定后，才可以依法没收或释放发还。

第二节 战时海洋法中的中立

一、概述

“中立，为在战争期间，第三国，对于所有该一战争之交战国，所采不偏不倚之态度，而经交战国予以承认之后，第三国与交战国之间，所发生之法律关系。”① 中立国是指置身于战争之外，对交战国采取不偏不倚态度，并获得其承认的国家。②

中立的特点为：(1) 中立是中立国在他国交战时自己所处的法律地位；(2) 中立是中立国家的地位，主体是国家，而不是个人或法人或团体；(3) 参加战争或不参加而使自己处于中立地位，是由国家自行决定的，属于国家的主权；(4) 宣布为中立国，那么交战国就应该尊重中立国的中立地位，不对其进行战争行为，交战国要履行自己对中立国的义务；(5) 中立国要严格遵守中立义务及战时中立的特殊规定。

（一）中立的种类

永久中立是特别条约所中立化的国家，从历史上看，过去有：马耳他岛（1802年，未真正实现）、瑞士（1815年）、克拉科夫（1815年）、比利时（1831年）、卢森堡（1867年）、刚果自由国（1885年）、洪都拉斯（1907年）、的里雅斯特自由区（1947年，未实现）、奥地利（1955年）以及老挝（1962年），但是其中至今仍保持永久中立国地位的只有瑞士、奥地利。

全部中立和局部中立是从一个国家的领土的一部分可以中立化的事实来区别的。

自愿中立和约定中立：自愿中立是没有因一般或特殊条约的拘束而必须在特定战争中维持中立的国家的中立。在大多数国家，中立是自愿的。另外，一个国家由于条约的拘束而在一个战争中维持中立，那就是约定中立。

武装中立是指一个中立国采取军事措施反对交战国任何一方使用中立国领土的可能企图以保卫它的中立。

善意中立是指如果一个国家维持着当时所了解的松懈意义的中立而另一方面偏向一个交战国。

（二）中立的开始和终止

按照1907年关于开始战争行为的海牙第三公约第3条，进行战争的国家有义务将战争状态通知各第三国。在收到这个通知的时候，中立法规对于不参加战争的国家就开始生效。如果

① 侯木仲主编．国际海洋法．台北：环球书局，1984：181.

② 于焱平主编．国际海洋法知识：279.

没有这种通知，那么在明白无疑地确定了一些第三国已经事实上知悉战争状态的时候，中立义务才开始发生。然而，因为在未经宣战而发生武装冲突的情形下，究竟有军事上平时报复的事实还是战争的事实存在时常是不容易断定的，所以交战国只是在明确声明事实上的战争状态存在的条件下，才能要求严守中立法。

中立由于下列事实而终止：（1）战争终结；（2）一个直到那时是中立的国家加入战争；（3）一个无意或者不能保卫其中立的中立国，因而成为战区。但是，只是违反中立的行为并不使中立状态终止。

二、中立国的义务①

海战中，中立国的一般义务为：处于绝对回避战争立场的回避义务和对交战国双方维持公平立场的公平义务。中立国对交战国的义务具体包括：

1. 中立国对交战国不得援助，不能供给武器、弹药、军舰、军用飞机及其他军用器材；不能给予补助金、贷款、承购公债；不仅不能直接参加战斗，进行援助，也不能为交战国提供军队；不能用军舰和公船等进行军事运输；不能给予情报的方便等。这种援助无论是给予一方或公平地给予双方，都被禁止。

2. 中立国须防止交战国为进行战争而利用其领土。如果交战国在中立国的领土、领海或领空中进行战斗、捕获船只、建立作战基地或通信设备，因输送军队和军需品而通过中立国领土，中立国要以一切可能的手段加以防止，即防止义务。

3. 中立国对于交战国因进行战争而采取的行动使本国国民蒙受不利时，在一定范围内应有默认义务：（1）中立国国民和交战国领域之间从事通商是自由的，但由此而把供于战争的物资即战时禁制品供给敌国的，交战国和另一方可以对此类物资进行捕获和没收。（2）交战国可以在敌国海岸线上设置封锁线，对于越过此线通往敌区的船只及货物，可以捕获和没收。一纸宣言不为封锁，只有使用足够的兵力防止船只到达敌国海岸方为封锁，封锁一旦成立，中立国籍船只及其装载货物也可为没收对象。（3）中立国的船只直接参加战斗，全部船只受雇于敌国、输送敌国军队和传送情报等，进行对交战国有军事利益的行为时，即构成“非中立义务”，对于其船只和船中属于船舶所有者的货物可以没收。（4）交战国对于偶然驶入其领域中的中立国国民所有的铁路性车辆或其他运输器材以及船舶等，在必要或迫不及待时，可以进行征收和使用，即特殊征用权或称非常征用权，但在使用后必须从速归还，或付给相当的赔偿金。

课后复习

1. 单项选择题

（1）一旦一只被攻击或被反击的船舶降下旗帜，从而表示它准备投降，就应接受它的投降，并且不再对它射击而加以拿捕是指（　　）。

A. 纳降的义务　　　　B. 救生的义务

C. 使用假旗的权利　　　　D. 禁止背信弃义的义务

（2）没有因一般或特殊条约的拘束而必须在特定战争中维持中立的国家的中立是

① 江伟钰主编．现代国际法原理解析：497－498.

指(　　)。

A. 约定中立　　B. 自愿中立

C. 善意中立　　D. 全部中立

2. 名词解释

(1) 武装商船。

(2) 战时封锁。

3. 简答题

(1) 试述商船改充军舰有几种解决办法及其相关内容。

(2) 破坏封锁的例外情形有哪些?

(3) 中立国的一般义务及其对交战国的义务是什么?

参考文献

著作

（一）中文著作

薛桂芳，胡增祥．海洋法理论与实践．北京：海洋出版社，2009

陈学雷．海洋资源开发与管理．北京：科学出版社，2000

国家海洋局海洋发展战略研究所课题组．中国海洋发展报告．代序．北京：海洋出版社，2013

邵津主编．国际法．北京：北京大学出版社，2000

李铁成．联合国五十年．北京：中国书籍出版社，1995

周鲠生．国际法．北京：商务印书馆，1983

陈致中．国际法院与现代海洋法的发展．北京：中国国际广播出版社，1993

吴慧．国际海洋法法庭研究．北京：海洋出版社，2001

魏敏主编．海洋法．北京：法律出版社，1987

张文显．法理学．2 版．北京：法律出版社，2004

王铁崖主编．国际法．北京：法律出版社，1995

张文显．法理学．北京：法律出版社，1997

朱晓东，李扬帆等．海洋资源概论．北京：高等教育出版社，2005

于淼平．海洋与中国未来概论．北京：海洋出版社，2001

陈宗镛．海洋科学概论．青岛：青岛海洋大学出版社，1992

陈致中编著．国际法案例．北京：法律出版社，1998

张海文，李红云主编．世界各国海洋立法汇编（亚洲和大洋洲国家卷）．北京：法律出版社，2012

刘楠来等．国际海洋法．北京：海洋出版社，1986

李长久，卢云亭．海峡．北京：海洋出版社，1980

袁古洁．海洋划界的理论与实践．北京：法律出版社，2001

马英九．从新海洋法论钓鱼台列屿与东海划界问题．台北：中正书局，1986

周忠海．国际海洋法．北京：中国政法大学出版社，1987

周忠海等．国际法学述评．北京：法律出版社，2001

逯真林，赵新主编．中国海军与海洋法．北京：海军出版社，1990

杨金森，高之国编著．亚太地区的海洋政策．北京：海洋出版社，1990

高健军．中国与国际海洋法．北京：海洋出版社，2004

王献枢主编．国际法．北京：中国政法大学出版社，1994

李文沛．国际海洋法之海盗问题研究．北京：法律出版社，2010

贾宇．国际刑法学．北京：中国政法大学出版社，2004

王铁崖．论人类的共同继承财产的概念载中国国际法年刊．北京：中国对外翻译出版公司，1984

国家海洋局海洋发展战略研究所课题组．中国海洋发展报告（2012）．北京：海洋出版社，2012

国家海洋局海洋发展战略研究所课题组．中国海洋发展报告（2013）．北京：海洋出版社，2013

联合国新闻部．联合国海洋法公约评价．北京：海洋出版社，1986

欧阳鑫，窦玉珍．国际海洋环境保护法．北京：海洋出版社，1994

张海文主编．《联合国海洋法公约》释义集．北京：海洋出版社，2006

陈德恭．现代国际海洋法．北京：海洋出版社，2009

朱文奇主编．国际法学原理与案例教程．北京：中国人民大学出版社，2006

高健军．《联合国海洋法公约》争端解决机制研究．北京：中国政法大学出版社，2010

何志鹏主编．国际法．北京：清华大学出版社，2014

赵理海．海洋法的新发展．北京：北京大学出版社，1984

江伟钰主编．现代国际法原理解析．北京：中国人民公安大学出版社，2004

于焱平主编．国际海洋法知识．北京：海军出版社，1989

侯木仲主编．国际海洋法．台北：环球书局，1984

（二）外文译著

唐娜·克里斯蒂，理查德·希尔德雷斯．海岸与海洋管理法精要．3版，潘迎春，柯昶译．北京：法律出版社，2007

亚历山大·基斯．国际环境法．张若思编译．北京：法律出版社，2000

詹宁斯，瓦茨修订．奥本海国际法．王铁崖等译．北京：中国大百科全书出版社，1995

优士丁尼．法学阶梯．北京：中国政法大学出版社，1999

尼古拉耶夫．国际法中的领水问题．北京：法律出版社，1956

詹宁斯，瓦茨修订．奥本海国际法．第1卷第2分册．北京：中国大百科全书出版社，1998

普雷斯科特．海洋政治地理．北京：商务印书馆，1978

姜皇池．国际海洋法．台北：学林文化事业有限公司，2004

希金斯，哥伦博斯．海上国际法．北京：法律出版社，1957

巴里·布赞．海底政治．北京：三联书店，1981

杰勒德·曼贡．美国海洋政策．张继先译．北京：海洋出版社，1982

E. M. 鲍基斯．海洋管理与联合国．孙清等译．北京：海洋出版社，1997

杉原高嶺．国际司法裁判制度．王志安，易平译．北京：中国政法大学出版社，2007

夏尔·卢梭主编．武装冲突法．北京：中国对外翻译出版公司，1987

熊玠．无政府状态与世界秩序．于逊达，张铁军译．杭州：浙江人民出版社，2001

J. G. 梅里尔斯．国际争端解决．5版．韩秀丽等译．北京：法律出版社，2013

（三）外文著作

Shabtai Rosenne & Louis B. Sohn（eds.）. *United Nations Convention on the Law of the Sea* 1982: *A Commentary*, Vol. V, p. 76

Donald R. Rothwell & Tim Stephens. " The International Law of the Sea" . *Hart Publishing*, 2010, pp. 25-26

Gary Knight. *Law of the Sea: Cases, Documents and Readings*, 1980, pp. 5-104

Historic Bays: Memorandum by the Secretariat of the United Nations. A/CONF. 13/1. Para. 8

J. Ashley Roach and Robert W. Smith. *Excessive Maritime Claims*, 3rd ed.. Leiden / Boston: Martinus Nijhoff Publishers, 2012, p. 534

Rainer Lagoni. "Regional Protection of the Marine Environment in the Northeast Atlantic Under the OSPAR Convention of 1992" . in Myron H. Nordquist, et al.. *The Stockholm Declaration and Law of the Marine Environment*, p. 187

Zou Keyuan. *China's Marine Legal System and the Law of the Sea*. Leiden / Boston: Martinus Nijhoff Publishers, 2005, p. 200

Shabtai Rosenne and Alexander Yankov (eds.) . *United Nations Convention on the Law of the Sea* 1982: *A Commentary*, Vol. 4. Dordrecht / Boston / London: Martinus Nijhoff Publishers, 2002, pp. 444 - 449

A. H. A. Soons. "Marine Scientific Research Provisions in the Convention on the Law of the Sea: Issues of Interpretation" . in E. D. Brown and R. R. Churchill (eds.) . *The UN Convention on the Law of the Sea: Impact and Implementation, Proceedings of the Law of the Sea Institute Nineteenth Annual Conference*. Honolulu: University of Hawaii, 1987, pp. 365, 366

Donald R. Rothwell and Tim Stephens. *The International Law of the Sea*. Oxford / Portland, Oregon: Hart Publishing, 2010, p. 321

A. H. A. Soons. *Marine Scientific Research and the Law of the Sea*. The Hague, T. M. C. Asser Institute/Deventer: Kluwer Law and Taxation Publishers, 1982, p. 125

Natalie Klein. *Dispute Settlement in the UN Convention on the Law of the Sea*. Cambridge: Cambridge University Press, 2005, p. 349

Philippe Sands. *Principles of International Environmental Law*. 2nd ed.. New York: Cambridge University Press, 2003, p. 231

Yoshifumi Tanaka. *The International Law of the Sea*. New York: Cambridge University Press, 2012. pp. 260 - 261

Jessup. "The Law of Territorial Water and Maritime Jurisdiction" . *Henkin International Law: Case and Materials*, 1980, p. 328

C. J. Colombos. *The International Law of the Sea*, § 148, p. 125

Victor Prescott & Clive Schofield. *The Maritime Political Boundaries of the World*. 2nd ed.. Leiden / Boston: Martinus Nijhoff Publishers, 2005, p. 257

Louis B. Sohn, Kristen Gustafson Juras, John E. Noyes, Erik Franckx. *Law of the Sea in a Nutshell*. 2nd ed.. St. Paul: West, 2010, p. 508

论文

（一）中文论文

张相君．区域海洋污染应急合作制度的利益层次化分析．厦门：厦门大学，2007：20

高福德，申家鹏．试论我国海洋污染刑事立法．黑龙江省政法管理干部学院学报，2004（4）

何志鹏，孙璐．国际软法何以可能：一个以环境为视角的展开．当代法学，2012（1）

宿涛，刘兰．海洋环境保护：国际法趋势与国内法发展．海洋环保，2002（2）

梁刚．2009年世界石油探明储量、产量及在产油井数．国际石油经济，2010（1）

赵理海．南方金枪鱼案——国际海洋法法庭的首例渔业争端．中外法学，2000（1）

范晓莉．海洋环境保护的法律制度与国际合作．北京：中国政法大学，2003：94-95

王可菊．联合国海洋法公约对现代海洋法和国际法的贡献．外国法译评，1996（4）

金永明．专属经济区内军事活动问题与国家实践．法学，2008（3）

万彬华．论专属经济区“海洋科学研究”和“军事测量”的法律问题．西安政治学院学报，2007（5）

余民才．紧追权的实施与我国海上执法．中国海洋法评论，2005（1）

曲波．《海洋法公约》与海盗的惩治．大连海事大学学报，2009（4）

胡城军．评海盗罪的确立对普遍管辖制度的作用．湖南社会科学，2007（2）

陆建人．东盟国家的安全合作及几点看法．战略与管理，1999（4）

（二）外文论文

Satya N. Nandan. “Introduction”, in United Nations Office for Ocean Affairs and the Yvonne L. Tharpes. “International Environmental Law: Turning the Tide on Marine Pollution”. Miami *Inter-Am. L. Rev* 20 (1989), p. 579

R. J. Deputy. “Soft Law and the International Law of the Environment”. 12 *Michigan Journal of International Law* (1991), p. 420; G. Handl. “Environmental Security and Global Change: the Challenge to International Law”. 1 *Yearbook of International Environmental Law 3* (1990), p. 3

Jonathan I. Charney. “The Implications of Expanding International Dispute Settlement Systems: The 1982 Convention on the Law of the Sea”. 90 *AJIL* (1996), p. 73

Law of the Sea. *The Law of the Sea: Marine Scientific Research: A Guide to the Implementation of the Relevant Provisions of the United Nations Convention on the Law of the Sea*. New York: United Nations, 1991, p. vii

e. g., Alan E. Boyle. “Dispute Settlement and the Law of the Sea Convention: Problems of Fragmentation and Jurisdiction”, 46 *Int'l & Comp. L. Q.* (1997), p. 37; Louis B. Sohn. “Settlement of Law of the Sea Disputes”, 10 *Int'l J. Marine & Coastal L.* (1995), p. 205; John Warren Kindt. “Dispute Settlement in International Environmental Issues: The Model Provided by the 1982 Convention on the Law of the Sea”, 22 *Vand. J. Transnat'l L.* (1989), pp. 1097-1099

Sam Bateman. “Hydrographic Surveying in the EEZ: Differences and Overlaps with Marine Scientific Research”. 29 *Marine Policy* (2005), p. 163

Shabtai Rosenne. “An Introduction to International Litigation”. 1 *Boundary and Security Bulletin* (1998), p. 59

S. habtai Rosenne. “Settlement of Fisheries Disputes in the Exclusive Economic Zone”. 73 *AJIL* (1979), p. 98

图书在版编目（CIP）数据

海洋法／屈广清，曲波主编．4版．—北京：中国人民大学出版社，2017.8
21世纪中国高校法学系列教材
ISBN 978-7-300-24581-2

Ⅰ.①海… Ⅱ.①屈…②曲… Ⅲ.①海洋法-高等学校-教材 Ⅳ.①D993.5

中国版本图书馆CIP数据核字（2017）第144660号

21世纪中国高校法学系列教材
海洋法（第四版）
主　编　屈广清　曲　波
Haiyangfa

出版发行	中国人民大学出版社		
社　　址	北京中关村大街31号	**邮政编码**	100080
电　　话	010－62511242（总编室）		010－62511770（质管部）
	010－82501766（邮购部）		010－62514148（门市部）
	010－62515195（发行公司）		010－62515275（盗版举报）
网　　址	http：//www.crup.com.cn		
	http：//www.ttrnet.com（人大教研网）		
经　　销	新华书店		
印　　刷	北京昌联印刷有限公司	**版　　次**	2005年10月第1版
规　　格	185 mm×260 mm　16开本		2017年8月第4版
印　　张	19.5 插页1	**印　　次**	2020年4月第3次印刷
字　　数	482 000	**定　　价**	39.00元

※任课教师调查问卷

为了能更好地为您提供优秀的教材及良好的服务，也为了进一步提高我社法学教材出版的质量，希望您能协助我们完成本次小问卷，完成后您可以在我社网站中选择与您教学相关的1本教材作为今后的备选教材，我们会及时为您邮寄送达！如果您不方便邮寄，也可以申请加入我社的**法学教师QQ群：83961183（申请时请注明法学教师）**，然后下载本问卷填写，并发往我们指定的邮箱（cruplaw@163.com）。

邮寄地址：北京市海淀区中关村大街31号中国人民大学出版社411室收

邮　　编：100080

再次感谢您在百忙中抽出时间为我们填写这份调查问卷，您的举手之劳，将使我们获益匪浅！

基本信息及联系方式：※

姓名：__________ 性别：__________ 课程：________________

任教学校：________________ 院系（所）：____________

邮寄地址：________________ 邮编：________________

电话（办公）：__________ 手机：__________ 电子邮件：__________

调查问卷：※

1. 您认为图书的哪类特性对您使用教材最有影响力？（　　）（可多选，按重要性排序）
   A. 各级规划教材、获奖教材　　B. 知名作者教材
   C. 完善的配套资源　　D. 自编教材
   E. 行政命令
2. 在教材配套资源中，您最需要哪些？（　　）（可多选，按重要性排序）
   A. 电子教案　　B. 教学案例
   C. 教学视频　　D. 配套习题、模拟试卷
3. 您对于本书的评价如何？（　　）
   A. 该书目前仍符合教学要求，表现不错将继续采用。
   B. 该书的配套资源需要改进，才会继续使用。
   C. 该书需要在内容或实例更新再版后才能满足我的教学，才会继续使用。
   D. 该书与同类教材差距很大，不准备继续采用了。
4. 从您的教学出发，谈谈对本书的改进建议：________________

选题征集：如果您有好的选题或出版需求，欢迎您联系我们：

联系人：黄　强　联系电话：010-62515955

索取样书：书名：________________________

书号：________________________

备注：※ 为必填项。

21世纪高等院校法学系列精品教材

书名	ISBN	作者	定价
法律解释学	978-7-300-13251-8	王利明　著	32.00
民法总论	978-7-300-10961-9	王利明　著	35.00
人格权法	978-7-300-10990-9	王利明　著	35.00
经济法学 (第二版)	978-7-300-16089-4	张守文　著	45.00
财税法学（第四版）	978-7-300-19447-9	张守文　著	48.00
民事诉讼法 (第二版)	978-7-300-17668-0	张卫平　著	46.00
物权法（第三版）	978-7-300-18789-1	崔建远　著	59.80
判例刑法学（教学版）	978-7-300-14059-9	陈兴良　著	39.80
刑法总论（第二版）	978-7-300-14090-2	周光权　著	45.00
刑法各论（第二版）	978-7-300-14202-9	周光权　著	55.00
刑事诉讼法学（第四版）	978-7-300-18548-4	郑　旭　著	45.00
侵权法学	978-7-300-13533-5	周友军　著	49.80
普通公司法	978-7-300-11227-5	邓　峰　著	68.00
网络法学	978-7-300-11004-2	刘品新　著	25.00
中国宪法（第四版）	978-7-300-12301-1	许崇德　主编	29.80
商法学（第三版）	978-7-300-13955-5	徐学鹿　主编	49.80
证据学（第六版）	978-7-300-21850-2	陈一云　主编	36.00
外国法制史（第三版）	978-7-300-16149-5	林榕年 叶秋华 主编	38.00
婚姻家庭法学（第三版）	978-7-300-16894-4	杨大文 龙翼飞 主编	29.00
民事诉讼法（第四版）	978-7-300-18072-4	田平安 主编	48.00
法社会学新阶	978-7-300-18452-4	付子堂 主编	35.00